INHALT

008	**Über dieses Buch**		**Die Projekte**
008	**Die Jury**	072	**Stadtvilla in Reinbek**
			Wacker Zeiger Architekten
	Hubertus Adam	078	**Hausensemble in Pöttelsdorf**
009	**Einfamilienhäuser – ein ambivalentes Phänomen**		gerner°gerner plus
		084	**Haus am Hang in Winnenden**
			Jürgen Mayer H.
		090	**Wohnhauserweiterung in Langenargen**
	Preisträger		Florian Nagler Architekten/Bathke Geisel Architekten
		094	**Sanierung und Umbau eines Bauernhauses im Allgäu**
	1. Preis		Peter Tausch
016	**Haus über der Landschaft in Nuglar**	100	**Hofhaus in Köln-Hahnwald**
	HHF Architekten		Scheuring und Partner Architekten
		106	**Passivhaus in Fussach**
	Auszeichnungen		Schrötter-Lenzi Architekten
024	**Haus über dem See in Ranzo**	112	**Ein Haus aus Eichenholz in Gottshalden**
	Wespi de Meuron Romeo Architekten		Rossetti + Wyss Architekten
030	**Haus in Gelterkinden**	116	**Waldhaus in Hindelbank bei Bern**
	Buchner Bründler Architekten		Freiluft Architekten
036	**Ein Dorfhaus in Kirchheim**	120	**Wohnhaus mit vier Ebenen in Durlach**
	Nikolaus Bienefeld Architekt		Baurmann Dürr Architekten
042	**Scheunenumbau in Druxberge**	126	**Holzhaus Aufberg in Piesendorf**
	Jan Rösler Architekten		Meck Architekten
048	**Haus auf einer Jura-Wiese**	132	**Haus am Wald in Jägersburg**
	Pascal Flammer		Baurmann Dürr Architekten
		136	**Einfamilienhaus in Seeheim**
	Anerkennungen		Fritsch + Schlüter Architekten
054	**Haus in Reinach**	140	**BAG-A-BOX, ein Stahlhaus in Almere**
	Buchner Bründler Architekten		Courage Architecten
060	**Neue Wohnung in altem Weingut in Fläsch**	144	**Passivhaus-Sanierung in Bonn**
	atelier-f ag		Drexler Guinand Jauslin Architekten
066	**„Heustadlsuite" in Bruck an der Großglockner-Straße**	148	**Der Ufogel**
	Meck Architekten		Architekturbüro Jungmann & Aberjung Design Agency

INHALT

152	**Haus auf schmalem Grund in Esslingen** Finckh Architekten	218	**Umbau eines Atriumhauses in Düsseldorf** Döring Dahmen Joeressen Architekten
156	**Wohnhaus in Starnberg-Söcking** Titus Bernhard Architekten	224	**Villenumbau in Meerbusch-Büderich** Döring Dahmen Joeressen Architekten
162	**Fünf Häuser bei Lugano** Studio Meyer e Piattini	228	**Eine Villenerweiterung im Taunus** Meixner Schlüter Wendt Architekten
168	**Ein Zwei-Zimmer-Appartement in Mellau** Sven Matt	232	**Betonhaus in Sant´Abbondio** Wespi de Meuron Romeo Architekten
172	**Ein klassisches Steinhaus in München-Bogenhausen** Petra und Paul Kahlfeldt Architekten	238	**Wohnhaus in Weggis** Buchner Bründler Architekten
178	**Erweiterung einer Gartenvilla in Bergisch Gladbach** Bachmann Badie Architekten	244	**Atelierhaus in Kastelruth** Modus Architects
182	**Stadthaus in Bereldange** Denzer & Poensgen	248	**Kleines Haus in Blau** BEL- Sozietät für Architektur, Bernhardt und Leeser
186	**Umbau eines Vierseithofs in Oberbarnim** Anne Lampen Architekten	252	**Wohnhaus am Landschaftsschutzgebiet in Braunschweig** Nieberg Architect
192	**Ein Familienwohnhaus in Mauren** Gohm & Hiessberger Architekten	258	**Wohnhaus in München-Denning** Lynx Architecture
196	**Haus K. in der Schweiz** be zürich, Mitglied der be baumschlager eberle gruppe	262	**Wohnüberbauung in Winterthur** Peter Kunz Architektur
200	**Ein Brückenhaus in Kamperland** Paul de Ruiter Architects	266	**Ein Musikerhaus am See** Goetz Castorph Architekten und Stadtplaner
206	**Zweifamilienhaus in Oberdorf** Ern + Heinzl		
210	**Organische Architektur in Bad Endorf** Finsterwalderarchitekten	270	Architekten und Bildnachweis
214	**Ein hölzerner Wohnturm in Vignogn** Graser Architekten	272	Impressum

Über dieses Buch

Die Jury

Es ging wirklich mit rechten Dingen zu. Aber es war unvermeidlich, auch dieses Jahr Architekten aus der Schweiz mit dem ersten Preis auszuzeichnen, und mehr noch: dass die Eidgenossen auch auf die Folgeplätze drängten. Vielleicht liegt es an der schwierigen Topografie der Alpen, die dort die Baukultur frei stehender Wohnhäuser zu einem genuinen Thema hat werden lassen. Außerdem scheint die Bauherrschaft ihren Architekten mit wenig Vorbehalt zu begegnen, denn Bauen mit Sichtbeton beispielsweise schreckt sie nicht. Allerdings bringt ihre wirtschaftliche Lage sie nicht in Versuchung, am falschen Ende zu sparen. Zweischalige Außenwände sind hier kein exotischer Sonderfall.

Trotzdem ist der vorliegende Band keine Festschrift über Schweizer Wohnhäuser. Er liefert auch kein propädeutisches Missionstraktat, das den Bauwilligen den Weg zur unbestechlichen Architektenästhetik weisen soll. Vielmehr hat die Jury die unvergleichbaren Voraussetzungen für die eingereichten 220 Arbeiten respektiert und eine breite Übersicht sehr qualitätvoller Häuser zusammengestellt: sehr kleine, sehr große, auf jeden Fall sehr gute, alles Einzelanfertigungen in der Landschaft, am Stadtrand, in der Baulücke, auch Umbauten, Anbauten, Wiederherstellungen, für das Wohnen allein, mit der Familie oder in der Gemeinschaft, Häuser aus Beton, Ziegel, Naturstein und Holz.

Eben die 50 besten Beispiele aus der Konkurrenz „Häuser des Jahres – Die besten Einfamilienhäuser". Alle Häuser werden ausführlich in Bild und Text vorgestellt: Professionelle Innen- und Außenaufnahmen zeigen jedes Objekt von seiner besten Seite, daneben stehen die Pläne der Architekten sowie Gebäudedaten und Projektbeschreibungen als wissenswerte Hintergrundinformation. Die Grundrisse und Schnitte sind bis auf wenige Ausnahmen im Maßstab 1:200 wiedergegeben. Das heißt: 1 Zentimeter im Plan entspricht 2 Metern in der Wirklichkeit. Um die Einbindung des Gebäudes in das städtebauliche Umfeld sowie seine Orientierung und Situation auf dem Grundstück zu verstehen, ist jeweils ein nicht maßstäblicher, genordeter Lageplan abgebildet. Das beschriebene Haus ist dort farblich hervorgehoben. Die Gebäudedaten, soweit einheitlich zu ermitteln, fassen die wichtigsten Merkmale übersichtlich zusammen: Sie geben Auskunft über Grundstücksgröße, Wohn- und Nutzfläche, Anzahl der Bewohner, Bauweise, Baukosten, Energiekennwerte sowie das Baujahr. Alle Kostenangaben verstehen sich, soweit nicht anders angegeben, im Sinne der DIN 276 als sogenannte reine Baukosten inklusive der jeweiligen Mehrwertsteuer. Nicht enthalten sind die Grundstücks-, Erschließungs-, Baunebenund Finanzierungskosten sowie das Architektenhonorar. Bei einigen Projekten werden die Baukosten auf Wunsch der Bauherren nicht veröffentlicht.

Die Jury von links nach rechts: Jórunn Ragnarsdóttir (LRO Lederer Ragnarsdóttier Oei Architekten), Hubertus Adam (Direktor S AM), Prof. Daniele Marques (Architekt, Preisträger Häuser des Jahres 2012), Peter Cachola Schmal (Direktor DAM), Thomas Kaczmarek (InformationsZentrum Beton), Dr.-Ing. Wolfgang Bachmann (Herausgeber Baumeister).

Einleitung

Hubertus Adam

Einfamilienhäuser – ein ambivalentes Phänomen

Kommt man auf das Thema Einfamilienhaus zu sprechen, so scheiden sich die Geister. Während für weite Teile der Bevölkerung das eigene Haus den Traum vom Wohnen schlechthin darstellt, zeigt sich die Fachwelt der Architekten, Stadt- und Raumplaner sowie Architekturkritiker eher skeptisch. Gewiss, es gibt Preziosen unter den Eigenheimen – und um diese geht es in vorliegendem Buch. Aber die Preziosen muss man wie eine Nadel im Heuhaufen in den Einfamilienhausquartieren suchen, die unsere Städte umzingeln und an verbliebenen Landschaftsreserven nagen. Dass die meisten Einfamilienhäuser Standardprodukte sind, aus dem Katalog stammen und ohne Architekten entstanden sind, kann als ästhetisches Desaster gewertet werden. Doch das ist heutzutage nur ein Kritikpunkt und vielleicht der unwesentlichere. Entscheidender sind die Kollateralschäden, die Einfamilienhäuser verursachen. Die Ökobilanz gilt als verheerend, selbst wenn es sich um ein Passivhaus handelt. Denn ein Einfamilienhaus verursacht nicht nur mehr Materialverschleiß als verdichtete Bauweisen, es führt auch zu Landverbrauch und trägt damit zur Zersiedlung bei. Dabei zerstört das Einfamilienhaus nicht nur das Grün der eigenen Parzelle, sondern erzwingt auch einen Ausbau der Verkehrsinfrastruktur. Das führt zu weiterer Versiegelung – und einer Zunahme des CO_2-Ausstoßes infolge des weitgehend mit dem privaten PKW erfolgenden Pendlerverkehrs. Denn Einfamilienhausquartiere folgen auch heute noch ausnahmslos dem Dogma der segregierten Stadt der Moderne; es sind monofunktionale Schlafquartiere, von denen aus der Weg zur Arbeit, aber meist auch zum Einkaufen oder zur Freizeitbetätigung weit ist.

Offensichtlich spricht also von Seiten der Planungsverantwortlichen vieles gegen Einfamilienhäuser. Architekturhistorisch gesehen aber handelt es sich um eine bemerkenswerte Baugattung, die gleichwohl relativ jung ist. Die Villen und Atrienhäuser der römischen Antike beherbergten ganze Hausgemeinschaften – Besitzerfamilie, Sklaven und Bedienstete –, sodass sie hinsichtlich ihres Raumprogramms kaum mit gegenwärtigen Vorstellungen in Übereinstimmung gebracht werden können. Ähnliches gilt für die Villen der Renaissance, etwa die Bauten Palladios **(Abb. 1)**. Ihre idealtypischen Grundrisse waren auf repräsentative Funktionen ausgerichtet und boten keinesfalls jene Behaglichkeit, welche heute gemeinhin mit dem Eigenheim verbunden ist. Auch der Typus des Bauernhauses kann nicht als Vorgänger angesehen werden. Je nach Region typologisch anders ausgebildet, bot es Raum für eine gesamte Wirtschaftseinheit. Unter einem Dach versammelt waren die verschiedenen Generationen einer Familie samt der Tiere, die zur Wärme im Haus beitrugen.

Abb. 1: Villa Rotonda, Vicenza

Das Einfamilienhaus in seiner heutigen Funktionslogik entstand erst im Laufe des 19. Jahrhunderts. Es ist Resultat gesamtgesellschaft-

Abb. 2: Lechtworth, Ley's Avenue 1925

Abb. 3: Bexleyheath, Red House

Abb. 4 (rechts oben): Rietveld-Schröder Haus, Utrecht

Abb. 5 (rechts unten): Falling Waters, United States, 1935

licher Umwälzungsprozesse. Das Zeitalter der Industrialisierung führte zu einer radikalen Urbanisierung und damit im Bereich der städtischen Ballungsräume zu einer räumlichen Trennung von Wohnen und Arbeiten. Die Eisenbahn und im 20. Jahrhundert das Automobil erlaubten es dabei, geografische Distanzen zeitsparend zu überwinden. Während die Firmeneigentümer in repräsentativen Villen residierten, war die Wohnsituation in den Großstädten für die Werktätigen prekär. In den Slums von London und den Mietskasernen von Berlin herrschten katastrophale Lebensbedingungen.

Die Impulse zur Linderung gingen maßgeblich von England aus. Im ausgehenden 19. Jahrhundert entwickelte sich das sozialreformerische Ideal der Gartenstadt **(Abb. 2)**. Außerhalb der Städte, dort, wo der Boden noch günstig war, wurden Siedlungen angelegt, die zumeist aus Reihenhäusern bestanden und – dank der Distanz zu den Städten – eine gesunde Lebensweise beförderten. Die genossenschaftliche Fundierung sollte Spekulation verhindern, Gärten dienten der Selbstversorgung, die Nähe zur Natur bot eine Alternative zum Moloch Stadt, mit dem die Gartenstädte über leistungsfähige Verkehrsinfrastrukturen verbunden waren. Die Wohnungsnot in den Städten vermochten die Gartenstädte nur bedingt zu lindern; die Kosten waren zu hoch, als dass die Reformsiedlungen wirklich zum Domizil von Arbeitern hätten werden können. Gleichwohl sind Gartenstädte in ihrer Bedeutung kaum zu unterschätzen, da sie dazu beitrugen, die Vorstellungen vom Wohnen grundlegend zu revidieren. Dies zeigte sich insbesondere in den durchgrünten Villenvierteln der Städte auf dem Kontinent, in denen sich um 1900 an englische Reformvorbilder angelehnte Bauten unter die historistischen Villen zu mischen begannen. Wichtigster Propagandist des „Landhauses", das nun die Alternative zur formellen Villa darstellte, war der Architekt Hermann Muthesius, der einige Jahre in England verbracht hatte und die dortige Baukultur aus eigener Anschauung kannte. Das aus Backsteinen gemauerte und daher „Red House" genannte Wohnhaus für den Reformer William Morris in Bexleyheath **(Abb. 3)** bei London (1859) stand für Muthesius am Beginn eines neuen Wohnverständnisses: „Es ist das erste individuelle Haus der neuen künstlerischen Kultur, das erste Haus, das innen und außen als Ganzes gedacht und ausgeführt war, das erste Beispiel in der Geschichte des modernen Hauses überhaupt. Es war nicht nur im Inneren revolutionär, sondern stand auch mit seiner äußeren Gestaltung in seiner Zeit vollkommen einzig dar", heißt es in der 1908 erschienen Publikation „Das englische Haus". Landhaus oder Villa, so lautete die Frage – freie Grundrisse und Fassaden sowie ein auf die Wohnbedürfnisse entsprechendes Raumgefüge gegenüber traditionellen und stereotypen Geschossplänen sowie hohler Repräsentation. Das Landhaus galt als modern, die Villa als traditionell.

In den Zwanziger- und Dreißigerjahren fand die architektonische Moderne ihr wohl bedeutendstes Experimentierfeld im Siedlungsbau – ob in Berlin oder Stuttgart, Wien, Karlsruhe oder Frankfurt. Massenwohnungsbau und die Wohnung für das Existenzminimum waren in einer von Krisen geschüttelten Epoche die Herausforderungen der Zeit. Es darf allerdings nicht vergessen werden, dass die meisten Architekten des Neuen Bauens sich auch mit Einfamilienhäusern beschäftigten. Im Gegensatz zu dem von starkem Kostendruck bestimmten Massenwohnungsbau standen hier opulentere Budgets zur Verfügung, womit auch – die Aufgeschlossenheit der Bauherrschaft vorausgesetzt – experimentellere Lösungen umsetzbar waren. Keine Architekturgeschichte der Moderne kommt ohne die Meisterwerke im Villenbau aus: ohne das Schröder-Haus in Utrecht von Gerrit Rietveld **(Abb. 4)**, die Villa Tugendhat in Brünn von Mies van der Rohe **(Abb. 5)**, die Villa Savoye in Poissy von Le Corbusier, ohne die Einfamilienhäuser von Frank Lloyd Wright, Richard Neutra, Marcel Breuer, John Lautner oder Pierre Koenig. Die kalifornische Avantgarde des Einfamilienhausbaus der Vierziger- und Fünfzigerjahre strahlte nach dem Zweiten Weltkrieg auch nach Mitteleuropa aus: Es ist signifikant, dass der gebürtige Wiener Richard Neutra, der schon 1923 in die USA ausgewan-

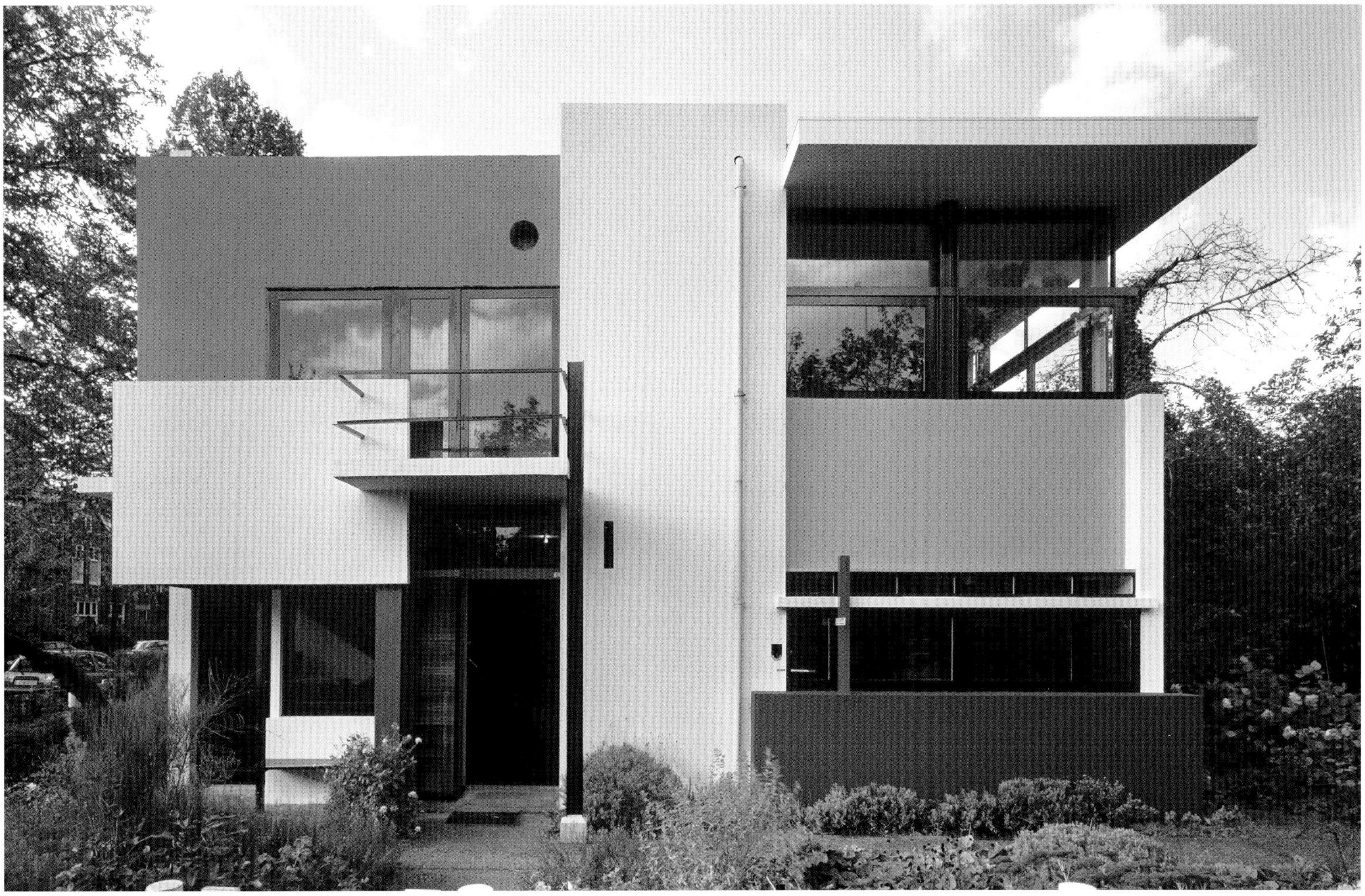

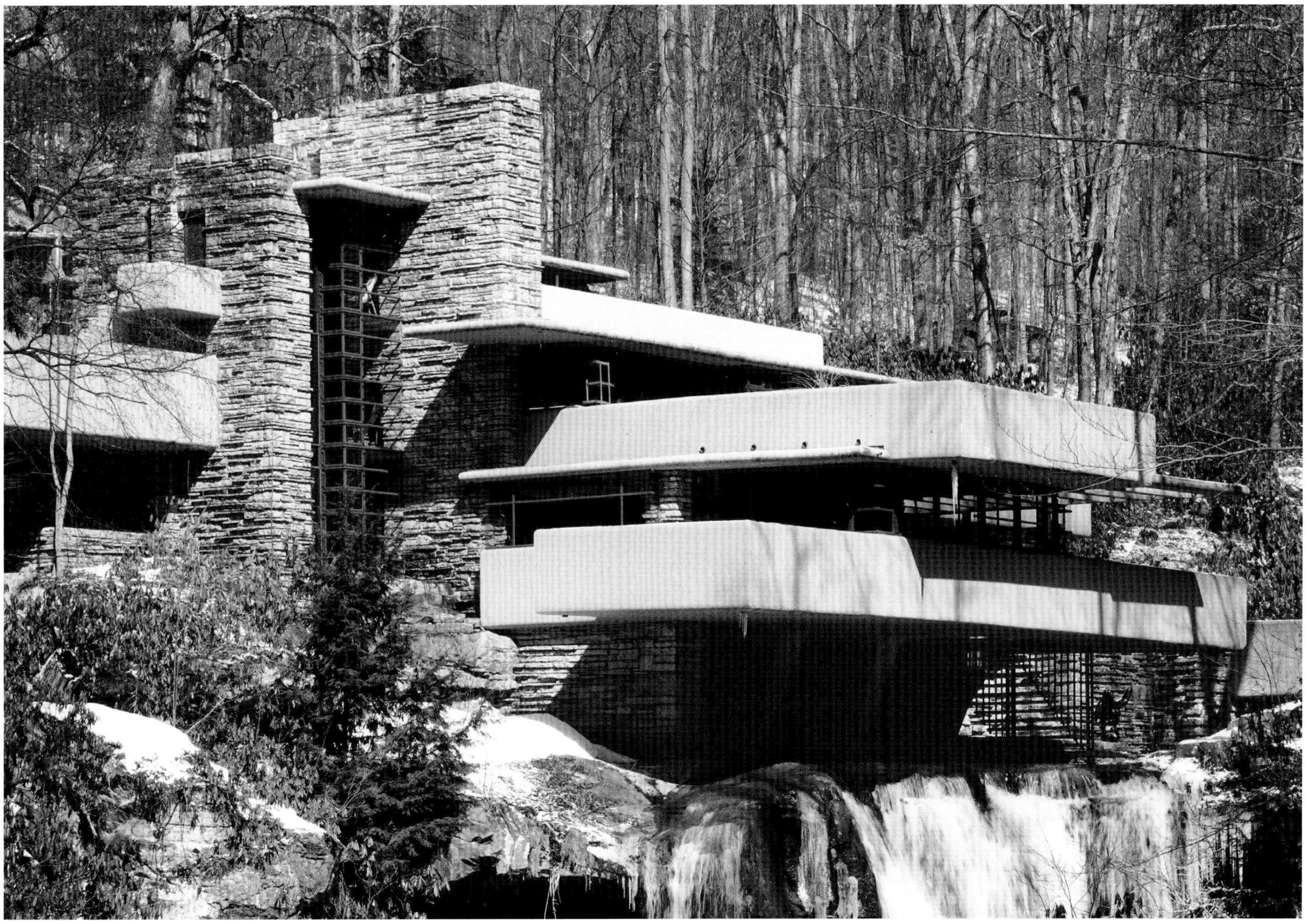

Abb. 6: Siedlung Halen, Herrenschwanden bei Bern

Abb. 7: Moriyama House, Tokyo/Japan

dert war, in den späten Fünfziger- sowie in den Sechzigerjahren eine Reihe von Aufträgen in Deutschland, der Schweiz und in Frankreich erhielt. Mit seinen Einfamilienhäusern knüpfte Neutra, der mit seinen seinerzeit vielgelesenen Schriften eine Verankerung des Wohnens in der Natur propagierte und in seinen Häusern die Grenzen zwischen gebautem Wohnraum und der Umgebung visuell verwischte, an die unterbrochene Tradition der Vorkriegsmoderne an und verband sie zugleich mit der Eleganz und Großzügigkeit kalifornischen Bauens. Für die Ära der Wirtschaftswunderzeit wurde diese Legierung stilbildend: Modernität und American Way of Life fanden zueinander. Bier, so schildert es der Sohn eines Wuppertaler Bauherrn von Neutra, war in seinem Elternhaus verdammt; serviert wurden fortan Longdrinks.

Die Auftraggeber der Villen Neutras in Europa gehörten einer einkommensstarken Oberschicht an. Doch der Architekt wollte nicht allein für Millionäre bauen. Verdichteter Einfamilienhausbau lautete das Schlagwort, und diesem entsprachen zwei Siedlungen in Walldorf bei Frankfurt und Quickborn bei Hamburg, die Neutra für die BeWo-Bau errichtete, eine Tochtergesellschaft der Neuen Heimat. Die Sechzigerjahre waren ohnehin eine Zeit der Atriumhaus- oder Teppichsiedlungen, bei denen die einzelnen Häuser zu platzsparenden und städtischer anmutenden Strukturen zusammengefügt wurden. Einerseits wurde das Eigenheim damit auch für die Mittelschicht erschwinglich – andererseits war mit derlei Konzepten der Wunsch verbunden, Nachbarschaften entstehen zu lassen und somit der Ignoranz des Einfamilienhauses gegenüber seiner Umwelt zu begegnen. Nicht alle Cluster- und Siedlungsprojekte der Zeit führten zur Ausbildung einer Identität, doch gibt es hervorragende Beispiele, die bis heute funktionieren. So die Siedlung Halen **(Abb. 6)** von Atelier 5 in Herrenschwanden bei Bern, die 2010 ihr fünfzigjähriges Jubiläum feiern konnte. Zum Erfolg trug zweifelsohne das spezielle Eigentumsmodell bei: Während die Häuser selbst Privateigentum sind, gehören öffentliche Wege, Parkgarage, Café, Laden, Veranstaltungsraum und Schwimmbad zum Gemeinschaftseigentum aller Bewohner. Besonders überzeugend sind überdies die Übergänge zwischen öffentlichen und privaten Bereichen gelöst, sodass trotz extremer Schmalheit der auf Basis eines Schottensystems bebauten Parzellen völlig individuelle Rückzugsräume entstehen, die von den Nachbarn nicht einsehbar sind.

War der innovative verdichtete Einfamilienhausbau bis in die Siebzigerjahre ein wichtiges Thema, so ist er heute in den deutschsprachigen Ländern eher von marginaler Bedeutung. Geht es um Einfamilienhäuser, so ist im Allgemeinen das frei stehende Einfamilienwohnhaus gemeint, vielleicht noch das Reihenhaus oder Doppeleinfamilienhaus. Bei der Mehrzahl der Einfamilienhäuser handelt es sich nicht um Autorenarchitektur, sondern um Standardprodukte aus dem Katalog, die entsprechend den Wünschen der Käufer individuell angepasst werden. Der Boom des Einfamilienhauses begann in den Sechzigerjahren, als der Hauserwerb dank gestiegenen Volkswohlstands sowie adäquater Finanzierungsmodelle und vielfach mit Eigenleistung auch für geringer verdienende Bevölkerungsschichten erschwinglich wurde. Gewissermaßen geriet zur Wirklichkeit, was sich die Sozialreformer des ausgehenden 19. Jahrhunderts gewünscht hatten: das eigene Haus für alle.

Die Problematik der wuchernden Einfamilienhausquartiere zeigten sich schon zur Zeit ihres Entstehens, und die Kritik an dieser Wohnform hat seither eher zugenommen. Mag man auch dank der Aufwertung der Innenstädte und eines trendig-urbanen Lebensstils in den letzten Jahren eine „Rückkehr in die Stadt" diagnostizieren, so bleibt das frei stehende Eigenheim für weite Teile der Bevölkerung doch weiterhin die favorisierte Wohnform. Bei mehr als einem Drittel der Wohnungen, die in den vergangenen drei Jahrzehnten in der Schweiz entstanden sind, handelt es sich um Einfamilienhäuser. Wobei der Begriff selbst heute nur noch bedingt zutreffend ist, denn das Einfami-

Abb. 8: Villa Savoye, Poissy

lienhaus wird längst nicht mehr nur von der bürgerlichen Kleinfamilie bewohnt, der es sein Entstehen verdankt, sondern auch von Dinks, Alleinstehenden, Patchworkfamilien, Wohn- oder anderen Lebensgemeinschaften.

Es bleibt also festzuhalten: Das Eigenheim, wiewohl erst vor ungefähr 50 Jahren in Mitteleuropa zu einem Massenphänomen avanciert, entspricht einem menschlichen Grundbedürfnis, das zwar nicht alle teilen, das aber doch weiten Kreisen der Gesellschaft entspricht. Solange Gemeinden neue Einfamilienhauszonen ausweisen und durch die Anlage der Verkehrsinfrastruktur diese Siedlungsform quersubventionieren (nicht zuletzt, um vermögende Steuerzahler anzulocken), kann der Trend nicht gebrochen werden. Die Problematik des Einfamilienhauses ist weithin bekannt, mehrere Generationen von Planern und Soziologen haben sämtliche Argumente dagegen ins Feld geführt. Doch der Wunsch nach dem „Haus im Grünen" bleibt relativ veränderungsresistent. Mit Vernunft lässt sich nicht dagegen ankommen.

Allerdings sind die Bewertungsmaßstäbe der Kritiker durchaus infrage zu stellen oder zumindest zu relativieren. Einfamilienhäuser zerstören ebensowenig eine „unberührte Natur" wie das Leben in der Stadt grundsätzlich besser ist als das auf dem Land. Vor Komplexitätsreduktion ist also zu warnen: Gesellschaftliche, wirtschaftliche und ökologische Aspekte müssen zusammengebracht und zusammen gedacht werden. In weiten Teilen stellt sich unser Land heute als Zwischenstadt dar, Natur und Künstlichkeit sind im Allgemeinen nicht mehr zu trennen. Gesellschaftlich (Ausleben der Individualität) und ökologisch (hoher Anteil an Grünflächen) können Einfamilienhausquartiere durchaus als nachhaltig angesehen werden, während sie hinsichtlich der Wirtschaftlichkeit (Energieverbrauch, infrastrukturelle Erschließung, Kohlendioxid-Ausstoß) schlecht abschneiden. Anstatt die Wohnform Einfamilienhaus grundlegend zu verteufeln, wäre es sinnvoller, über Potenziale der Optimierung nachzudenken. Das könnte

eine stärkere Verdichtung bedeuten, etwa durch Experimente im Bereich des verdichteten Einfamilienhausbaus, aber auch die Reduzierung der Wohnfläche durch intelligente Grundrisslösungen. Der seit Jahrzehnten ständig steigenden Verbrauch an Wohnfläche pro Kopf betrifft aber nicht nur das Eigenheim, sondern die Stadtwohnung gleichermaßen. Ohne Zweifel ist die Entwicklung ein Zeichen allgemeinen Wohlstands, doch ist sie auch kulturell bedingt. Die kleinen Häuser in Japan **(Abb. 7)** mit ihren intelligenten Grundrissen beweisen indes, dass Luxus nicht ein Maximum an Wohnfläche bedeuten muss. Dort geht es eher um spannungsvolle Raumgefüge, welche die kostbare Ressource Wohnraum auf ungewöhnliche Weise nutzen.

Von Bauherren und Architekten sollte das Einfamilienhaus in Zukunft wieder als Chance für Experimente begriffen werden. Die ausgezeichneten Projekte in der vorliegenden Publikation lassen sich in diesem Sinne verstehen: Sie rekurrieren auf die Geschichte der Baugattung, sind mal spielerische, fast ironische Paraphrasen auf die Tradition des Villenbaus, mal beinahe klassisch zu nennende Lösungen für das Zuhause-Sein, eine anthropologische Grundkonstante. Ohne Zweifel handelt es sich bei vielen Projekten um exklusive Bauten, bei denen die Minimierung der Baukosten nicht das prioritäre Ziel gewesen ist. Wird das Geld aber investiert, um architektonische Experimente zu ermöglichen, so ist es zweifellos gut eingesetzt. Gäbe es sonst eine Villa Tugendhat oder eine Villa Savoye **(Abb. 8)**? ∎

PROJEKTE

HAUS ÜBER DER LANDSCHAFT IN NUGLAR

HHF ARCHITEKTEN

1. PREIS

Auf manchen Fotos wirkt das Haus eigenwillig; man würde nie vermuten, dass es im Kanton Solothurn nur eine knappe halbe Stunde von Basel entfernt in der Landschaft steht. Ja selbst seine reine Nutzung als Wohnhaus verrät es nicht auf den ersten Blick. Dies liegt auch am pragmatischen Auftrag des Bauherrn, der auf keinen Fall einen pflegeintensiven Garten wollte. Drum hat man ihm um das allseits verglaste Erdgeschoss ein riesiges holzbelegtes Passepartout als Terrasse gebaut, das an der Nordwestseite mit einem Pool endet. Landschaft gibt es ringsum kostenlos, man schaut im Halbkreis über unverbautes grünes Land mit Obstbäumen. Da das Gelände aber leicht abfällt, bleibt man auf dem aussichtsreichen Rost und im Inneren der Vitrine des Erdgeschosses vor den neugierigen Blicken der Spaziergänger weitgehend verschont.

Das Haus wird von einer Betonkonstruktion getragen, darauf liegt ein Satteldach in Holzelementbauweise. Die Oberflächen der verwendeten Materialien Beton, Holz, Aluminium, Glas, Stahl und Naturstein wurden roh belassen. Das Bauwerk begegnet einem ungeschliffen und direkt, wobei das spiegelnde Erdgeschoss unter dem von Betonpfeilern hochgestemmten, mit unbehandelten Fichtenbrettern verkleideten Obergeschoss um so edler und verletzlicher wirkt.

Das Untergeschoss erhält Licht über ein schlankes Atrium neben den Garagen, darüber werden ein Arbeitszimmer und ein Gymnastikraum belichtet. Hier liegt der Eingang. Im Geschoss darüber trennt ein Betonkern aus Küche und Treppe den Essplatz vom Wohnraum mit Cheminée; der hängende Stahlblechkamin ist ein Entwurf der Architekten. Die tempelartigen Betonpfeiler behindern kaum den Ausblick, ein umlaufender grob durchbrochener Vorhang filtert die Einblicke. Ein Holzboden aus weiß geölter Räuchereiche breitet sich als Deck unter allen

Nur Wohnen! Mit der Landschaft kann ohnehin kein Garten konkurrieren. Deshalb steht das Haus wie auf einem Tablett über dem Gelände. Eine Terrasse hebt es aus der Wiese.

Der Eingang liegt im Untergeschoss. Über den Garagen breitet sich die Terrasse aus. Die nach außen klappenden Fenster passen zum harschen Konzept des Hauses.

Sieht nicht nach Gartenarbeit aus. Man schaut über die Wiesen mit den Obstbäumen und beobachtet das Wachsen und Werden der Natur.

Funktionen aus. Im Obergeschoss, das bis unter den First reicht, teilen sich zwei Kinderzimmer die eine Seite, gegenüber der Treppenhalle liegt das Elternzimmer mit großer Ankleide und entsprechendem Bad. Dort wurde ein grün gemaserter Naturstein verbaut, ansonsten prägen sich ein: das Waschbecken aus Sichtbeton, die Hartbetonböden und Ausbauten aus unbehandeltem Lärchenholz.

Mitte: In den Schlafräumen setzt sich die akkurate Detaillierung fort. Selbst die Vorhänge und ihre Aufhängung versprechen solide Haltbarkeit.

Unten: Architektur ist Hintergrund. Farbe, Requisiten und Lebenszeichen bringen die Bewohner mit.

Der Glas-/Stahlkamin steht nicht schwerfällig im Weg und mindert kaum die Aussicht.

Durch die Glaswange erhalten die
Treppenstufen Tageslicht.

Blick durch die Treppenhalle: Das
astreiche Lärchenholz bringt lebendige Spannung in die grauen Betonflächen.

**Tilo Herlach, Simon Hartmann, Simon Frommenwiler
HHF Architekten, CH-Basel**

„Sommer wie Winter auf einer großen Terrasse mit fantastischer
Aussicht wohnen – das ist die Idee dieses Hauses."

Urteil der Jury

Mit diesem spektakulär-unspektakulären Haus haben zum dritten Mal Schweizer den Preis Häuser des Jahres 2013 gewonnen. Was soll eine Jury machen – wenn die Schweizer Einreichungen von solch exquisiter handwerklicher Ausführung und stringenter Konsequenz sind? Beides ist wieder der Fall bei dem zunächst simpel wirkenden, zweigeschossigen Giebeldachhaus mit hellgrauer Fichtenholzverkleidung, das auf einer Plattform steht, an einem Hang am Dorfrand von Nuglar bei Basel. Diese Plattform verleiht dem Haus das Artifizielle, eine Distanzierung von der überwältigenden Natur. Ein Garten war nicht erwünscht. Die Plattform ist komplett als Holzterrasse ausgebildet, mit eingelegtem Pool und einem 180-Grad-Blick auf unverbaute Landschaft, aber ohne Zutritt. Die erhöhte Lage bietet Privatsphäre auf der Terrasse und im Erdgeschoss, das aus Küche, Essbereich und Wohnbereich besteht. Im Innern überwiegen wenige, perfekt ausgeführte Oberflächen aus Sichtbeton für die tragenden Wände, Decken und Treppen. Türen, Fenster und Innenflächen des Schrägdachs sind aus Lärchenholz ausgeführt, die Böden aus hellgrauem Parkett oder Estrich. Radikal ist die Gestaltung der Zonierungen des Hauses, oben das konzentrierte Schlafen, in der Mitte das nach außen orientierte, verglaste Wohnen und im Keller unter der Terrasse all das, was das Haus funktionsfähig macht – aber im Maßstab zu groß wäre: eine Garage für vier Autos, ein Büro, ein Fitnessraum und die Technik. In dieser eigentümlichen Widersprüchlichkeit zwischen Einfachheit und Komplexität, Natur und Kultur, Introvertiertheit und Extrovertiert sowie Offenheit und Geheimnis liegen die großen Qualitäten dieses Wohnhauses.

Peter Cachola Schmal

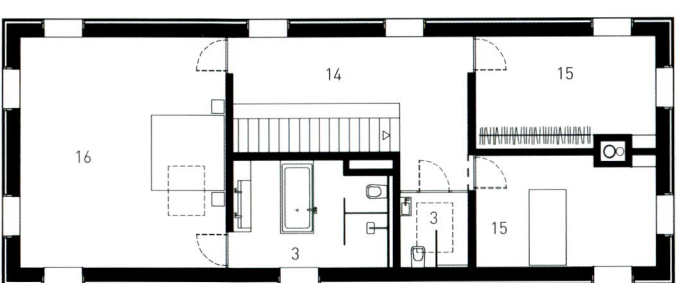

Obergeschoss M 1:200

Lageplan

Erdgeschoss M 1:200

1 Zugang
2 Lager
3 Bad
4 Gymnastik
5 Technik
6 Pool
7 Garage
8 Atrium
9 Arbeiten
10 Wohnen
11 Kochen
12 Essen
13 Terrasse
14 Treppenhalle
15 Kind
16 Eltern

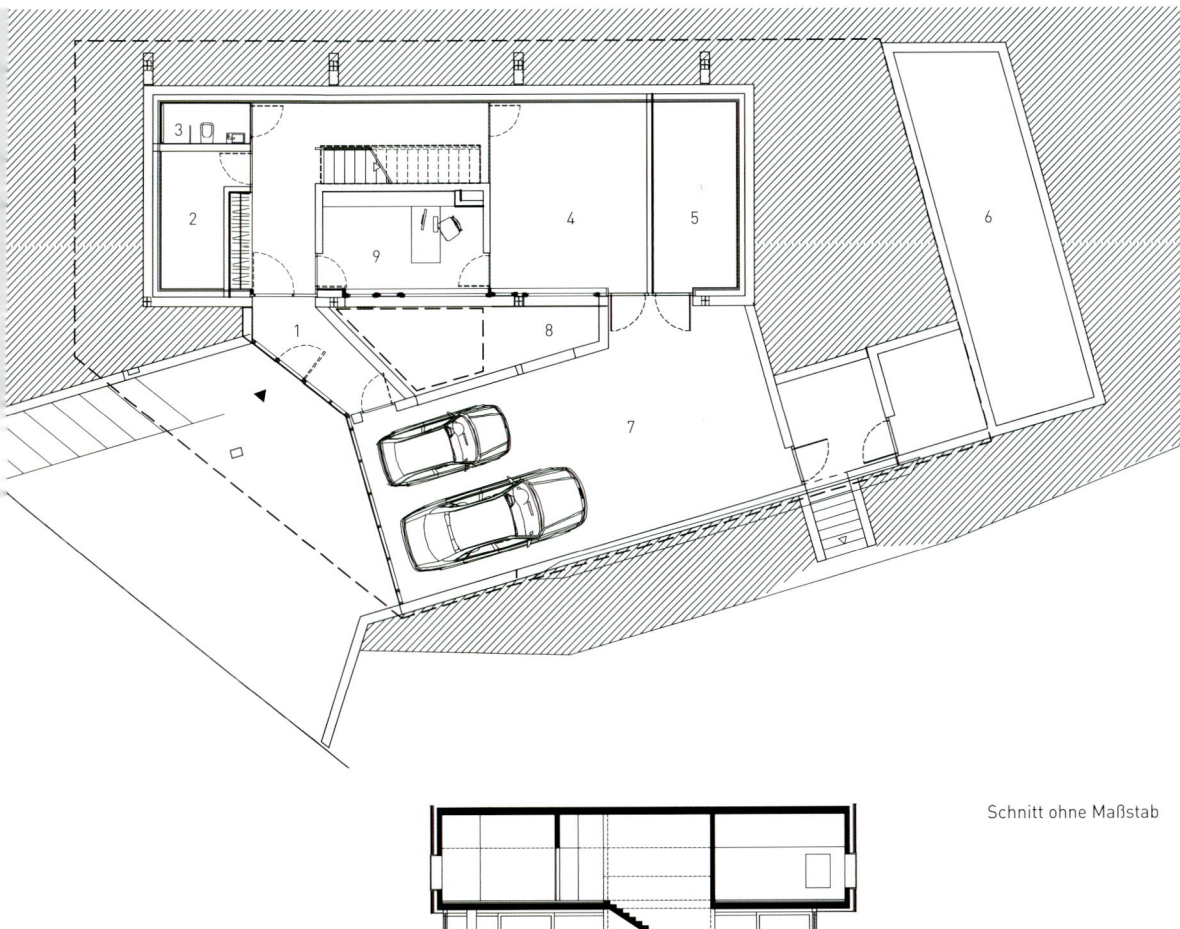

Untergeschoss M 1:200

Schnitt ohne Maßstab

Gebäudedaten

Grundstücksgröße: 1.000 m²

Überbaute Fläche: 560,29 m²

Wohnfläche: 240,91 m²

Nutzfläche: 319,56 m²

Zusätzliche Nutzfläche: Garage, Windfang, Technik Pool: 78,65 m²; Terrasse: 213 m²; Pool: 27,73 m²

Bruttorauminhalt: 1.024,85 m³ (Haus gedämmt)

Anzahl der Bewohner: 1–4

Baukosten gesamt: 1.225.000 CHF

Baukosten je m² Wohn- und Nutzfläche: 3.840 CHF

Heizenergiebedarf: 50,27 kWh/m²a

Baubeginn: 10/2010

Fertigstellung: 09/2011

HAUS ÜBER DEM SEE IN RANZO

WESPI DE MEURON ROMEO ARCHITEKTEN

AUSZEICHNUNG

Dieses Haus steht auf einem Steilhang oberhalb des Dorfkerns von Ranzo am Lago Maggiore, an der Küste des Gambarogno. Die Aussicht reicht über den See und in die Berge, aber auch die Gleise der Eisenbahn führen in Rufweite am Grundstück vorbei.

Der Baukörper des zweigeschossigen Hauses lagert wie ein Felsen am Berg. Er ist präzise detailliert, verzichtet auf alle überflüssigen Elemente und wirkt dadurch einerseits minimalistisch modern, andererseits kapriziert er sich nicht als blendend weißer Bauhaus-Kubus, sondern fügt sich mit seinem außen und innen kompromisslos verwendeten Kalkzementputz, der den grauen Gemäuern der Umgebung nahekommt, als guter Nachbar ein. Archaisch, erratisch wirkt das Haus auf manchen Fotos, als sei es mit dem Ort verwurzelt. Es verbindet Tradition und Gegenwart, entzieht sich einer zeitlichen Zuordnung. Dazu gehört auch die Behandlung der Außenanlage. Die ortstypische Pflasterung im Hof, die sich auf der Dachfläche fortsetzt, verbindet sich übergangslos mit dem gleichartigen Steinbelag des öffentlichen Fußwegs, der vom Haus zum Strand führt.

Erschlossen wird es auf der oberen Ebene. Hier führt im fensterlosen Rücken ein Gang wie an einer Schildmauer entlang, er weitet sich mit Küche, Essplatz und Wohnraum bis zur anderen Außenwand auf der Seeseite. Ein geschosshohes Panoramafenster mit schmalem Austritt holt die zauberhafte Landschaft herein. Es gibt noch, etwas versetzt, eine zweite große Öffnung an dieser Fassade für das Arbeitszimmer im Untergeschoss.

Das Haus lebt von seiner muralen Anmutung. Der graue Kalksteinputz verbindet die kantige Moderne mit dem grauen Gemäuer der regionalen Bebauung. Wie ein Fort sichert die Architektur das Grundstück. Die Pflasterung entspricht den öffentlichen Wegen.

25

Vom Wohnraum behält man den See im Blick; durch die kastenartige Schiebetür kann man auf einen Balkonsteg hinaustreten.

Schmale Lichthöfe dienen dem Schallschutz gegen die Bahnstrecke unterhalb. Das Sonnenlicht wird von der Wand in den Raum reflektiert, über einen Gitterrost trifft es bis ins Untergeschoss.

Ansonsten reagiert die Architektur auf die Lärmbelastung durch die unmittelbar unterhalb vorbeiführende Eisenbahnstrecke. Die Schlafräume sind nur durch kleine Scharten perforiert. Dahinter entsteht ein schmaler, raumhoch verglaster Lichthof, der im Obergeschoss zusätzlich durch einen Deckenschlitz von Streiflicht erhellt wird, über einen Gitterrost trifft es auf das untere Niveau. Diese Kammern hinter der Außenwand dienen dem Schallschutz, aber sie reflektieren auch die Sonneneinstrahlung von Südosten in die Räume und tragen zum geschlossenen, muralen Äußeren bei, zur herben Poesie der Architektur.
Von einem alten Stall wurden die Umfassungsmauern erhalten, er dient als offener Sitzplatz und wird noch eine Pergola erhalten.

Die Kaminöffnung ist wie ein Bild auf der Wand platziert.

Nur vom anderen Seeufer mit Fernglas lässt sich die Hauptfassade auf dem Steilhang studieren. Dort, wo man sich dem Haus wirklich nähert, bleiben die Fassaden fensterlos verschlossen.

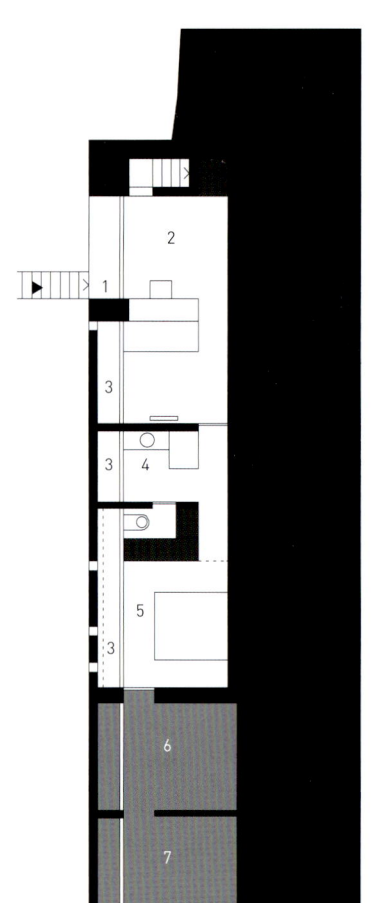
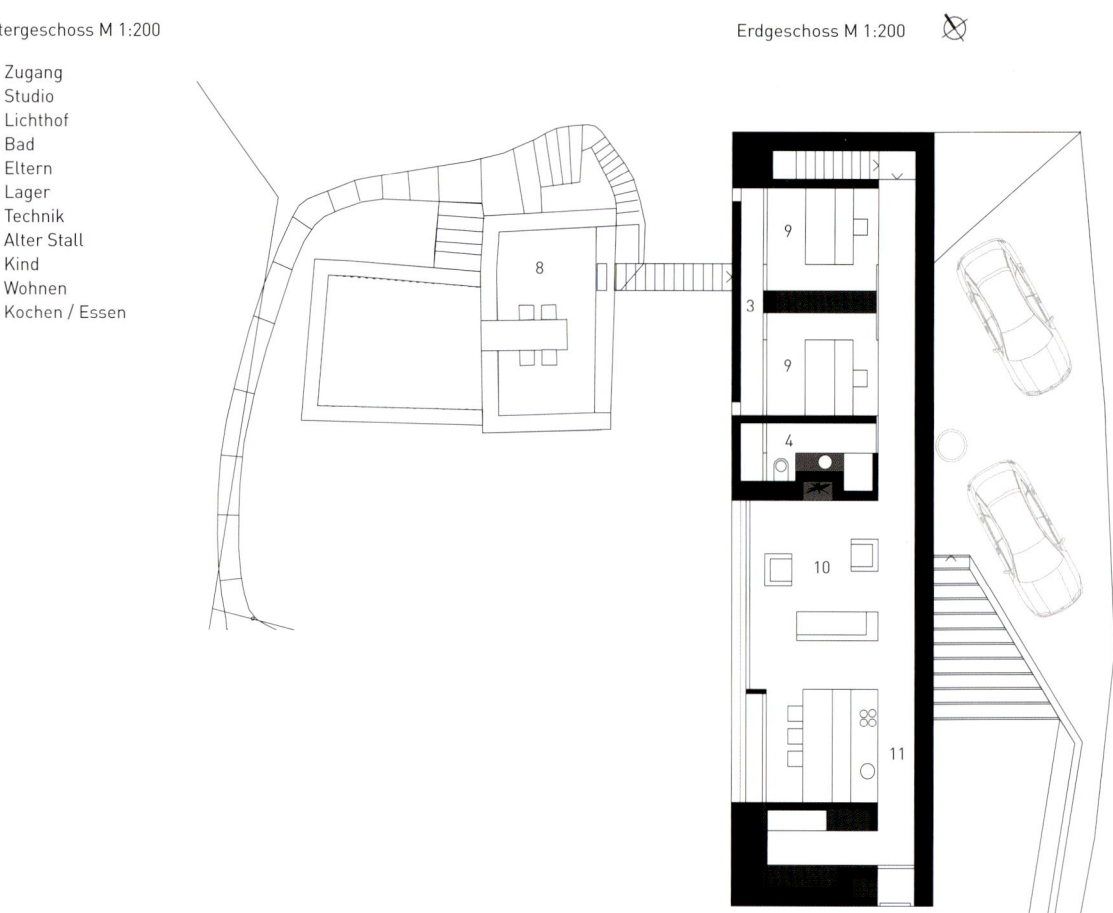

Untergeschoss M 1:200

1 Zugang
2 Studio
3 Lichthof
4 Bad
5 Eltern
6 Lager
7 Technik
8 Alter Stall
9 Kind
10 Wohnen
11 Kochen / Essen

Erdgeschoss M 1:200

Die individuelle Belichtung reagiert in den Schlafräumen passiv auf die starke Sonneneinstrahlung.

Auch die felsenartige Oberfläche der grau geputzten Wände verheißt kühle Räume.

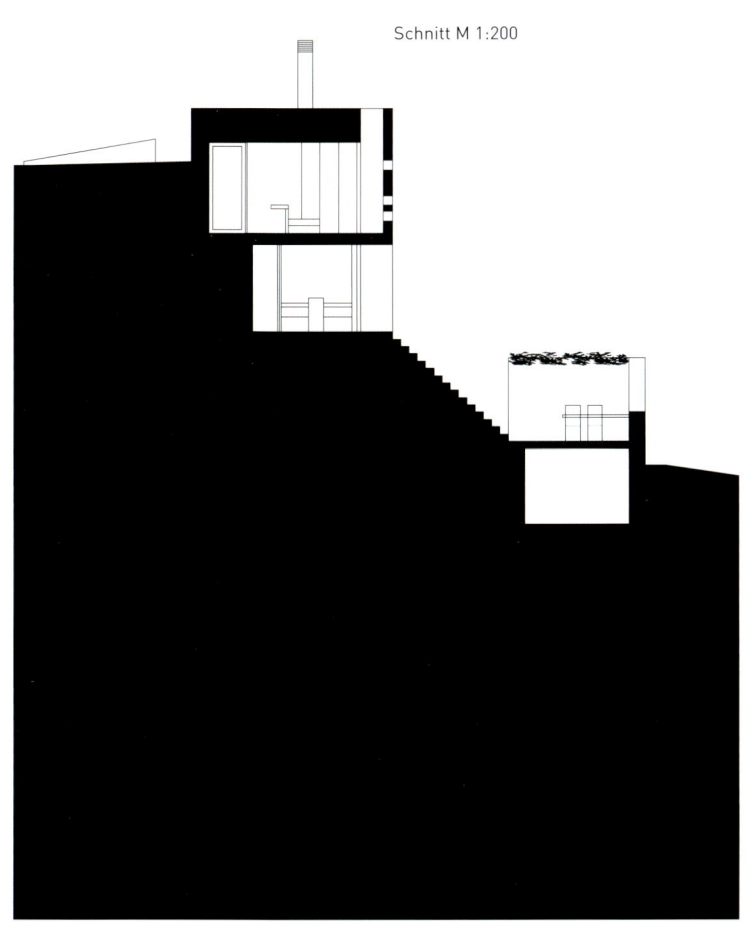

Schnitt M 1:200

Urteil der Jury

Das Haus befindet sich an einem Steilhang an der Küste des Gambarogno und verfügt über eine herrliche Aussicht auf den Lago Maggiore. Die verputzten Gemäuer und die gepflasterten Wege in der Tessiner Landschaft standen Pate für die Materialisierung der Anlage und verleihen ihr eine ursprünglich anmutende Atmosphäre.

Von einer großen, gepflasterten Terrasse mit Ausblick auf den See erreicht man über ein paar Stufen den Parkplatz an der oberen Straße, welcher ebenso als Auftakt der Bewegung in umgekehrter Richtung zum und durch das Haus verstanden werden kann.

Die einfache grundrissliche Gestaltung des Hauses wird durch die vorgelagerte hofartige Schicht vor den Schlafräumen räumlich und im Sinne des Lichts erlebnisreich verdichtet und dient als Lärmschutz vor den nahe vorbeifahrenden Zügen. Im Gegenzug zur introvertierten Stimmung der Schlafräume mit den vorgelagerten Lichthöfen und den punktuellen Ausblicken inszeniert die Öffnung des Wohnbereichs mit raumhohen Fenstern das große Panoramaerlebnis.

Die Jury lobte an diesem kohärent und kompromisslos zeitgenössischen Entwurf dessen sensible Eingliederung in das Territorium und in die Topografie des bestehenden Tessiner Dorfs und die stimmige atmosphärische Wirkung der geschaffenen Innenräume.

Daniele Marques

Lageplan

Gebäudedaten

Grundstücksgröße: 617 m²

Wohnfläche: 127 m²

Zusätzliche Nutzfläche: Höfe: 13 m²;

Außenplätze: 84 m²

Anzahl der Bewohner: 4

Bauweise: massiv, verputzt

Fertigstellung: 2012

Marcus Wespi, Jérôme de Meuron, Luca Romeo
Wespi de Meuron Romeo Architekten, CH-Caviano

„Der traditionelle Verputz klingt an die lokalen vorhandenen Mauern an und verleiht dem Ort eine archaische, verwurzelte Atmosphäre."

HAUS IN GELTERKINDEN

BUCHNER BRÜNDLER ARCHITEKTEN

AUSZEICHNUNG

Das Hanggrundstück befindet sich, nahe der Landwirtschaftszone, auf einem Südhang oberhalb des Gemeindezentrums. Die Gebäudeform folgt der parallel zu den Höhenlinien verlaufenden Parzelle. Erschlossen wird das skulpturale Betongehäuse auf der höheren Seite des Hangs. Hier öffnen sich zwei etwa gleich breite Vorbauten und signalisieren den Zugang, einmal als breiter Carport, der noch ein Tor erhalten wird, dann als geschützte Nische an der Haustür. Auf der Gartenseite gibt es einen weiteren kastenartigen Appendix, der hier als wettersicherer Essplatz die Terrasse begrenzt. Die Überdachung setzt sich im Obergeschoss fassadenbegleitend als Pflanztrog fort.

Von der Diele führt eine unauffällige Treppe ins Untergeschoss. Blickfang und Attraktion ist aber die linkerhand beginnende und an der Fassade plastisch modellierte Treppenrampe, die bequem mit dem Obergeschoss verbindet. Auf beiden Ebenen erlebt man eine kontinuierliche Raumschichtung parallel zum Hang, das heißt, die kleinteiligen kompakten Nutzräume, seien es Garderobe, Bäder, Speisekammer oder Ankleide, fließen in einen offenen Raum, in dem sich die Hauptwohnfunktionen linear reihen. Hier bricht der an drei Seiten plastisch behandelte fensterlose Baukörper mit einer Panorama-Verglasung zur Talseite auf. Im Erdgeschoss teilt ein zentraler Küchenblock die Raumflucht zwischen Arbeiten und Wohnen, wobei sich der Kaminplatz an der Fassade durch einen deutlichen Rauchabzug mitteilt. Im Obergeschoss lässt sich durch Schiebetüren eine durchgehende Verbindung zwischen Schlafräumen und Wellnessbereich/Sauna herstellen. Im Zentrum befindet sich eine allseits verglaste Binnenloggia.

Zur Straße nach Norden besitzt das Haus keine Fenster, es teilt sein Innenleben durch skulpturale Formen mit. Den Zugang neben dem Carport markiert ein überdachter Vorhof.

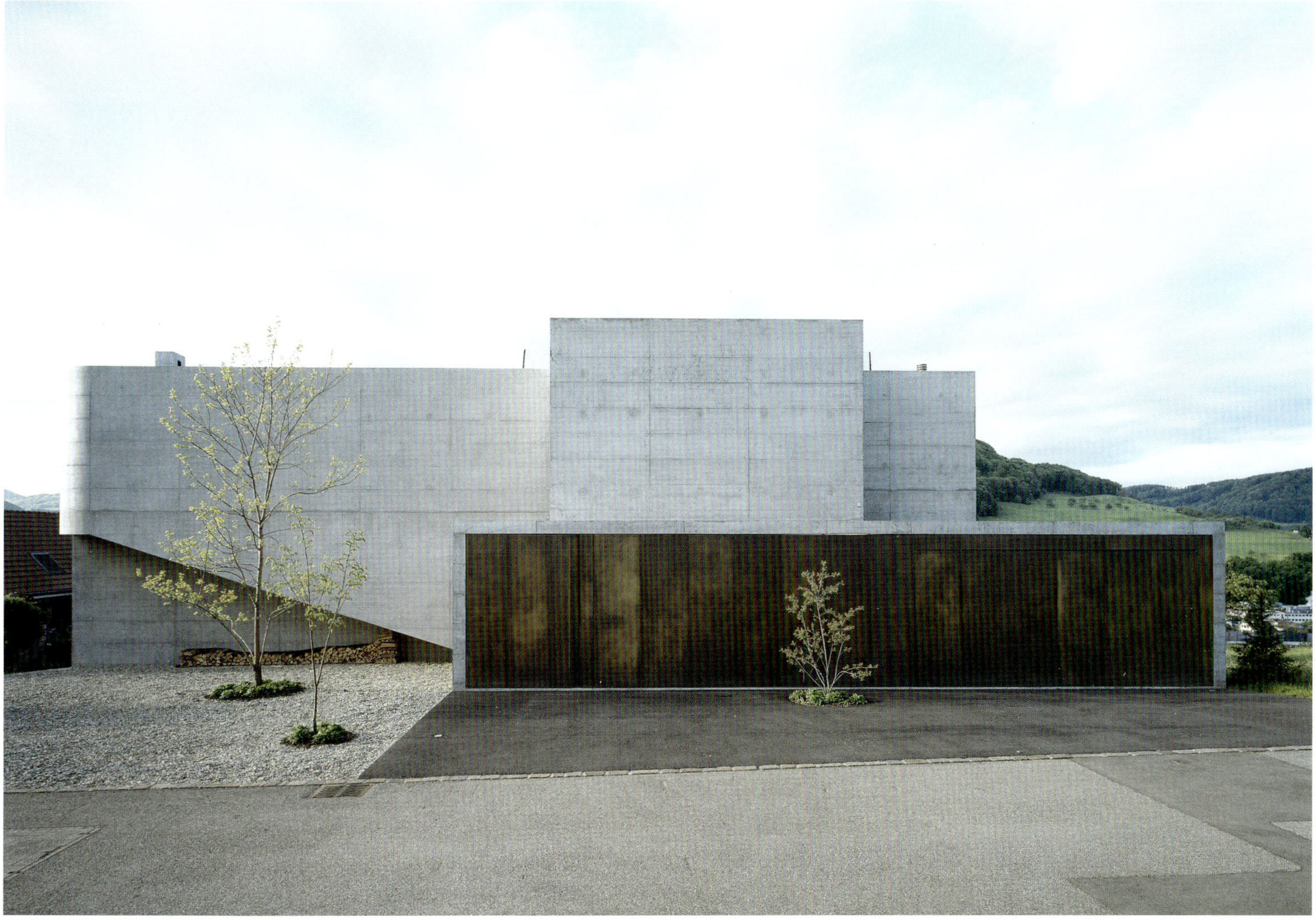

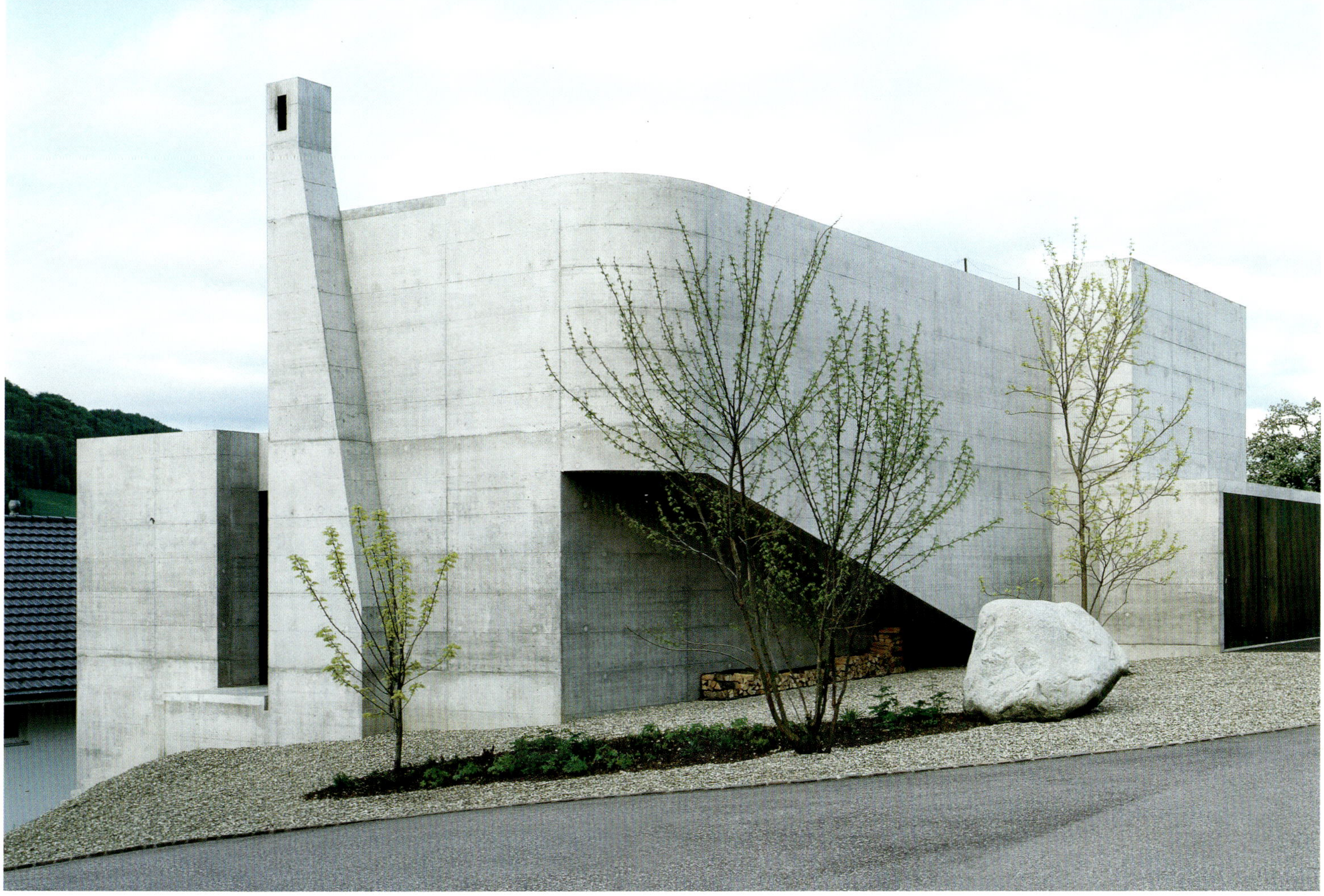

Für den flüchtigen Blick wirkt die Seitenansicht wie ein moderner Sakralbau.

Zur Südseite liegt eine aus dem Volumen entwickelte vorgelagerte Terrasse, sie begleitet die gesamte Gebäudefront und bildet den offenen Kontrapunkt zur geschlossenen Straßenseite. Das Dach wird als aussichtsreiche Pool-Terrasse genutzt, man erreicht sie direkt aus dem Wellnessbereich über eine Stahltreppe.
Der Baukörper weist eine horizontale Schalungsstruktur auf; die innere Schale und die Decken sind ebenfalls in Sichtbeton ausgeführt. Die rohe Haptik wird durch den Innenausbau in Eichenholz ergänzt.

Rechts oben: Im Obergeschoss lässt sich durch Schiebewände ein einziger großer Raum herstellen.

Rechts unten: Ein Küchenblock trennt im Wohnraum die Funktionen. Die Ebene ist offen angelegt, die Raumsequenz erhält durch Winkel und Stufen eine Gliederung, bevor sie sich in der Breite öffnet.

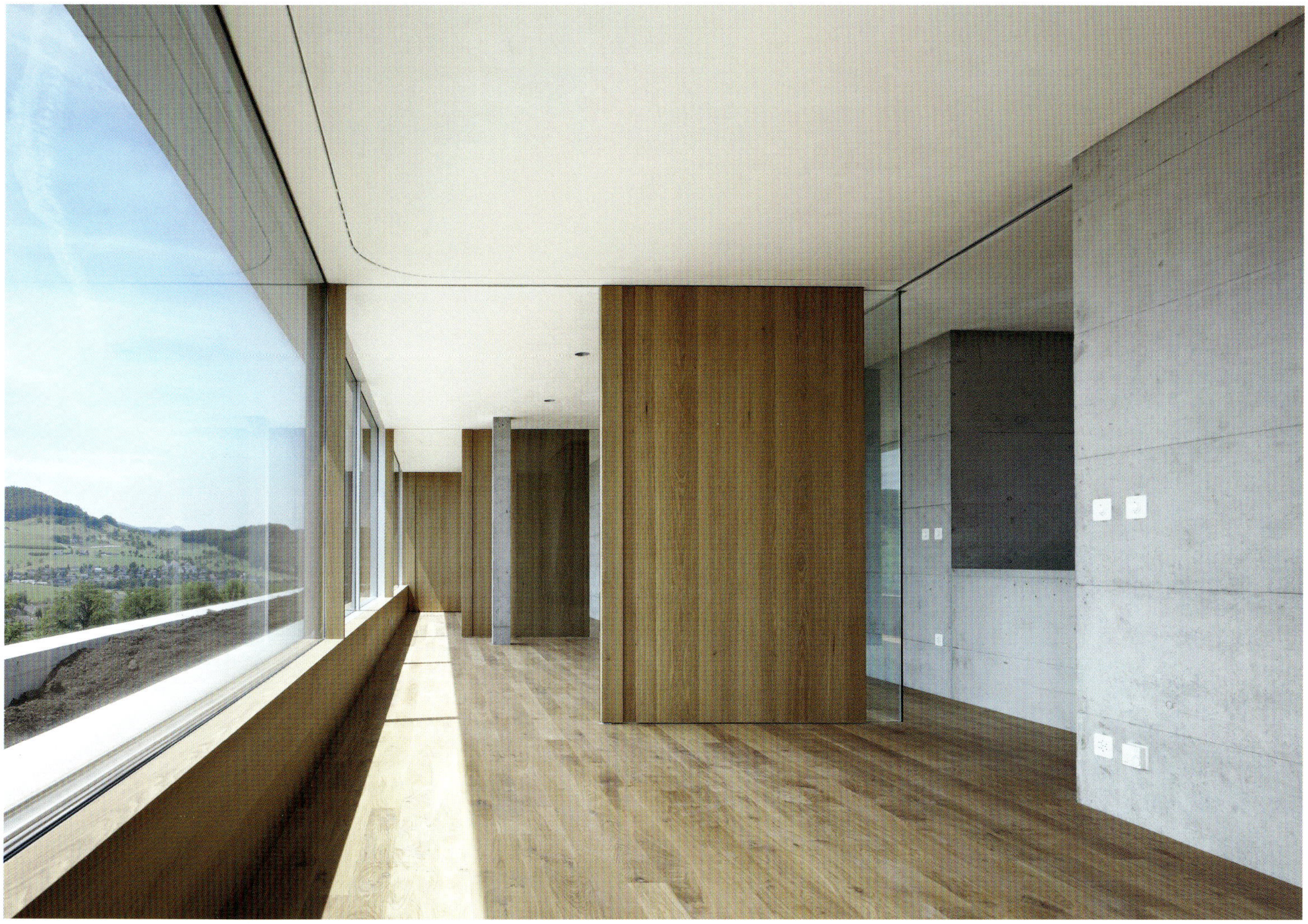

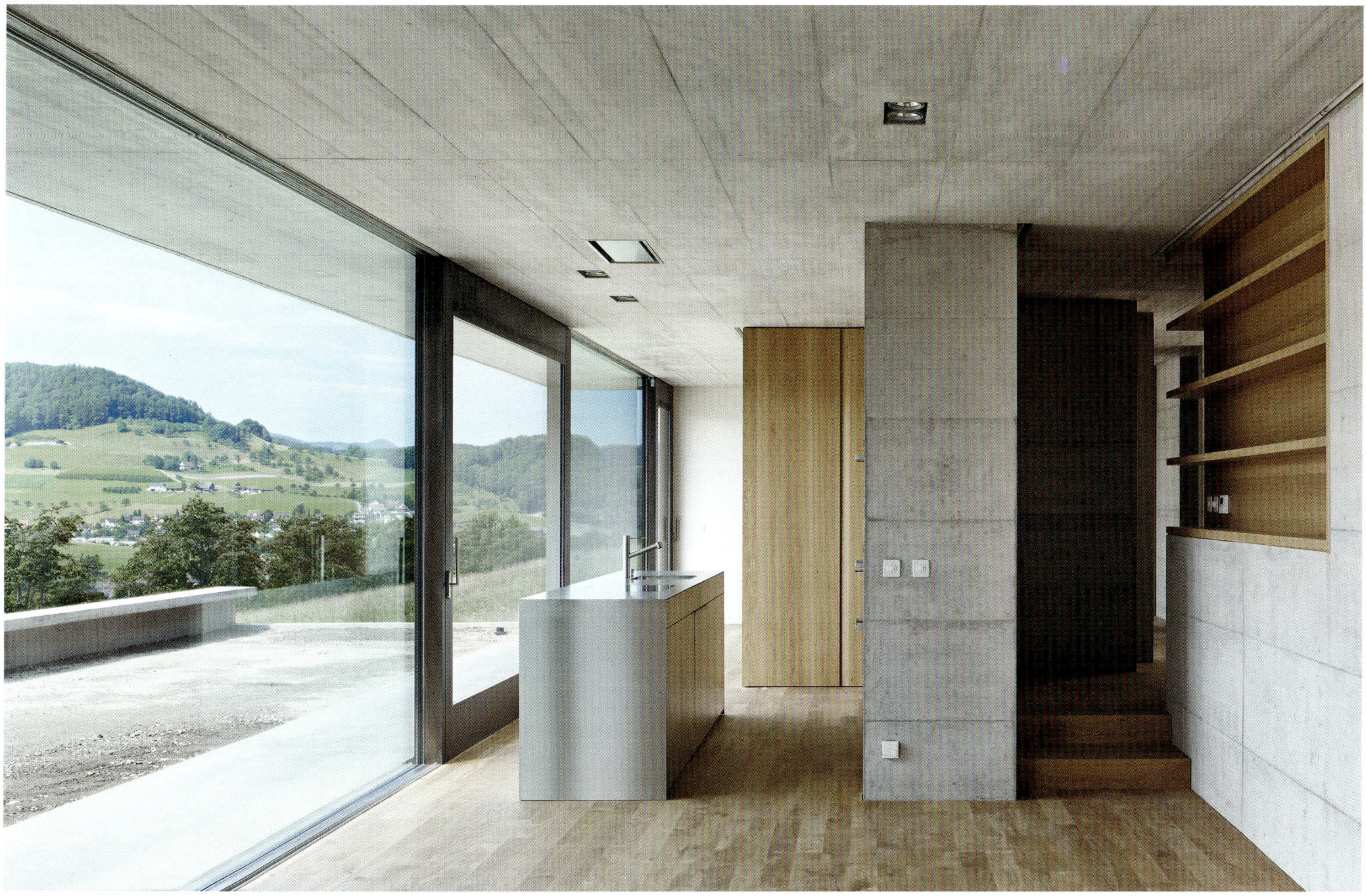

Daniel Buchner, Andreas Bründler
Buchner Bründler Architekten, CH-Basel

„In seiner changierenden Geste von linearem Schnitt und freier Form vermittelt das Haus zwischen Siedlung und Landschaft."

Eine Rampentreppe führt nach oben ins Licht zu den Privaträumen.

Badewanne und Waschtisch stecken in einem Betonmantel. Ansonsten sieht man nur das Eichenholz als weiteres Material.

Urteil der Jury

Zunächst ist man geneigt, von einer Skulptur zu sprechen. Sich nur des Begriffs „Haus" zu bedienen, greift zu kurz. Wer denkt nicht an die großen Architektur-Heroen beim Anblick des rohen Betons und seiner hohen plastischen Qualität! Mit den Nachbarn will das Haus freilich nichts zu tun haben, auch nicht mit der Straße, die darauf zuführt. Und doch ist es nicht abweisend, weil seine harmonische weiche Form das Auge gefangen nimmt. Ohne Zweifel weckt das Objekt wehmütige Erinnerung an die große Zeit des Beton brut, an Le Corbusier natürlich. Zunächst stellt man fest, wie präzise der Grundriss entwickelt und wie vielfältig das Raumangebot in dem doch recht kleinen Volumen untergebracht ist: nach Norden umschlossen von den dienenden Räumen, von Zugang, Garage, Treppe und Bad, nach Süden dagegen großzügig offen über die gesamte Breite. Dem Gebot der Moderne folgend, bedienen sich die Architekten im Wesentlichen nur zweier Materialien: Holz und Beton. Dieser disziplinierte Umgang tut gut, denn das eigentlich kleine Volumen könnte auch nicht mehr ertragen.

So schön das Haus ist, man wünschte sich, die südlichen Nachbarn hätten sich derselben Architekten bedient, oder der Blick in die freie Landschaft würde wenigstens nicht durch den architektonischen Durchschnitt gebremst. Dann wäre das Haus das, was es eigentlich sein will: eine Skulptur in der Landschaft.

Jórunn Ragnarsdóttir

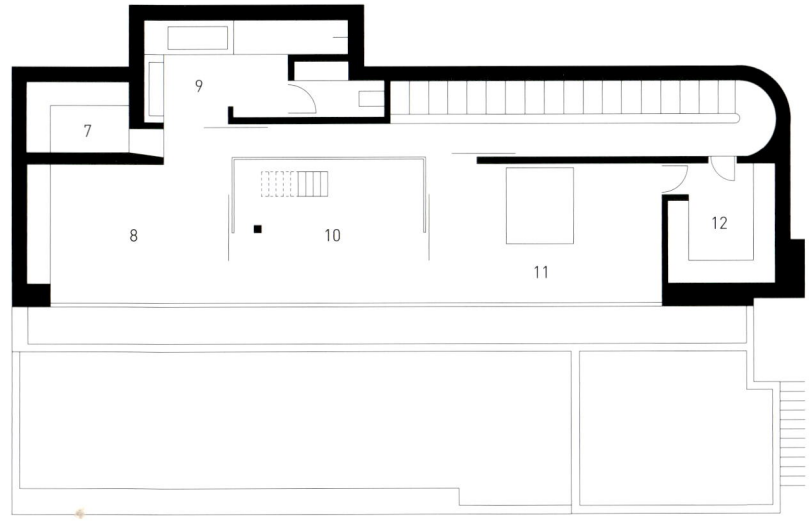

Obergeschoss M 1:200

Gebäudedaten

Grundstücksgröße: 736 m²

Wohnfläche: 335 m²

Zusätzliche Nutzfläche: 125 m²

Anzahl der Bewohner: 2

Bauweise: Ortbeton, massiv

Baukosten gesamt: 1.430.000 CHF

Fertigstellung: 06/2012

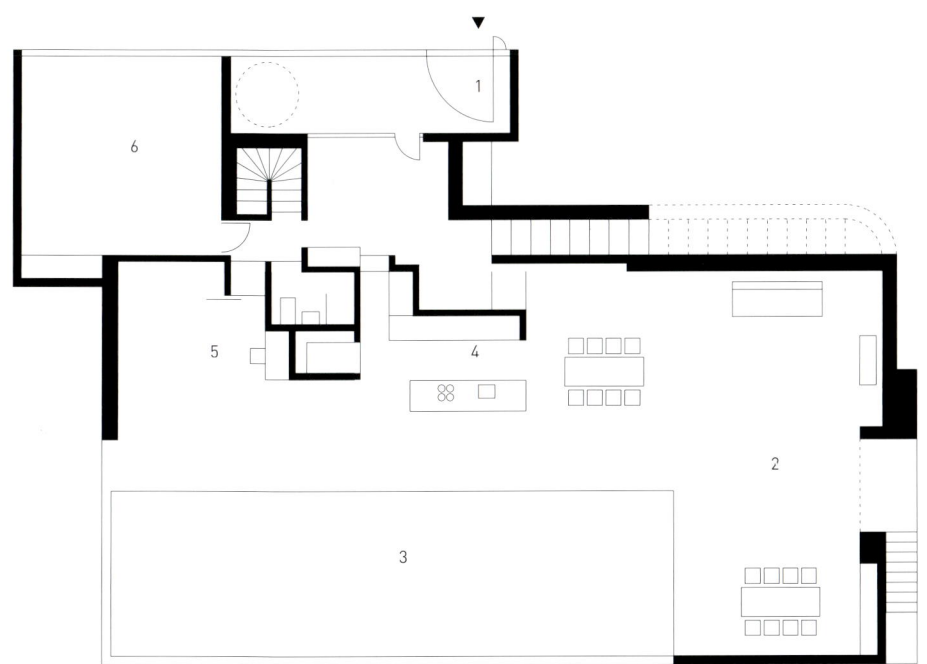

Erdgeschoss M 1:200

1 Zugang
2 Wohnen/Essen
3 Terrasse
4 Kochen
5 Gäste
6 Garage
7 Sauna
8 Ruheraum
9 Bad
10 Loggia
11 Schlafen
12 Ankleide

Schnitt M 1:200

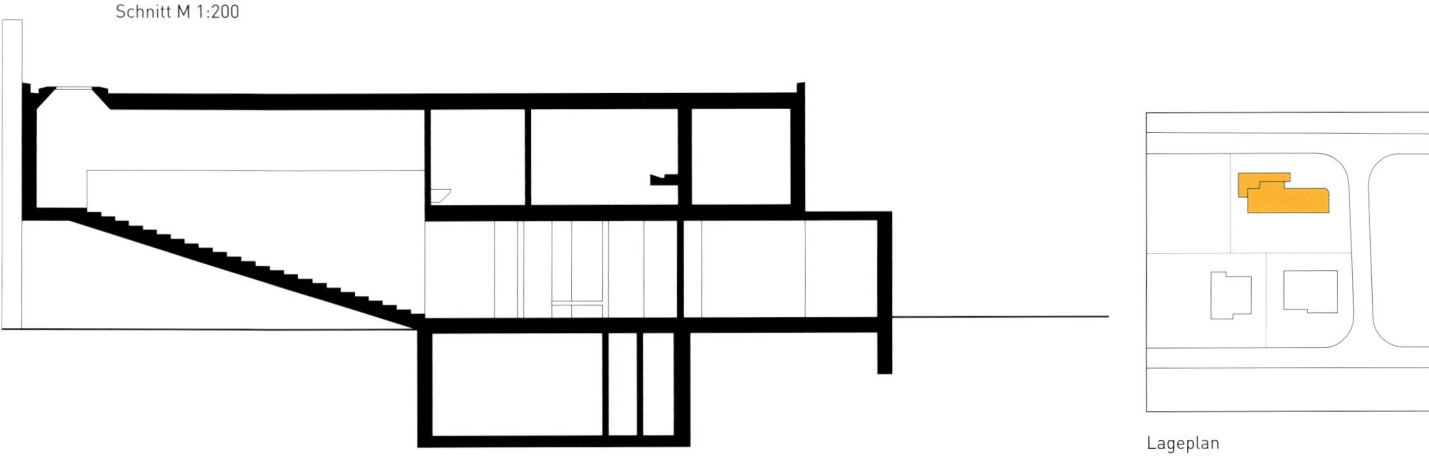

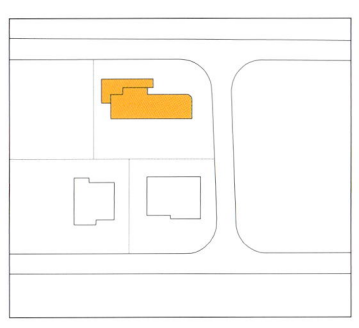

Lageplan

EIN DORFHAUS IN KIRCHHEIM

NIKOLAUS BIENEFELD ARCHITEKT

AUSZEICHNUNG

Ein kleines Eifeldorf, dessen Ortskern noch die aus Haupt- und Nebengebäuden bestehende Bauweise für eine traditionelle bäuerliche Nutzung aufweist. Hier sollte kein städtischer Fremdkörper Maß und Gestaltung der dörflichen Struktur sprengen. Tatsächlich fügt sich der Neubau mit seinen aus einem Vor- und einem Haupthaus, aus einer (künftigen) Orangerie und zwei Garagen bestehenden Elementen höchst funktional in den Kontext. Er erinnert aufgrund seiner variabel interpretierbaren Nutzung, dass „Bleiben" ein ursächlicher Beitrag zur Nachhaltigkeit ist.

Das aus zwei parallel angeordneten eingeschossigen Riegeln bestehende Wohnhaus trennt im Augenblick einen Praxisbereich und ein separates Kinderzimmer vom Wohnen der Familie, später kann dieses Vestibül für vielfältige andere Funktionen (auch wirtschaftlich) aufgegeben werden. Ein gläserner Übergang verbindet die beiden Bauteile, wobei das über die gesamte Grundstücksbreite reichende Haupthaus dem zurückliegenden Garten die gewünschte Privatheit beschert. Lediglich ein seitlicher Durchgang verbindet Hof- und Gartenbereich. Das Haupthaus bietet ohne trennende Flure eine Enfilade aus Räumen, die sich an die zentral liegende Wohnküche zu beiden Seiten anschließen: nach Westen mit einer Bibliothek, nach Osten über ein großzügiges Bad mit dem Elternschlafzimmer. Zum Garten setzt sich der Raum unter dem heruntergezogenen Dach als Terrasse fort.

Die tragende Konstruktion ist massiv aus einem wärmedämmenden Hochlochziegel gemauert. Das Vorhaus ist mit Ziegeln verblendet, das Haupthaus mit einem Kalkputz versehen. Im Innern vermitteln die bis unter das flache Satteldach reichenden Räume ein angenehmes

Die Eingangsseite will den Dorfbewohnern nicht imponieren, sie gibt sich bescheiden.

Zum privaten Garten nach Südosten öffnet sich die sonst moderat befensterte Wand über die gesamte Gebäudehöhe. Die auf den ersten Blick schmucklos wirkende Fassade besitzt im Detail eine Fülle liebevoller Sonderanfertigungen.

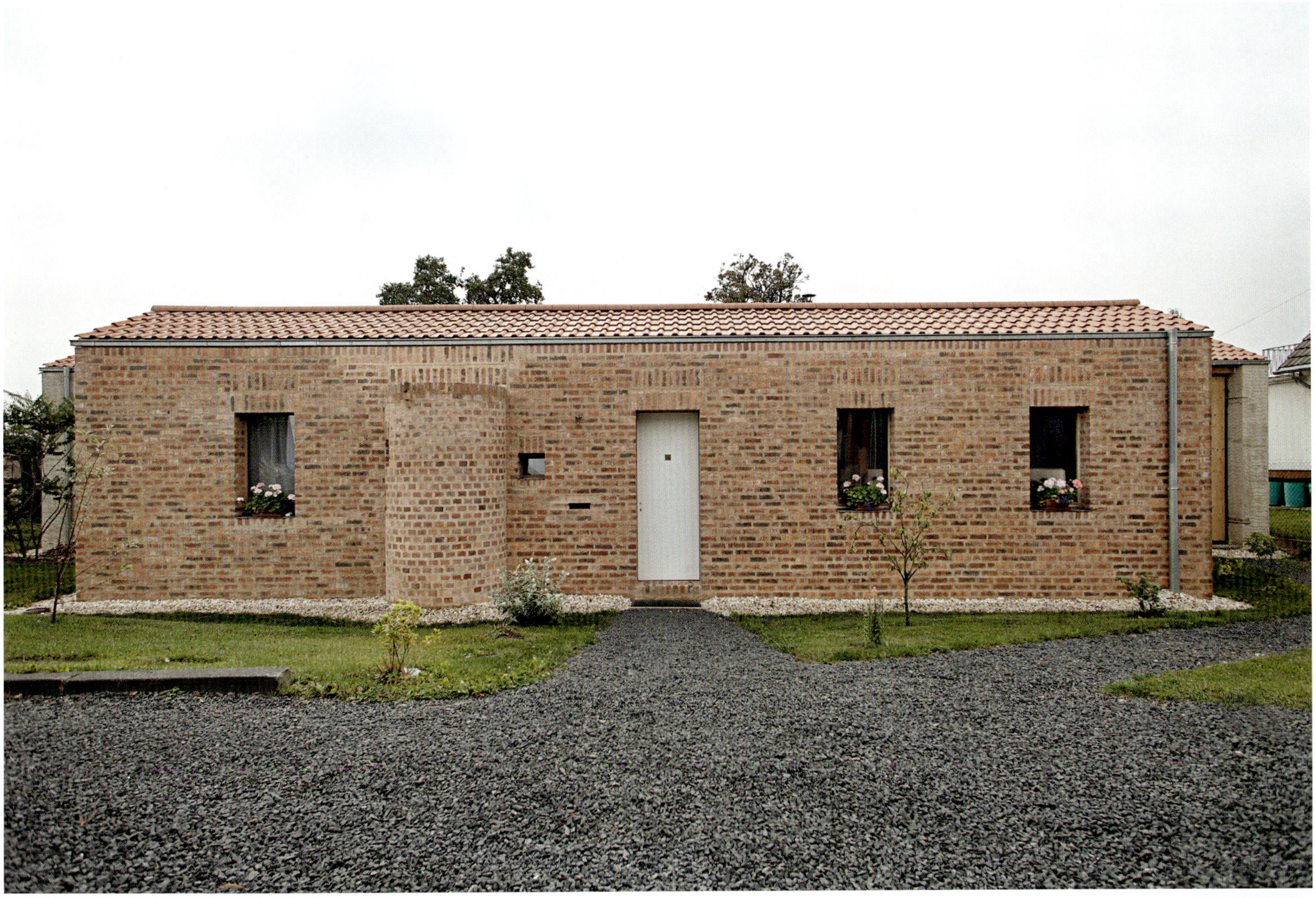

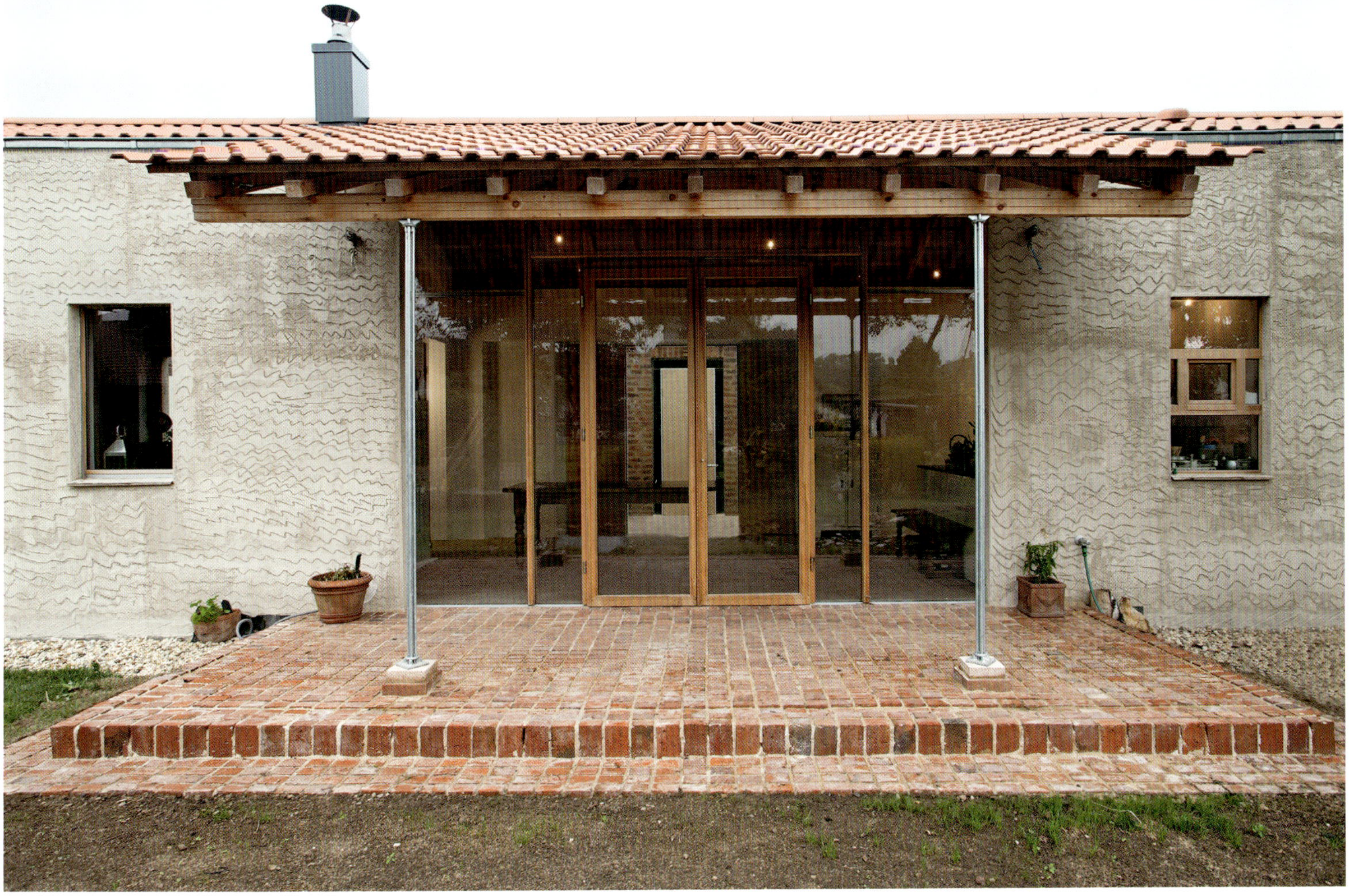

Das Vorhaus (rechts) ist mit breit verfugten Ziegeln verkleidet, das Haupthaus (links) mit einem grauen Kalkputz mit Ziegelsplittzuschlag verputzt. Eine Holz-Glas-Konstruktion verbindet die beiden Bauteile (unten).

Volumen, die sichtbaren Fichtenbalken und der weiße Kalkschlämmputz lassen mit landwirtschaftlichen Gebäuden assoziieren. Der Boden ist durchweg als geschliffener Ziegelsplittestrich ausgeführt. Zur Energieversorgung ist im Wohnraum ein von Hand zu befeuernder Kaminofen mit Wärmetauscher eingebaut – er liefert nicht nur Strahlungs- und Konvektionswärme, sondern versorgt auch die Fußbodenheizung.

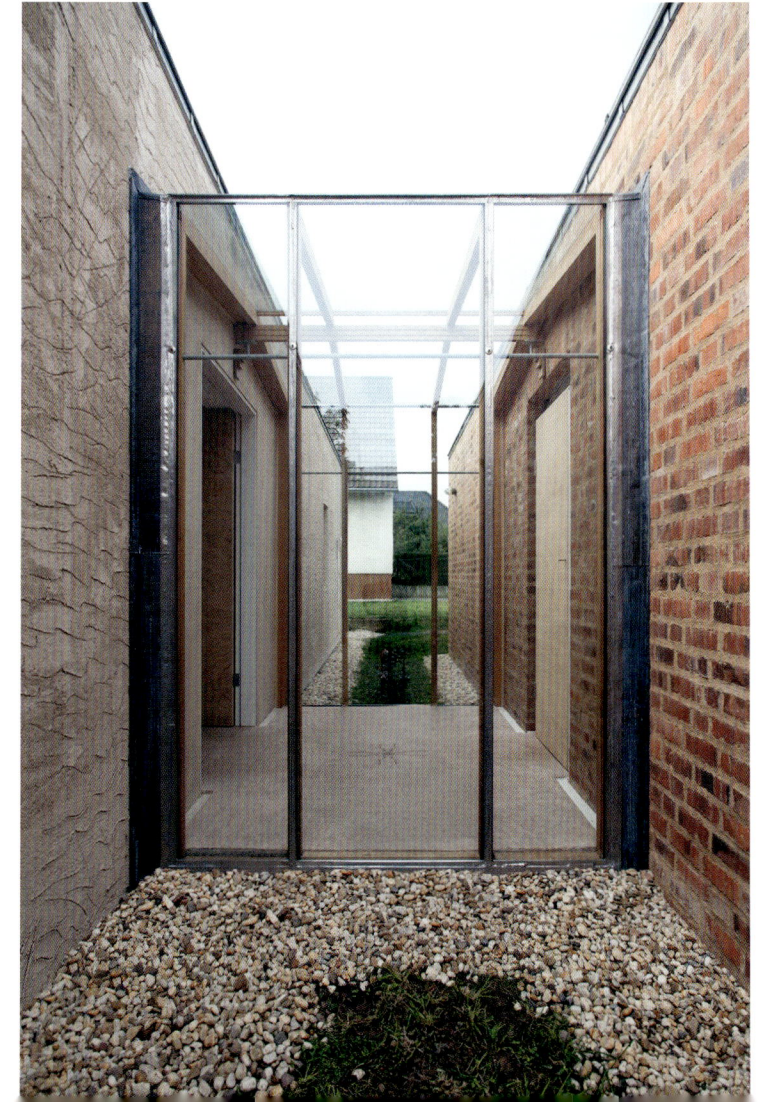

Da das Haupthaus über die gesamte Grundstücksbreite reicht, verbindet ein Durchgang Vorplatz und Garten.

Die bis unter die Sparrenlage reichenden Räume wirken großzügig, bleiben aber der bäuerlichen Baukultur treu.

Urteil der Jury

Dieses Haus verdient in mehrfacher Hinsicht eine Auszeichnung. Städtebaulich fügt es sich wie ein vertrauter Bekannter in den Kontext der ehemals landwirtschaftlich genutzten kleinteiligen Bebauung. Die Dimension des in zwei Baukörper geteilten Hauses und seine einfache, gleichwohl erfinderische und sorgfältige Detaillierung trumpft nicht mit städtischer Modernität auf, sondern nimmt bescheiden in der gewachsenen dörflichen Umgebung Platz. Die hierarchische Entwicklung der Grundrisse schließlich lässt über Generationen eine veränderliche Nutzung zu: mit einer Praxis im Vorhaus, einer Wohnung für Pflegepersonal, auch eine vermietete oder veräußerte separate Wohneinheit. Selbst eine verträgliche Erweiterung mit einem Gartenhaus ist auf dem Grundstück möglich. Endgültig entsteht dann eine fast herrschaftliche Ordnung aus den einzelnen Baukörpern.
Die Architektursprache orientiert sich an einfachen mediterranen Landhäusern, ohne jedoch die heute gefällige Landlust-Dekoration zu bemühen. Die Ausführung kokettiert mit einer herben Schmucklosigkeit, die immer wieder von eigens entworfenen Architekturdetails konterkariert wird. Einige der Postmoderne zugeordnete Beigaben werden dabei in Kauf genommen.

Thomas Kaczmarek

Der Wohnraum ist Mittel- und Kreuzungspunkt für das Leben im Haus.

Kleine postmoderne Aperçus hat man sich auch gestattet.

Erdgeschoss M 1:200

1 Zugang
2 Kind
3 Diele
4 Bad
5 Praxis
6 Abstellraum
7 Bibliothek
8 Wohnen
9 Kochen
10 Schlafen

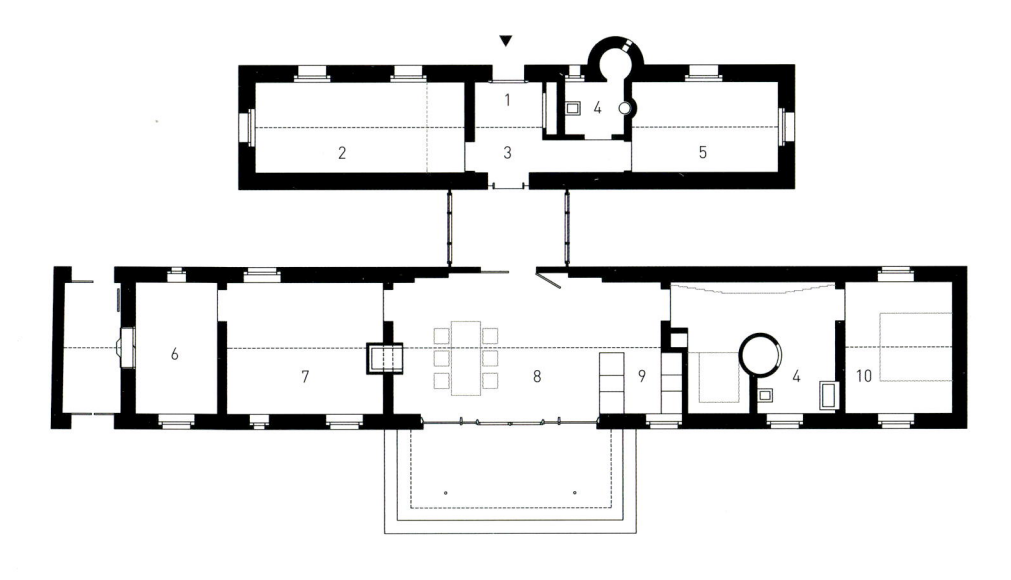

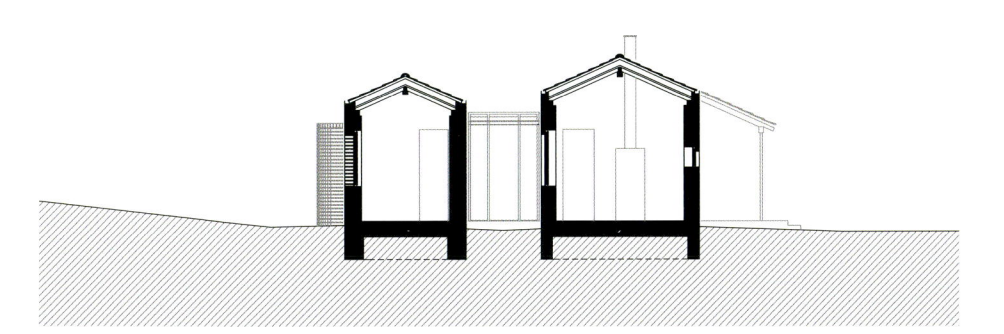

Schnitt M 1:200

Nikolaus Bienefeld, D-Swisttal

„Den Blick auf das Wesentliche lenken
Raum, Licht, Materialität, Detail, Oberfläche."

Gebäudedaten

Grundstücksgröße: 1.038 m²

Wohnfläche: 101 m²

Zusätzliche Nutzfläche: 33 m²

Anzahl der Bewohner: 2

Bauweise: massiv

Primärenergiebedarf: 92,9 kWh/m²a

Baukosten gesamt: 333.000 Euro

Baukosten je m² Wohn-
und Nutzfläche: 2.485 Euro

Fertigstellung: 02/2012

Lageplan

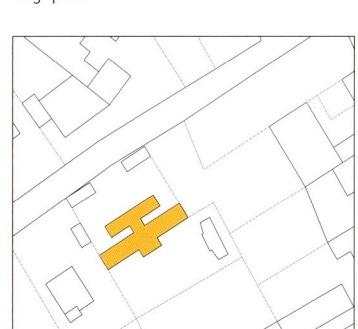

41

SCHEUNENUMBAU IN DRUXBERGE

JAN RÖSLER ARCHITEKTEN

AUSZEICHNUNG

Das Scheunengebäude stand erst einmal einige Jahre leer, nachdem es die Bauherrschaft erworben hatte. Zunächst wollte sie es als Ferienhaus ausbauen, sich aber die Möglichkeit offen halten, später dauerhaft einzuziehen.

Zum Grundkonzept gehörte – und das war die größte Herausforderung –, die vorhandenen Fassadenöffnungen zu erhalten und damit die notwendige Belichtung und Aussicht zu meistern. Da es früher nur Klappläden ohne verglaste Flügel gab, verzichtete man auf eine Fensterteilung oder gar nostalgische Sprossen, die den Lichteinfall behindert hätten. Tatsächlich gelang es, durch minimale Eingriffe den Charakter des landwirtschaftlichen Gebäudes in seiner Umgebung zu wahren. Sein raues, ungeschöntes Äußeres verbirgt die neue Nutzung; erst wenn die Bewohner anwesend sind, die hölzernen Läden und Tore offen stehen und Licht von innen nach außen dringt, gibt es seine neue Bestimmung preis.

Im Erdgeschoss verlangte die prägende Gliederung durch die preußische Kappendecken einen überlegten und sorgfältigen Umgang mit der Raumaufteilung. Sämtliche Wände und Eingriffe (wie die neue Treppe) richten sich deshalb nach der Ordnung der quer zum Gebäude verlaufenden Stahlträger, damit sich ein konstruktiv und formal befriedigendes Zusammenspiel ergibt. Auf der Gartenebene werden in erster Linie die Tagesbedürfnisse bedient: mit einer großzügigen Wohnküche, einem Essbereich mit Kamin und den zu beiden Seiten über Fenstertore angeschlossenen Terrassen. Das Obergeschoss bleibt den privaten Funktionen vorbehalten. Man spürt das an der kleinteiligen Raumaufteilung und auch an der wärmeren Materialität wie dem weiß lasierten Eichendielenboden. Hier gibt es ein großes Elternzimmer und ein Bad, dazwischen einen ruhigeren Wohnraum, der auch zum Lesen oder zurückgezogenen Arbeiten einlädt.

Mit dem Umbau sollte kein städtischer Fremdkörper im Dorf entstehen. Man nahm deshalb auch kleine Fensterluken in Kauf, auf dem Dach liegen Abbruchziegel. Die Solaranlage wird an anderer Stelle errichtet.

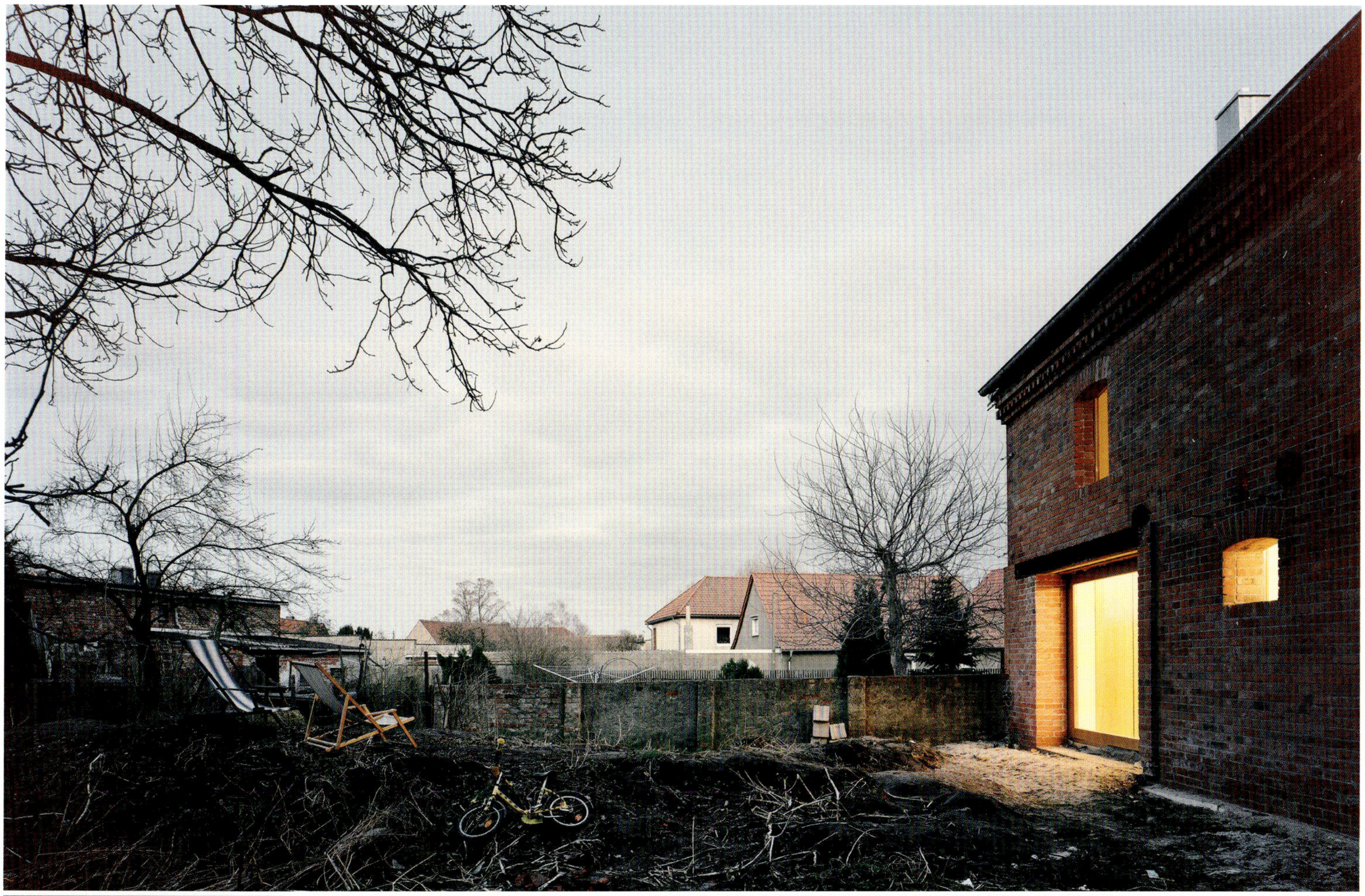

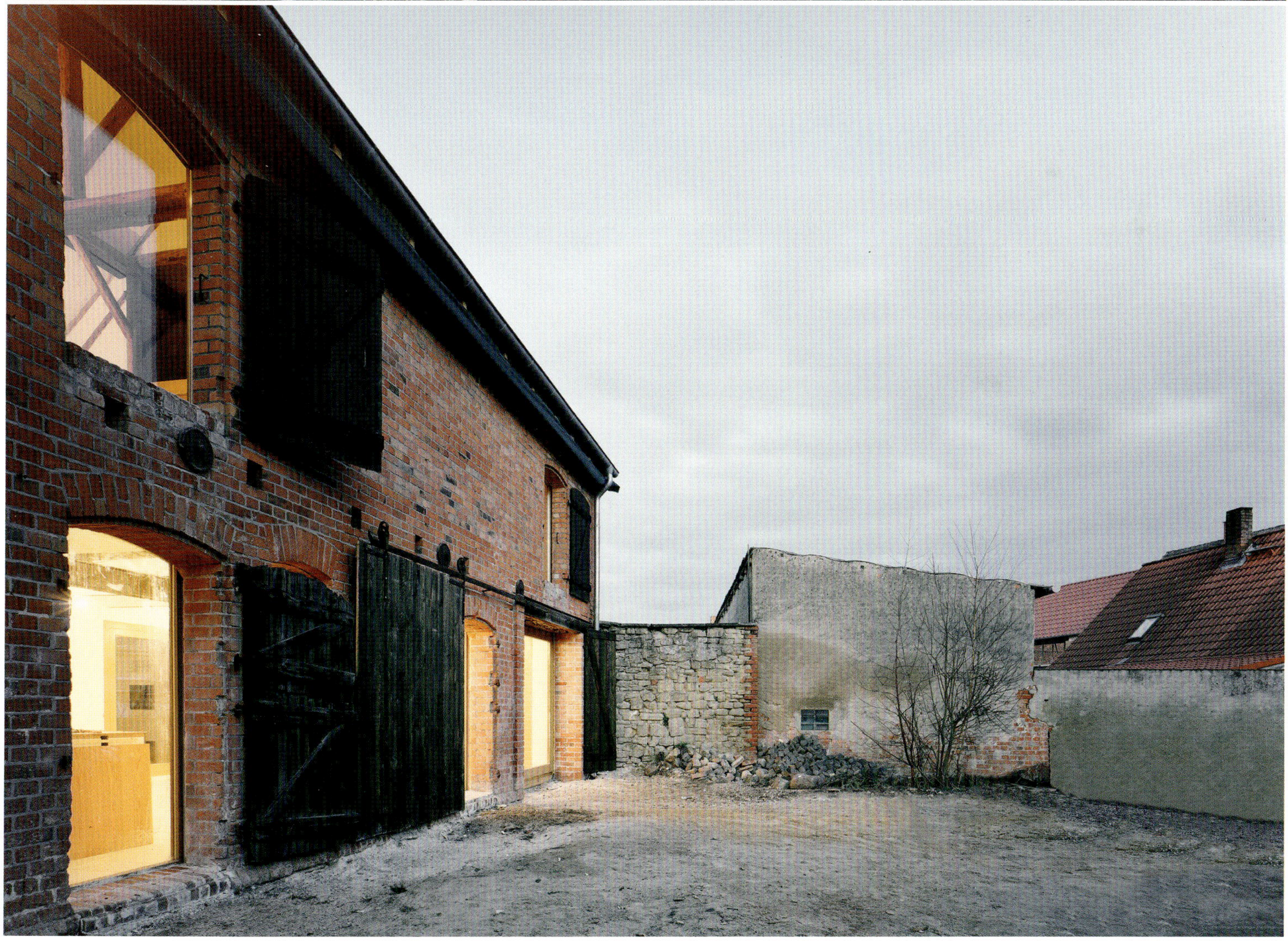

Das ruhige Wohnzimmer im Obergeschoss: Hinter dem Paravent liegt das Elternschlafzimmer, darüber auf der Galerie ein Kinderzimmer.

Die Lineatur der Kappendecken bestimmte den Umbau und prägt jetzt die Wohnräume im Erdgeschoss. An der Stirnwand verbergen sich Schränke und ein Kamin.

Die neue Treppe wurde an anderer Stelle zwischen die Stahlträger der Kappendecke geschoben.

Unter der Dachschräge schließlich finden an beiden Giebelseiten die Kinder eine Galerie, die mit einer Leitertreppe erobert werden kann. Soweit es möglich war, wurden nachhaltige Baumaterialien verwendet. Dazu zählen der durchgängige Lehmputz der Innenwände, die Innendämmung mit Weichfaserplatten und die Flachsdämmung zwischen den Dachsparren. Zur ressourceneffektiven Energieversorgung tragen Solarkollektoren und Photovoltaikpaneele bei. Eine Gastherme erwärmt die Fußbodenheizung.

Ausschlaggebend für den Umbau war schließlich die handwerkliche Begabung der Familie. Dies wurde bei der Planung bereits berücksichtigt. Zwar musste man damit eine längere Bauzeit in Kauf nehmen, doch das Engagement und die durch die Eigenleistung erzielbare Perfektion ermöglichten außergewöhnliche Ergebnisse, die mit dem zur Verfügung stehenden Budget sonst nicht erreicht worden wären.

Im Badezimmer erhielt die Lehmputzwand eine wärmere Pigmentierung.

Urteil der Jury

Wenn Nachhaltigkeit mehr sein soll als Lippenbekenntnis, geht es beim Bauen um den sorgsamen Umgang mit Ressourcen. Umbau wird ein zunehmend wichtiges Thema. Dass Einfamilienhaus nicht notwendigerweise Neubau bedeuten muss, beweist eindrücklich das Projekt von Rösler Architekten. Das bestehende Stall- und Scheunengebäude wurde postagrarisch umgenutzt und in ein Wohnhaus für eine vierköpfige Familie verwandelt. Dabei blieb das Äußere weitgehend unverändert, während im Innern durch geschickte Interventionen Platz für die neue Nutzung geschaffen wurde. Dabei gelang es den Planern, die Qualitäten des bestehenden Gebäudes zu bewahren: Dachstuhl und preußische Kappen bleiben sichtbar und verleihen dem Innern eine eigene Atmosphäre, welche die ursprüngliche Funktion des Gebäudes noch anklingen lässt. Mit einem reduzierten Einsatz von Materialien ist eine Großzügigkeit entstanden, welche ein Neubau kaum geboten hätte.

Hubertus Adam

Gebäudedaten

Grundstücksgröße: 840 m^2
Wohnfläche: 212 m^2
Zusätzliche Nutzfläche: 12 m^2
Anzahl der Bewohner: 4
Bauweise: massiv
Primärenergiebedarf: 83 kWh/m^{2}a
Baukosten gesamt: 168.000 Euro
Baukosten je m^2 Wohn- und Nutzfläche: 750 Euro
Fertigstellung: 03/2011

Lageplan

Jan Rösler, D-Berlin

„Sein zum rauen Äußeren kontrastreiches Inneres gibt der Bau nur während der Anwesenheit seiner Bewohner zu erkennen, wenn die hölzernen Läden und Tore geöffnet werden und das warme Licht von der neuen Nutzung zeugt. Bei Abwesenheit erhält das Haus seinen ursprünglichen Charakter als Stallgebäude zurück."

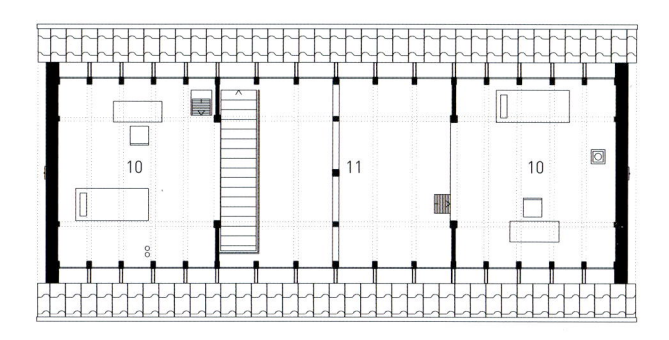

Dachgeschoss M 1:200

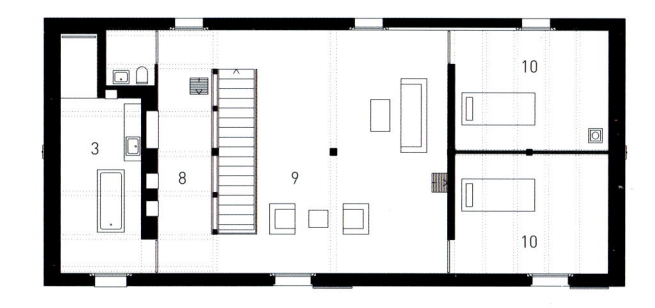

Obergeschoss M 1:200

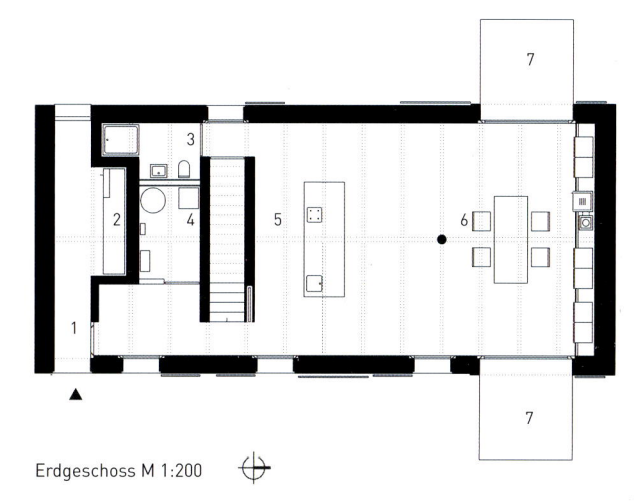

Erdgeschoss M 1:200

1 Zugang
2 Werkbank
3 Bad
4 Technik
5 Kochen
6 Wohnen/Essen
7 Terrasse
8 Teeküche
9 Wohnen
10 Schlafen
11 Luftraum

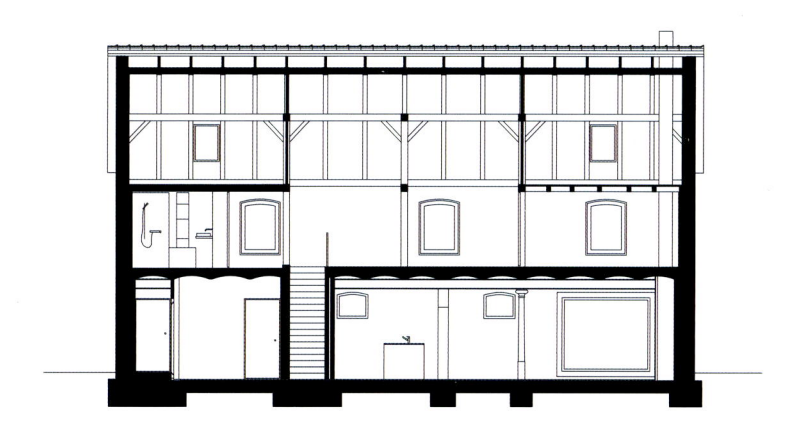

Schnitt M 1:200

HAUS AUF EINER JURA-WIESE

PASCAL FLAMMER

AUSZEICHNUNG

Das Haus ersetzt ein Scheunengebäude, das abgerissen und mit gleichem Volumen als Ferienhaus wieder errichtet wurde. Das Baumaterial ist Fichtenholz. Das von keiner Öffnung gestörte, tief heruntergezogene Dach ist mit Ziegelpfannen gedeckt.

Die Bauherrin wollte bei knappem Budget ein Haus, das sich durch die Attribute „stark, klar und logisch" auszeichnet. Die Wohnebene, 75 Zentimeter in die Erde eingegraben, ist als offener Raum angelegt, der rundum auf Brüstungshöhe von einem Schrankmöbel begleitet wird. Deshalb gibt es vor dem integrierten Küchentresen eine Absenkung, um eine gleichbleibende Höhe dieser Einbauten zu erreichen. Eine filigrane Wendeltreppe verbindet nach unten zu einem kontemplativen, nur von einem runden Oberlicht erhellten Atelier und nach oben zu drei Räumen und einem Badezimmer; die Trennwände stoßen wie Windmühlenflügel an das Treppenpodest an. Vor den Außenwänden lässt sich durch Schiebetüren, die in den Trennwänden verschwinden, zwischen allen Räumen umhergehen. Es geht also bei der knappen Wohnfläche kein Platz für einen Flur verloren. Ein schmales Gästezimmer folgt noch über dem Bad. Die Giebelwände sind ebenfalls großzügig verglast, an den Längsseiten verbindet jeweils ein kreisförmiges Fenster die Zimmer. Eine Wärmepumpe versorgt die Fußbodenheizung.

Das Tragwerk über dem betonierten Untergeschoss besteht aus Fichtenholzbalken. Auf der Wohnebene erkennt man hinter der Verglasung sechs Stützen und diagonale Auskreuzungen, die sich in den senkrechten Wänden des Dachgeschosses als Fachwerk fortsetzen. Die von außen sichtbare Konstruktion steht wie ein lastabtragendes Ornament hinter dem Fensterband. Alle Innenverkleidungen sind aus Fichtenholz-Dreischichtplatten gefertigt.

Ein geheimnisvolles Haus, das nachts wie eine Laterne in der Wiesenlandschaft leuchtet.

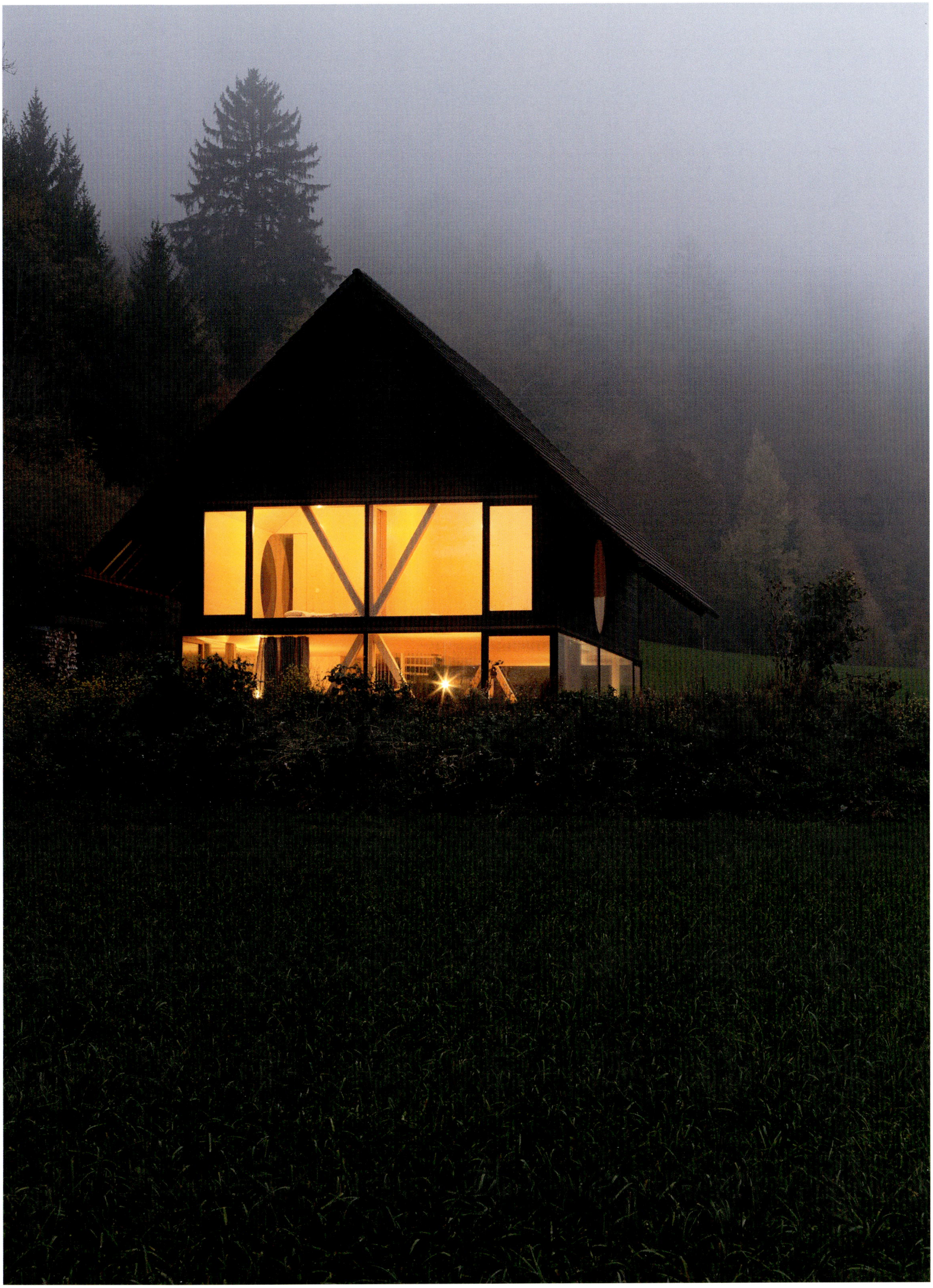

Das Wohngeschoss ist eine offene
Ebene mit Rundumblick.

Eine zarte Wendeltreppe erschließt
das Dachgeschoss.

Die in das Brüstungsmöbel eingefügten Stufen führen auf kurzem Weg in die Wiese.

Eine Absenkung im Boden gibt den Küchenmöbeln die richtige Höhe.

Nur über dem Badezimmer gibt es noch ein schmales Gästezimmer, sonst reichen die Schlafräume bis unter den First.

Die Schiebetüren lassen sich in die Trennwände versenken; ausgefahren teilen sie mittig das Mondfenster.

Das Tragwerk und seine Aussteifungen bleiben immer im Blick.

Die umlaufenden, tischhohen Einbauten im Wohngeschoss schließen auf Höhe der Wiese ab.

Rechts: Die Öffnungen sind großflächig als raumhohe Bänder oder kleine Mondfenster in die Fassade geschnitten.

Pascal Flammer, CH-Zürich

„Das Thema dieses Hauses ist die umgebende Landschaft – die Beziehung der Innenräume zum Außenraum."

Urteil der Jury

Dieses Haus evoziert eine gewisse Ehrfurcht. Und man glaubt, ohne dem Architekten begegnet zu sein, dass darin Einflüsse aus anderen Kulturkreisen aufgegangen sind. Allerdings ohne die leiseste folkloristische Attitüde. In einem Interview antwortete Flammer auf die Frage, welche Inspirationen den Entwurf getragen hätten: Richter, Polke, Shinohara, Rocha, Buddha, Maria. Das klingt verwegen, vor allem, da es sich um das erste gebaute Haus seines eigenen Büros handelt, das er 2005 nach seinem Engagement bei Valerio Olgiati in Zürich eröffnet hat. Tatsächlich hat sich der weitgereiste Architekt mit diesem Holzhaus ein großes Stück von der regionalen Tradition entfernt, ohne einen Fremdkörper in die abgelegene, zauberhafte Wiesenlandschaft zu setzen. Das Haus changiert zwischen Abschluss und Öffnung und nimmt auf jeder der drei Ebenen einen eigenen Bezug zur Umgebung auf: im Untergeschoss bleibt man gedanklich auf sich konzentriert, darüber im Erdgeschoss mit der umlaufenden Verglasung wird man auf Augenhöhe mit der Natur konfrontiert, unter dem Dach betrachtet man sie wie ein Bild aus der Distanz. Die Aufnahmen im bläulichen Wiesennebel zwischen Tag und Traum lassen das Haus wie eine schwebende Erscheinung wirken. Die Jury erkannte dennoch die konstruktive Leistung.

Wolfgang Bachmann

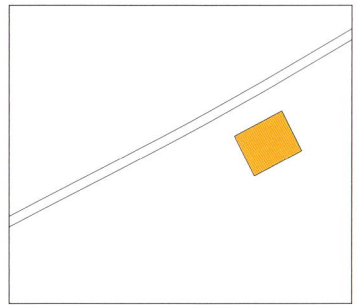

Lageplan

Gebäudedaten

Grundstücksgröße: 825 m²
Überbaute Fläche: 100 m²
Wohnfläche : 186 m²
Nutzfläche: 178 m²
Bauweise: Fundamente: Beton;
Struktur, Böden, Decken, Wände:
Fichtenholz
Fertigstellung: 2011

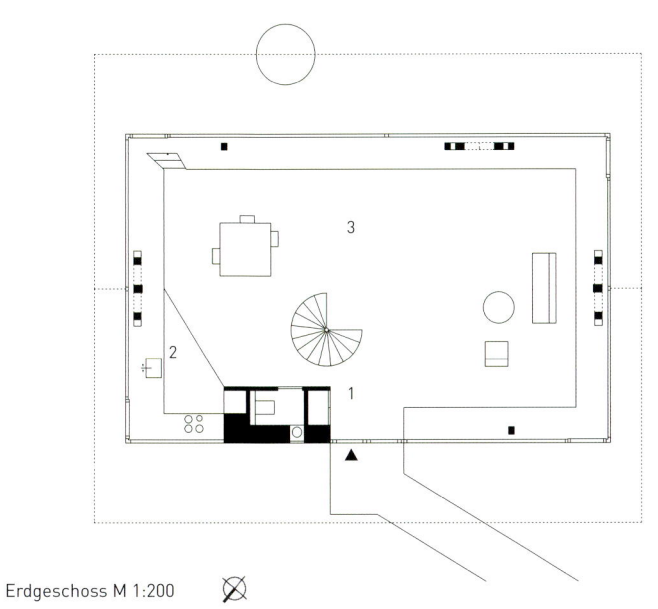

Erdgeschoss M 1:200

Dachgeschoss M 1:200

1 Zugang
2 Kochen
3 Salon
4 Bad
5 Zimmer
6 Atelier

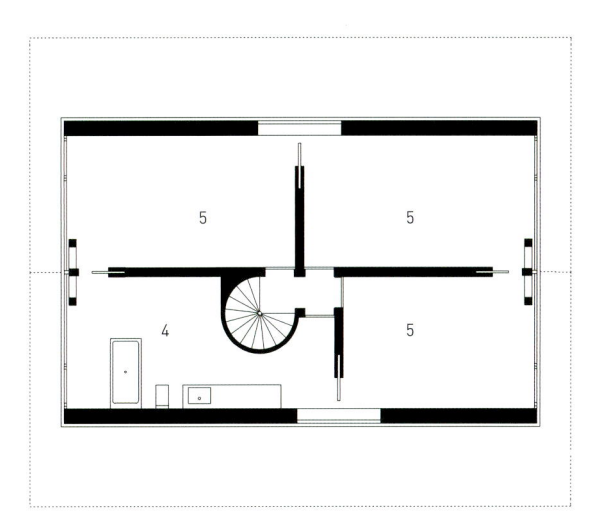

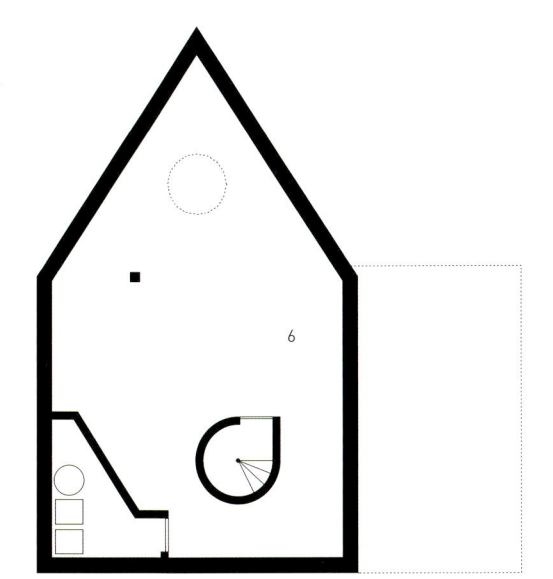

Untergeschoss M 1:200

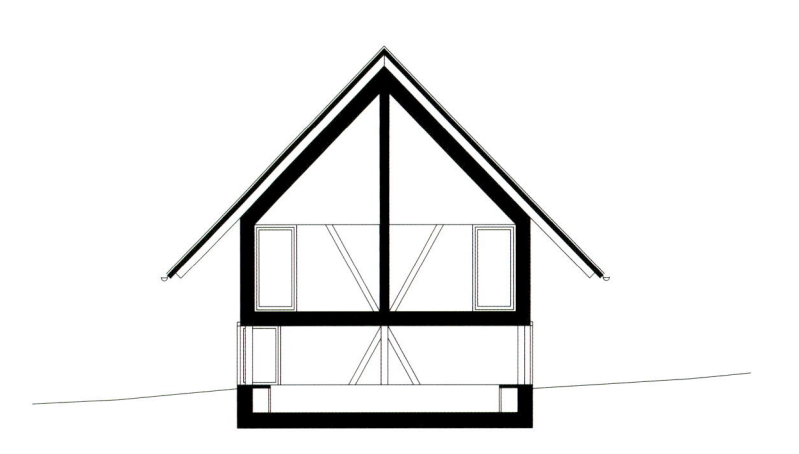

Schnitt M 1:200

HAUS IN REINACH

BUCHNER BRÜNDLER ARCHITEKTEN

ANERKENNUNG

Das leicht abfallende Hanggrundstück am äußersten Rand der Bauzone bietet freie Sicht ins Birstal und auf die Juraausläufer. Der Wald beginnt an der Rückseite der Parzelle, ihre nordöstliche Hälfte darf bereits nicht mehr bebaut werden. Die unterhalb des Geländes direkt an der Grenze errichteten Wohnhäuser beeinträchtigen den Ausblick.

Auf diese Konditionen reagiert der Entwurf. Auf ein kleines Sockelgeschoss wird ein mäandrierendes, mehrfach auskragendes Obergeschoss gesetzt, das bergseitig das Niveau des Waldbodens erreicht und talseitig über die Dächer der Nachbarhäuser schaut. Am äußeren Ende zum Wald hin verjüngt sich der Baukörper und berührt mit einer flachen Terrassen-Rampe den Boden. Hier sammeln sich mehrere kabinettartige Räume, an die über dem fallenden Gelände ein offener Grundriss mit Panorama-Aussicht anschließt. Eine deutliche Zäsur an der Ostseite unterbricht die Raumfolge, sie erlaubt als Loggia den stufenweisen Zugang auf das Grundstück, schafft jedoch gleichzeitig Distanz zur Nachbarschaft. Als intimer, räumlich gefasster Hof verbindet sie das Zentrum des Hauses mit dem Garten, eine feingliedrige Pergola überspannt den Zwischenraum.

Im Untergeschoss befindet sich der Gästebereich, der die Größe und Ausstattung einer Einliegerwohnung erreicht. Über die gemeinsame Eingangshalle wird auch die Hauptwohnung erschlossen. Hier richten sich die Individualräume zum Wald, ihre verschränkte Anordnung und der Zwischenflur mit einem Arbeitsplatz dienen der größeren Privatheit. Seitlich von Küche und Essplatz liegt der offene Wohnraum in dem nach Osten anschließenden Trakt, damit verschwindet die Küche etwas aus dem Blick. Eine Bibliothek ergänzt das Angebot.

Der schmale Sockel mit einer Gästewohnung stemmt das Wohngeschoss über die angrenzenden Nachbarhäuser.

Mit dem hangaufwärts angrenzenden Wald verbindet eine geneigte Terrasse; eine Zäsur im Baukörper birgt eine gestaffelte Loggia.

55

Das untere Stockwerk ist betoniert, darauf steht das Wohngeschoss aus vorgefertigten Holzelementen. Die Fassade ist rundum mit dunkelbraun gestrichenen Tannenbrettern verkleidet, sie kommen in ihrer Anmutung dem angrenzenden Wald nahe. Die Innenräume sind mit weiß lasierten Sperrholzbrettern beplankt, um einen deutlichen Kontrast zur Außenhülle zu erzeugen. Nur Küchentresen und Kamin konterkarieren als Ortbetonskulpturen den „weichen" Ausbau aus Holz.

Kamin und Küchentresen stehen als solide, ungeschönte Skulpturen im Raum. Das Obergeschoss ist sonst ein Holzelementbau.

Von der Küche hat man die mit einer Pergola überdachte Loggia im Blick.

Blick nach Westen. Das wie ein Mondrian-Bild geteilte Fenster ist dreifach verglast.

Arbeitsplatz Küche: die schwere Ortbetonausstattung verträgt kräftiges Werkeln – und darf auch seine Spuren zeigen.

Daniel Buchner, Andreas Bründler
Buchner Bründler Architekten, CH-Basel
„Das Haus zelebriert in seiner räumlichen Dramaturgie die Erlebniswelt des angrenzenden Waldes."

Die Innenwände sind mit weiß lasierten Sperrholztafeln ausgeschlagen. Die Fußbodenheizung wird von einer Wärmepumpe versorgt.

Obergeschoss M 1:200

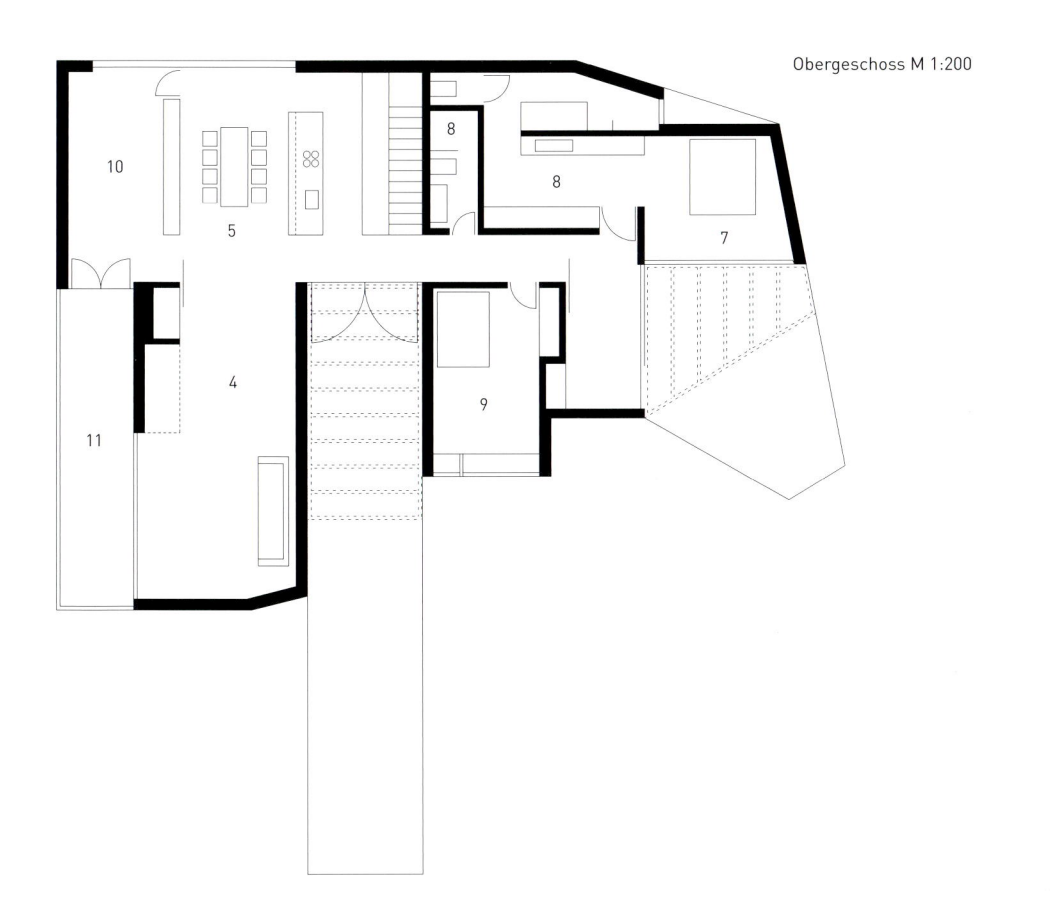

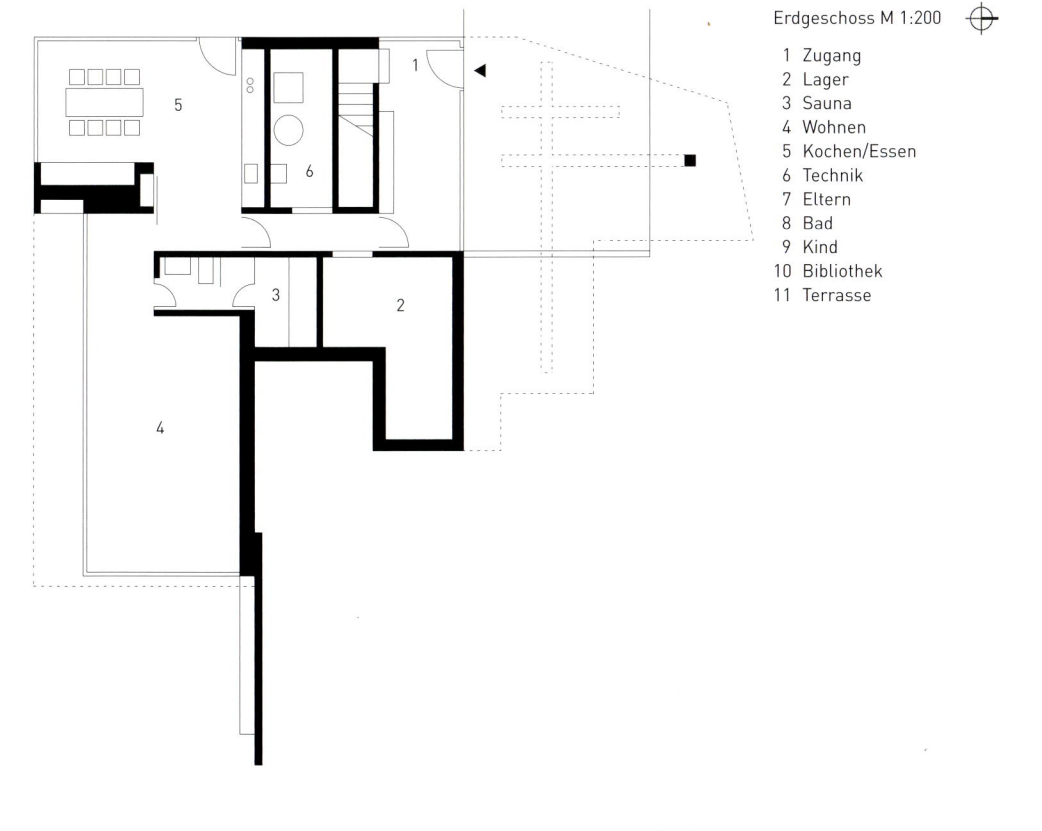

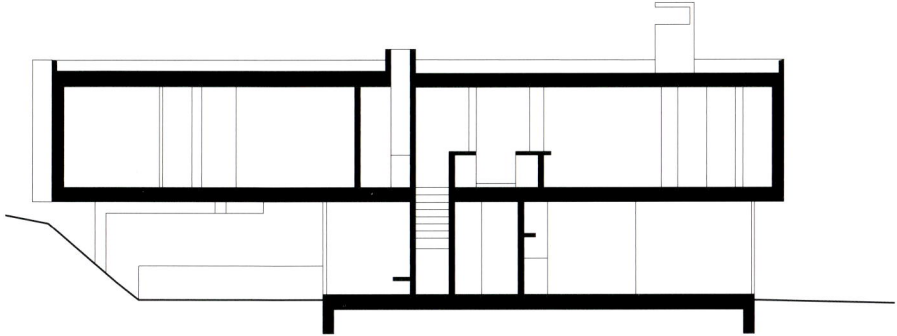

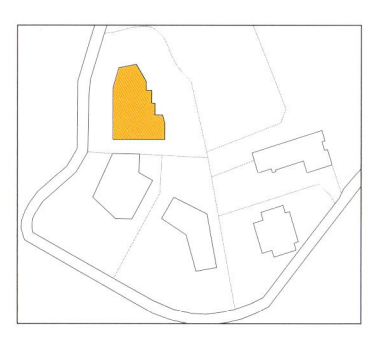

Lageplan

Gebäudedaten

Grundstücksgröße: 1.957 m²
(950m² Bauland, Rest Wald)
Wohnfläche: 230 m²
Zusätzliche Nutzfläche:
Keller, Waschraum: 25 m²;
Balkon, Terrassen: 148 m²
Anzahl der Bewohner: 2
Bauweise: Betonsockel,
Holzelementbau
Baukosten gesamt: 1.250.000 CHF
Fertigstellung: 07/2012

Erdgeschoss M 1:200

1 Zugang
2 Lager
3 Sauna
4 Wohnen
5 Kochen/Essen
6 Technik
7 Eltern
8 Bad
9 Kind
10 Bibliothek
11 Terrasse

Schnitt M 1:200

NEUE WOHNUNG IN ALTEM WEINGUT IN FLÄSCH

ATELIER-F AG

ANERKENNUNG

Levanti (eigentlich die Lagebezeichnung eines Weinbergs) ist eine kleine, aber feine Weinmanufaktur in Fläsch. Hier wird ein Pinot Noir mit höchstem Qualitätsanspruch produziert. Die Weine dieser Rebsorte zeichnen sich aus durch geringe Erträge, bestmögliche Reife des Leseguts, eine starke Konzentration des Mostes und den Ausbau in Barriquefässern. Ziel ist eine unverwechselbare Charakteristik und der Ausdruck des Terroirs.

Das Weingut befindet sich in einem alten Torkelgebäude in Fläsch (Torkel nennt man hier die Weinpressen oder Keltern). Die Idee war, das Raumprogramm im Torkel durch eine Wohnung zu ergänzen. Dabei sollte die Bausubstanz der historischen Gebäudehülle unangetastet bleiben und für den Weinbaubetrieb ein Arbeitsraum zusätzlich unterkellert werden.

Der Eingang im Torbogen verrät bereits die neue Doppelnutzung: die zurückgesetzte verglaste Schiebefront der Weinprobierstube wird seitlich hinter der Torlaibung ergänzt durch den Eingang zur Wohnung. Der entstandene schmale Außenraum wirkt als Loggia zur Straße.

Über eine Treppe erreicht man die privaten Wohnräume, zunächst einen Schlafraum mit separatem Bad, in die Diele davor ist noch eine Besuchertoilette eingestellt. Die Belichtung der Wohnräume im Dachgeschoss wird durch zwei Gauben ergänzt, sie sind in das vorhandene Gebälk eingebaut. Dadurch musste man unterschiedliche Breiten in Kauf nehmen. Die Gaube nach Westen lenkt den Blick aufs Feld, die nach Osten in die Berge. Sie sind aus rohem Stahl geschweißt und nahtlos in das bestehende Biberschwanzdach eingefügt. Allmählich erhalten sie die erwünschte Patina und verschmelzen optisch und farblich mit dem Dach.

Zur Straßenseite ist vor der Weinprobierstube mit dem Umbau eine Loggia entstanden. Die in die Jahre gekommene Fassade blieb ansonsten unverändert. Der Eingang liegt seitlich in der Bogenlaibung.

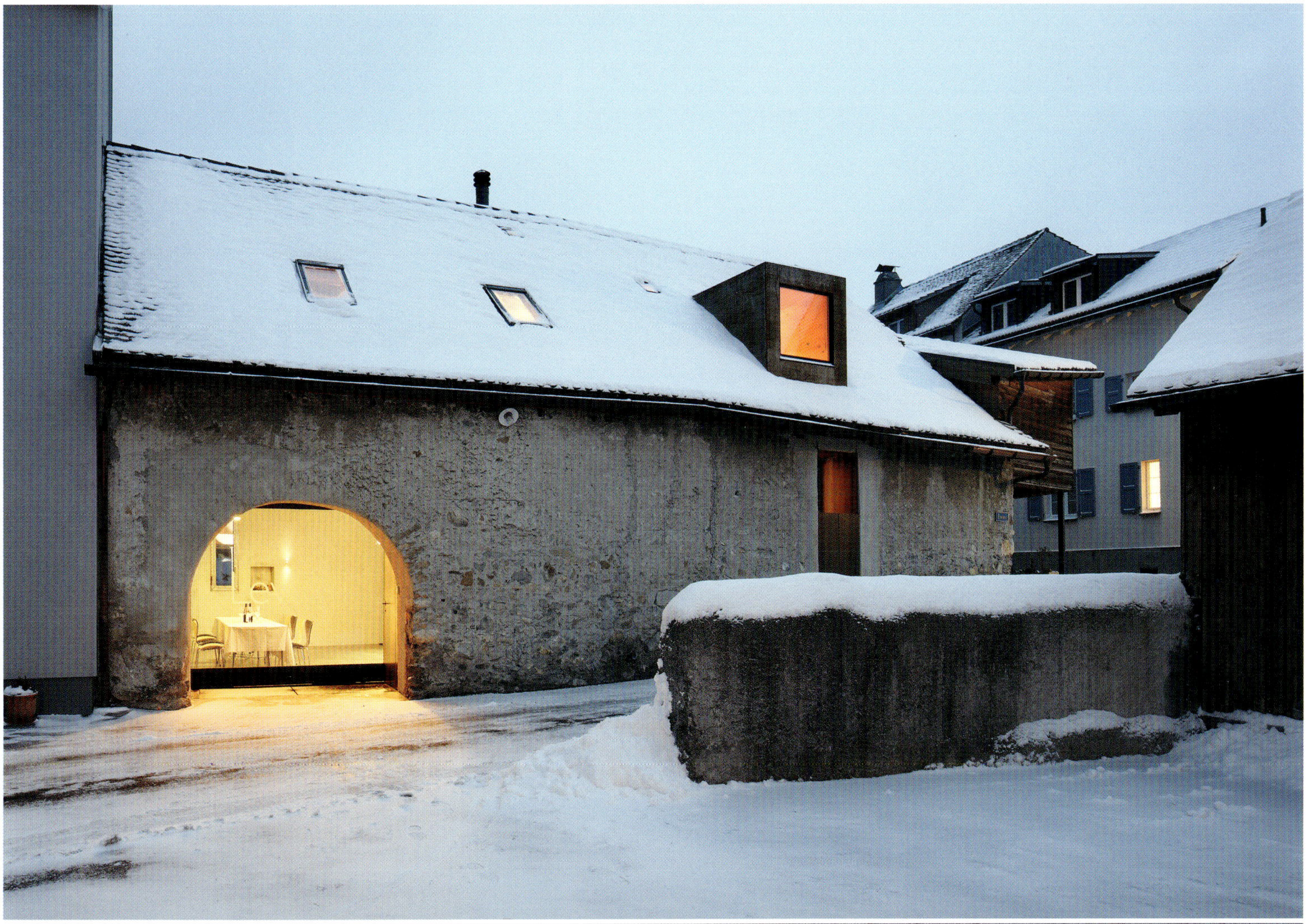

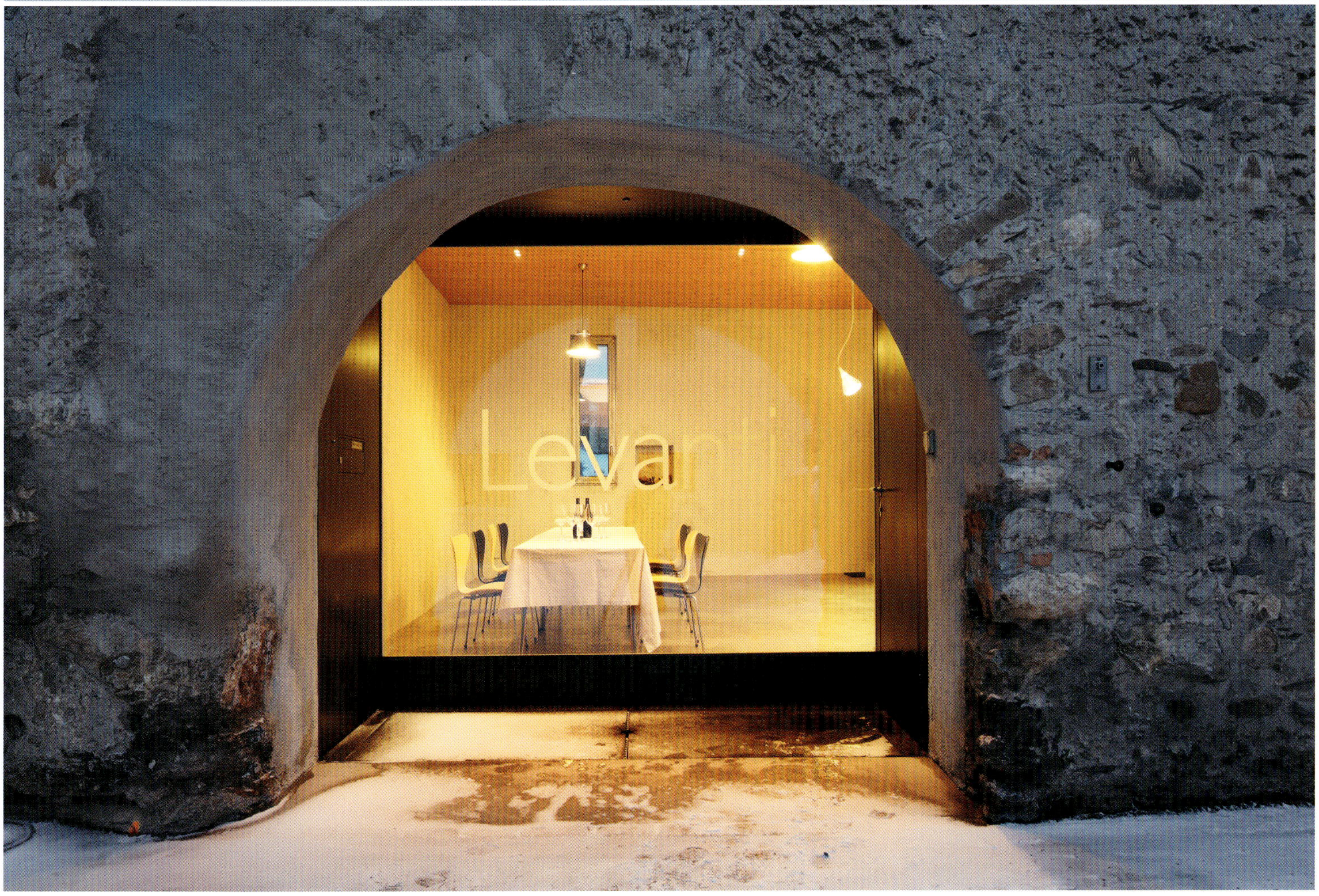
Levanti

Die neue Wohnung im Dach wird durch Gauben belichtet. Ihre Breiten sind unterschiedlich und richten sich nach den Sparren.

Rechts oben: Der Arbeitsraum des Winzers. Hier lenkt nichts von der Verkostung ab, gemütlich wird es dann zu Hause.

Rechts Mitte: Eine Stahltreppe führt auf die Wohnebene. Tageslicht kommt von oben und durch das Fenster zum Probierraum.

Rechts unten: Der neue Barrique-Keller unter dem Probierraum.

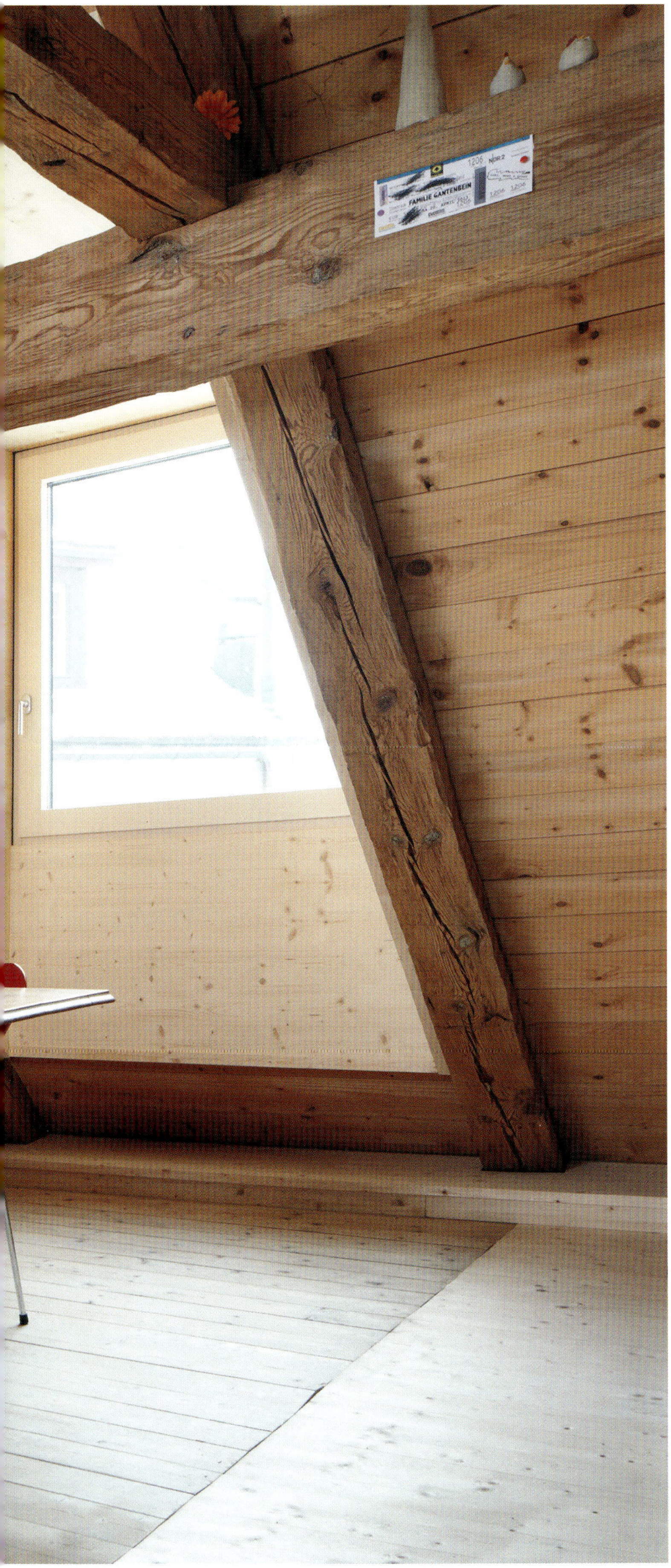
FAMILIE GANTENBEIN

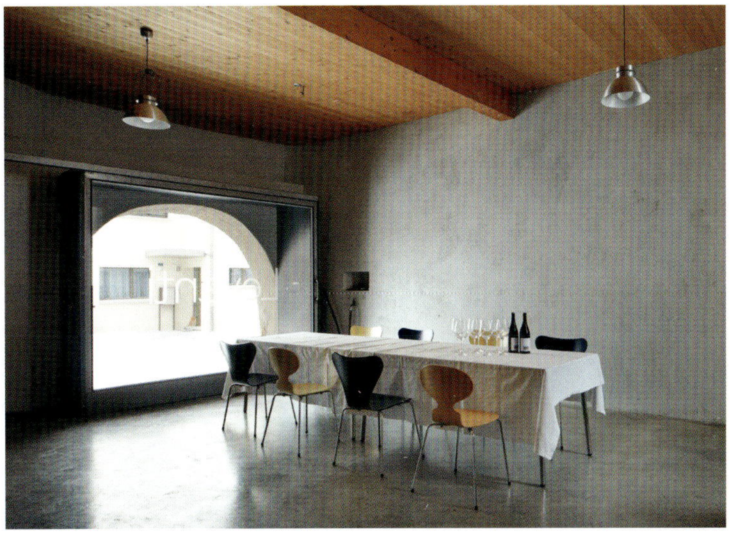

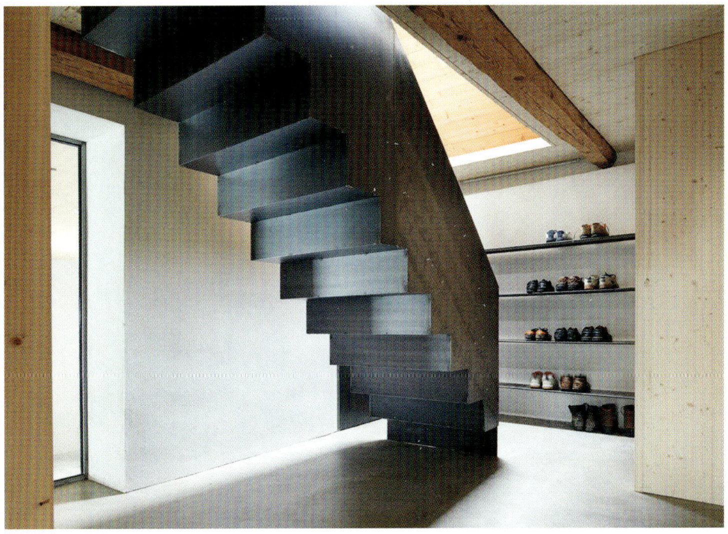

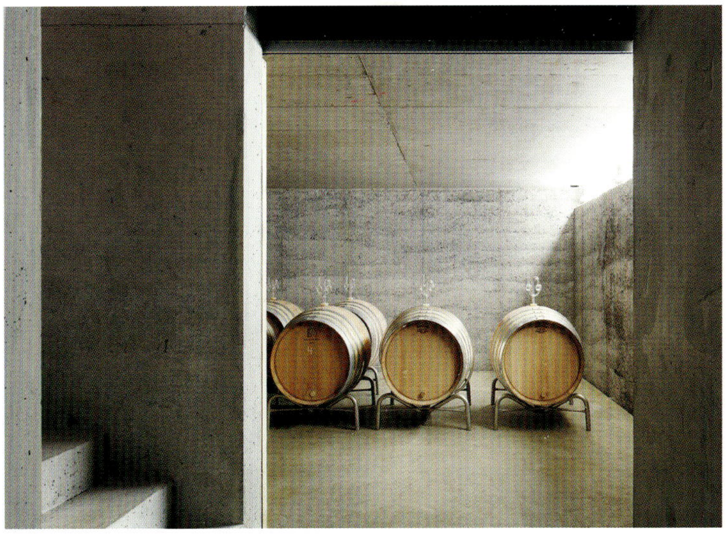

Das Bad hinter dem Schlafraum im Erdgeschoss setzt den frugalen Materialkanon fort.

Ein hoher Stahlblechladen verschließt den Schlafraum. Auf dem Dach liegt nach jeder Seite eine geschweißte Gaube, die mit zunehmender Patina der alten Bausubstanz immer ähnlicher wird.

Kurt Hauenstein, atelier-f ag, CH-Fläsch

„Der Schwerpunkt der Eingriffe folgt dem Konzept der Weinherstellung: Die Detailbearbeitungen und -lösungen prägen das Projekt und veredeln die rurale steinerne Bausubstanz. Die neu hinzugefügten Elemente sind vorwiegend aus unbehandeltem Stahl."

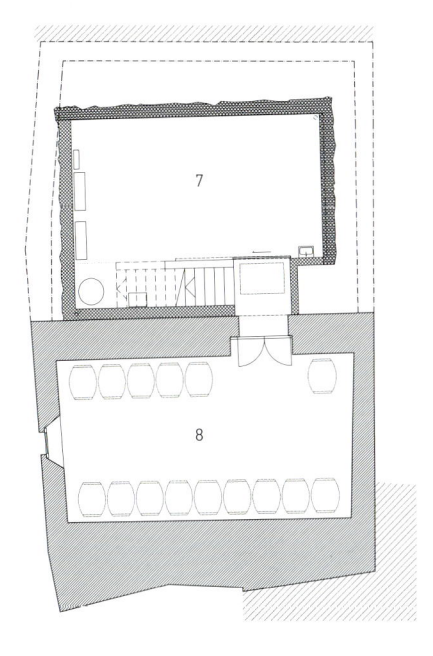

Untergeschoss M 1:200

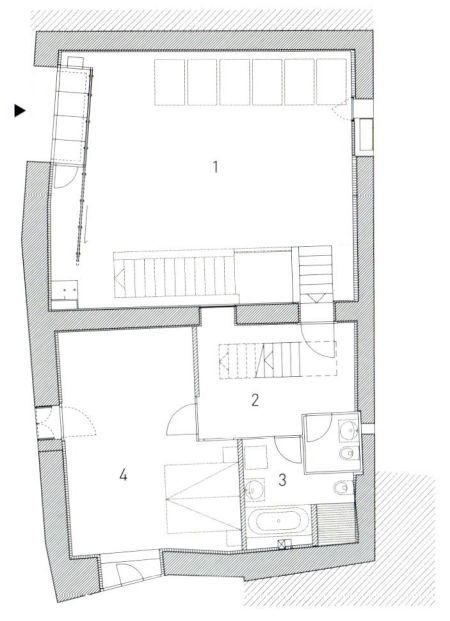

Erdgeschoss M 1:200

1 Zugang/Weinprobierstube
2 Vorraum
3 Bad
4 Schlafen
5 Wohnen/Arbeiten
6 Kochen/Essen
7 Arbeiten
8 Barrique

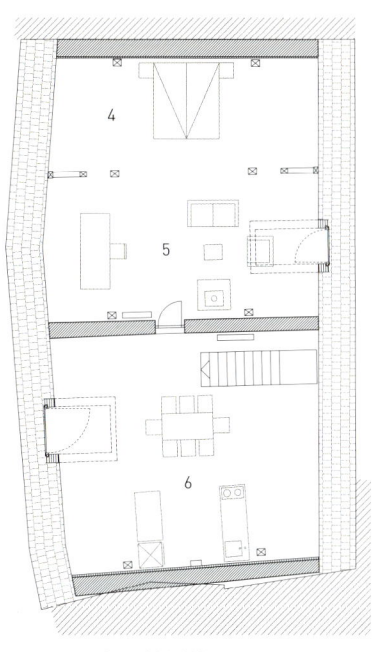

Obergeschoss M 1:200

Lageplan

Gebäudedaten

Grundstücksgröße: 139 m²

Wohnfläche: 150 m²

Zusätzliche Nutzfläche:

Arbeitsraum, Lager und Barrique:

108 m²

Anzahl der Bewohner: 2

Bauweise: Bruchsteinmauerwerk;

innen: Wärmedämmputz

Primärenergiebedarf: 34 W/m²

Baukosten gesamt: 425.000 CHF

Baukosten je m² Wohn-

und Nutzfläche: 1.650 CHF

Baubeginn: 04/2011

Fertigstellung: 11/2011

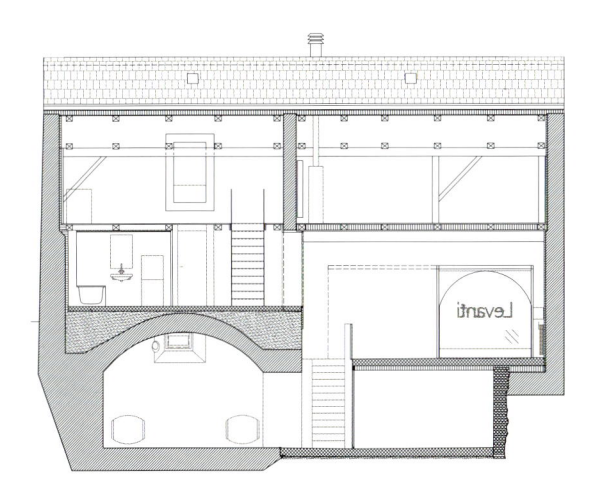

Schnitt M 1:200

„HEUSTADLSUITE" IN BRUCK AN DER GROSSGLOCKNER-STRASSE

MECK ARCHITEKTEN

ANERKENNUNG

Der Name sagt schon, was bei diesem Haus im Salzburger Land zusammentrifft: Die äußere Hülle bilden drei vorhandene Heustadl in traditioneller Pinzgauer Blockbauweise, innen wurde unter die schindelgedeckten Satteldächer ein offener Großraum eingestellt, der allen Komfort für einen Ferienaufenthalt bietet.

Die Stadl zeigen die historischen Konstruktionsmerkmale wie Stuhldübel, Kegelwände und Fass-Säulen an den Öffnungen, wo das Heu eingeworfen wurde. An diese Handwerkstechniken schließt der Neubau an, er konterkariert sie allerdings mit einer modernen Holzkonstruktion, die auf Stahlbetonfundamenten bzw. einem betonierten kleinen Keller steht. Die Wände und das Dachfaltwerk sind aus Kreuzlagenholz (KLH) hergestellt. Der innenräumlich erlebbare Raumabschluss folgt dabei nicht exakt der Kontur der äußeren Dächer, sondern begleitet sie im freien Abstand, um die Zäsur zwischen den Giebeln zu mildern. Beide Konstruktionen, der alte Stall und das eingestellte Holzhaus, sind autark. Die Außenseite des Neubaus wurde schwarz gestrichen, um die notwendige Witterungsbeständigkeit zu erreichen. Außerdem verschwimmt der Einbau dadurch hinter den Zwischenräumen der (be-)greifbaren Block-Konstruktion zum abstrakten Hintergrund.

Als Wärmeschutz dient eine Holzfaserdämmung, passend zur diffusionsoffenen Konstruktion. Die innere Holzverschalung an Boden, Wand und Decke besteht aus unbehandelten heimischen Fichtenbrettern. Die Bodendielen wurden lediglich gebürstet, um eine widerstandsfähige Oberfläche zu erhalten. Alle Möbel und Einbauten sind ebenfalls aus Fichtenholz geschreinert, sie gehören zum Gesamtkonzept, das den Innenraum als begehbares Möbel begreift.

Drei Hütten im Schnee. Tatsächlich verbirgt sich hinter den lagernden Blockstämmen eine komfortable Ferienwohnung.

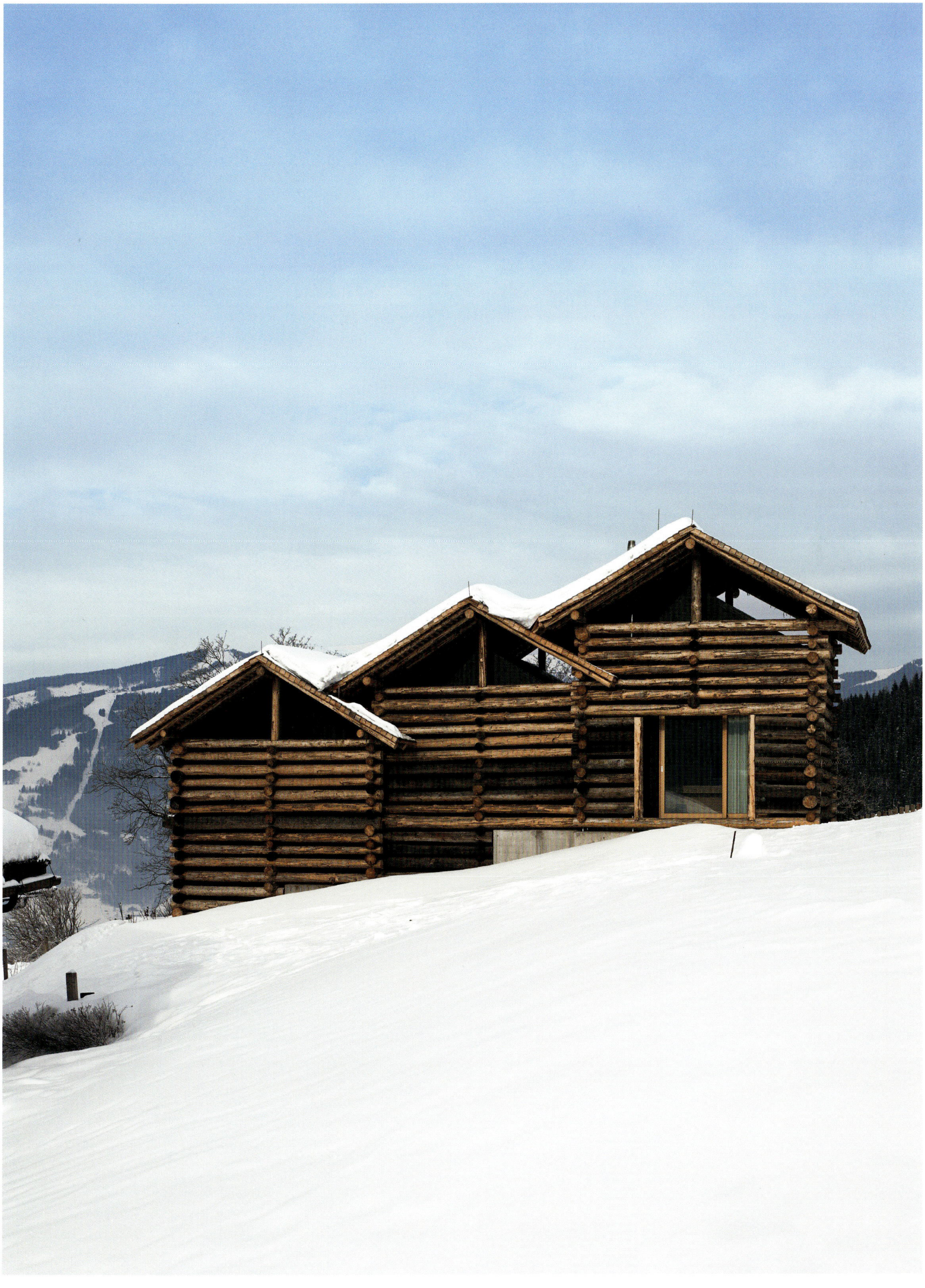

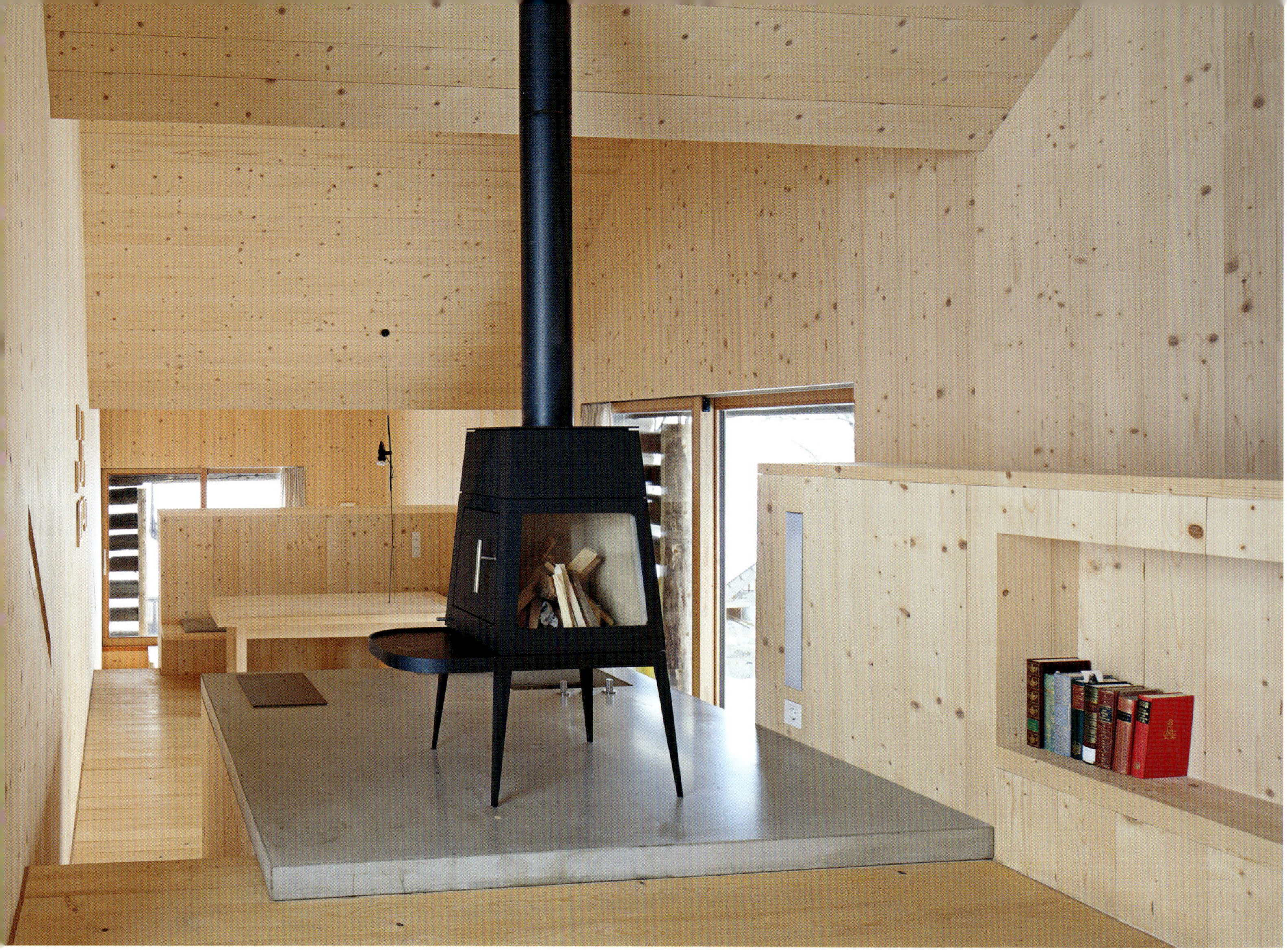

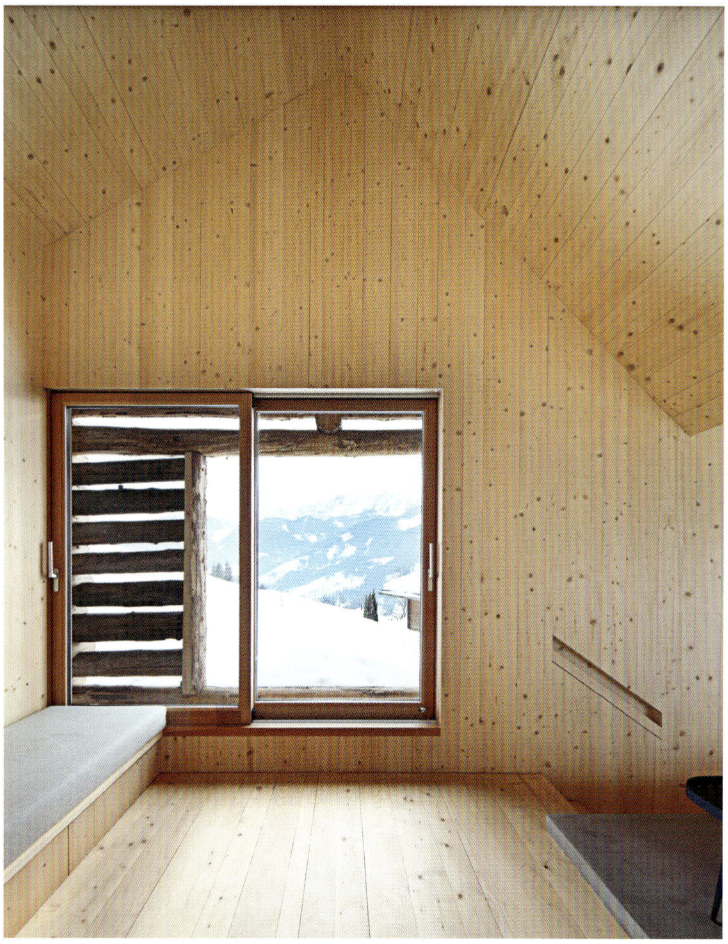

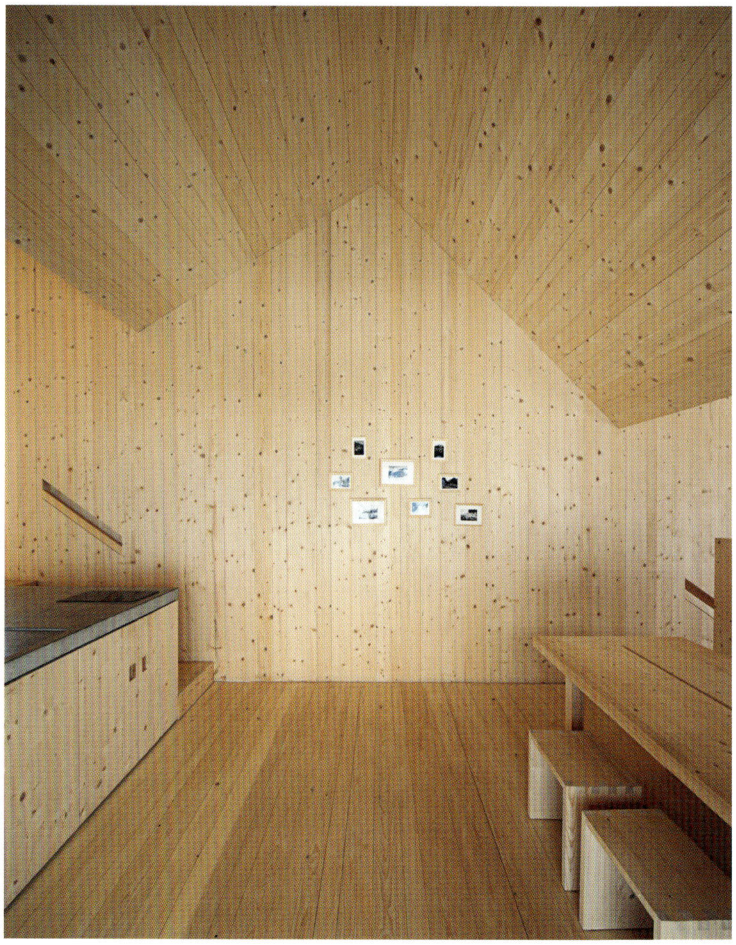

Die Küche hinter dem Eingang bildet das Zentrum des offenen Einraums. Die Naturstein-Arbeitsplatte setzt sich auf Wohnraumhöhe unter dem Ofen fort.

Unten links: Ein Innenraum als bewohnbares Möbel. Das alte Blockhaus übernimmt ein wenig den Sonnenschutz, gleichzeitig reduziert es die neuen Fenster auf ein erträgliches Maß.

Unten rechts: Zwischen Essplatz und Küche. Hier braucht es keinen auffallenden Wandschmuck, der Raum selbst umschließt die Bewohner mit seinem skulpturalen Rhythmus.

Die Zentralheizung des benachbarten Taxhofs versorgt das Haus, ein schwarzer Gussofen als Einzelfeuerstätte trägt in der Übergangszeit, oder wenn es sehr kalt ist, mit knisternder Wärme zur Atmosphäre bei. Bis auf die kleine Sauna im Kellergeschoss besteht das Innenleben des Hauses aus einem einzigen Raum. Er folgt in drei Staffeln der Hangneigung. Oben wie eine Bühne liegt der Wohnraum mit einer eingebauten Polsterbank, die große Steinplatte unter dem Ofen dient auf der mittleren Ebene gleichzeitig als Arbeitstresen der Küche, geschlafen wird im kühleren unteren Bereich. Hier ist in den Boden vor den Fenstertüren eine herrschaftliche Wanne eingelassen: Baden mit Aussicht.

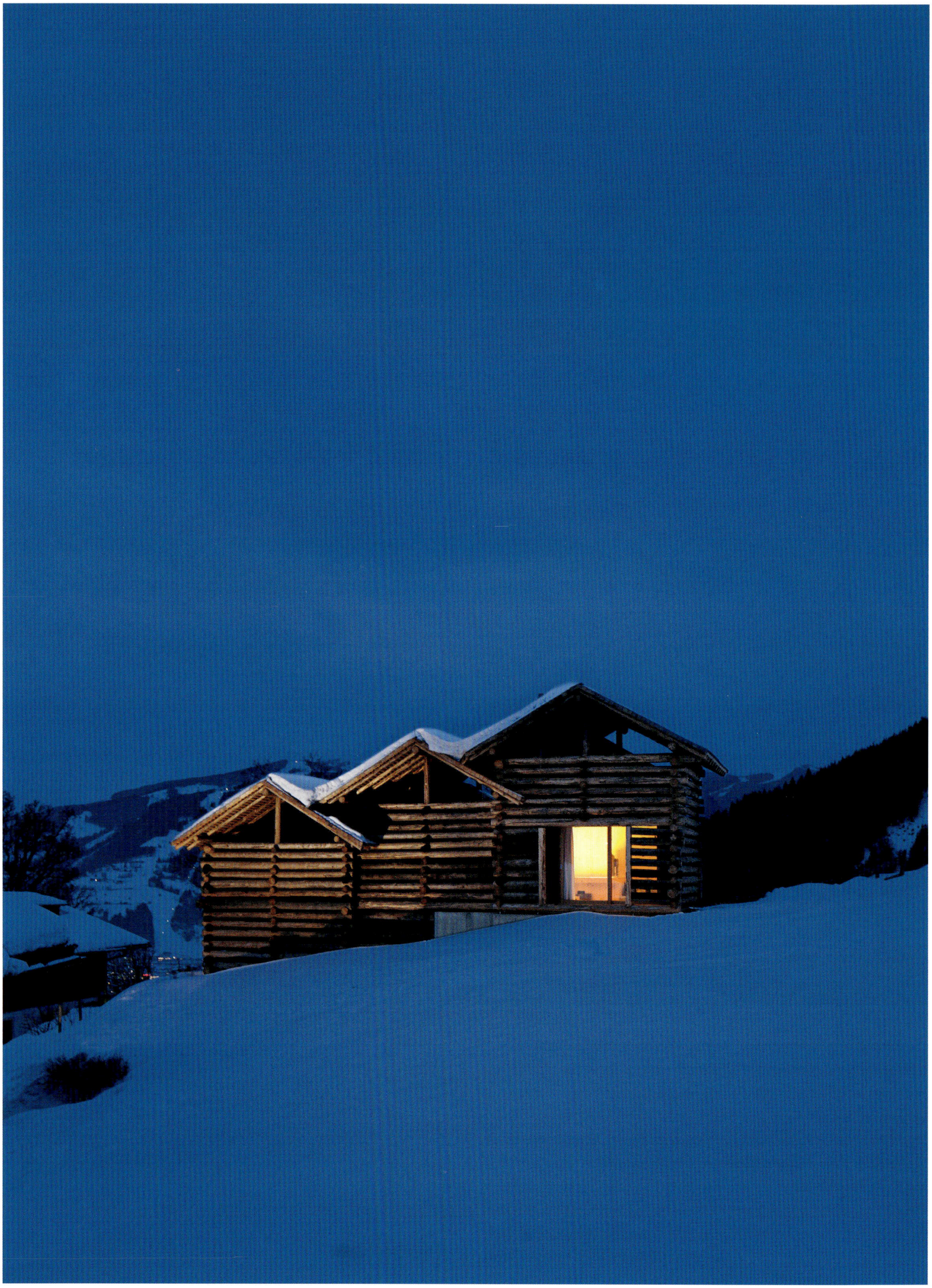

Öffnungen sind sparsam gesetzt. Die Stadl sind keine dekorativen Spolien, sondern ein instand gesetztes selbstständiges Tragwerk mit einem neuen Innenleben.

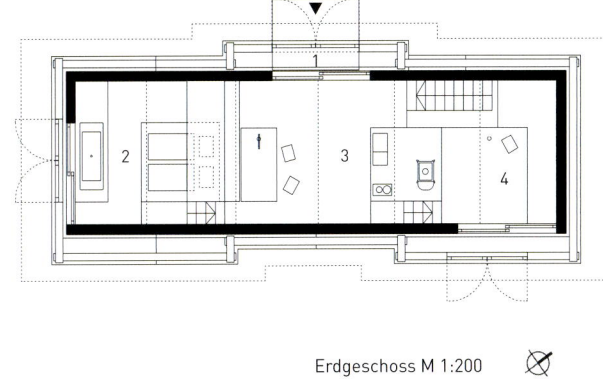

Erdgeschoss M 1:200

1 Zugang
2 Schlafen/Bad
3 Kochen/Essen
4 Wohnen
5 Bad
6 Sauna

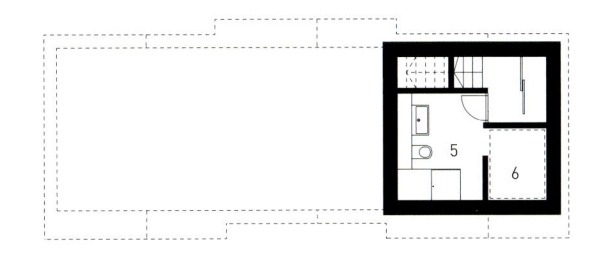

Untergeschoss M 1:200

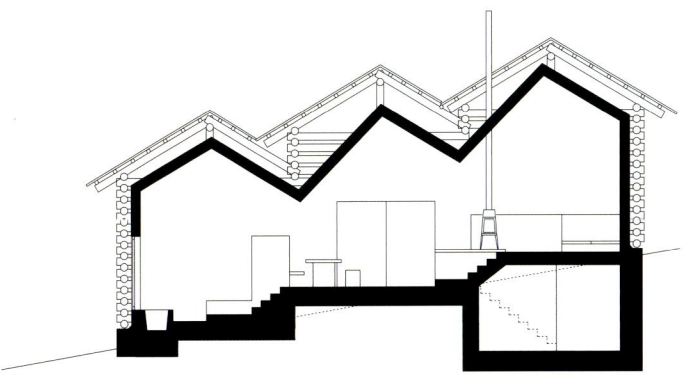

Schnitt M 1:200

Prof. Andreas Meck, Axel Frühauf
Meck Architekten, D-München

„Ein steiler Hang. Drei alte Heustadl prägen den Ort: Neu komponiert folgen sie dem Hang. Ein Neubau aus Holz eingestellt: entmaterialisiert, schwarz gestrichen. Ein Einraumhaus als begehbares Möbel, innen ganz mit Holz ausgeschlagen. Licht fällt durch die Struktur der alten Stadl in die Innenräume. Differenzierte Höhen und ein Raumkontinuum. Die Feuerstelle als Mittelpunkt. Baden mit Ausblick. Rückzug. Ruhe."

Gebäudedaten

Überbaute Fläche: 80 m^2

Wohnfläche: 61 m^2

Bruttorauminhalt in: 525 m^3

Anzahl der Bewohner: 2

Heizenergiebedarf: 102 kWh/m^{2}a

Baubeginn: 10/2010

Fertigstellung: 06/2011

Lageplan

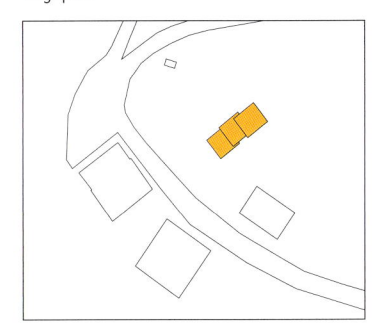

STADTVILLA IN REINBEK

WACKER ZEIGER ARCHITEKTEN

Es ist schon auf den ersten Blick ein stattliches Haus, das sich glaubhaft in seiner Villenumgebung behaupten kann. Dennoch wiederholt es keine obsoleten Herrschaftsformen, sondern steht auf seinem weitläufigen Grundstück im Tal der Bille als Fanal der Moderne. Es korrespondiert mit dem Maßstab, nicht mit dem Baustil. Immerhin liegt das Erdgeschossniveau ein wenig über dem Gelände, sodass sich das Haus nach allen Seiten durch Stufen von der Umgebung distanziert.

Seine Kubatur wird von einer herzhaften Balance aus geschlossenen und geöffneten Flächen gebildet. Das Untergeschoss ist betoniert, darauf wurde eine Holzelementkonstruktion mit Brettstapeldecken errichtet. So war es naheliegend, auch an der Fassade Holz zu zeigen. Sie wird nun von Lärchenleisten schraffiert, die das Haus wie ein feines maßgeschneidertes Gewand umkleiden. Der zurückgesetzte Eingang an der Nordwestseite ist robust mit Cortenstahl-Tafeln beplankt. Die dunkel einbrennlackierten Alu-/Holz-Fenster betonen den scharfkantigen Eindruck des Gebäudes. Innen bestimmen weiße Wände die Räume, außerdem zeigt sich immer wieder die tragende Konstruktion als Sichtbetonwand oder Brettstapeldecke. Die Fußböden sind im Erdgeschoss mit Holzdielen, sonst mit Linoleum ausgelegt, beides natürliche Materialien.

Die Grundrisse bieten interpretierbare Raumzonen: man kann sich zwischen den Bereichen bewegen, an unterschiedlichen Orten aufhalten, Gäste empfangen oder sich allein zurückziehen. Das Erdgeschoss zeichnet durch seinen Ebenenversatz den Geländeverlauf nach.

Über dem großen Esstisch bleibt die Decke ausgespart, sodass sich eine Galerie zu den Schlaf- und Arbeitszimmern der Eltern im Obergeschoss öffnet. Im Dachgeschoss liegt das Reich der Kinder.

Einige Stufen heben das Haus über die (vielleicht feuchte) Wiese. Im Erdgeschoss weist die Gartenterrasse zu dem am Flüsschen weitläufigen Hanggrundstück.

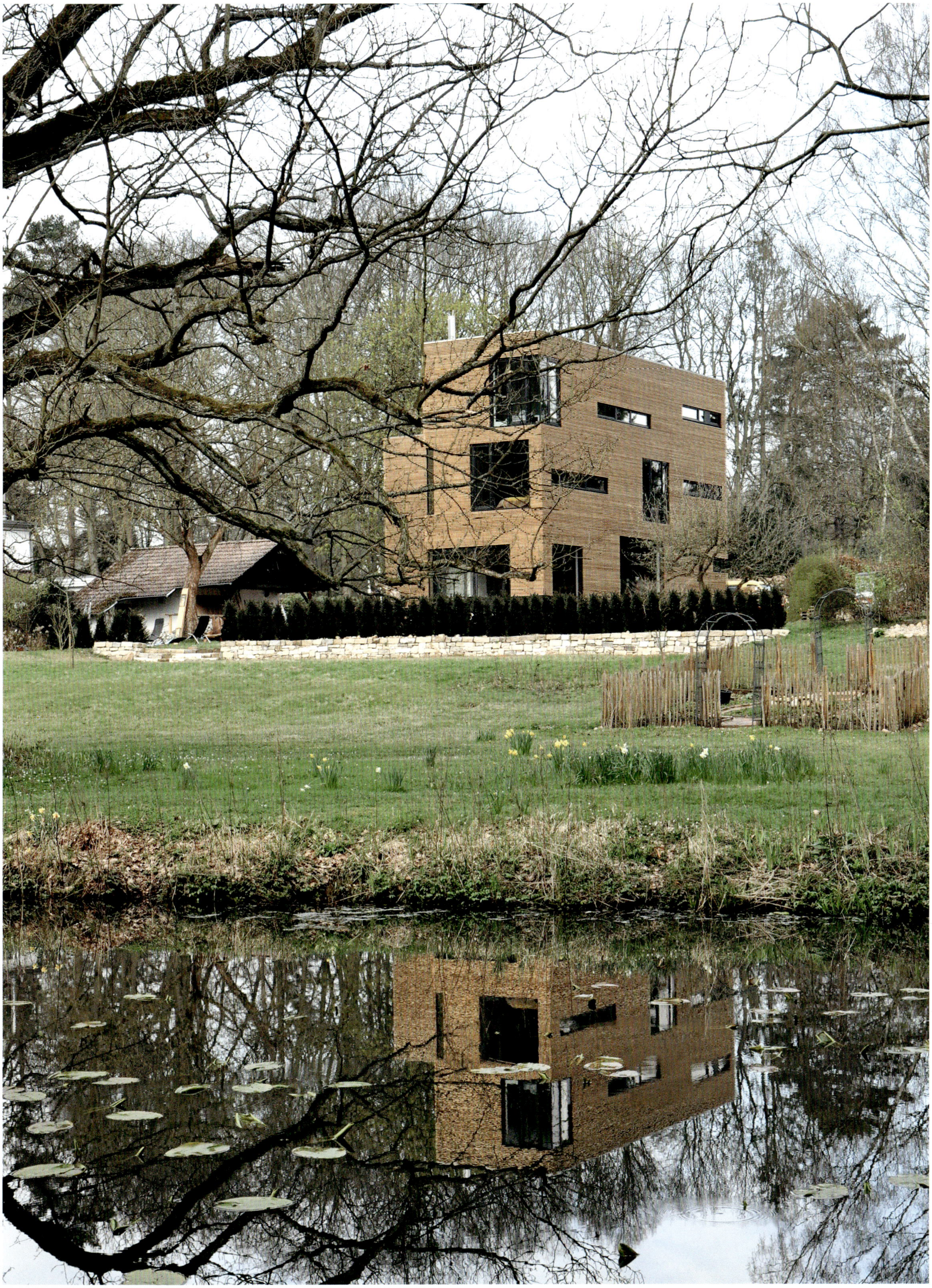

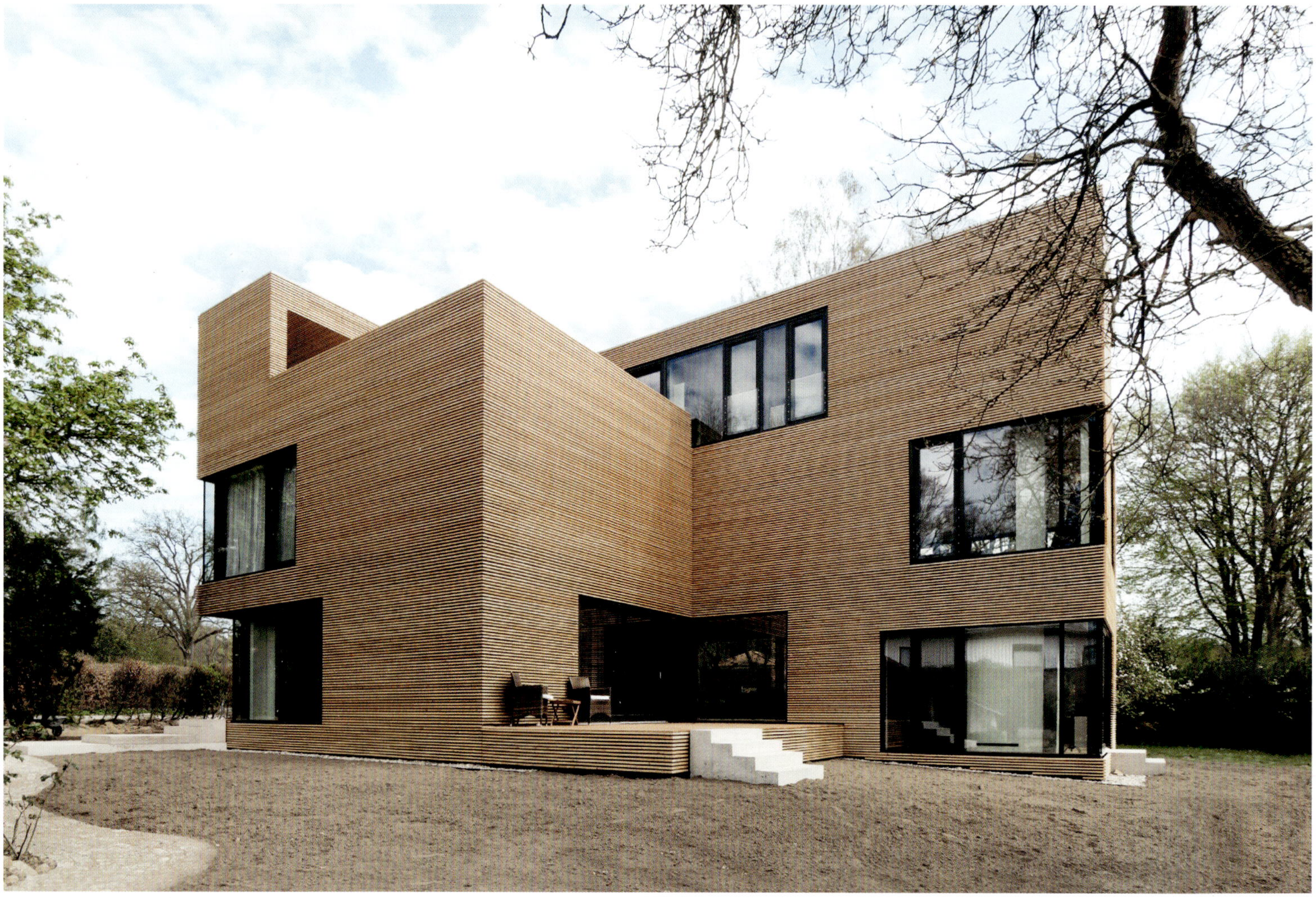

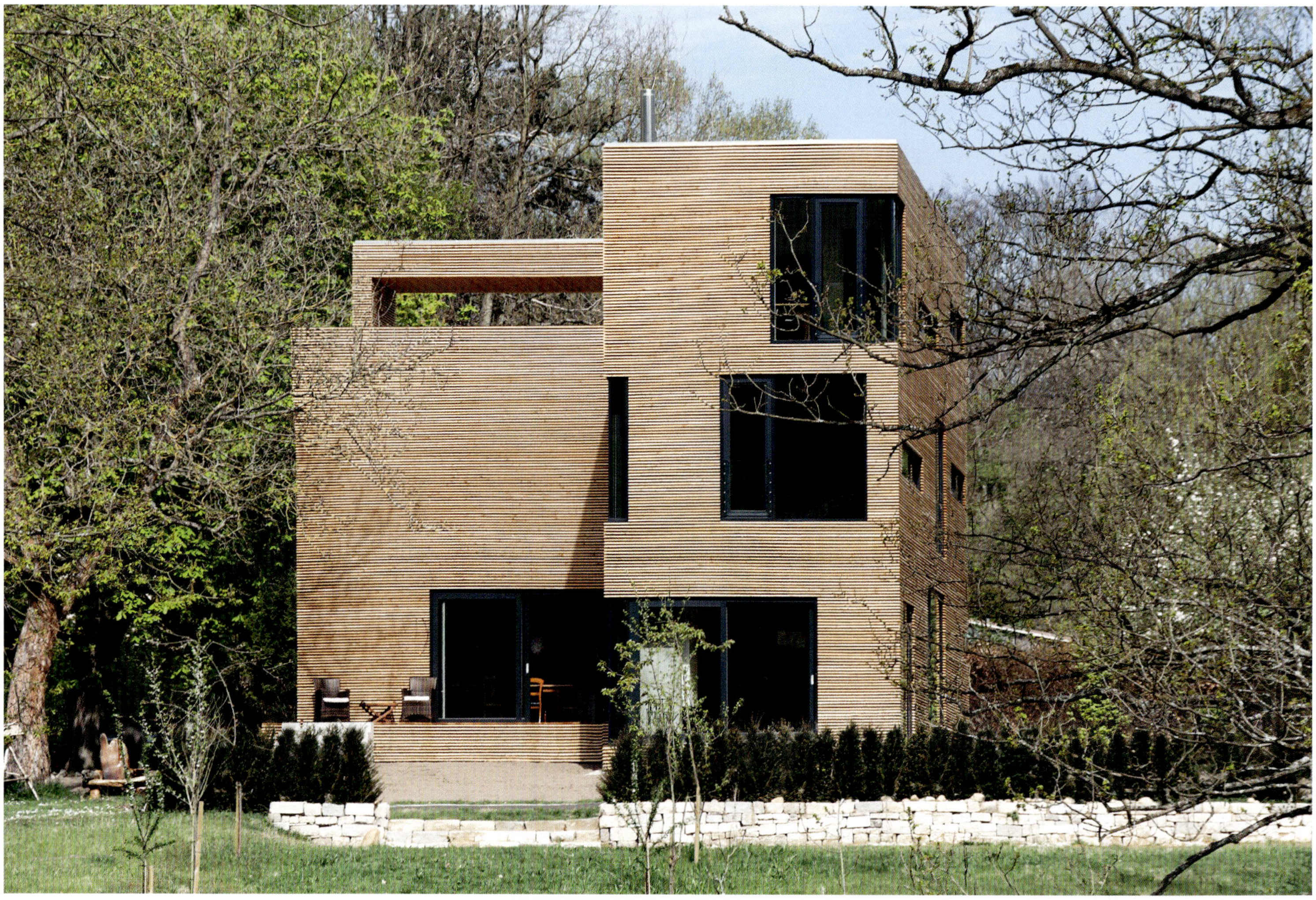

Der Flur vor ihren Zimmern weitet sich zu einer Spielfläche, nach Südwesten schließt eine 50 Quadratmeter große Dachterrasse an. Sie ist im hinteren Teil überdacht, was auch der Skulptur des Gebäudes zugute kommt. Gäste werden im Untergeschoss beherbergt, es wird über einen Tiefhof auf der Nordostseite belichtet und könnte von den Kellerräumen als Einliegerwohnung abgetrennt werden. Beheizt wird das Haus über Geothermie-Wärmepumpen, ein gemütlicher Kamin im Wohnzimmer erinnert an die traditionelle Art des Wärmetauschens.

Linke Seite: Obwohl das Haus unterkellert ist, wirkt es nicht eingegraben, sondern wie in den Garten platziert.

Über dem Essplatz zeigt sich der Arbeits- und Schlafbereich der Eltern mit einer Galerie.

Der Feuerplatz ist dem Geländeverlauf folgend ein wenig abgesenkt; die betonierte Kaminrückwand und die Brettstapeldecke lassen die Konstruktion des Hauses erkennen.

Ein Spielflur erweitert die Kinderzimmer, ebenso die große Terrasse auf Höhe der Baumkronen.

Innen dominiert Weiß neben den natürlichen Materialien. Die Treppe führt ins Kindergeschoss.

Angelika Wacker, Ulrich Zeiger
Wacker Zeiger Architekten, D-Hamburg
„Der offene Grundriss bietet reichlich Kommunikationsmöglichkeiten. Es gibt aber auch introvertierte Zonen, sowohl für die Kinder als auch für die Eltern – bis hin zum Büro im Haus."

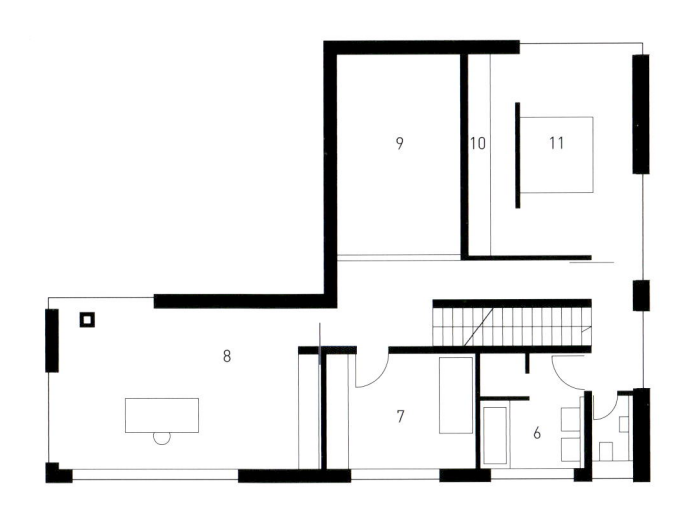

Obergeschoss M 1:200

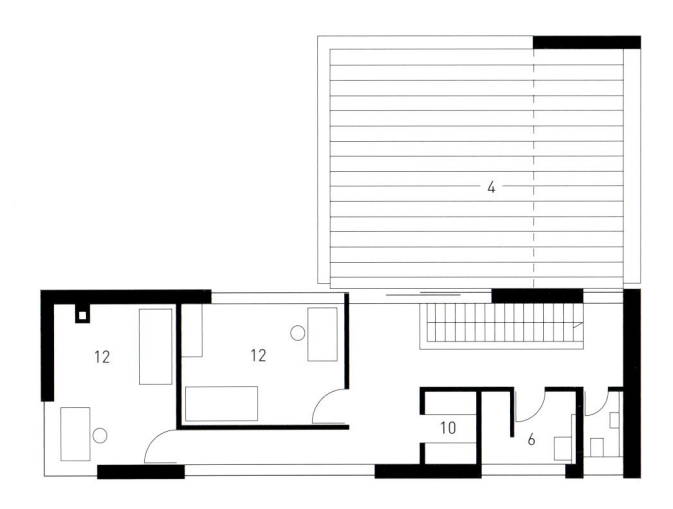

Dachgeschoss M 1:200

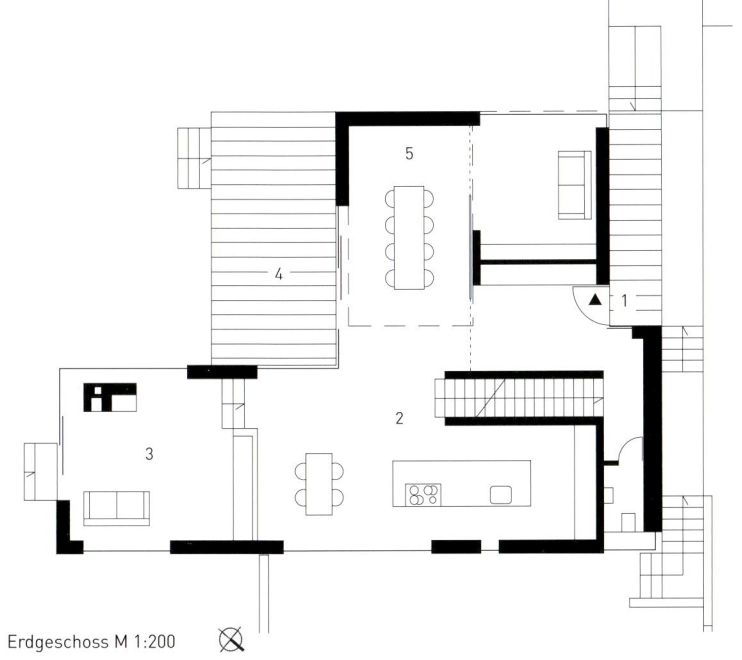

Erdgeschoss M 1:200

Untergeschoss M 1:200

1 Zugang
2 Kochen
3 Wohnen
4 Terrasse
5 Essen
6 Bad
7 Kind
8 Arbeiten
9 Luftraum
10 Ankleide
11 Schlafen
12 Kind
13 Gast
14 Lager
15 Technik

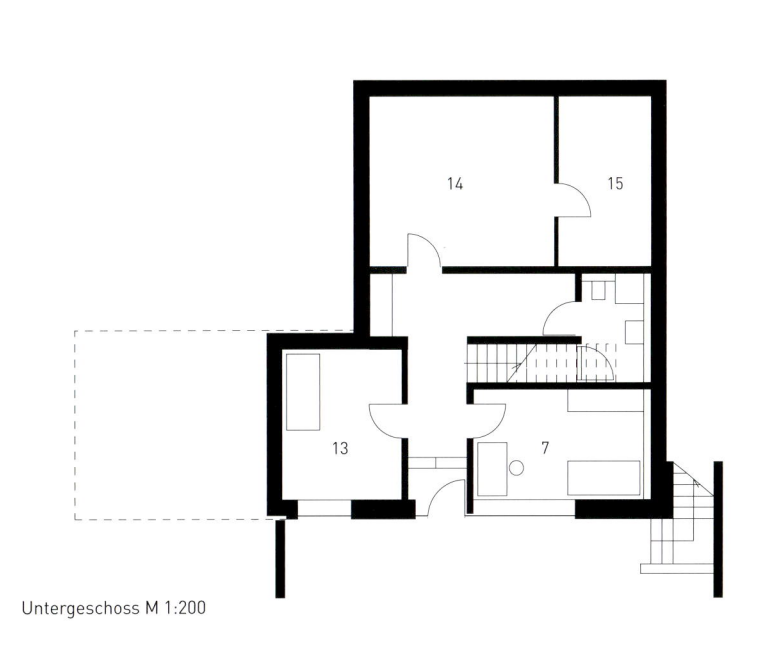

Schnitt M 1:200

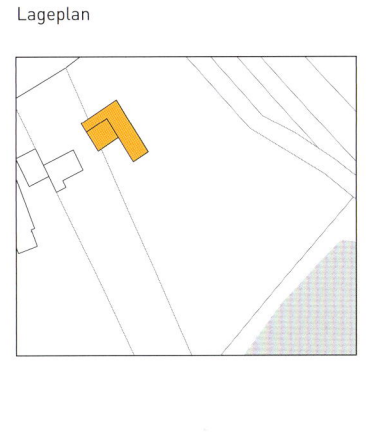

Lageplan

Gebäudedaten

Grundstücksgröße: 13.475 m²

Wohnfläche: 337 m²

Zusätzliche Nutzfläche: 48 m²

Anzahl der Bewohner: 5

Bauweise: Holzrahmenbau, UG: Stahlbeton

Primärenergiebedarf: 47,90 kWh/m²a

Baukosten gesamt: 702.500 Euro (brutto)

Baukosten je m² Wohn- und Nutzfläche: 1.844 Euro (brutto)

Baubeginn: 08/2011

Fertigstellung: 05/2012

HAUSENSEMBLE IN PÖTTELSDORF

GERNER ° GERNER PLUS

Ein beneidenswertes Ensemble, zu dem eine Vorgeschichte wie aus dem Groschenroman gehört. Ein Ehepaar hatte die beiden mit einer Gartenmauer verbundenen klassizistischen Häuser vor einigen Jahren erworben. Als die Beziehung scheiterte, zogen sich Mann und Frau jeweils in eines der separaten Häuser zurück, was praktisch war. Schließlich verkauften sie ihre Immobilie. Der neue Eigentümer, ein Autohändler, hatte die Idee, die beiden Häuser zu bewohnen und in einem neuen Glaspavillon dazwischen seine Ferraris auszustellen.

Das konnten ihm seine Architekten glücklicherweise ausreden: In solch einmaligen historischen Häusern, Baujahr 1867, stellt man keine Autos ab! Hier wird Wohnraum und keine Garage gebaut. Das sah der Bauherr ein. Denn die Vorschläge für ein attraktives großes Wohnhaus waren einleuchtend. Hinter der Gartenmauer an der Straße würde ein heller, zum Garten orientierter Raum entstehen, der beide Häuser verbindet und durch die massive Rückwand vor Straßenlärm und der Südsonne schützt.

Umgesetzt wurde die Idee in Holzbauweise als gedämmte Vorsatzschale an der Gartenmauer und durch ein leichtes Dach, das von sechs schlanken Stahlstützen getragen wird. Zum Gartenhof ist der Pavillon, der den Ensembleschutz respektierend kaum über die Mauer ragt und unterhalb der Hausgesimse bleibt, raumhoch verglast. Er umschreibt eine Wohnlandschaft, die gleich hinter der Haustür beginnt, nur durch einen Garderobenblock mit offenem Kamin diskret abgeteilt. Die beiden Altbauten wurden gründlich saniert, der Putz von den feuchten Wänden abgeschlagen, aber gleichzeitig wurde der historische Bestand, wo immer es möglich war, sorgfältig bewahrt.

Ein passables Wohnhaus ist aus den beiden klassizistischen Giebelhäusern entstanden. Das Bild des bescheidenen Straßendorfs wird nicht beeinträchtigt.

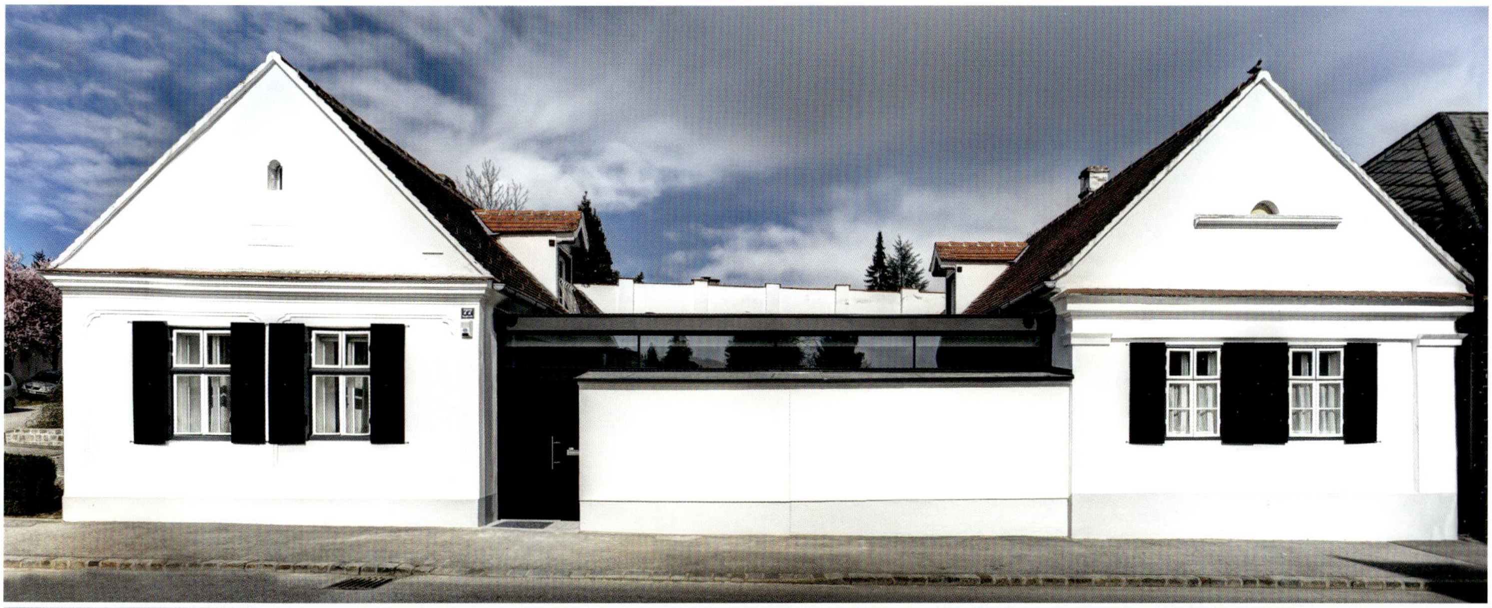

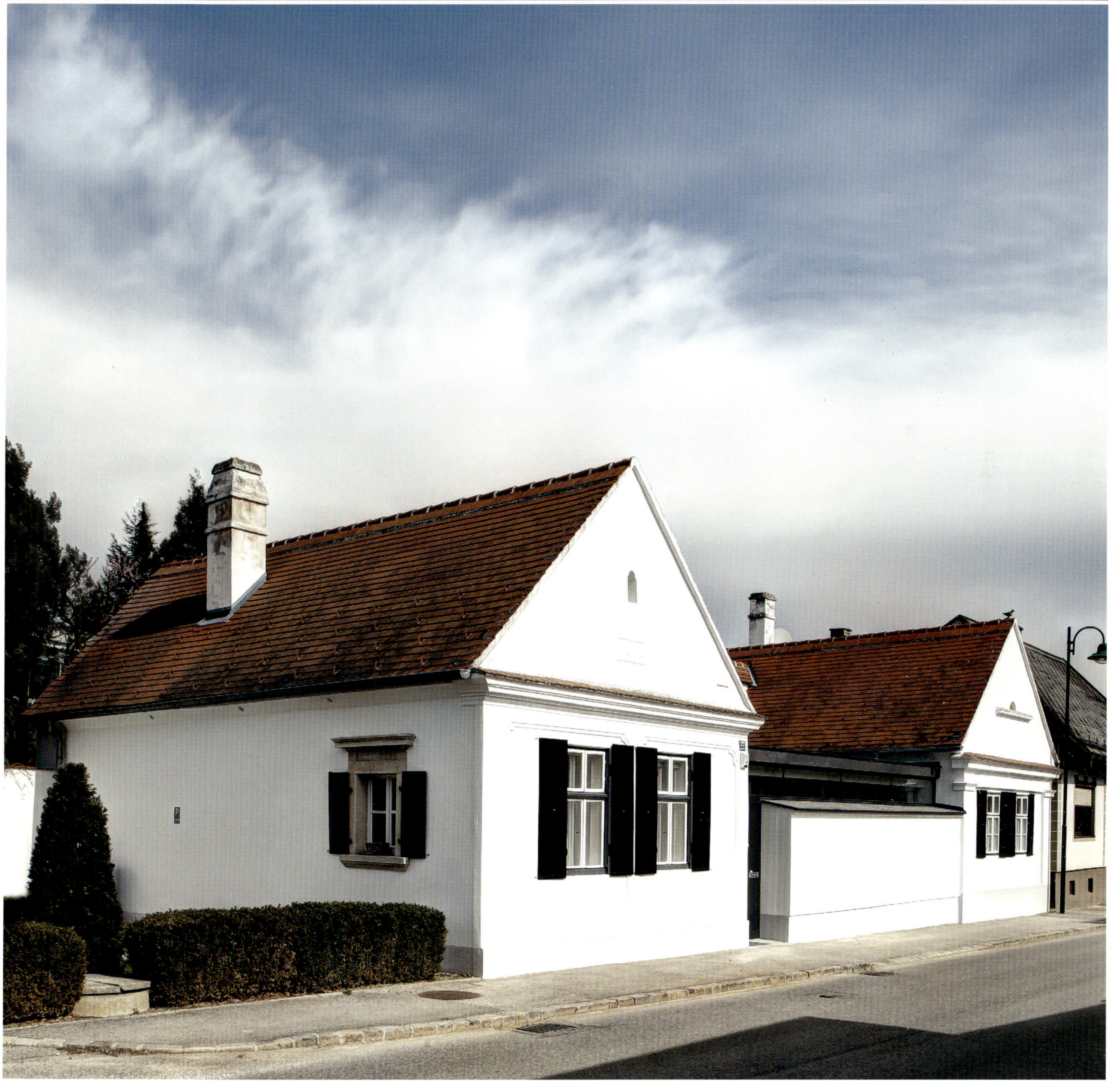

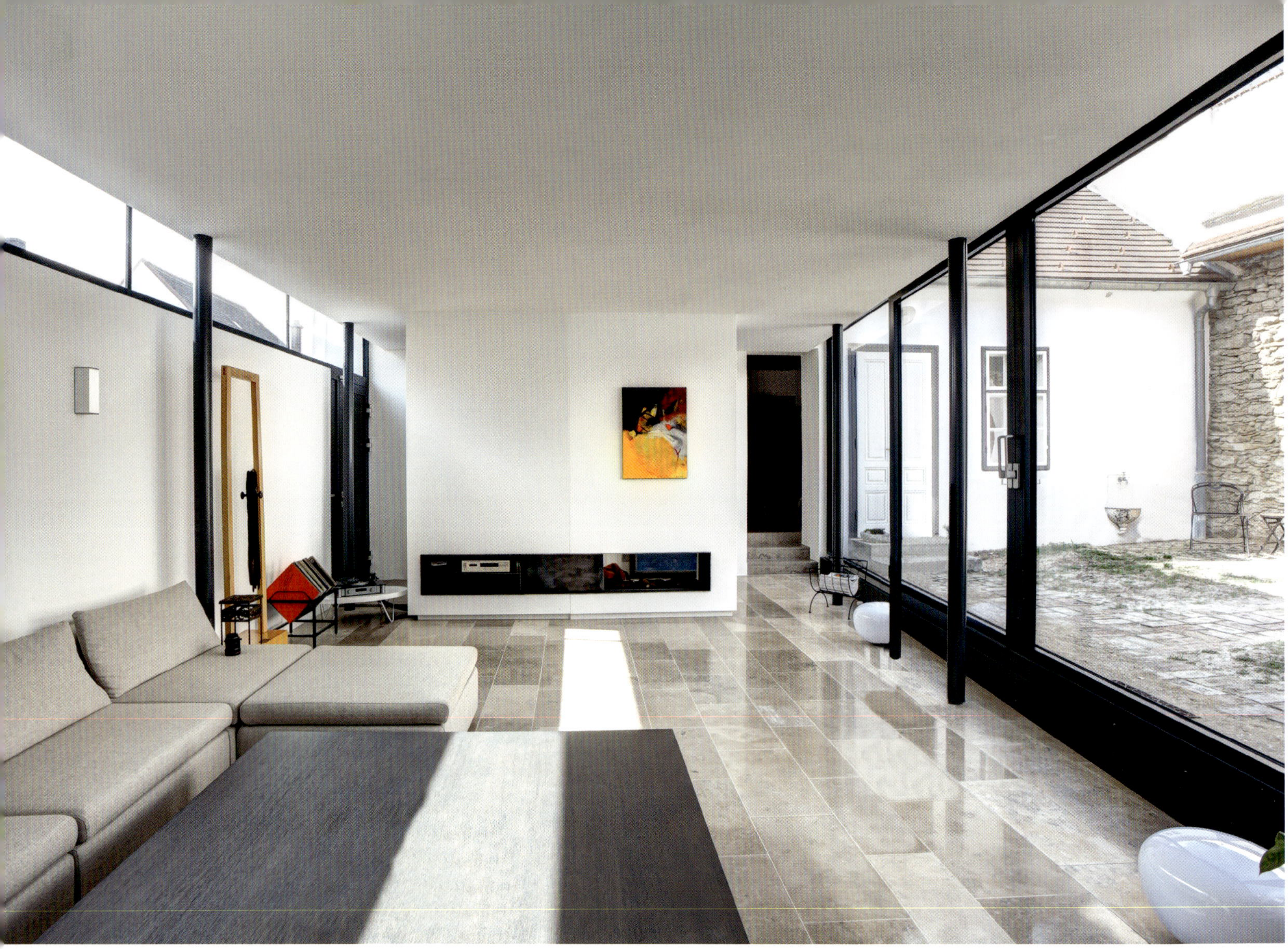

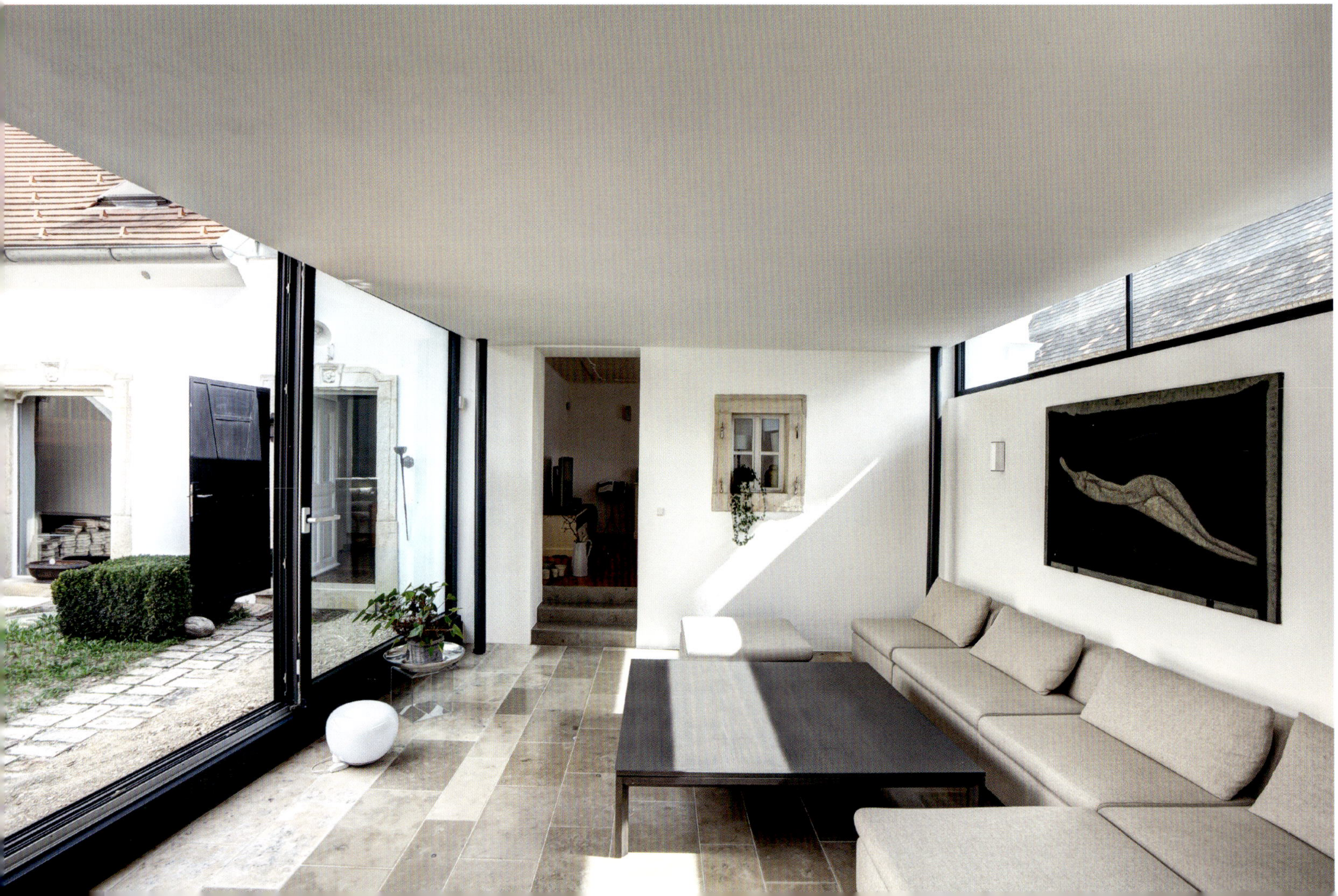

Böden und Fenster wurden belassen, die Dachziegel zeigen ihre alte Patina, sodass von außen die Situation nahezu unverändert erscheint. Innen sind die beiden Häuser funktional geteilt: Im linken sind Schlafraum und Bad eingerichtet, im rechten um die mittige Küche ein Fernsehzimmer und ein Büro. Das mit Gauben erweiterte niedrige Dach wird mit Galerien genutzt.

Links oben: Die vorhandene Gartenmauer wurde gedämmt, der Glasstreifen bringt Tageslicht und lässt den Zwischenbau von außen niedriger wirken.

Links unten: Durch die alte Küchentür (links) kann man auch in den Garten servieren.

Oben: Hinter der Haustür steht man sofort im neuen Wohnraum, der nur von einem Garderobenelement mit offenem Kamin abgetrennt ist.

Der leichte Pavillon spannt sich wie ein Gelenk zwischen die beiden Vorfahren. Durch die erhaltenen Außentüren lässt sich der Gartenhof für viele Wohnzwecke nutzen.

Die Küche passt wie eine funktionale Kochwerkbank in das Gewölbe mit seinem alten Dielenboden.

Andreas Gerner und Gerda Maria Gerner
gerner ° gerner plus, A-Wien

„Dieses wundervolle Projekt hat meine burgenländischen Wurzeln berührt! Wir haben nicht mehr als die logische Verbindung der beiden für das Burgenland typischen und kaum mehr existierenden Gebäudeformen entwickelt. Dem Bauherrn muss man für die Entscheidung, so wohnen zu wollen, gratulieren."

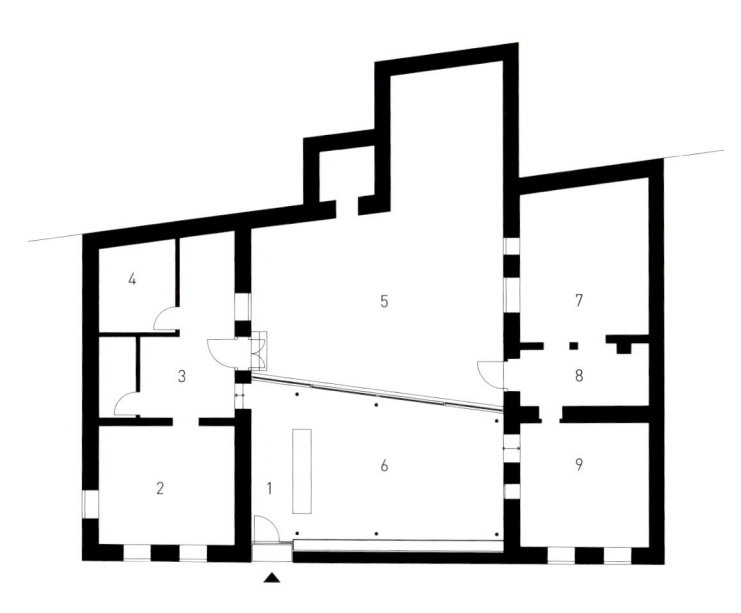

Erdgeschoss M 1:250

1 Zugang
2 Zimmer
3 Vorraum
4 Bad
5 Innenhof
6 Wohnen
7 Essen
8 Kochen
9 Bibliothek

Lageplan

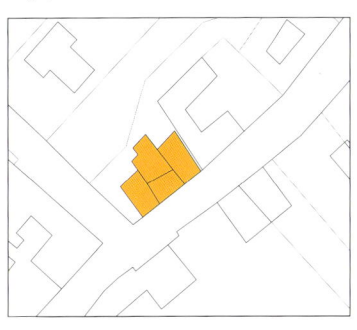

Gebäudedaten

Grundstücksgröße: 305 m²

Wohnfläche: 46 m² (Neubau)

Anzahl der Bewohner: Familie

Bauweise: Holzbauweise

Baubeginn: 11/2011

Fertigstellung: 12/2011

HAUS AM HANG IN WINNENDEN

JÜRGEN MAYER H.

Das Haus steht auf einem Hanggrundstück, von hier hat man einen großartigen Blick ins Tal. Es ersetzt einen Vorgängerbau aus den 1970er-Jahren, der restlos abgetragen wurde, dessen äußere Kubatur aber aufgenommen werden musste. Die Umgebung entspricht der konventionellen Wohnbebauung aus dieser Zeit.

Die Bauherrschaft wünschte sich einen Neubau, der die besondere aussichtsreiche Lage auch im Innenraum erleben lässt. Sie hat ihren Architekten gezielt angesprochen, wohl wissend, dass sie mit einem extravaganten Entwurf rechnen durfte. Die Konzeption, die Grundrissaufteilung, die offene oder eher private Anmutung der Räume wurden zusammen entwickelt.

Im Eingangsgeschoss liegen zwei separate Zimmer, in den dunklen Seiten Kellerräume, der Wellness-Bereich in der Tiefe des Bergs wird dagegen von einem Lichthof erhellt. Im Hauptgeschoss darüber „fließt" die Wohnebene, wobei der gängige Begriff für offene Raumkompartimente in diesem Fall einmal wirklich den weichen, organischen Übergang vom Lesezimmer bis zum Hauswirtschaftsraum treffend bezeichnet. Zur Talseite bietet sich durch die breite Verglasung der freie Blick in die Landschaft. Betont wird diese Funktion durch den gebärdenhaften Einschnitt der Fassade, der sich an den Hausflanken wie ein Etui langsam öffnet und schließlich das ganze Geschoss einnimmt. Zum rückwärtigen Garten kann man über eine Terrasse hinaustreten. Das Dachgeschoss teilen sich Eltern- und zwei Kinderzimmer, ergänzt mit großzügigen Bädern, Ankleiden und zwei eingeschnittenen Terrassen.

Weiche Konturen führen zum Eingang im Sockelgeschoss. Außen und Innen gehören kongenial zusammen. Die Gestaltung kokettiert mit der Nierentischmoderne. Wohin sich der Blick richten soll, zeigt die sich zum Tal aufweitende Fassade im Obergeschoss.

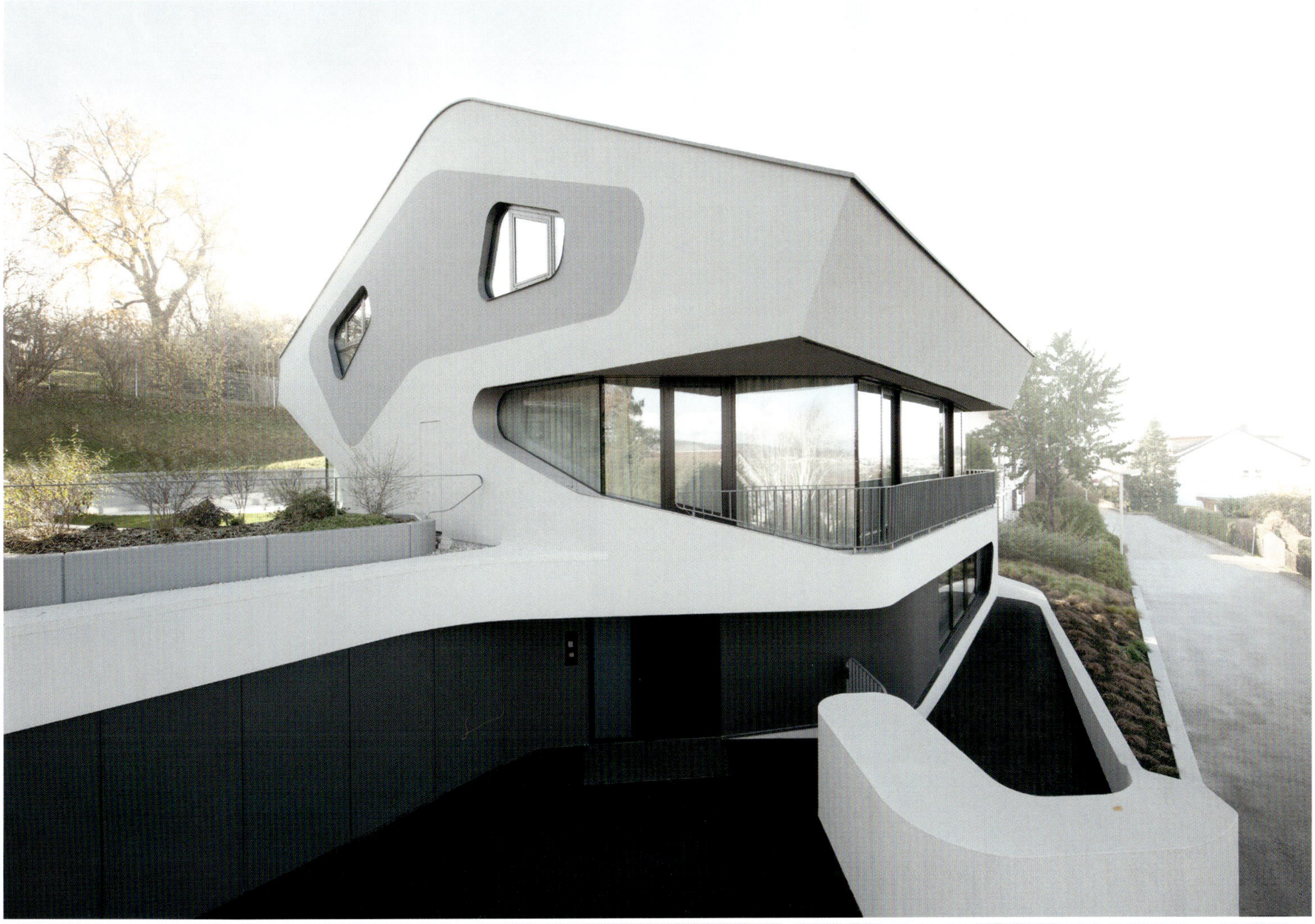

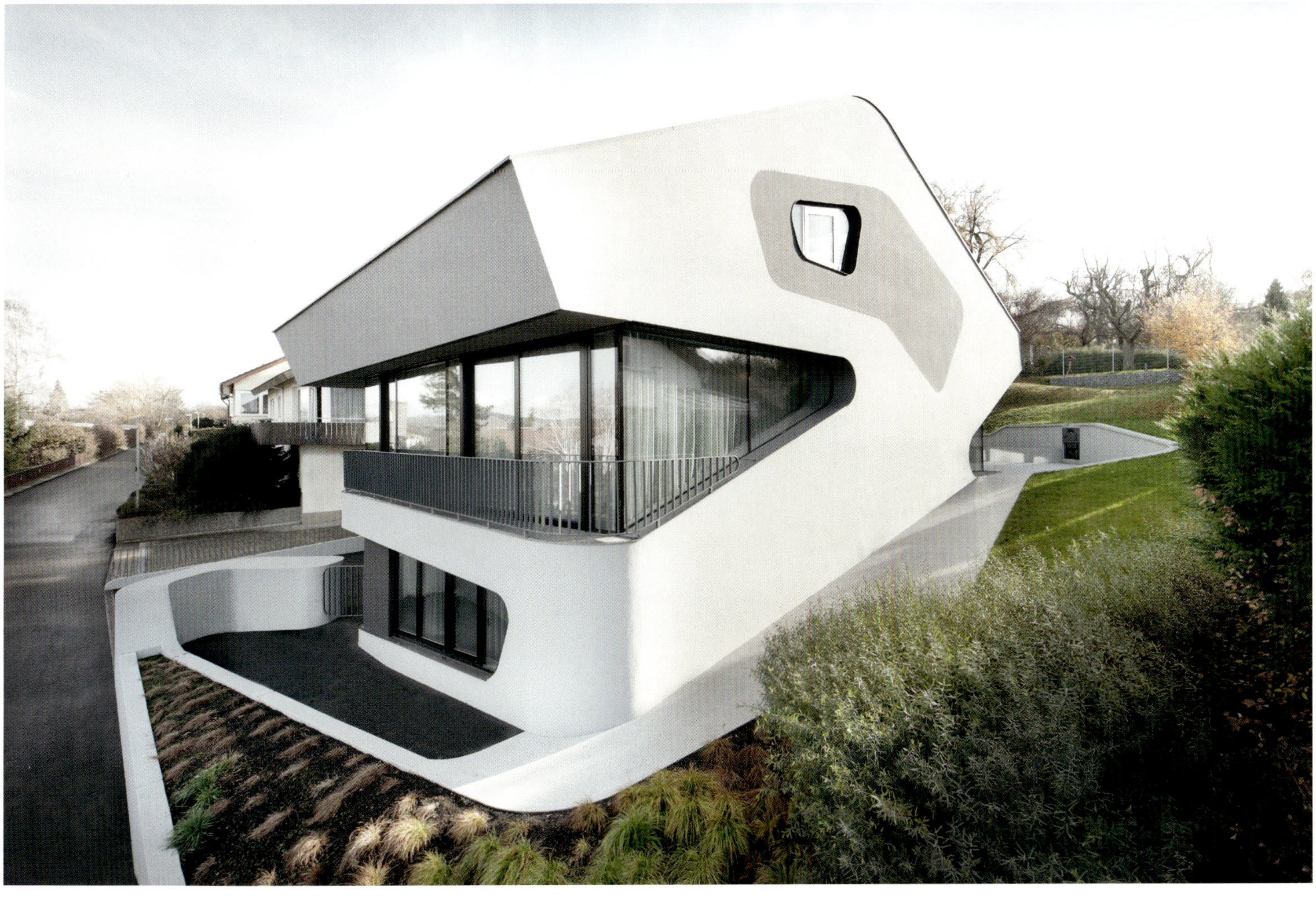

Zentrales gestalterisches Element ist eine weiße Treppe, deren Brüstungsgeschlinge sich wie ein domestiziertes Fabelwesen über drei Ebenen nützlich macht. Aber: Es gibt auch einen Aufzug. Weiße Wandschränke reduzieren den Bedarf an herumstehendem Mobiliar, sodass die Treppe konkurrenzlos herrscht.

Das Haus ist als Stahlbetonkonstruktion errichtet, die Fassade als Wärmedämmverbundsystem ausgeführt, unterbrochen von Alu-Glas-Elementen mit äußeren Sonnenschutzlamellen und innenliegendem Blendschutz. Alle Innenwände sind in Trockenbauweise hergestellt, ebenso die Treppenbrüstungen, in denen eine tragende Stahlprofilkonstruktion steckt. Die Oberflächen sind gespachtelt und mit Wand-, bzw. Lackfarbe gestrichen. Der Bodenbelag glänzt als fugenlose Estrich-Beschichtung. Das Dach ist mit vorbewittertem Zinkblech gedeckt, hier befinden sich außerdem solare Wärmetauscher.

Oben: Die Wandschränke und wenigen Sitzmöbel konkurrieren nicht mit der Treppenkunst.

Das Blattwerk der Treppenbrüstung wird von Stahlprofilen stabilisiert, die Gipskartonflächen sind ausgespachtelt und lackiert.

Bei der Küchenarbeit belohnt ein traumhafter Ausblick.

Das Bad erinnert an Yachtdesign – oder einen Metro-Goldwyn-Mayer-Raumkreuzer.

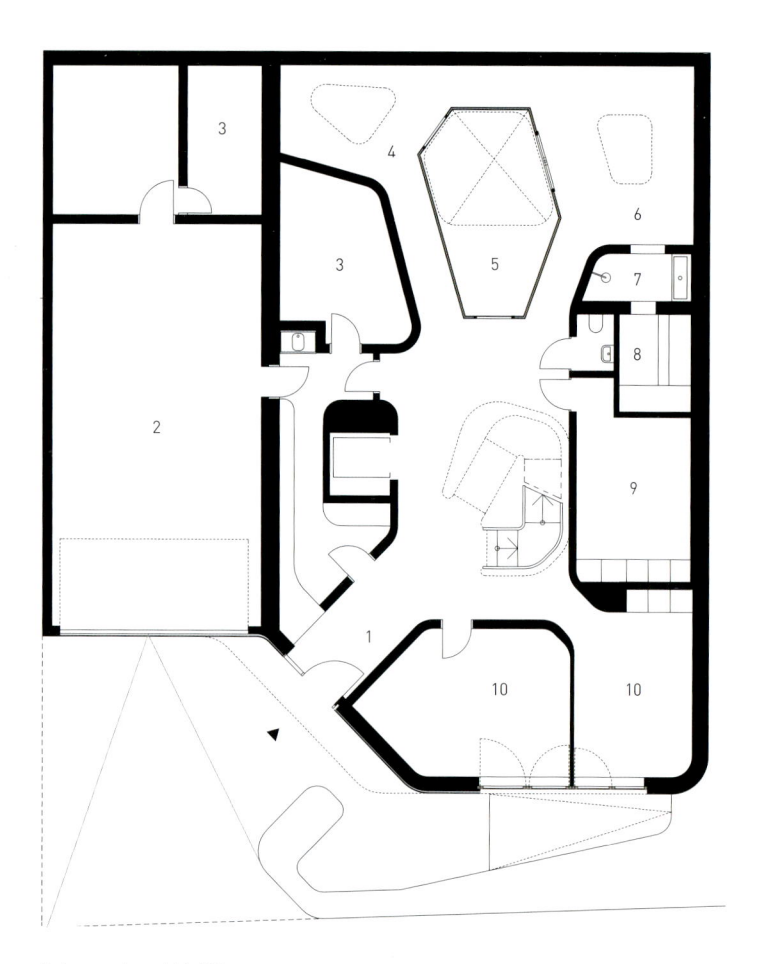

Untergeschoss M 1:200

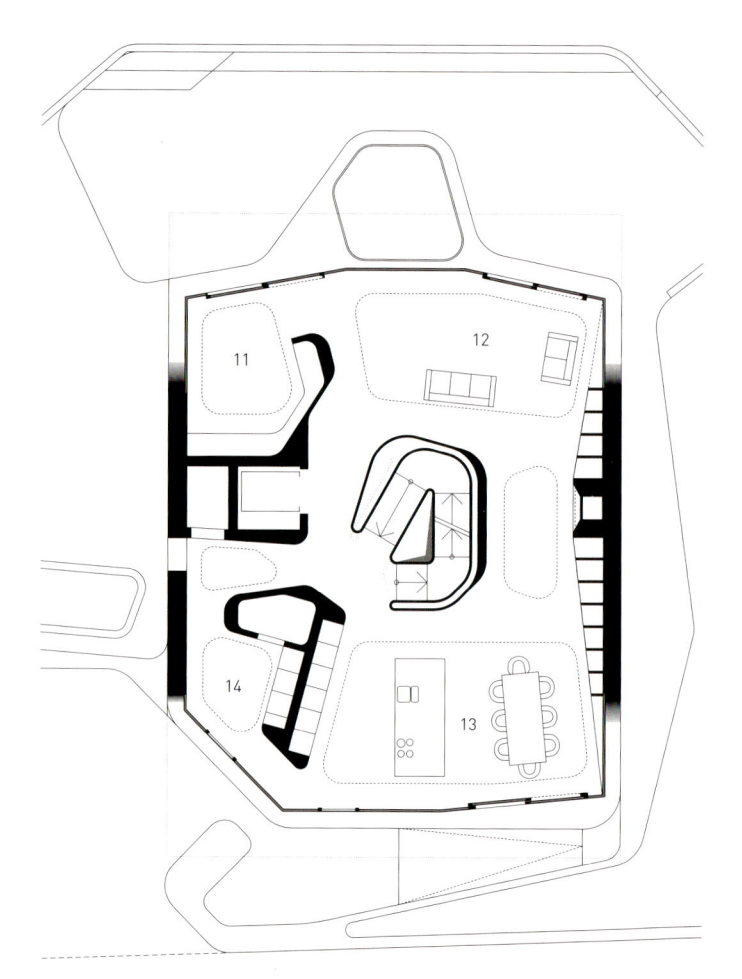

Erdgeschoss M 1:200

1 Zugang
2 Garage
3 Technik
4 Ruhebereich
5 Lichthof
6 Wellness
7 Bad
8 Sauna
9 Lager
10 Zimmer
11 Lesen
12 Wohnen
13 Essen/Kochen
14 Hauswirtschaftsraum
15 Kind
16 Ankleide
17 Schlafen
18 Terrasse

Jürgen Mayer H., D-Berlin

„Bei jedem Projekt schauen wir parallel auf verschiedene Parameter. Wir suchen nach speziellen Qualitäten des Grundstücks und untersuchen die Möglichkeiten, die im Raumprogramm stecken. Uns interessiert hierbei, noch Ungesehenes und Unentdecktes zu entwickeln."

Gebäudedaten

Grundstücksgröße: 891 m²
Wohnfläche: 393 m²
Zusätzliche Nutzfläche: 114 m²
Anzahl der Bewohner: 4
Bauweise: Stahlbetonkonstruktion mit Wärmedämmverbundsystem
Primärenergiebedarf: 25 kWh/m²a
Baubeginn: 04/2010
Fertigstellung: 09/2011

Lageplan

Zur Hangseite gräbt sich ein Lichthof ins Gelände, um das Untergeschoss zu belichten.

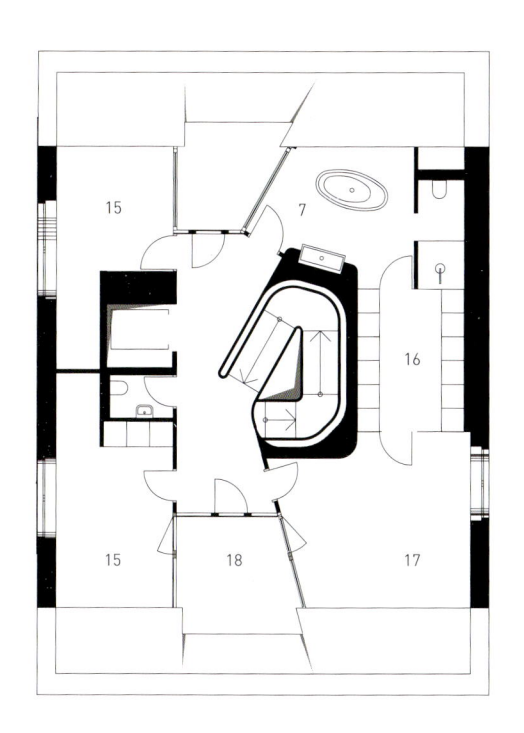

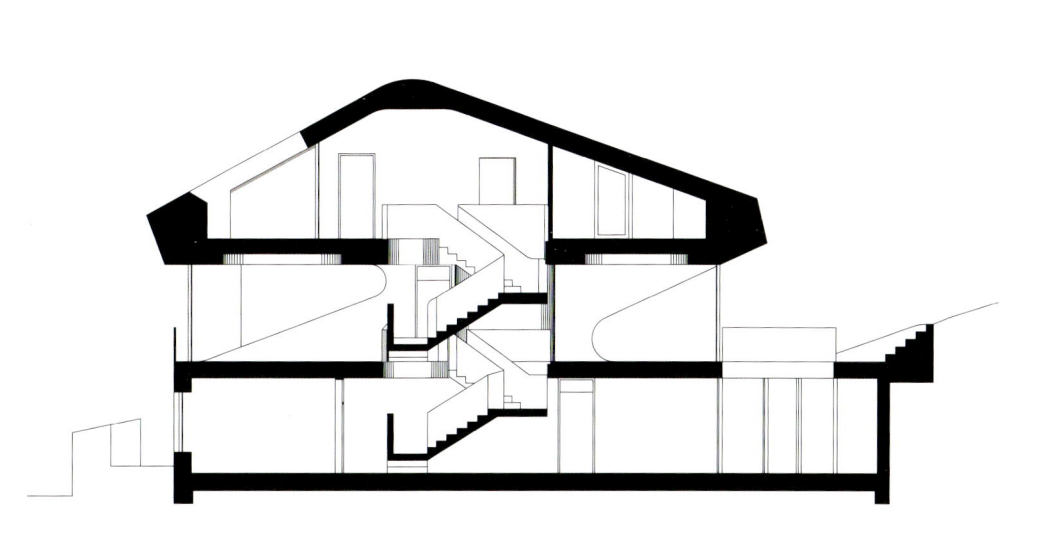

Dachgeschoss M 1:200

Schnitt M 1:200

WOHNHAUS-ERWEITERUNG IN LANGENARGEN

FLORIAN NAGLER ARCHITEKTEN
BATHKE GEISEL ARCHITEKTEN

Die Sanierung und Erweiterung des Anwesens aus dem Jahr 1928 erfolgte in mehreren Schritten. Nach einer ersten vorsichtigen Instandsetzung und dem Bau einer Garage mit Schuppen widmete man sich dem Wohnhaus. Ziel war es dabei, Charakter und Atmosphäre des bestehenden Gebäudes, seinen soliden Charme zu erhalten und es nicht fremd zu überformen. Dazu zählten die Terrasse mit der Gartentreppe, die Anmutung von außen und die Qualität der Innenräume.

Der gravierendste Eingriff war die Verlängerung des Hauses nach Süden. Durch die Überbauung der Terrasse erhielt das Obergeschoss zwei Zimmer mehr, jetzt gibt es drei für die Kinder, eines für Gäste. Unter dem neuen Dachstuhl wurde die Ebene der Eltern eingerichtet mit großem Bad, Ankleide und einem abtrennbaren Arbeitsbereich. Hinter der neuen Loggia liegt ein über die Hausbreite durchgehender Wohnraum, der zur Küche hin offen ist. Der charakteristische Erker blieb als Speisekammer und Leseplatz erhalten. Der Eingang erhielt einen weiteren kleinen Vorbau. Die Erweiterung an das massiv gemauerte Haus wurde als Holztafelbau mit Massivholzdecke ausgeführt. Die Fassade ist mit 16 Zentimetern Steinwolle isoliert, das Dach, vor allem als sommerlicher Wärmeschutz, mit 18 Zentimetern Sparrendämmung und einer 6 Zentimeter dicken Holzfaserplatte. Im Dachspitz ist ein Rotationswärmetauscher für die Lüftungsanlage eingebaut – ein Indiz für den hohen energetischen Standard.

Ein neuer Sockel aus scharriertem Beton verbindet alle Bauteile. Darüber beginnt die Fassade aus bandsägerauen, grau und weiß lasierten Weißtannenbrettern in unterschiedlicher Breite. Die sprossenlosen Holzfenster stecken als weiße Kästen wie Bilderrahmen in der Fassade, dahinter sind Sonnenschutzjalousien verborgen. Wie die Festverglasung und die Haustür sind sie mit drei Scheiben ausgestattet. Das Dach ist mit Faserzementplatten gedeckt. Im ganzen Haus liegt geöltes Eichenparkett; Wände und Decken sind gestrichen, sodass man mit wenigen Materialien und Farben auskommt.

Ein konservatives Wohnhaus aus den späten Zwanzigerjahren wurde erweitert und energetisch saniert. Sein Charakter ist dabei nicht verloren gegangen.

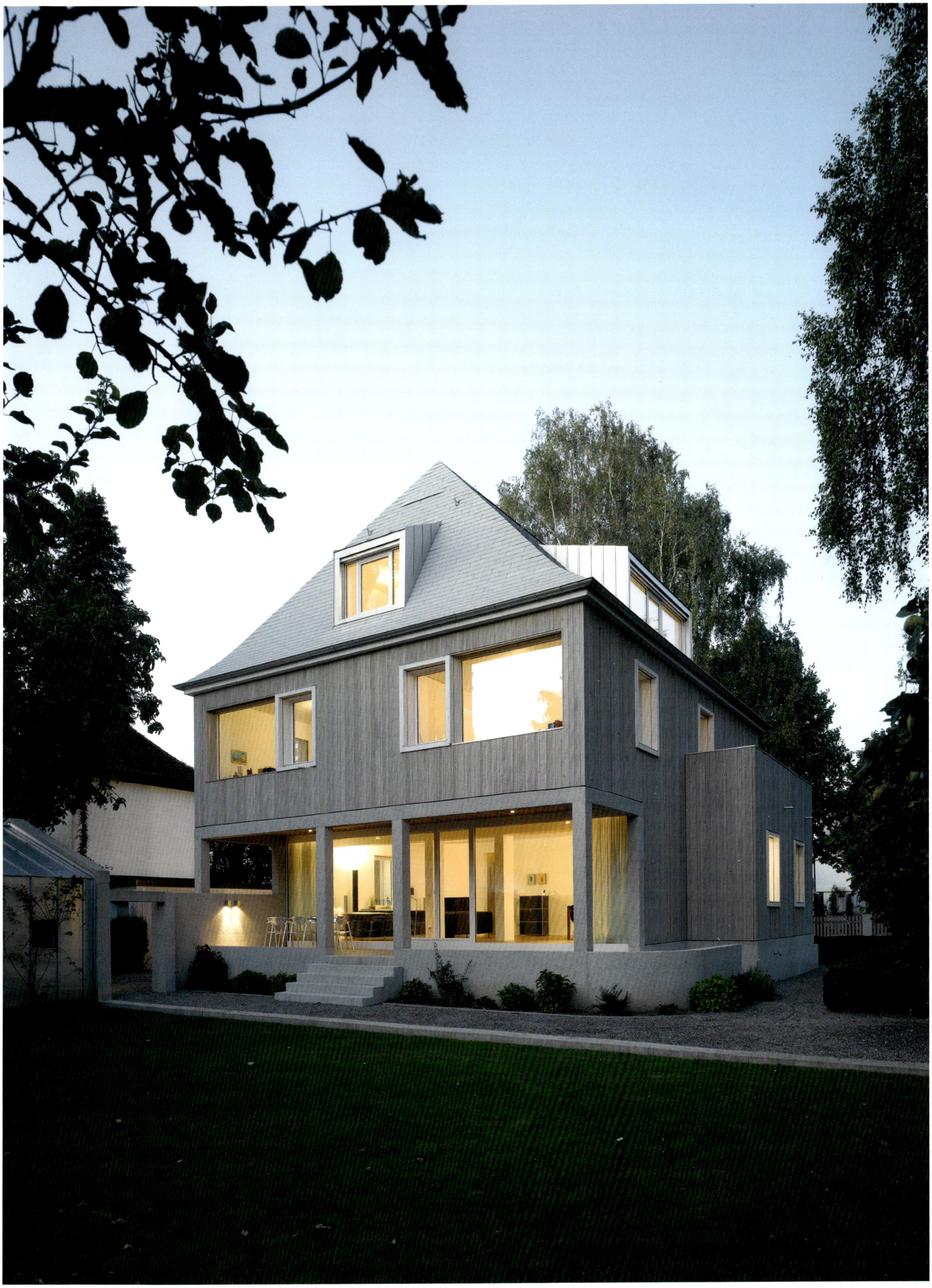

Der Essplatz mit der offenen Verbindung zur Küche wird vom Garten über eine raumhohe Glasfront belichtet. Eine Stufe höher liegt im Erker ein Leseplatz.

Unten rechts: Einbauten nutzen in der Ankleide den Raum unter der Dachschräge.

Florian und Barbara Nagler, Florian Nagler Architekten, D-München

„Einerseits galt es, das Baurecht einzuhalten, andererseits, den Charakter des schönen Hauses zu erhalten. Durch Drehung der Firstrichtung konnten wir auf Anbauten verzichten und ein Zimmer für jedes Kind sowie einen Rückzugsbereich für die Eltern vorsehen."

Obergeschoss M 1:200

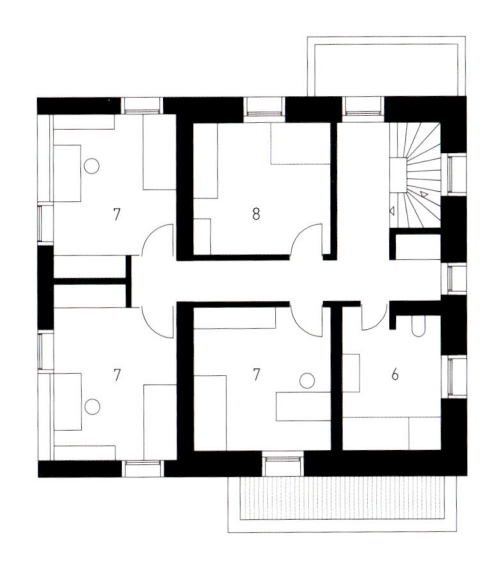

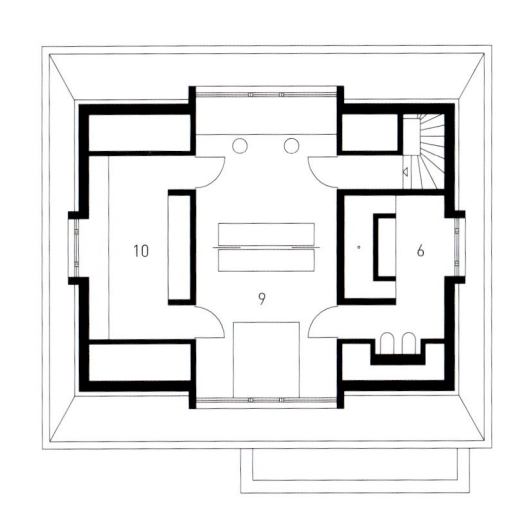

Dachgeschoss M 1:200

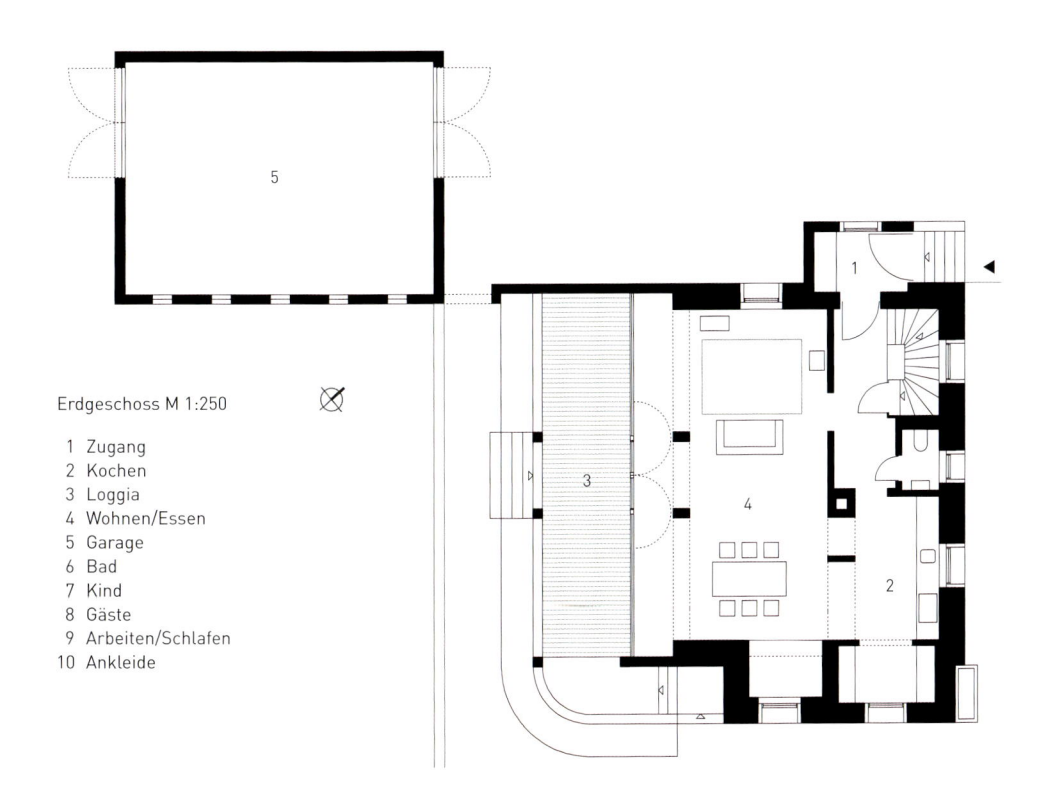

Erdgeschoss M 1:250

1 Zugang
2 Kochen
3 Loggia
4 Wohnen/Essen
5 Garage
6 Bad
7 Kind
8 Gäste
9 Arbeiten/Schlafen
10 Ankleide

Gebäudedaten

Grundstücksgröße: 1.200 m²

Wohnfläche: 220 m²

Zusätzliche Nutzfläche: 30 m²

Anzahl der Bewohner: 5

Bauweise: massiv (Bestand);

Holz (Erweiterung)

Primärenergiebedarf:

70,49 kWh/m²a

Baukosten gesamt: 375.000 Euro

Baukosten je m² Wohn-

und Nutzfläche: 1.500 Euro

Fertigstellung: 03/2011

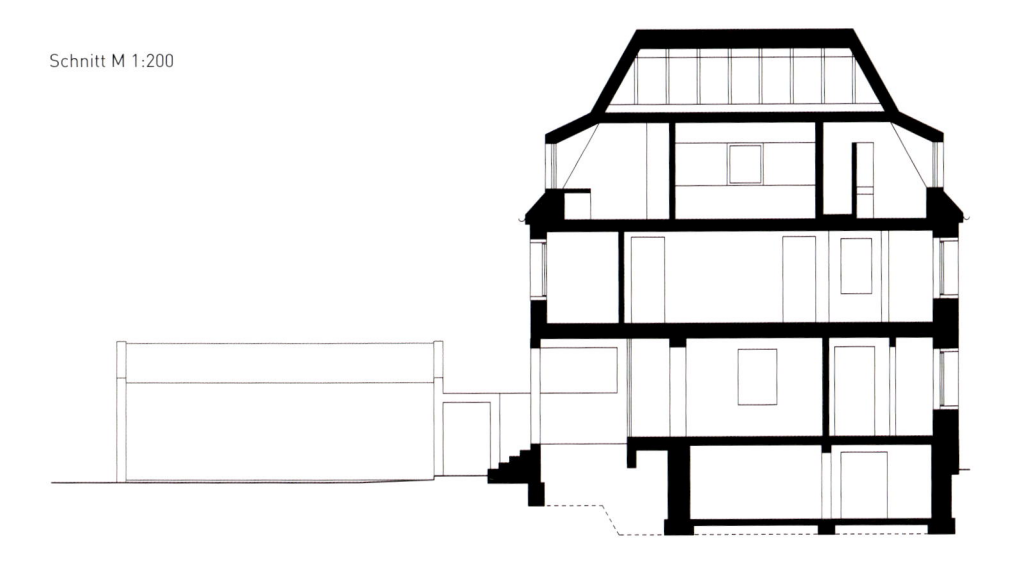

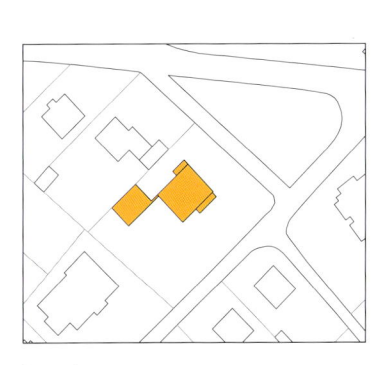

Schnitt M 1:200

Lageplan

SANIERUNG UND UMBAU EINES BAUERNHAUSES IM ALLGÄU

PETER TAUSCH

Das 250 Jahre alte Bauernhaus am Rand eines kleinen Weilers wurde zunächst als Ferienhaus erworben und später zum ständigen Wohnsitz umgebaut. Der regionalen Tradition entsprechend ist der Wohnteil ein holzverschindelter Blockbau (Strickbau), er steht auf einem Keller aus Bruchsteinmauerwerk, die angrenzende Scheune war als Holzständerbau errichtet worden. Der Grundriss entspricht typlogisch dem historischen Flurküchenhaus.

Der schlechte Zustand und bauliche Veränderungen machten eine grundlegende Sanierung nötig. Dabei sollten die charakteristischen Besonderheiten ohne Abstriche für den zeitgemäßen Komfort wieder gewonnen werden.

Der Eingang liegt jetzt in der wiederhergestellten Flurküche, die aufgrund der geringen Raumhöhe (1,85 Meter) nach oben geöffnet wurde, sodass sich darüber eine umlaufende Galerie ergab. Von der Küche werden das neue Bad und die angrenzende Stube erschlossen, vor allem hat das Haus wieder einen zentralen Raum für Kochen und Zusammensitzen. Der Keller wurde zugunsten einer größeren Raumhöhe im Erdgeschoss zugeschüttet, die typischen Raumproportionen blieben erhalten.

Im Obergeschoss mussten die maroden Decken ersetzt werden, auch hier wurde die Raumhöhe vergrößert. Zudem wurden eine 12 Zentimeter dicke Innendämmung mit Zellulosefasern aufgebracht, die Fenster erneuert, die alten Blockinnenwände freigelegt und die Bodendielen saniert.

Ein Allgäuer Bauernhaus, erst nur Fluchtpunkt für die Ferien, wurde zum Wohn(- und Arbeits)sitz umgebaut. Die deutliche Trennung in Wohnhaus und Scheune ist durch die neuen Funktionen aufgehoben.

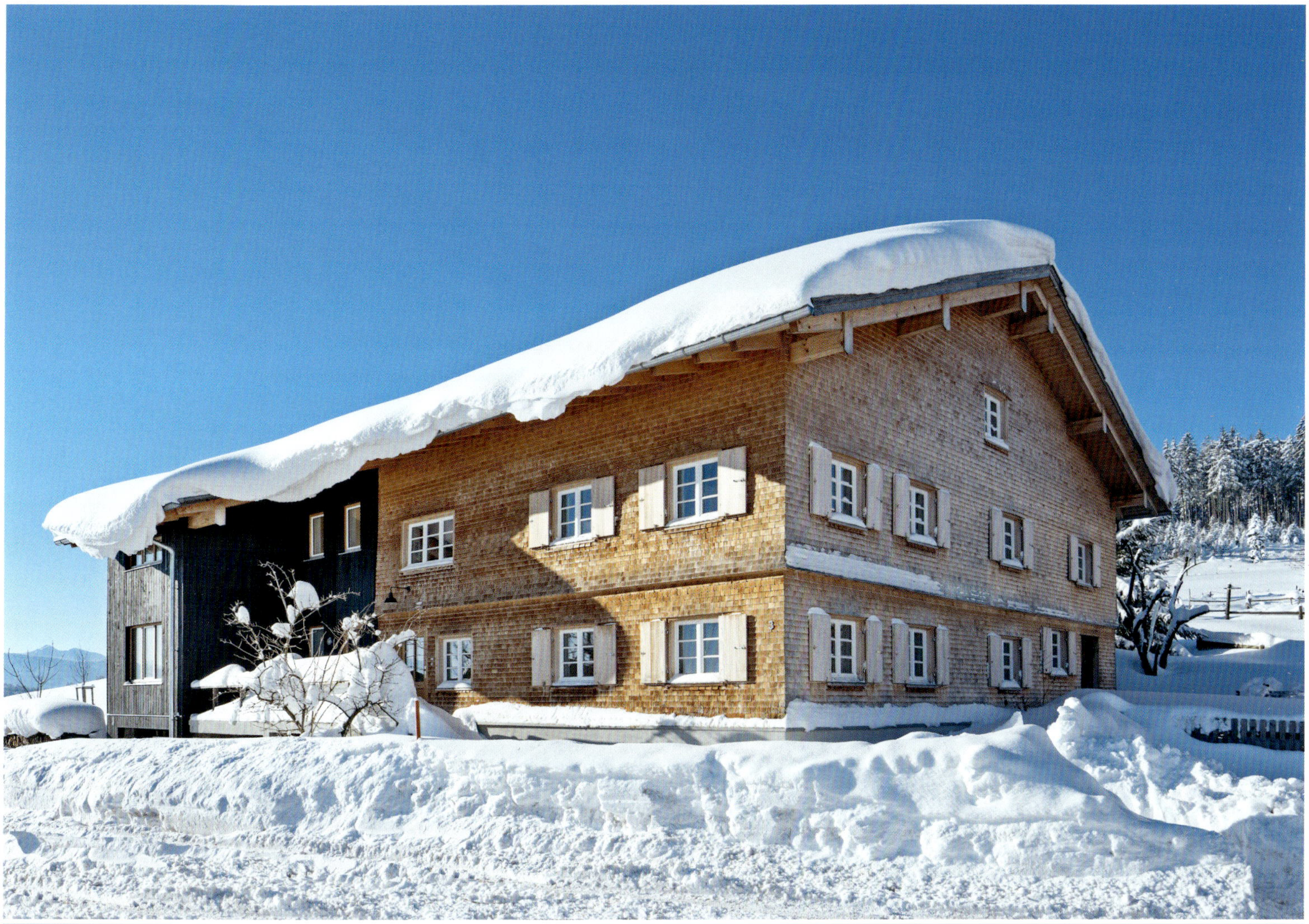

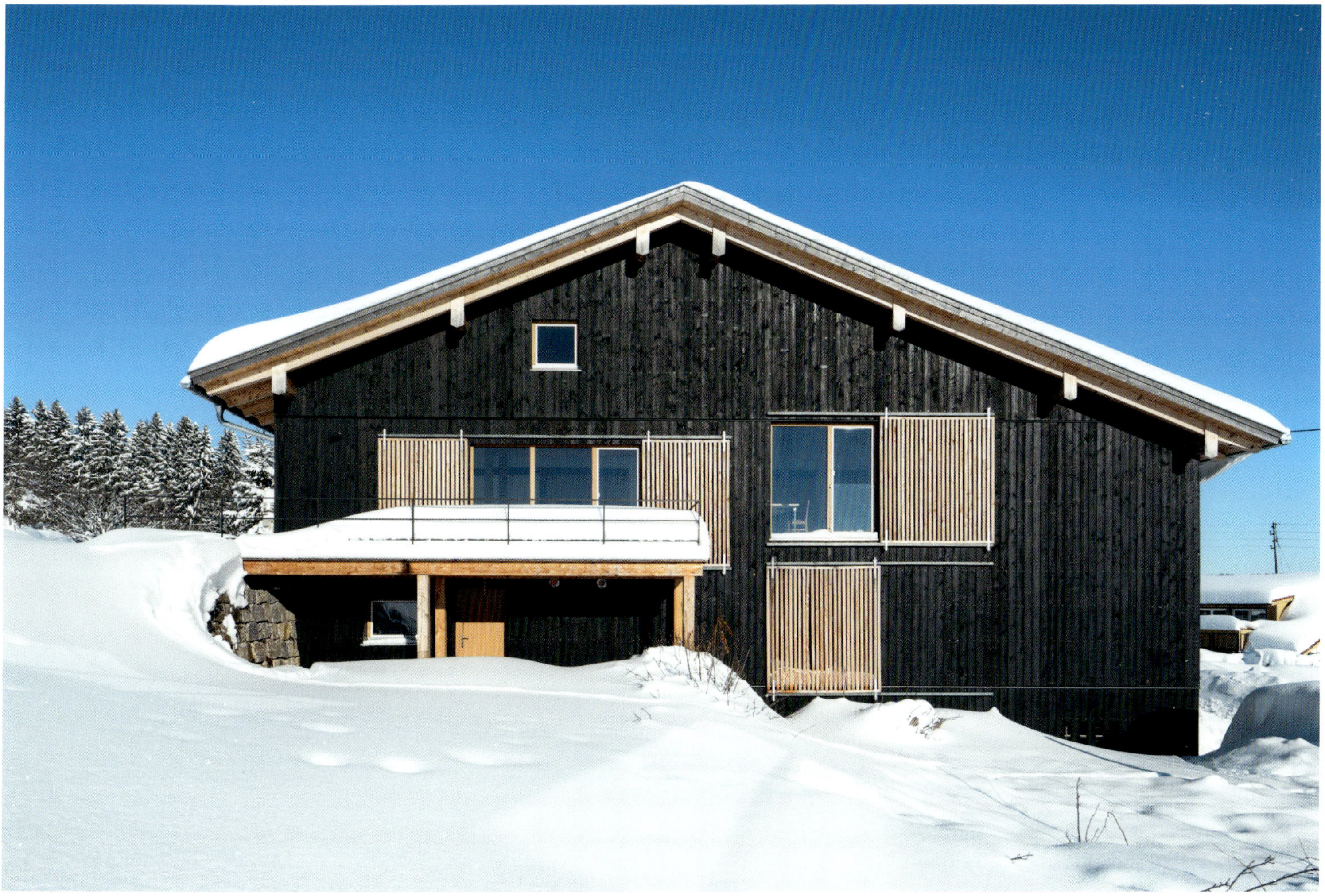

Dabei entstand in der ehemaligen Scheune im Obergeschoss ein geräumiges Wohnatelier, aus dessen großen Fenstern man das fantastische Bergpanorama sieht. Daneben liegen ein Atelier und ein Arbeitsraum. Nach Süden und Westen ist jetzt, begünstigt durch den ansteigenden Hang, eine neue Terrasse angebaut. Im Erdgeschoss der Scheune konnte eine Einliegerwohnung eingerichtet werden.

Geheizt wird CO_2-neutral mit Pellets. Äußerlich wurden die verschlissenen Schindeln an der Wohnfassade erneuert, die ausgebaute Scheune ist durch eine vertikale, schwarz lasierte Brettschalung abgesetzt.

Rechts oben: Die niedrige Stehhöhe führte zur Deckenöffnung. So ergab sich eine Galerie zur Erschließung der oberen Räume. Der hohe Raum zeigt deutlich die Spuren seiner Baugeschichte.

Rechts unten: Das Atelier des Architekten, in dem offensichtlich eine Balance zwischen Entwerfen und Malen herrscht. Die Doppelstegplatten belichten den noch nicht ausgebauten Speicher.

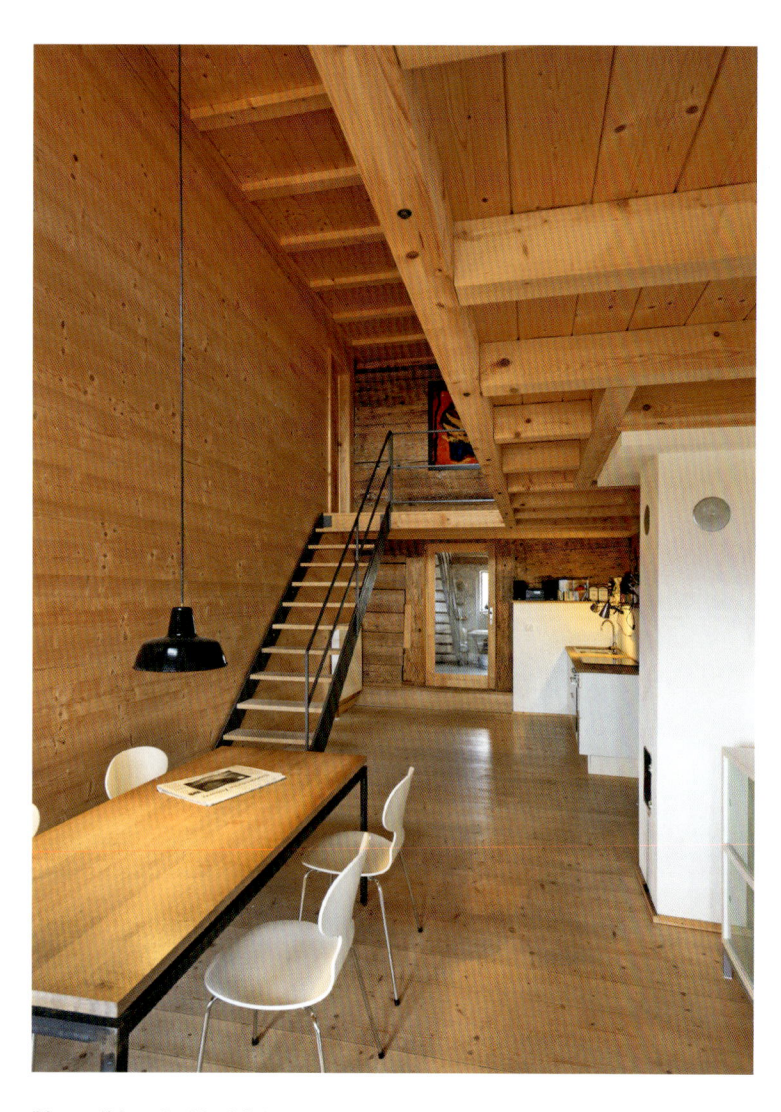

Die traditionelle Flurküche, die man ohne Windfang betritt – und gleich mittendrin bei der Familie ist.

Das Wohnatelier bietet den Blick in die Berge, die stattliche Raumhöhe animierte zum Ausbau.

97

Prof. Peter Tausch, D-München

„Der schlechte Bauzustand und die baulichen Veränderungen im Laufe der 250-jährigen Geschichte des Bauernhauses machten eine umfangreiche Sanierung erforderlich. Die Eingriffe sollten die typologischen und materiellen Besonderheiten des Hauses wieder hervorbringen, ohne auf einen zeitgemäßen Komfort zu verzichten."

Gebäudedaten

Grundstücksgröße: 2.400 m²

Wohnfläche: 280 m²

Zusätzliche Nutzfläche: 87 m²

Anzahl der Bewohner: 4

Bauweise: Wohnhaus: Holzblockbau (Strickverband),

Scheune: Holzständerbau

Primärenergiebedarf: 21 kWh/m²a

Baukosten gesamt: 430.000 Euro

Baukosten je m² Wohn- und Nutzfläche: 1.172 Euro

Baubeginn: 05/2010

Fertigstellung: 06/2012

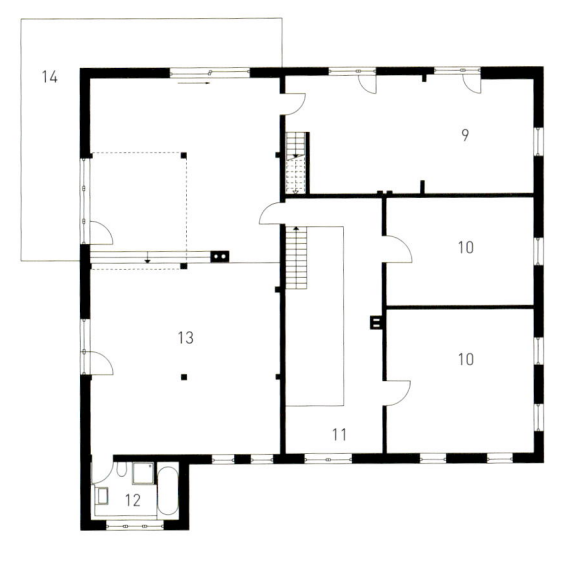

Obergeschoss M 1:200

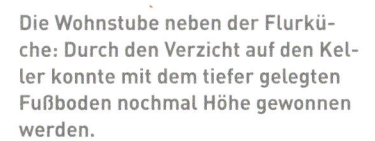

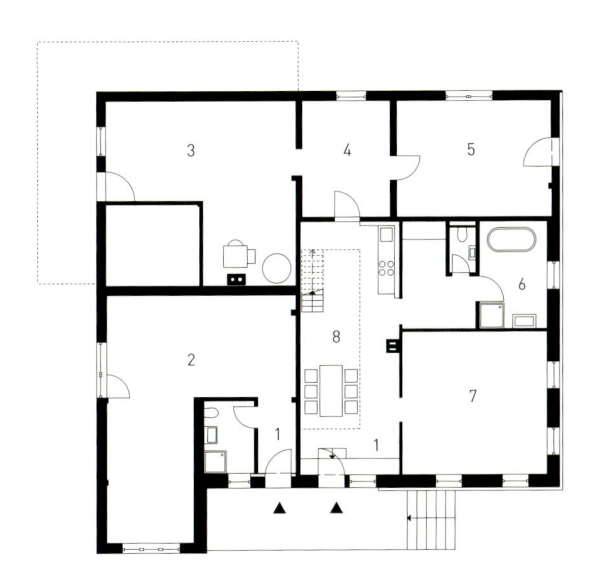

Erdgeschoss M 1:200

1 Zugang
2 Einliegerwohnung
3 Technik
4 Lager
5 Werkstatt
6 Bad
7 Wohnen
8 Flurküche
9 Atelier
10 Schlafen
11 Galerie
12 Bad
13 Wohnen
14 Terrasse

Die Wohnstube neben der Flurküche: Durch den Verzicht auf den Keller konnte mit dem tiefer gelegten Fußboden nochmal Höhe gewonnen werden.

Die Blockinnenwände wurden von störenden Einbauten befreit, instandgesetzt und sind nun der Hintergrund für komfortables Wohnen.

Lageplan

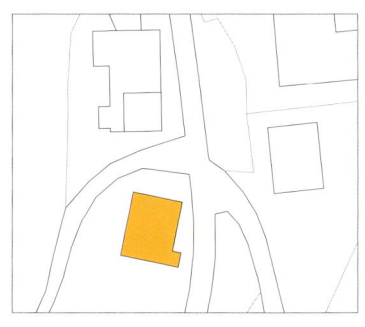

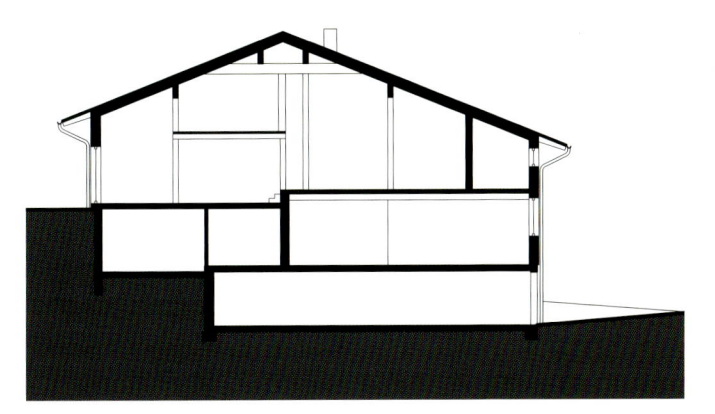

Schnitt M 1:200

HOFHAUS IN KÖLN-HAHNWALD

SCHEURING UND PARTNER ARCHITEKTEN

Dieses Haus musste auf widersprüchliche Bedingungen reagieren: einerseits zeichnet sich seine Umgebung im Kölner Stadtteil Hahnwald durch eine parkartige Begrünung aus, was den hier stattlichen Grundstücken zwischen 2.000 und 5.000 Quadratmetern zugute kommt. Andererseits verläuft im Westen die Bonner Landstraße und parallel dazu die Autobahn, die mit enormen Lärmimmissionen die friedliche Lage beeinträchtigen. Der Bebauungsplan schrieb eine eingeschossige Bauweise vor.

Diese Disposition führte zur Entwicklung eines Hofhauses, das sowohl gegen den Verkehrslärm schützen als sich auch durch eingeschnittene Höfe und Terrassen zur Natur öffnen sollte. Als schwebend wirkender Pavillon – das Haus ist nicht unterkellert – lässt es die Umgebung unberührt. Gleichzeitig behauptet es sich mit seiner von rauer Brettschalung gezeichneten Sichtbetonfassade, die mit der das Grundstück dominierenden Parklandschaft korrespondiert. Die starken Vertikalen und Horizontalen geben ihm eine einprägsame physische Präsenz. Es gibt nur Wandscheiben, Balken oder raumhohe Glasfronten, die wie bei einem Steckspiel zu einem Baukörper zusammenfinden. Die Außenwände sind zweischalig, die Innenschale ist aus weiß geschlämmten Kalksandsteinen gemauert.

Der Eingang, vier Stufen hoch, liegt etwas zurückgesetzt, flankiert von einem Büro und dem Block für die Haustechnik. Eine Wandscheibe, hinter der sich die Garderobe verbirgt, und eine inselartig eingestellte Sanitärzelle verzögern den Eintritt in den Wohn-Großraum mit Küche und Essplatz. Ein kleiner Innenhof bringt Seitenlicht. Zu einem (später teilbaren) Kinderzimmer an der Nordost-Ecke kann man über eine kurze Passage schlüpfen, was den Größeren eine gewisse Autonomie

Ohne betuliche Rabatten: Ein parkartiges Grundstück säumt den Wohnpavillon, der sich rau und niedrig zwischen die Bäume stellt. Der separate Carport (Foto unten, links) vermittelt zwischen Natur und dem gebauten Artefakt des Wohnhauses, das trotz seiner Masse über der Rasenkante zu schweben scheint.

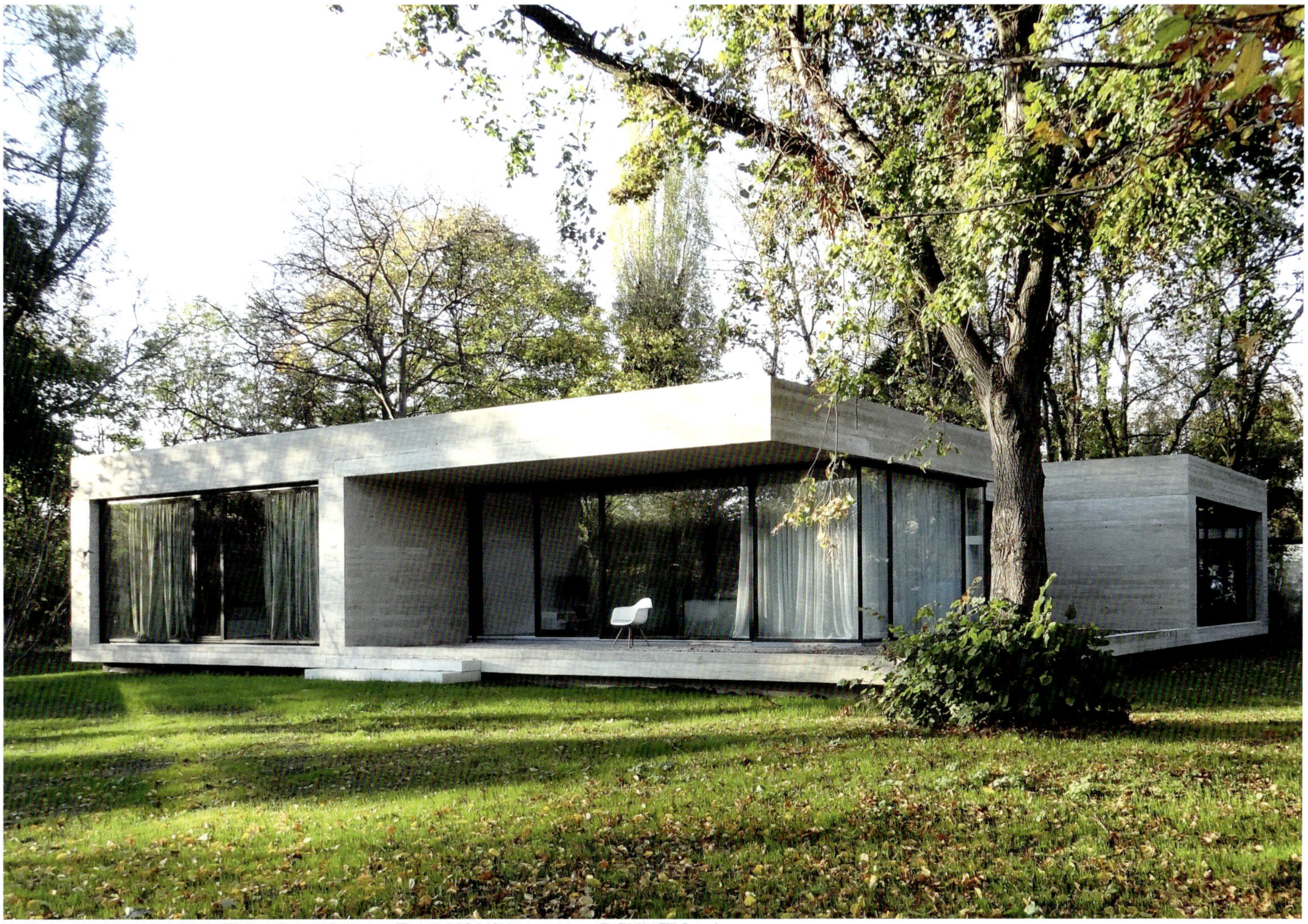

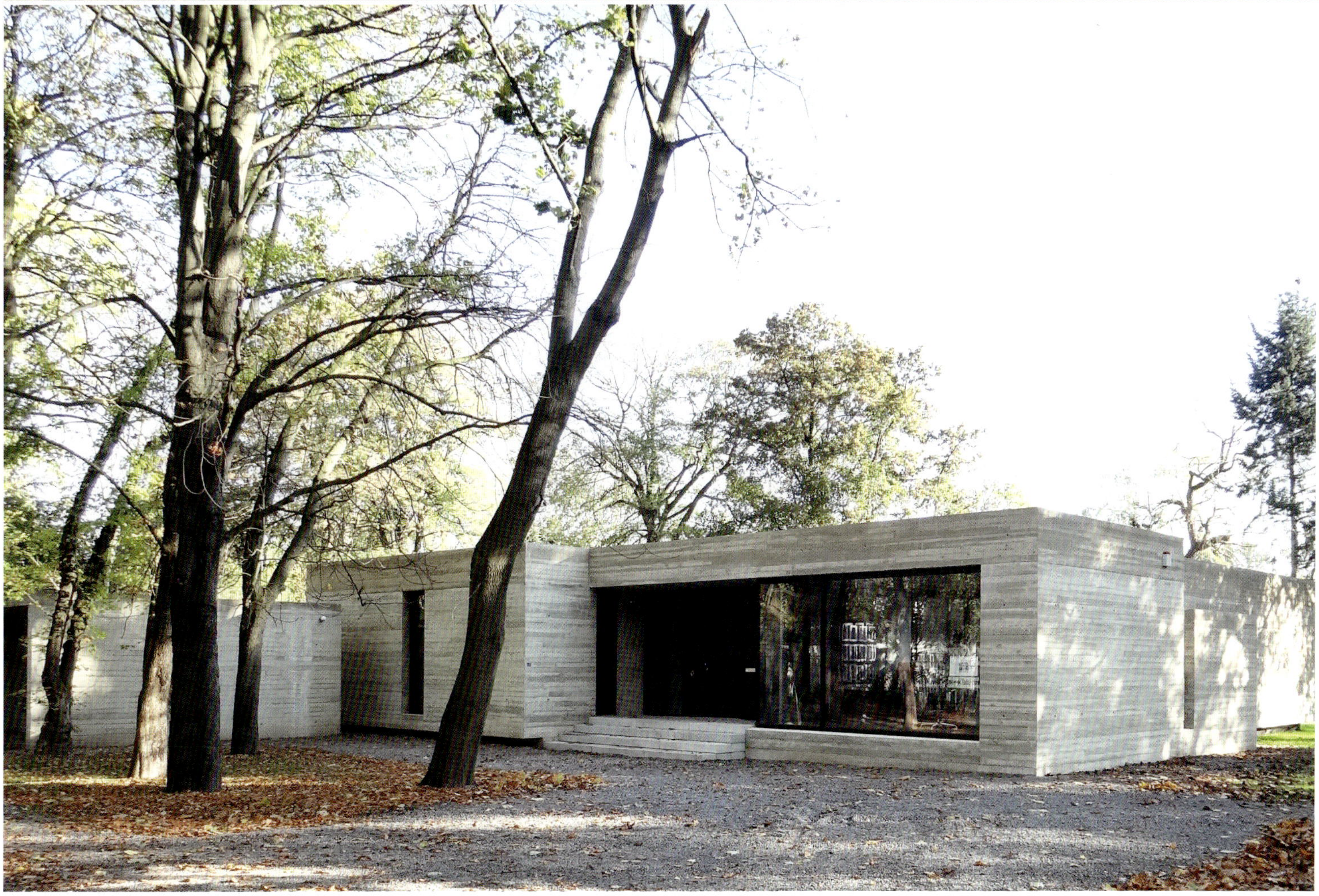

im Familienleben beschert. Der Elternbereich liegt diagonal an der Südwest-Ecke hinter dem Angelpunkt des Kamins. Er ist abgeschlossen mit eigenem WC, Bad und Ankleide und erhält zusätzlich Licht durch ein Gartenatrium. Es gibt also vier Bereiche: Arbeiten, Wohnen, Kinder und Eltern, die alle über einen eigenen Freibereich verfügen, der vor den Einblicken der anderen geschützt ist. Selbst der Carport folgt diesem Konzept: er steht als separater Betonbügel neben dem Haus, dort, wo die skulpturale Pavillonarchitektur in den unbebauten Park ausklingt.

Alle Bereiche öffnen sich mit Terrassen oder Atrien nach außen, das Grün bleibt zum Greifen nah.

Die Brettschalung übersetzt das Thema Holz in Architektur, die echten Bäume stehen ringsum.

Nach der Zäsur des Zugangs empfängt ein offener Wohnraum.

Dennoch gibt es verschiedene Wege, Kinder sind nicht der Kontrolle der Erwachsenen ausgeliefert, wenn sie in ihre Zimmer gehen.

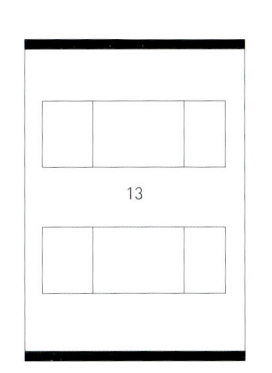

Erdgeschoss M 1:200

1 Zugang
2 Technik
3 Kind
4 Terrasse
5 Bad
6 Kochen
7 Wohnen/Essen
8 Eltern
9 Ankleide
10 Innenhof
11 Kamin
12 Arbeiten
13 Carport

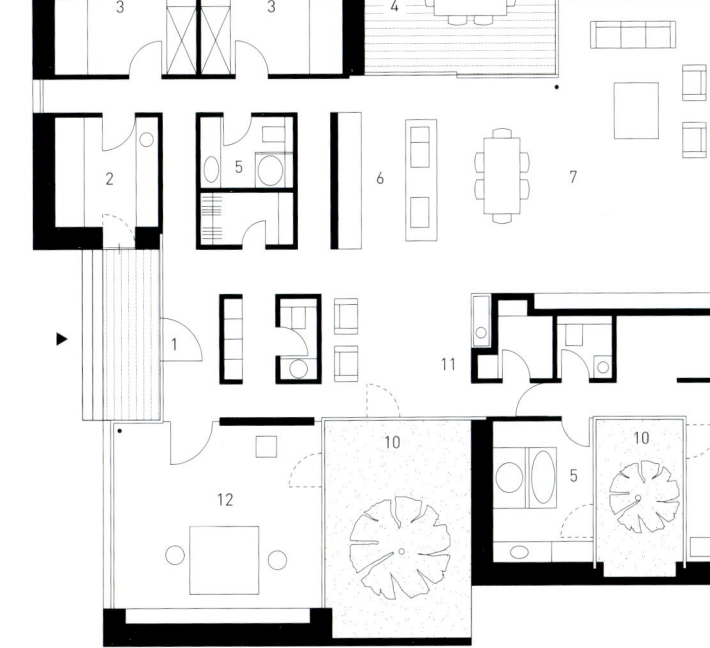

Schnitt M 1:200

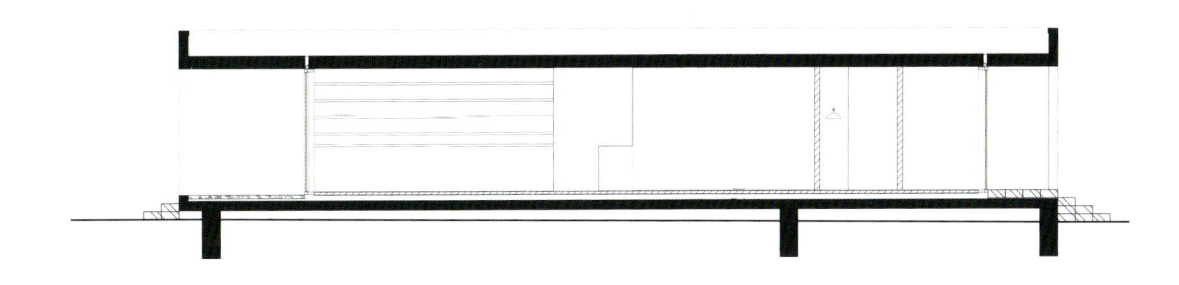

Lageplan

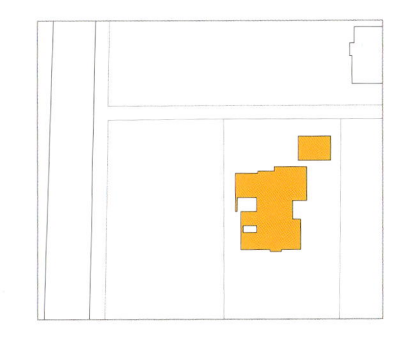

Gebäudedaten

Grundstücksgröße: 2.000 m²

Wohnfläche: 210 m²

Zusätzliche Nutzfläche: 10 m²

Anzahl der Bewohner: 3

Bauweise: massiv

Primärenergiebedarf: 79,4 kWh/m²a

Baukosten gesamt: 450.000 Euro

Baukosten je m² Wohn-
und Nutzfläche: 2.000 Euro

Baubeginn: 01/2012

Fertigstellung: 09/2012

**Claudia Hannibal-Scheuring, Prof. Andreas Scheuring
Scheuring und Partner Architekten, D-Köln**

„Den Bungalow neu entdecken: Eine höchst individuelle Wohnform, die in ihrer Mitte ein hohes Maß an gemeinschaftlicher Verbundenheit beinhaltet."

PASSIVHAUS IN FUSSACH

SCHRÖTTER-LENZI ARCHITEKTEN

Ein kleines Architektenhaus, das zusammen mit zwei alten Holzhütten wie ein Pavillon das Dorfzentrum abschließt. Die Infrastruktur mit Volksschule, Kirche, Gemeindeamt, Laden und öffentlichem Nahverkehr ist zu Fuß erreichbar. Zur anderen Seite grenzt das Grundstück an das Naturschutzgebiet am Bodensee: man schaut vom Haus ins Ried. Der begrenzte Platz legte den Anbau an das Nachbarhaus nahe, die Erschließung am Ende der Wohnstraße führt über zwei fremde Grundstücke.

Durch die Nähe zum Rhein und zum See musste das Wohngeschoss über das Gartenniveau angehoben werden. Da es außerdem an drei Seiten über das Souterrain auskragt, entsteht ein leichter, schwebender Eindruck. Eine Rampe führt an der Längsseite entlang zum Eingang; damit ist das Erdgeschoss barrierefrei erschlossen. Das modular geplante Haus ist massiv in Stahlbeton errichtet, Längs- und Querriegel sind jeweils 6 Meter breit, die Gesamtlänge beträgt das Dreifache. Die Wände haben innen Sichtbetonqualität, nach Wärmedämmung und Hinterlüftung schließen dunkel lasierte Fichtenholzleisten die Fassade ab. Die Fußböden sind auf beiden Ebenen mit kerngeräuchertem Eichenparkett ausgelegt. Als Grundbeleuchtung sind im ganzen Haus flächenbündige LED-Lichtleisten, kombiniert mit Bilderschienen, installiert.

Durch die Öffnung an den Stirnseiten gehen die Räume in die Landschaft über. Durch Oberlichtbänder zwischen Küche, Ankleide und Schlafzimmer spürt man auch im Innenbereich die Länge des Baukörpers; außerdem lassen sich die innenliegenden Kammern ohne Lampenlicht benutzen.

Wie ein Pavillon balanciert das kleine Haus über dem Rasen. Die Terrasse und alle Räume, selbst das Badezimmer, öffnen sich ungeniert zur Landschaft. Beide Stirnseiten holen Licht ins Haus, gestatten aber auch Einblicke wie in ein Schaufenster.

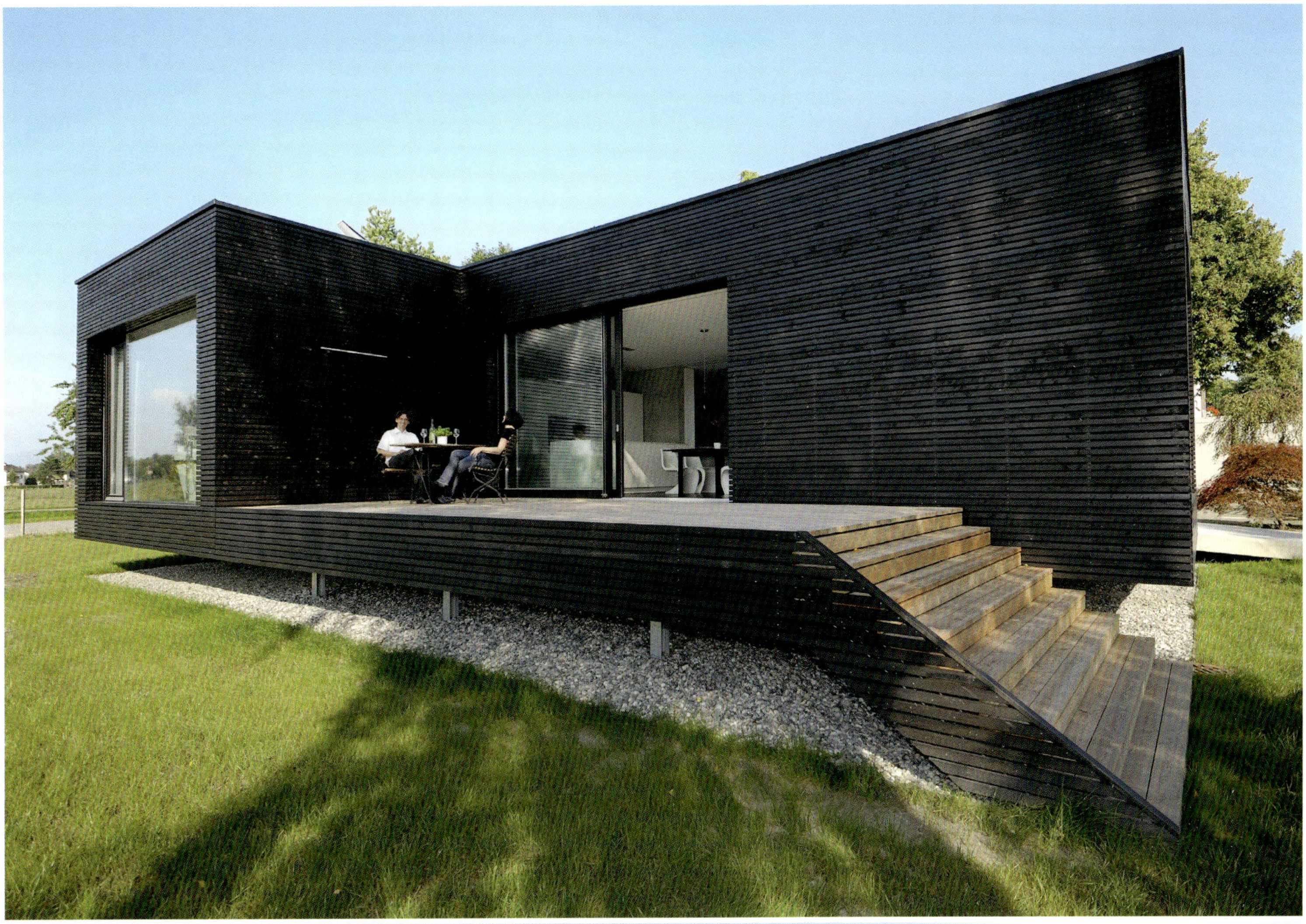

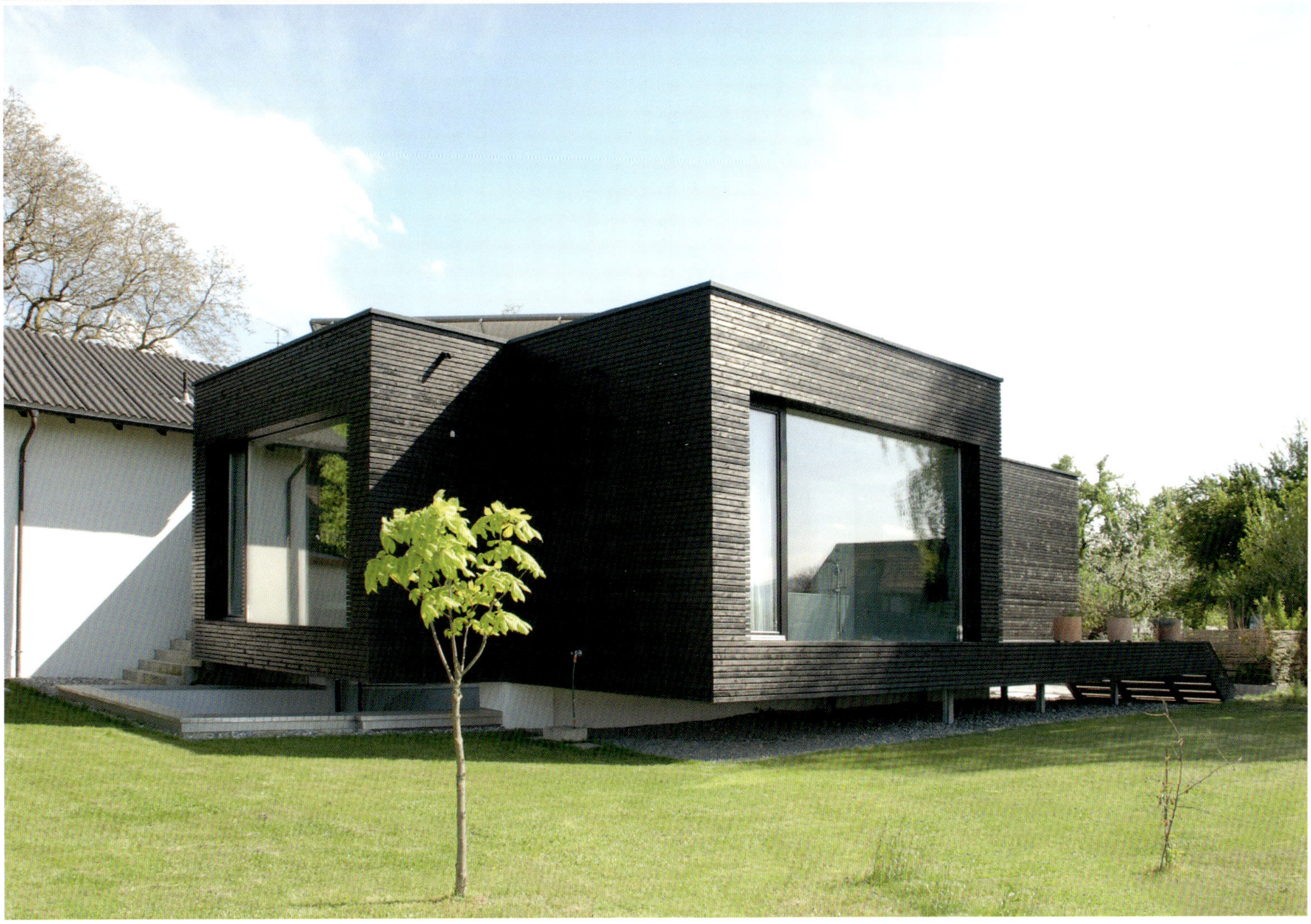

Versteckte Lichtleisten zwischen Wand und Decke sorgen für die Grundbeleuchtung.

Ungewöhnlich ist das große Badezimmer, das den Seitenriegel ausfüllt. Hier kann man aus der Wanne in die Landschaft sehen – wenn man es riskiert, bei offenen Vorhängen zu baden. Selbst im zurückgesetzten Untergeschoss werden Arbeits- und Hobbyraum noch direkt belichtet, wobei Letzterer durch ein Atrium mit Sitzstufen an den Garten angebunden ist und überhaupt interessante Nutzungen verspricht. Ein Kompaktgerät sorgt in dem auf Passivhausstandard ausgelegten Haus für kontrollierte Be- und Entlüftung, Warmwasserbereitung und Fußbodenheizung.

Dem kleinen Haus gönnt man ein luxuriöses Bad, es ist so groß wie das Schlafzimmer.

Bei passender Witterung kann man das Essen rasch auf die Terrasse verlegen.

Betten mit Aussicht. Die Oberlichtverglasung (rechts) erinnert an die oblonge Dimension des Hauses.

Eine Rampe führt zum Eingang, er liegt in einem an das Nachbarhaus angebauten Zwischenraum. Vor allem die Stirnseiten holen Licht ins Haus.

Carmen Schrötter-Lenzi, Florian Schrötter
Schrötter-Lenzi Architekten, A-Fussach

„Das Grundstück am Riedrand ermöglichte, ein Haus zu entwerfen, das durch gezielt gesetzte Öffnungen die Natur optisch in die Innenräume holt."

Erdgeschoss M 1:200 ⊠

1 Zugang
2 Wohnen
3 Terrasse
4 Bad
5 Schlafen
6 Ankleide
7 Kochen
8 Essen
9 Atrium
10 Arbeiten
11 Lager

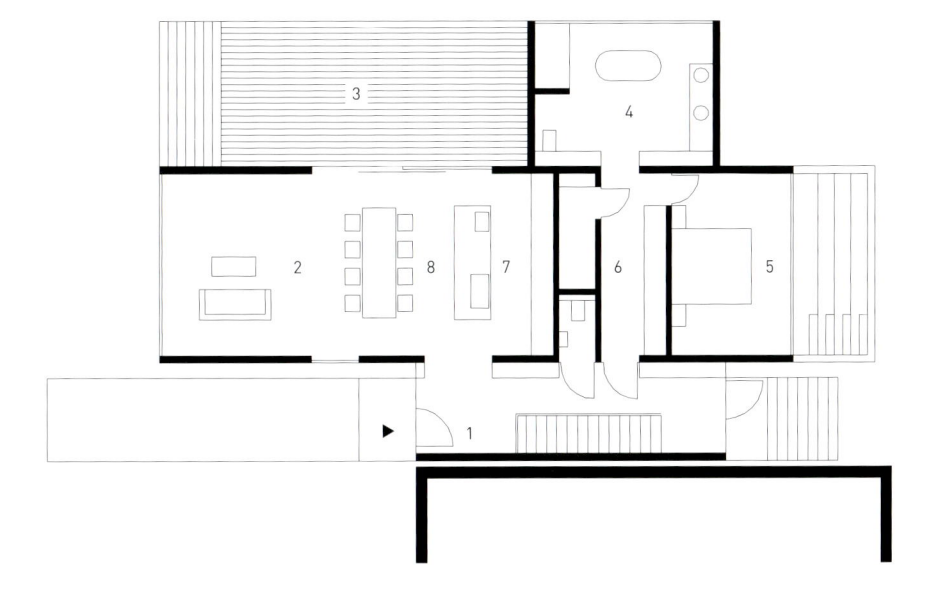

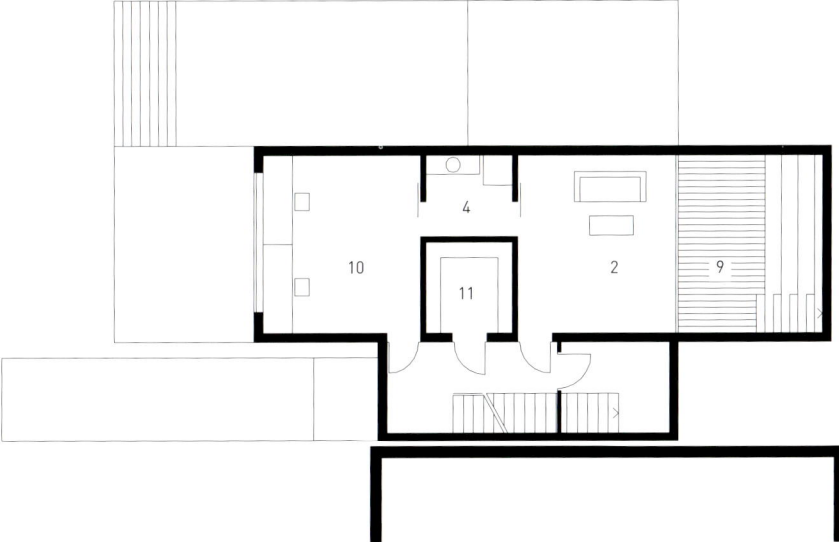

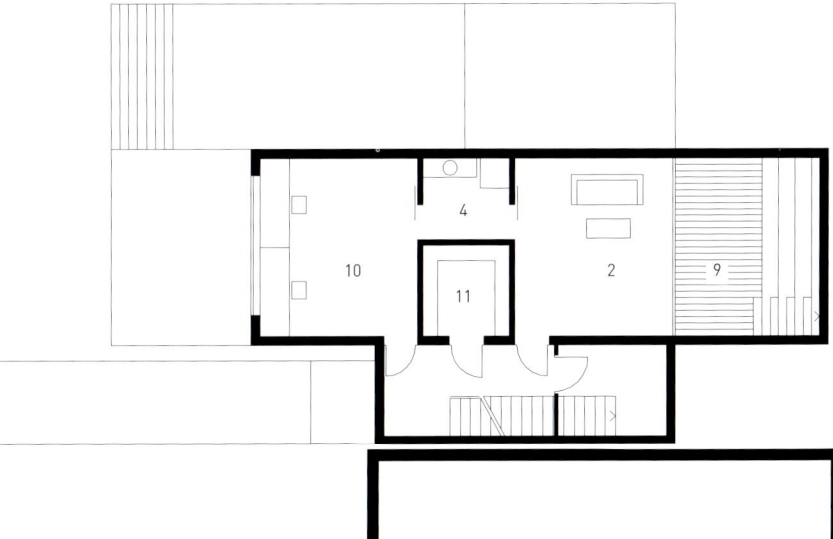

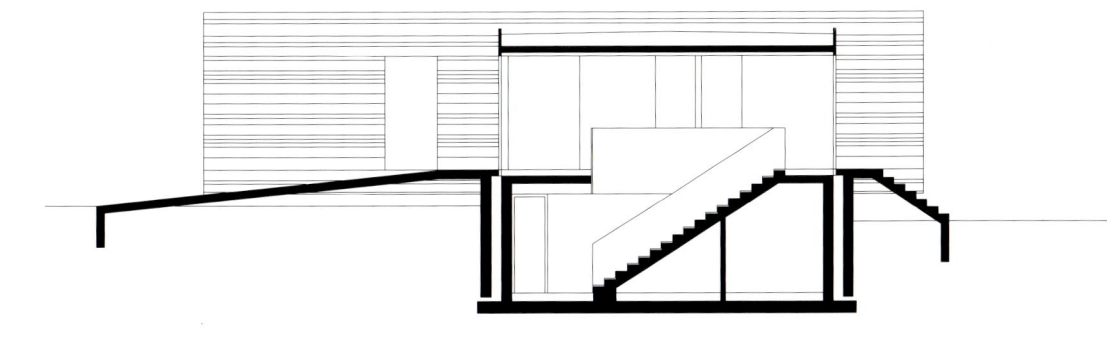

Untergeschoss M 1:200

Lageplan

Schnitt M 1:200

Gebäudedaten

Grundstücksgröße: 373 m²

Wohnfläche: 124 m²

Zusätzliche Nutzfläche: 47,9 m²

Anzahl der Bewohner: 2

Bauweise: massiv

Primärenergiebedarf: 110 kWh/m²a

Heizwärmebedarf: 15 kWh/m²a

Baukosten gesamt: 350.000 Euro

Baukosten je m² Wohn-
und Nutzfläche: 2.034 Euro

Baubeginn: 06/2010

Fertigstellung: 04/2011

EIN HAUS AUS EICHENHOLZ IN GOTTSHALDEN

ROSSETTI + WYSS ARCHITEKTEN

Wenn man nicht genau hinschaut, glaubt man, es handelt sich um ein kleines Holzmodell, wie man es bei städtebaulichen Wettbewerben in Grundplatten einsetzt. Aber dieses Haus mit seiner strengen grafischen Schraffur ist wirklich gebaut. Unglaublich, mit welcher Präzision sich die Flächen treffen, die zu den Rändern strebenden Fensteröffnungen haarscharf vor den Kanten Halt machen und Außenwände und Traufen eine scharfe Linie bilden, als seien die Flächen ohne konstruktiven Aufwand einfach abgeknickt. Als „möbelartig-hölzerne Hülle" beschreiben die Architekten die Fassade aus druckimprägnierten, dunkel lasierten Fichtenleisten.

Das Haus steht auf einer Hochebene am Zürichsee. Die Umgebung ist landwirtschaftlich geprägt, ein Grünraum von hoher Qualität. Im Grundriss ist es L-förmig aufgebaut, sodass sich nach Südwesten ein geschützter Winkel für eine Terrasse ergibt. Aber erst im Aufriss zeigt es seine räumliche Raffinesse. Drei kurze Treppenläufe organisieren die Ebenen als Split-Levels über dem leicht geneigten Hanggrundstück. Auf dem Eingangsgeschoss wird damit eine Bibliothek ruhig abgetrennt, im Obergeschoss reihen sich die Familienschlafzimmer, während eine Staffel höher ein breiter Spielflur die Gästezimmer erschließt. Auf der letzten Ebene sind ein Büro und ein Ruheraum zum Entspannen eingerichtet, wobei das Elternschlafzimmer und der Spielflur, von unten bis unter die Dachschräge reichend, eine skulpturale Dimension erhalten.

Die Richtung der Räume wechselt geschossweise. Licht und Schatten, Enge und Weite changieren um die Treppenkaskade. Die außen fassadenbündig eingesetzten Holz-Metall-Fenster rahmen mit ihren hellen Laibungen die Bilder der umgebenden Landschaft.

Das Haus wurde als massiver Holzbau in fünf Tagen errichtet. Die Geschossdecken bestehen aus einer Holz-Beton-Verbundkonstruktion.

Wie ein grafischer, kantiger Körper scheint das Haus den Baugrund nicht zu berühren. Die weißen Textilrollos erhöhen den Abstraktionsgrad.

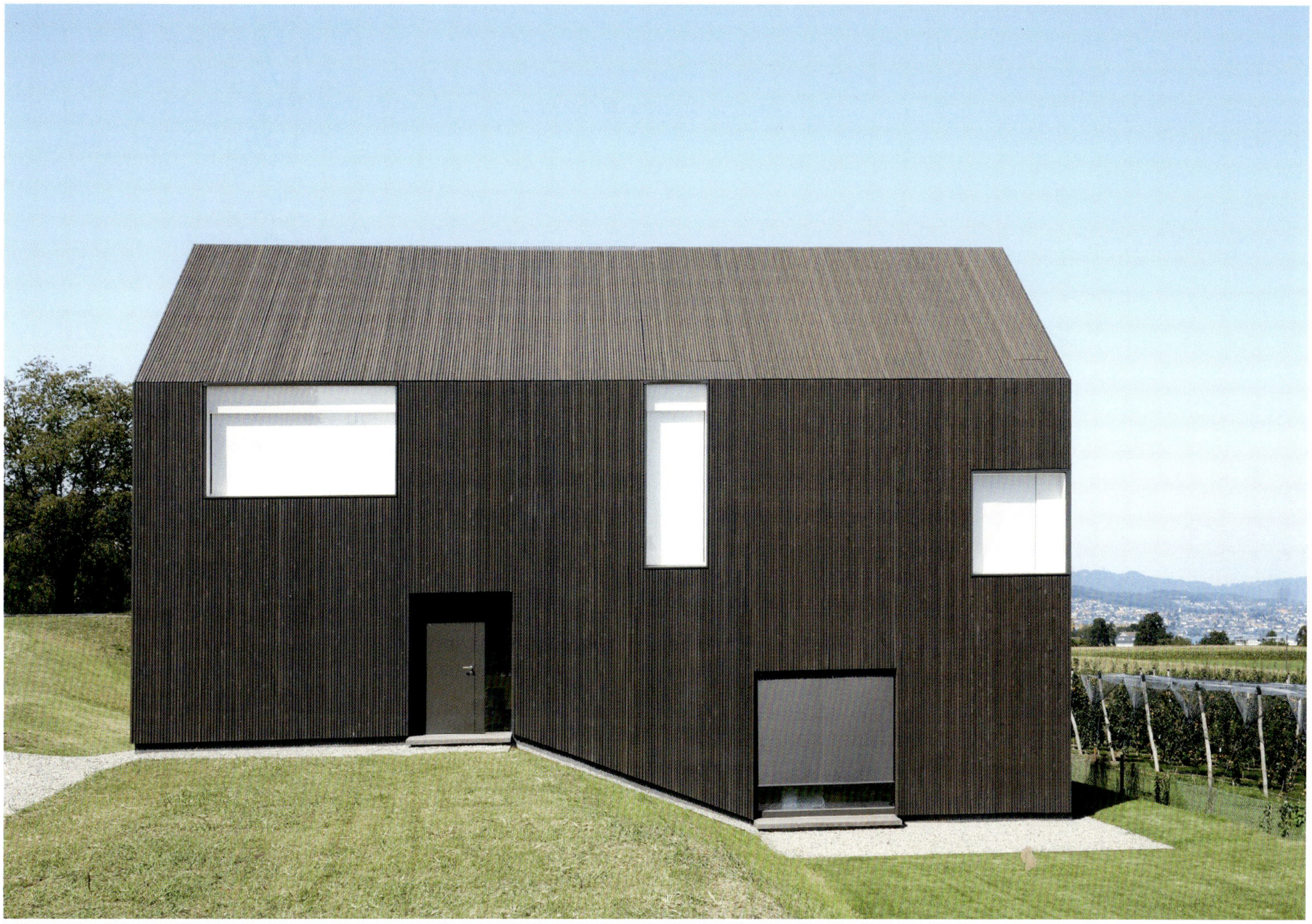

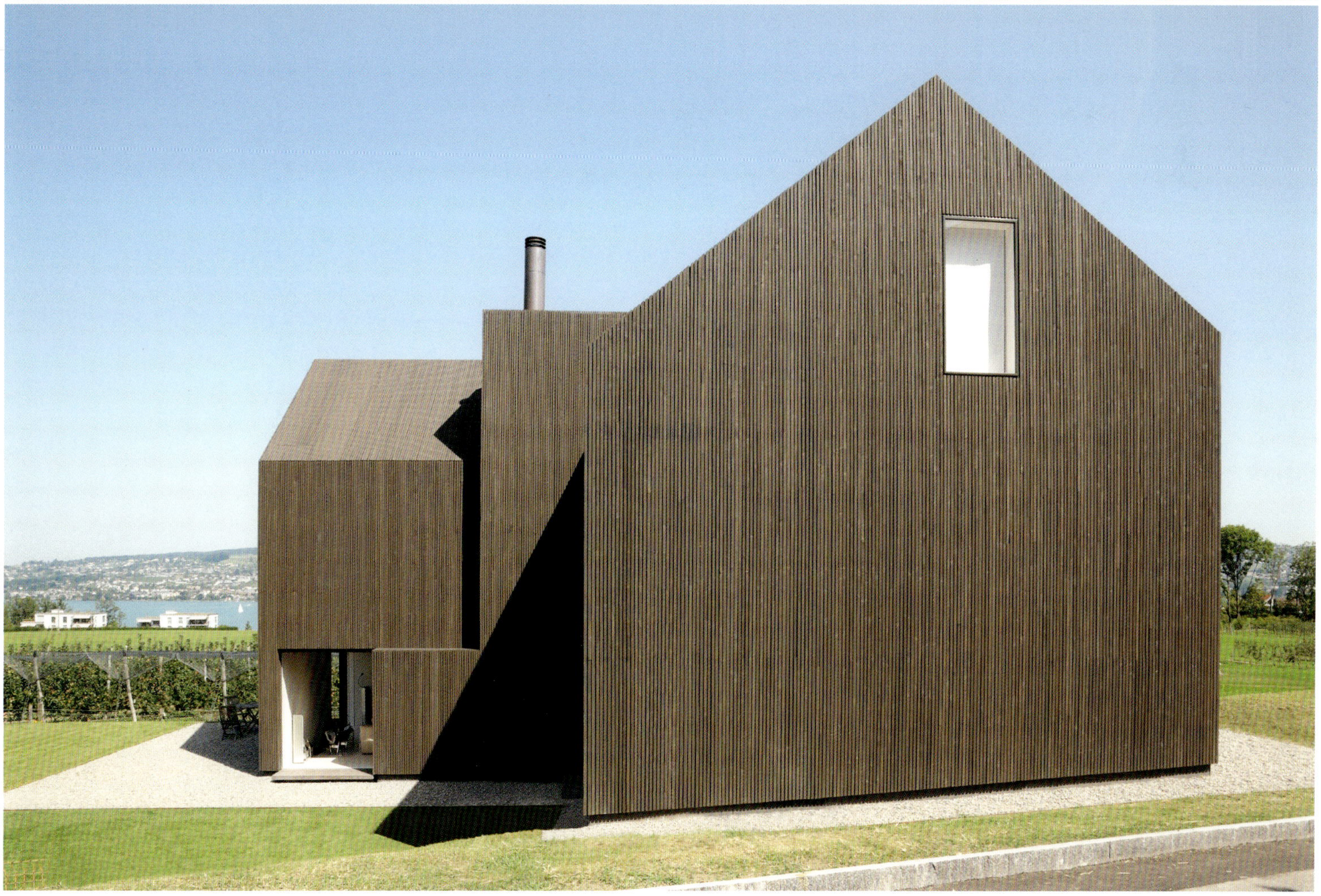

Der Deckensprung gliedert den Wohnraum in dem nach Westen gerichteten Winkel. Im Geschoss darüber wird damit der Elternbereich abgesetzt.

Unten: Die Fenster sind wie Bilder in die Wand geschnitten, mit der Jahreszeit werden sie zu Wechselrahmen. Das Schlafzimmer reicht bis unter das Dach, wo mit niedriger Raumhöhe ein Arbeitszimmer und ein Ruhepodest anschließen.

Auf den 60 Millimeter dicken Eichendielen, die anstelle einer starken Armierung die Zugkräfte übernehmen, liegt eine 17 Zentimeter dicke Betondecke. Damit wird der Grundriss stützenfrei überspannt. Das Eichenholz an den Decken und auf den Fußböden bleibt sichtbar, die Wände dagegen sind von einem hellen Lehmputz überzogen. Für Wärme sorgt im Erdgeschoss eine Fußbodenheizung, in den anderen Ebenen Konvektoren, zusammen mit der kontrollierten Lüftung.

Natalie Rossetti, Mark Aurel Wyss
Rossetti + Wyss Architekten, CH-Zollikon

„Die Faszination ist die Freiheit des Entwerfens und die Umsetzung mit den Beteiligten. Das Ziel ist nicht der Zustand, sondern ein Raum für Leben. Leben füllt den Raum mit Inhalt, täglich, wöchentlich, von nun an, ein Fortgang, anhaltend, und niemals zeitweilig."

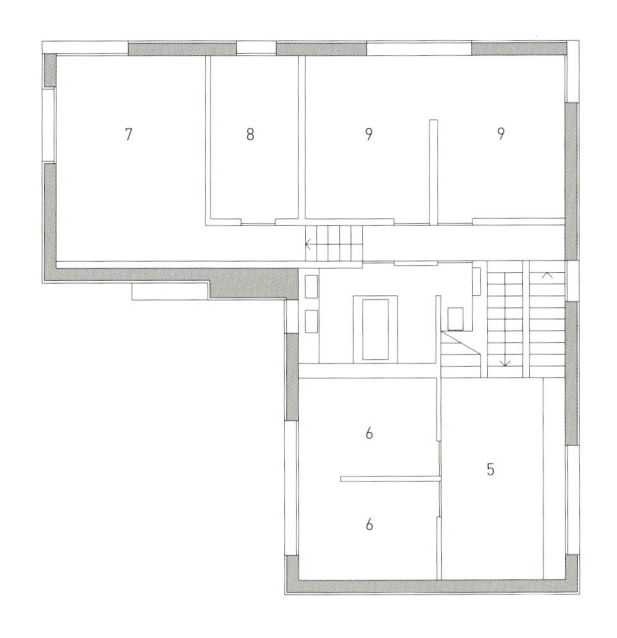

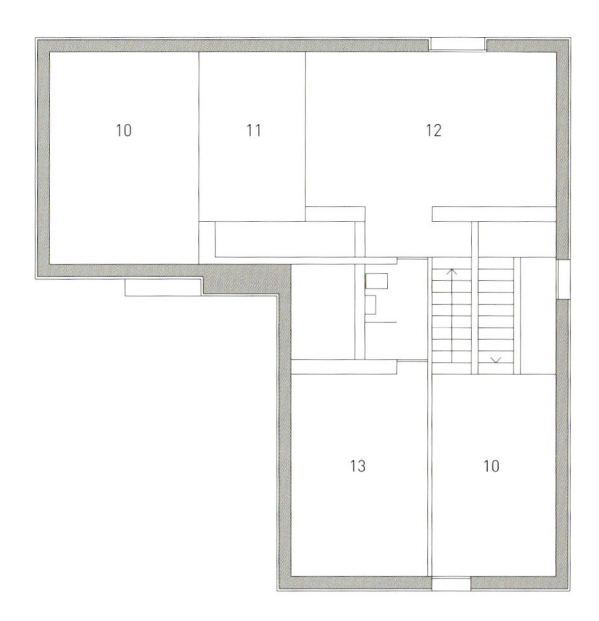

Obergeschoss M 1:200

Dachgeschoss M 1:200

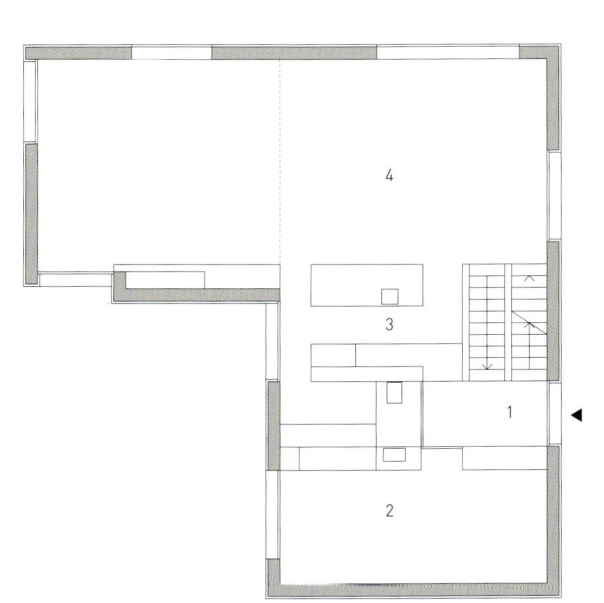

Erdgeschoss M 1:200

1 Zugang
2 Bibliothek
3 Kochen
4 Wohnen/Essen
5 Spielen
6 Gäste
7 Eltern
8 Ankleide
9 Kind
10 Luftraum
11 Entspannen
12 Arbeiten
13 Lager

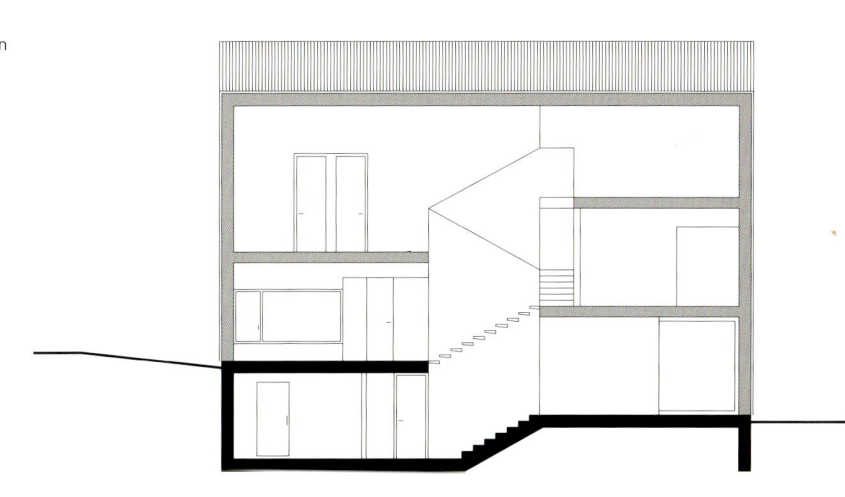

Schnitt M 1:200

Im Arbeitsraum kann man sich zur Entspannung auf eine Empore zurückziehen. Die sich kreuzenden Firstlinien erzeugen einen fast kapellenartigen Raum.

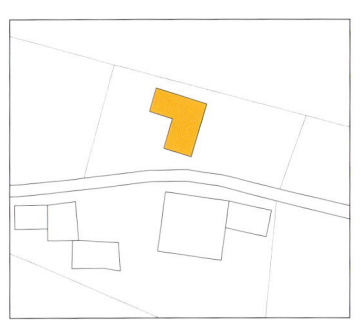

Lageplan

Gebäudedaten

Grundstücksgröße: 2.300 m²
Wohnfläche: 320 m²
Anzahl der Bewohner: 4
Bauweise: Holz-Elementbauweise
mit Verbunddecken in Massiv-Eiche
Fertigstellung: 04/2012

WALDHAUS IN HINDELBANK BEI BERN

FREILUFT ARCHITEKTEN

Ein ungewöhnliches, ein überraschendes Haus! Auf den ersten Blick nur eine solide gezimmerte Hütte, die jedoch mit einem förmlich explodierenden Grundriss aufwartet.

Die brave Kubatur folgt den Vorgaben des Amts für Gemeinden und Raumordnung AGR. Es handelt sich nämlich um einen sogenannten Ersatzneubau in der Landwirtschaftszone, der in Kubatur und Lage genau das Erscheinungsbild seines abgetragenen Vorgängers aus den Fünfzigerjahren übernehmen musste. Da der Bauherr eigenen Wald besitzt, war es naheliegend, eine Holzelementkonstruktion vorzuschlagen. Die eignete sich auch gut für den anspruchsvollen Innenausbau. Er besteht aus frei eingestellten Wänden, die wie zufällig in einen Baumstumpf geschnittene Linien von der Mitte des orthogonalen Umrisses zentrifugal nach außen wirbeln.

Innen wird es also schräg. Da jede Entscheidung für das zweigeschossige Innenleben auch eine räumliche Konsequenz bedeutete, haben die Architekten das Haus zunächst mit einem Arbeitsmodell entwickelt. Die Funktionen konkretisierten sich erst später. Die doppelt hohen Räume öffnen sich auf die Weite der Felder, die intimeren Bereiche wenden sich dem rückwärtigen Waldsaum zu. Dort liegt der Eingang – nur eine schmale Tür im oberen Geschoss –, von hier erreicht man eine spitze bugartige Kanzel, die sich zu einem scheunentorgroßen Fenster orientiert.

Das Haus steht auf einer dem Geländeverlauf entsprechend abgetreppten Betonwanne. Die Holzelemente sind weitgehend vorgefertigt, die Innenseite ist mit unbehandeltem Kreuzlagenholz beplankt. Der Ausbau des kleinen Hauses wurde auf das Nötigste beschränkt. Bis auf zwei verborgene Firststützen sind die Innenwände nicht tragend, die Böden bestehen aus geölten Brettstapelelementen. In Küche und Bad wurde darauf ein Anhydritestrich aufgebracht, er ist eingefärbt und geschliffen. Die tragenden Außenwände schließt innen ein roher Gipsputz ab, außen ist eine hinterlüftete Lärchenbrettschalung aufgebracht. Das Dach ist begrünt.

Die äußere Erscheinung musste laut Bauordnung dem abgetragenen Vorgängerhaus entsprechen.

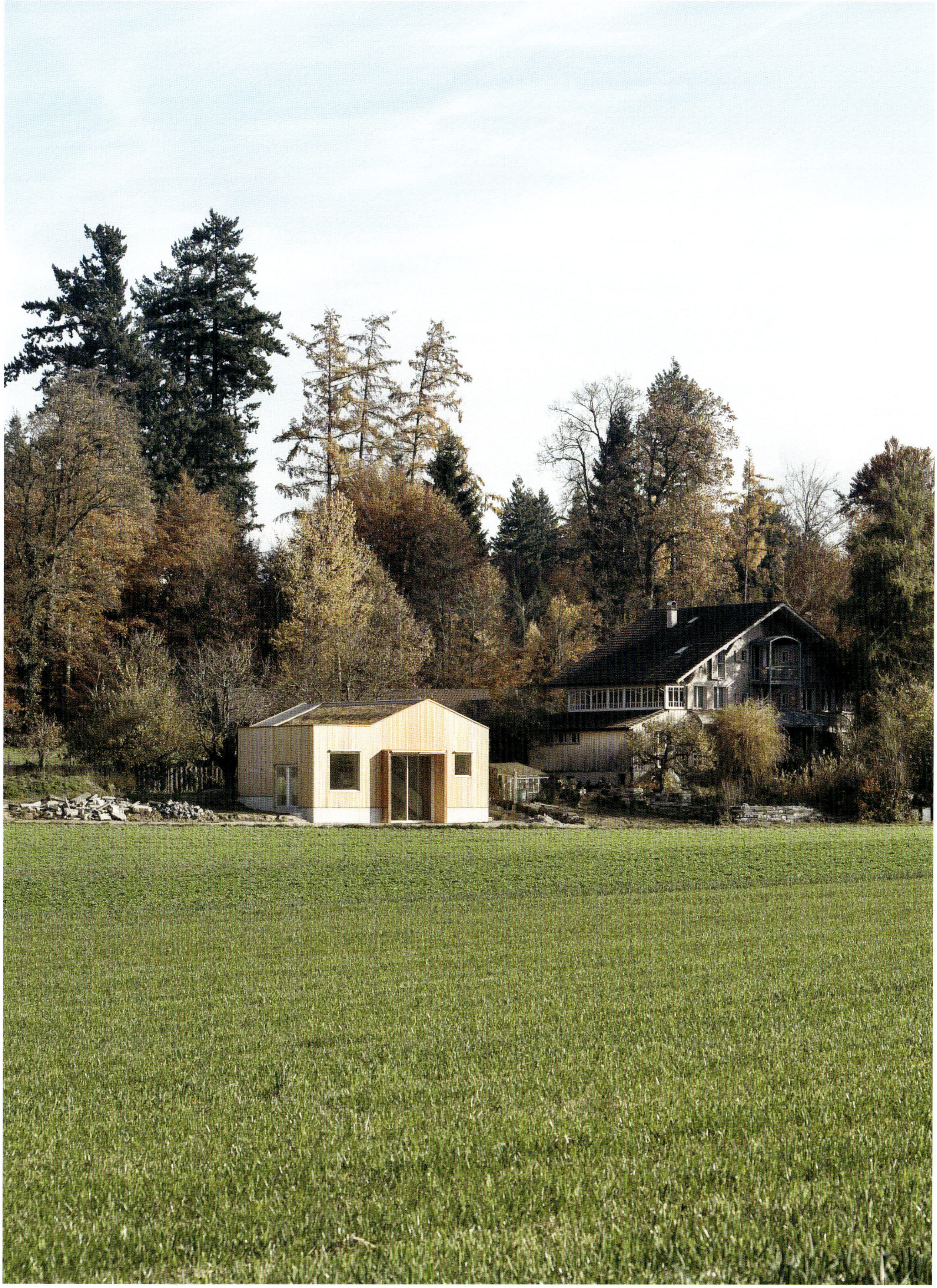

Nach dem Eingang betritt man eine bugartig auskragende Galerie und kann das Gehäuse überblicken. Von hier führt eine Treppe abwärts, das kreuzweise verleimte Bauholz bleibt rundum erkennbar.

Auf dem Wohnpodest: Da alle Räume eine rechtwinklige Außenecke besitzen, ergibt sich eine erkennbare Ordnung, außerdem erleichtert es die Möblierung.

Eine Komfortlüftung mit Wärmetauscher garantiert ein angenehmes Klima. Sonnenkollektoren sorgen für Warmwasser und Fußbodenheizung, sie wird im Winter über eine Fernleitung von der Holzfeuerung des Nachbarhauses unterstützt. Die Gebäudehülle ist dicht und solide gedämmt, sodass der Passivhausstandard Minergie-P erreicht wird. Die roh und natürlich belassenen Materialien entsprechen dem Prinzip des nachhaltigen Bauens.

Von der Küche geht es einige Stufen aufwärts zu einem Wohnpodest.

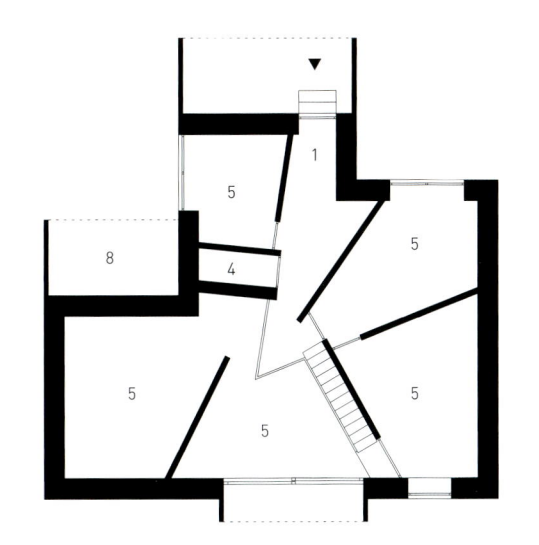

Obergeschoss M 1:200

Lageplan

Erdgeschoss M 1:200

1 Zugang
2 Wohnen
3 Technik/Lager
4 Bad
5 Zimmer
6 Kochen
7 Terrasse
8 Holzlager

Gebäudedaten

Grundstücksgröße: 680 m²

Wohnfläche: 110 m²

Anzahl der Bewohner: 3

Bauweise: Holzbau,

Außenwände als Elemente

Primärenergiebedarf: 43,6 kWh/m²a

Heizwärmebedarf: 22,8 kWh/m²a

Baukosten gesamt: 670.000 CHF

Fertigstellung: 2010

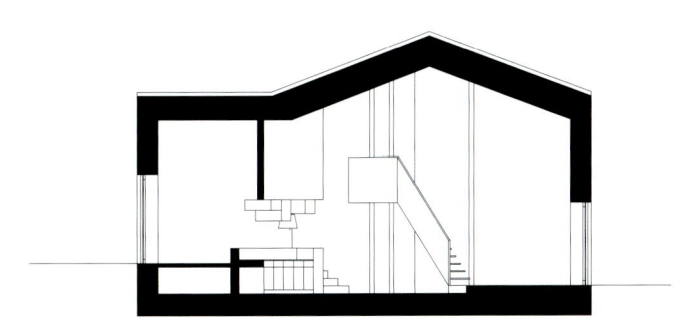

Schnitt M 1:200

**Martin Klopfenstein, Alexander Grünig, Matthias Zuckschwerdt
Freiluft Architekten, CH-Bern**

„Das Holz wächst hinter dem Haus, warum nicht damit bauen?
Ab und zu nimmt der Bauherr die Sense und mäht das Dach."

WOHNHAUS MIT VIER EBENEN IN DURLACH

BAURMANN DÜRR ARCHITEKTEN

Die Lage am Karlsruher Geigersberg wird von großen Ein- und Mehrfamilienhäusern bestimmt, die sich mit freien Winkelformen und heterogenen Dächern auf den leicht geneigten Gartengrundstücken verteilen. Auch dieser Neubau reagiert auf die Topografie, setzt sie sogar im Innern fort. Tatsächlich sind es vier Ebenen, von denen aber nur jeweils zwei in Erscheinung treten. Dadurch gelang es, das passable Volumen auf dem relativ kleinen, zumal mit alten Bäumen bestandenen Grundstück unterzubringen, ohne dass der Maßstab der umgebenden Bebauung gestört wird. Das Haus gräbt sich in den Baugrund und wächst gleichzeitig aus ihm heraus.

Die mit Juraplatten verkleideten Fassaden umschreiben die raumhohen Verglasungen wie ein Passepartout und verweisen auf den funktionalen Aufbau des Hauses, zur Straßenseite schließen sie sich zu einer massiven Außenwand. Im Sockelbereich vermitteln dunkle Ziegel zum Gartengrund.

Erschlossen wird es auf einer mittleren Ebene, hier ist die Teilung in zwei winklig verbundene Kuben am deutlichsten. Vorbei am hellen Spielflur des Kindertrakts erreicht man eine Treppenhalle. Im Zentrum liegt der Essplatz, die Küche erhält einen abgeschlossenen Raum – ein inzwischen seltener, dennoch sinnvoller Beitrag. Durch Deckenaussparungen sind die angrenzenden Ebenen im Blick. Der Wohnraum dagegen liegt seitlich ein halbes Geschoss tiefer, eine Glasbrüstung grenzt ihn aber nicht aus. Die Fortsetzung der Treppe nach unten führt in den Wellnessbereich, an den – abermals ein halbes Geschoss versetzt – ein Schwimmbecken anschließt, dem eine breite Fenstertür Tagesbelichtung und Gartenzugang bietet.

Unter dem auskragenden Elterngeschoss liegt die Wohnebene, die sich durch die Split-Level-Teilung überhoch abzeichnet.

Die Eingangssituation lässt bereits die Auseinandersetzung mit dem Hanggrundstück erkennen. Die Treppenpassage bis zur Eichenholztür führt am Spielflur der Kinderzimmer entlang.

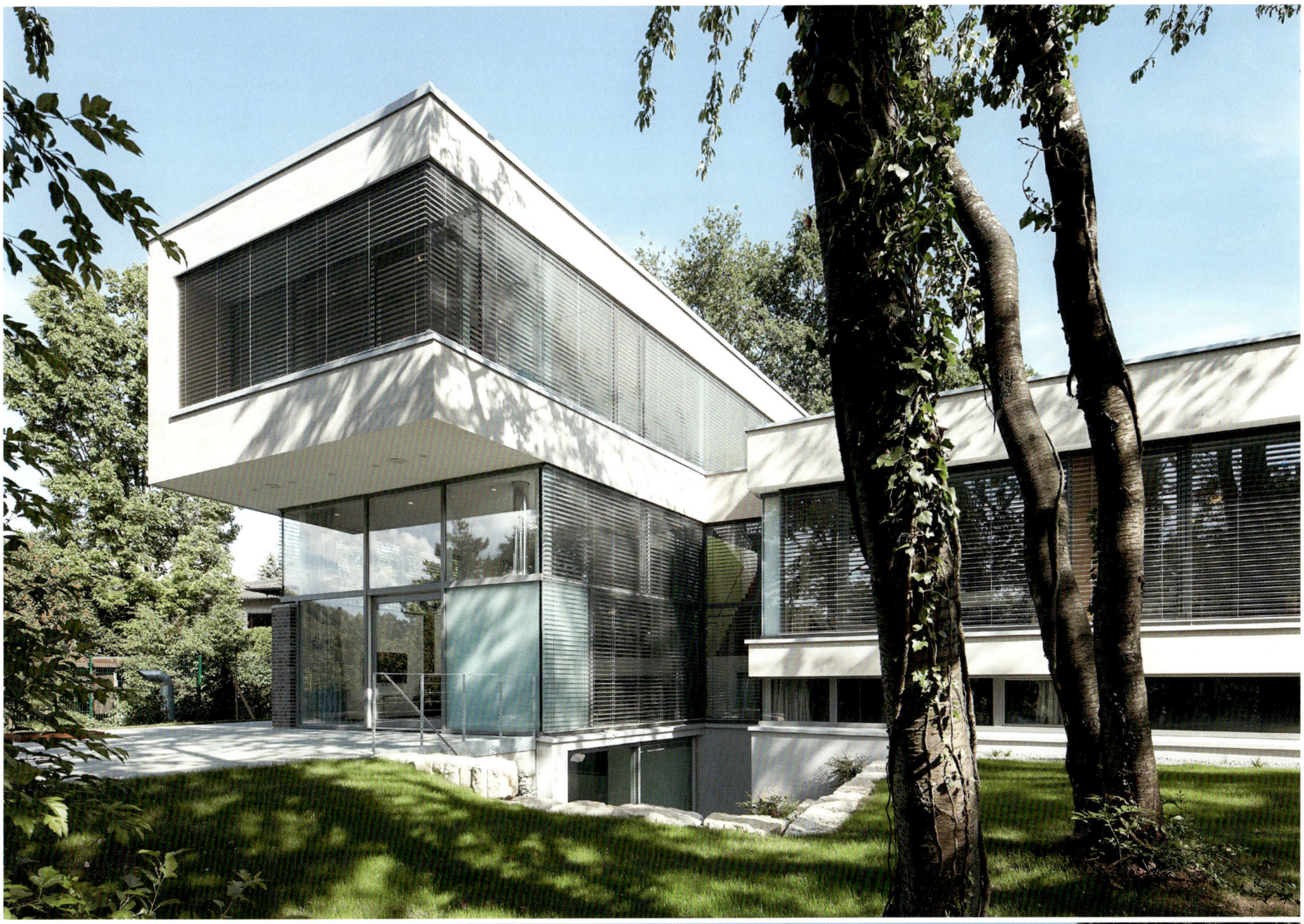

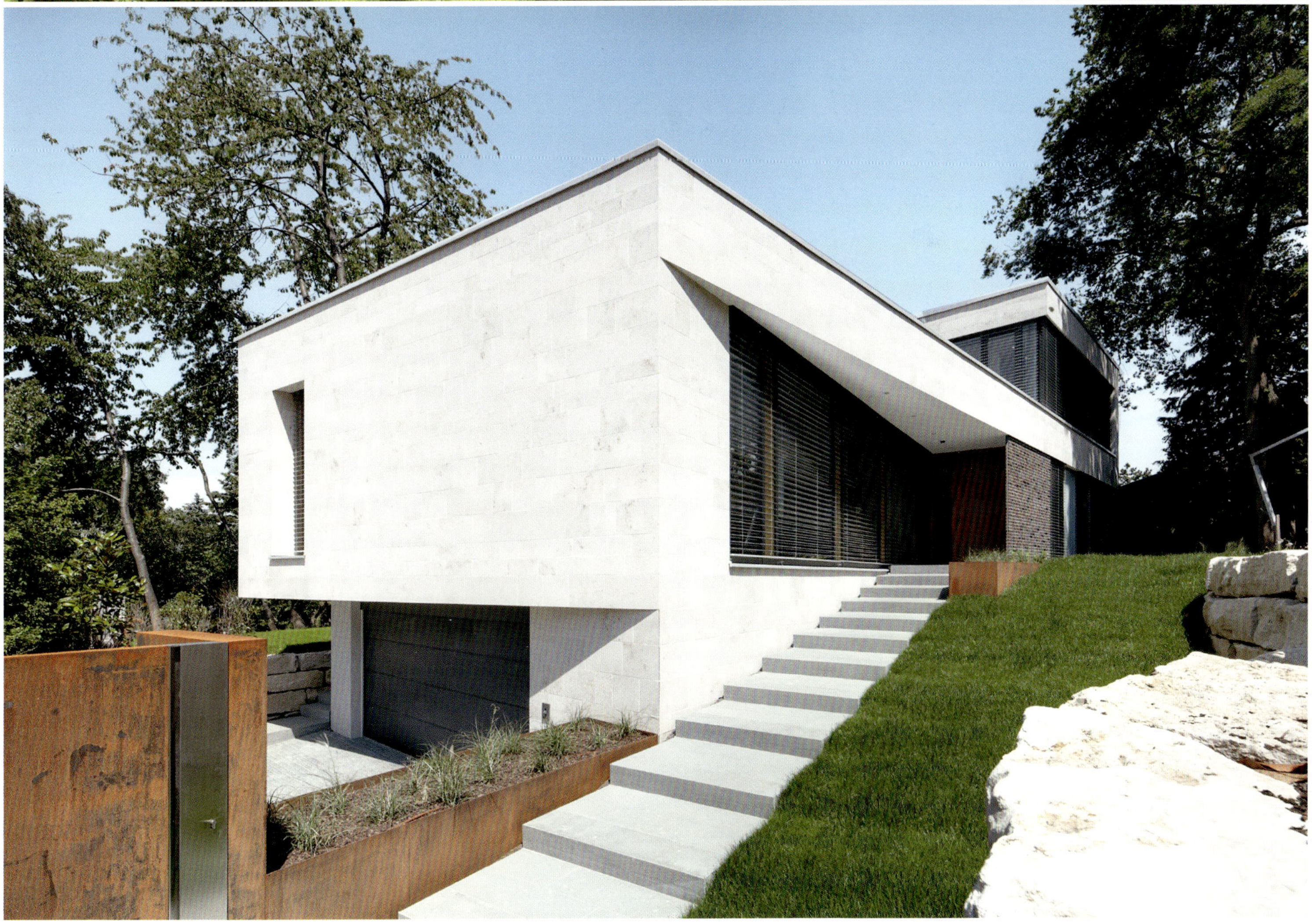

Bei diesem Haus gibt es keinen fließenden Wohnraum mit vermischten Funktionen: Die Küche ist abgeschlossen, der Esstisch bildet die Mitte, gemütliche Polster warten ein paar Stufen tiefer. Hier kann sich quirliges Familienleben entwickeln.

Das Obergeschoss mit geöffneter Schiebetür zum Arbeitszimmer. Durch die breite Deckenaussparung bleibt der Wohnraum präsent.

Durch die bis ins Obergeschoss reichende Treppenkaskade in der Fuge zwischen den beiden Kuben haben alle übrigen Funktionen im Untergeschoss wie Gästezimmer und Garage Anschluss an den Haushalt. Ganz oben schließlich sind die Eltern zu Hause. Ihr Schlafraum wird von Ankleide und Bad flankiert, der Endpunkt der Enfilade ist der Arbeitsplatz des Hausherrn. Hier kann er sich vom Blick in die Rheinebene und die im Dunst verschwimmenden Vogesen ablenken lassen.

Entgegen dem Zeitgeist liegt hier die Küche einmal in einem abgeschlossenen Raum.

Der Pool erhält Tageslicht durch den abgegrabenen Garten.

Gebäudedaten

Grundstücksgröße: 1.029 m²
Wohnfläche: 325 m²
Zusätzliche Nutzfläche: 161,50 m²
Anzahl der Bewohner: 4
Baukosten gesamt: 1.500.000 Euro
Baukosten je m² Wohn- und Nutzfläche: 2.234 Euro
Bauweise: Stahlbeton massiv
Primärenergiebedarf : 46 kWh/m²a
Baubeginn: 10/2009
Fertigstellung: 12/2011

Henning Baurmann
Baurmann Dürr Architekten, D-Karlsruhe

„Gestapelte Funktionsebenen, leicht verdreht, schienen uns die richtige Antwort auf die Enge des Grundstücks, die Ausblicke, das umfangreiche Raumprogramm."

Lageplan

Obergeschoss M 1:200

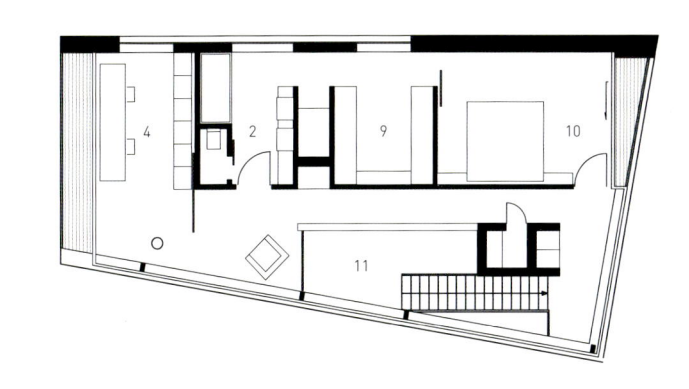

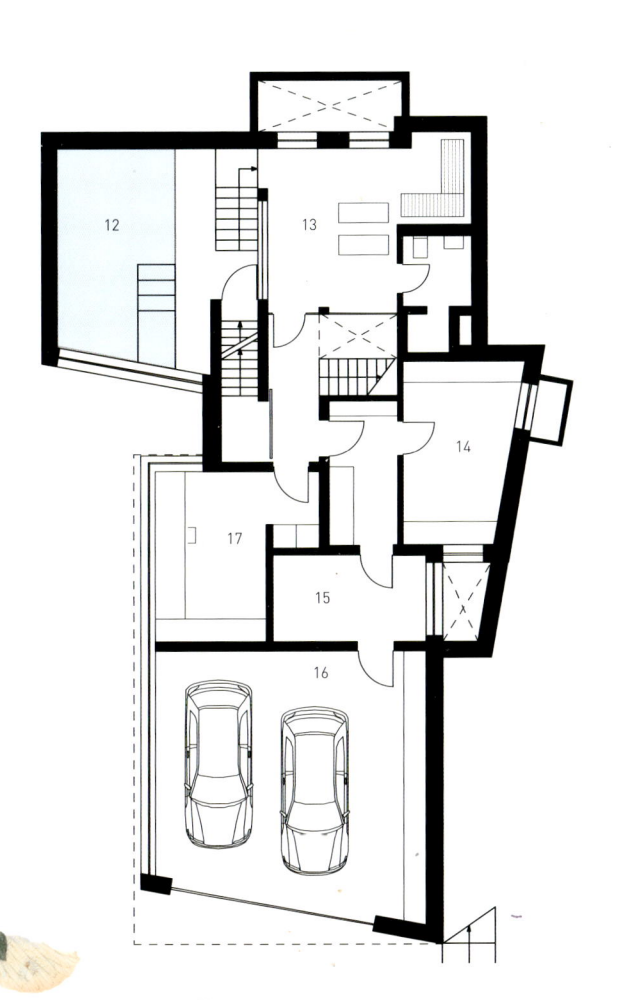

Untergeschoss M 1:200

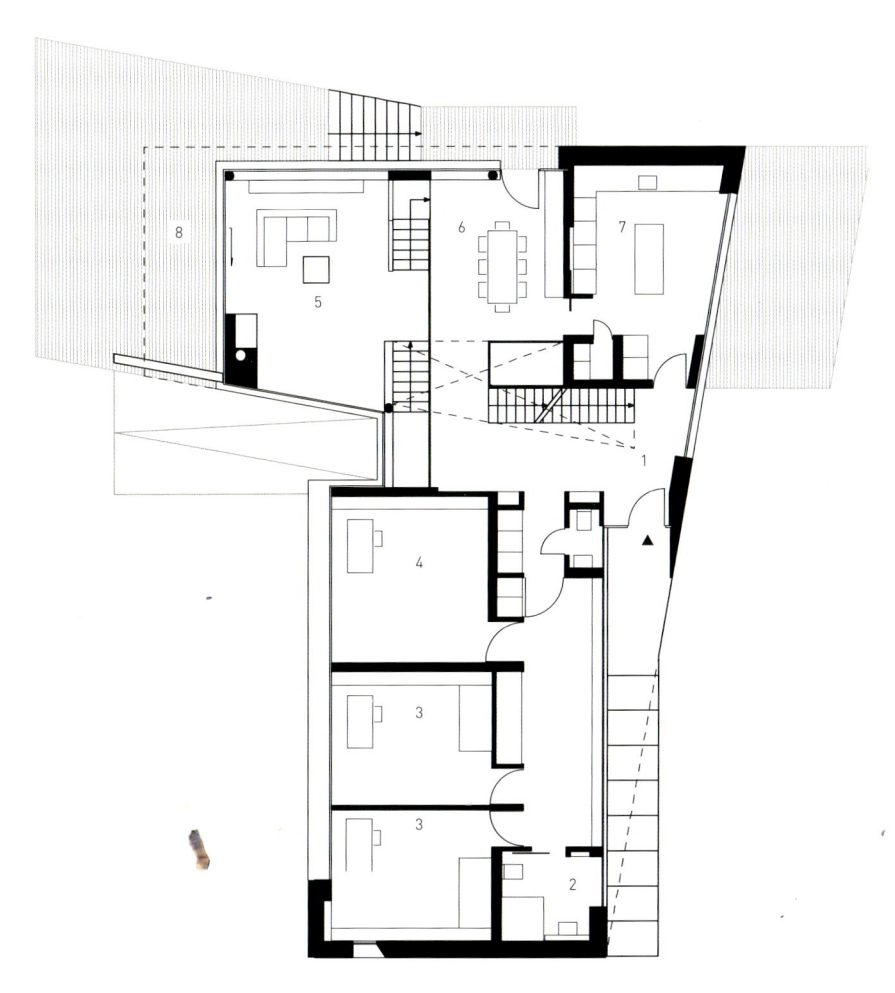

Erdgeschoss M 1:200

Schnitt M 1:200

1 Zugang
2 Bad
3 Kind
4 Arbeiten
5 Wohnen
6 Essen
7 Kochen
8 Terrasse
9 Ankleide
10 Eltern
11 Luftraum
12 Pool
13 Wellness
14 Hauswirtschaftsraum
15 Technik
16 Garage
17 Gäste

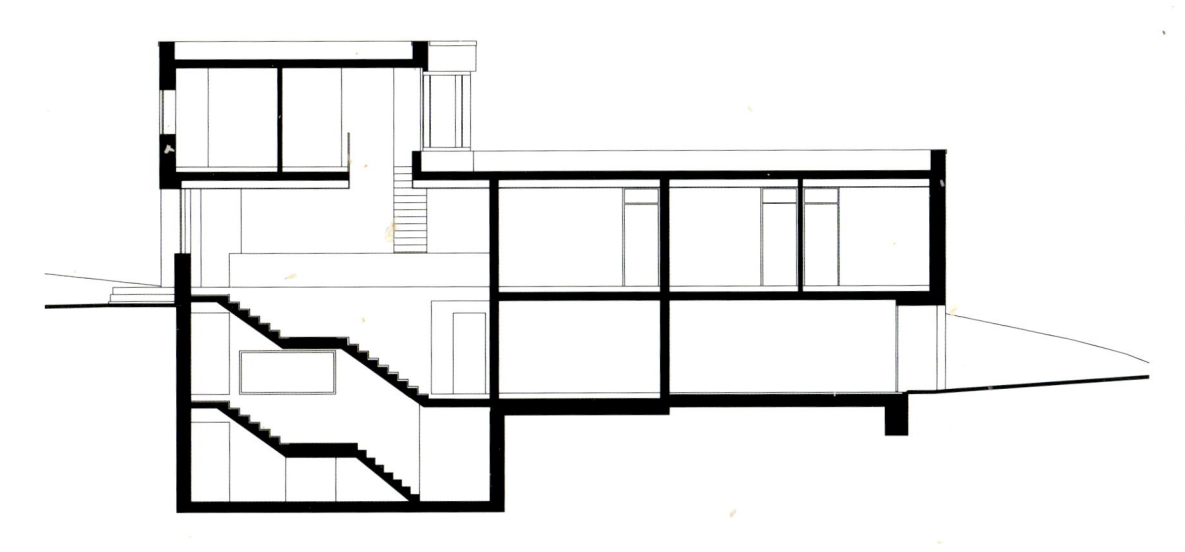

HOLZHAUS AUF BERG IN PIESENDORF

MECK ARCHITEKTEN

Der kleine Ort, nahe Zell am See in Österreich, zählt zur typischen Urlaubsgegend. Hier hatte der Architekt bereits ein Ferienhaus gebaut, nun folgte unerwartet in direkter Nachbarschaft ein weiterer Auftrag, der mit dem vorhandenen Gebäude einen gemeinsamen Ort am Berg bildet.

Der Baukörper ist einfach und selbstverständlich, er sucht aber nicht den Stallgeruch des Zillertaler Bauens, sondern orientiert sich an der Umgebung des Berghangs, an dem er wie herausgemeißelt steht. Seine Dachneigung folgt der steilen Topografie, an das pultgedeckte Volumen schließt seitlich ein breiter Carport an, unter dem geschützt der Hauseingang liegt und dessen Flachdach als Terrasse dient.

Der kompakte Baukörper bietet zwei separate Wohnungen. Beide zeichnen sich durch größtmögliche Raumökonomie aus. Ein Großraum mit offenem Kaminfeuer umschreibt im Erdgeschoss die Funktionen Wohnen, Schlafen, Essen, wobei die obere Wohnung durch eine Galerie für die Betten und eine freistehende Badewanne noch eine weitere Ebene erhält. Zur Bergseite sind jeweils in einer dienenden Funktionszeile die Sanitärzellen inklusive Sauna installiert. Auch Küchentresen oder Bankelemente sind so eingestellt, dass in den überschaubaren Grundrissen ein Höchstmaß an freien Flächen bleibt.

Die Fenster zeigen die Landschaft wie Bilder, je nach Jahreszeit erscheint eine andere Aussicht in ihren Wechselrahmen. Die untere Wohnung verfügt über eine Terrasse nach Osten, die oberen Gäste können nach Westen unbehelligt eine Loggia und das Dach des Carports nutzen.

Ein Haus wie aus dem Berg gemeißelt. Selbst die Bretter der Lärchenholzfassade scheinen nur ein paar Meter von ihrem natürlichen Vorkommen hierher transportiert zu sein.

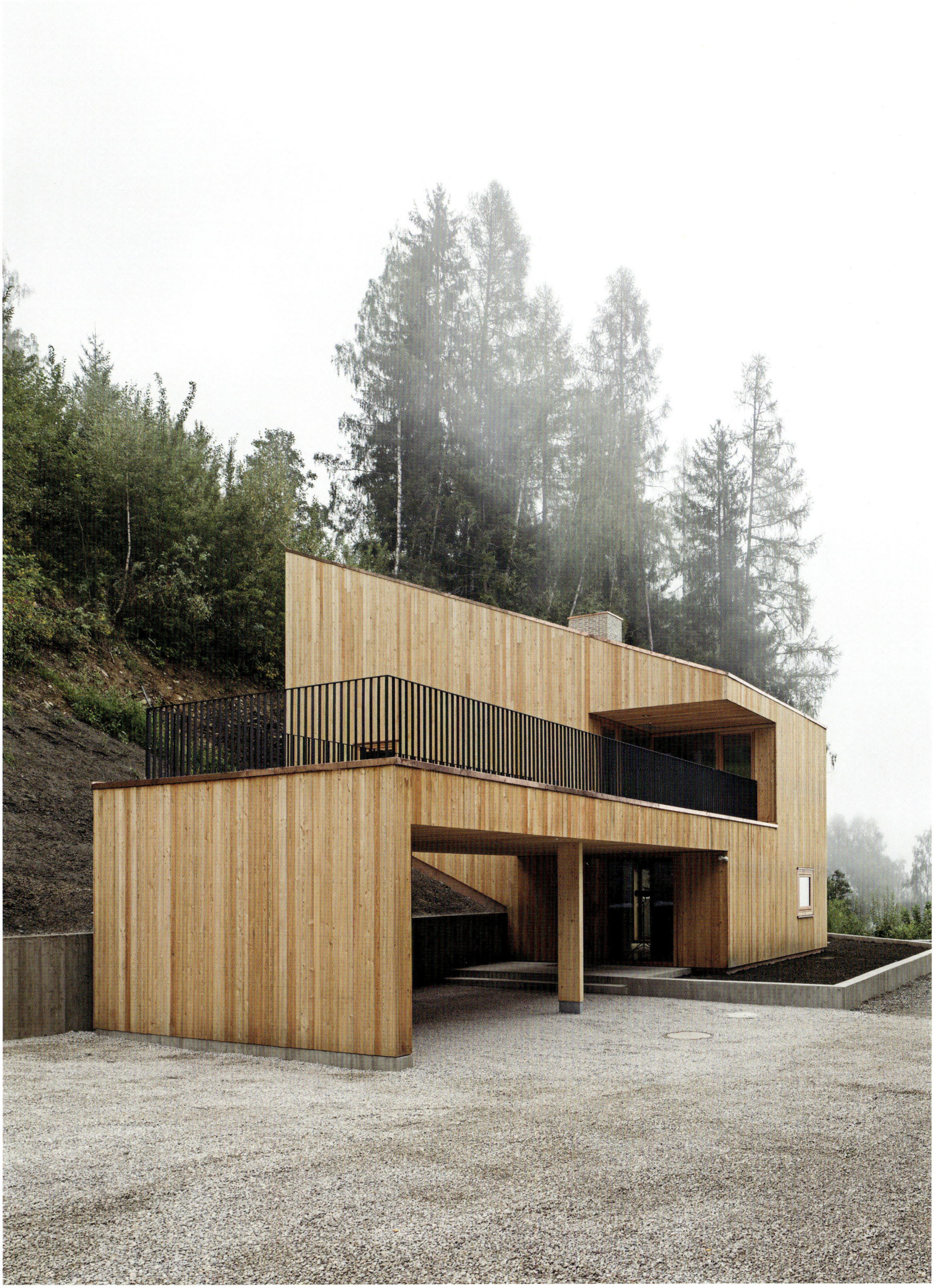

Die beiden Wohnungen verfügen über Freisitze nach verschiedenen Seiten. Im Hintergrund ein früheres Haus von Meck Architekten.

Der gemeinsame Eingang zu den beiden Ferienwohnungen bildet ein großzügiges Entree.

Errichtet ist das Haus über einem hangseitig betonierten Geschoss als Holzrahmenbau. Die Geschoss- und Dachdecke besteht aus Kreuzlagenholz. Außer dem atmosphärischen Kaminfeuer spendet eine Fußbodenheizung die notwendige Wärme, um das Haus das ganze Jahr über nutzen zu können.

Kompaktes Wohnen: rechts die Eingangstür der oberen Wohnung, darüber die Galeriebrüstung der Schlafebene, links die lange erste (Sitz-)Stufe zur Treppe, gleichzeitig die notwendige Aufkantung zur Terrasse.

Die untere Wohnung kommt dank der Einbauten mit wenig Fläche aus.

Fensterbild für Urlauber. Wenn es in der Dämmerung verschwindet, wird der Kamin zum Blickfang.

Auf der Galerie wird es gar luxuriös. Hier steht vor den Betten eine Badewanne.

Prof. Andreas Meck, Axel Frühauf
Meck Architekten, D-München

„Unerwartet, verwandt, ortsgebunden und dem Hang folgend ..."

Galerie M 1:200

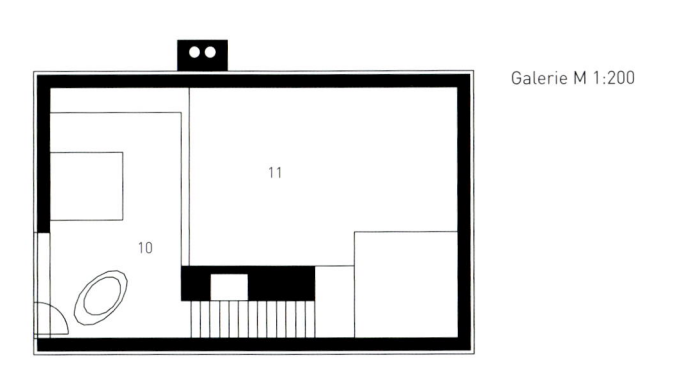

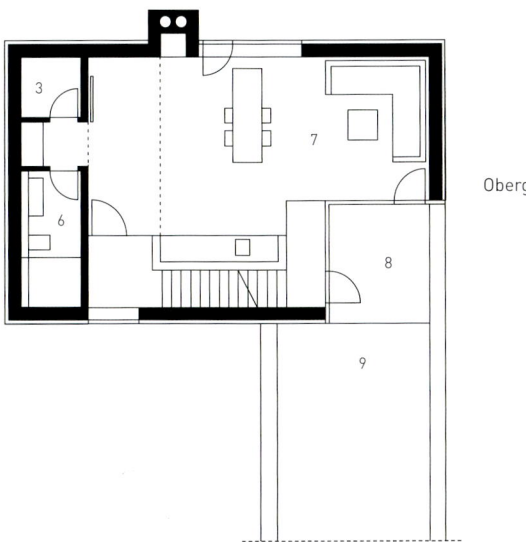

Schnitt M 1:200

Obergeschoss M 1:200

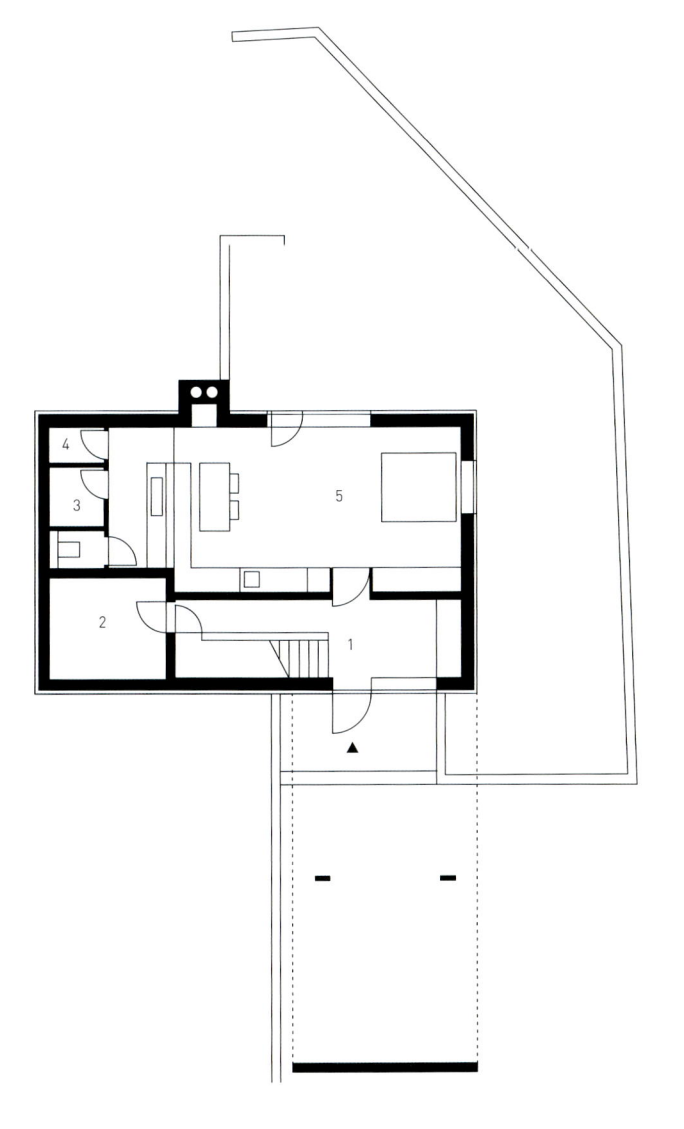

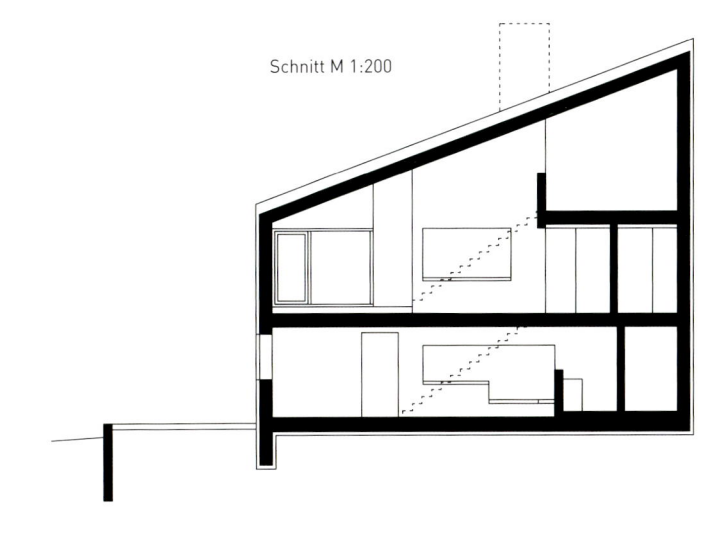

Gebäudedaten

Grundstücksgröße:
Baulandfläche: 613 m²
Wohnfläche: 160 m²
Zusätzliche Nutzfläche:
Carport 50 m²
Bruttorauminhalt: 900 m³
Anzahl der Bewohner:
2 Wohneinheiten für je 2 Personen
Bauweise: Holzbauweise
Baukosten gesamt: 643.000 Euro
Baukosten je m² Wohn-
und Nutzfläche: 4.000 Euro
Fertigstellung: 08/2012

Lageplan

Eingangsgeschoss M 1:200

1 Zugang
2 Technik
3 Sauna
4 Dusche
5 Wohnen/Schlafen/Kochen
6 Bad
7 Wohnen/Kochen
8 Loggia
9 Dachterrasse
10 Schlafen
11 Luftraum

HAUS AM WALD IN JÄGERSBURG

BAURMANN DÜRR ARCHITEKTEN

Von außen erinnert das dunkle Haus mit seinen fassadenbündigen Fenstern, dem schmalen Dachüberstand und dem mit Wellblech gedeckten, auf schlanken Stützen stehenden Carport an bekannte Beispiele aus der jüngeren Baugeschichte. Es demonstriert die Wiederkehr des Schlichten, es steht am Waldrand als radikaler Hintergrund für ein quirliges, buntes Familienleben.

Innen empfängt die Bewohner eine lichte weiße Umgebung. Schon hinter der Eingangstür öffnet sich ein Luftraum nach oben und zeigt die Dimension des Hauses, dessen Obergeschoss bis unter die Dachschräge reicht. Die gegenüberliegende Treppe teilt den Grundriss im Erdgeschoss. Zur Linken gibt es einen Hauswirtschafts-/Arbeitsraum, Garderobe und Haustechnik. Zur rechten Seite lädt ein großer Wohnraum ein, von ihm ist nur die zum Essplatz offene Küche durch eine Kaminwand abgetrennt. Der Feuerplatz bildet den Angelpunkt.

Auf der oberen Ebene liegt zentral eine von Firstverglasungen erhellte geräumige Diele, hier ist ein Arbeitsplatz eingerichtet. Kinder und Eltern teilen sich die Giebelseiten, zum Garten liegt neben dem Elternzimmer ein großzügiges Bad, das man über einen schmalen Ankleideflur betritt, die symmetrischen Kinderzimmer richten sich mit bodentiefen Fenstern zur Straße. Da auf einen Keller verzichtet wurde, sind auf jeder Ebene Stauräume vorhanden.

Der Carport, der gleichzeitig den Eingang überdeckt, bildet mit seiner rohen Betonrückwand einen schützenden Winkel zum Garten. Neben den Stellplätzen sind zwei weitere Räumchen für Gartengeräte, Kaminholz und Mülltonnen vorgesehen. Das Haus ist massiv aus 365er Porenziegeln gemauert und kommt ohne zusätzliche Außendämmung aus. Die Fußbodenheizung wird von einer Luft-Wasser-Wärmepumpe gespeist. Die Alu-/Holzfenster mit sehr schlanken Profilen sind ein dänisches Fabrikat, sie öffnen nach außen.

Wie ein erratisches Artefakt aus einer anderen Epoche steht das dunkle Haus an der Straße. Die Fenster funkeln, als wüssten sie um das helle Innenleben, das sie verbergen. Die Gartenseite wird von der Rückwand des Carports abgeschirmt.

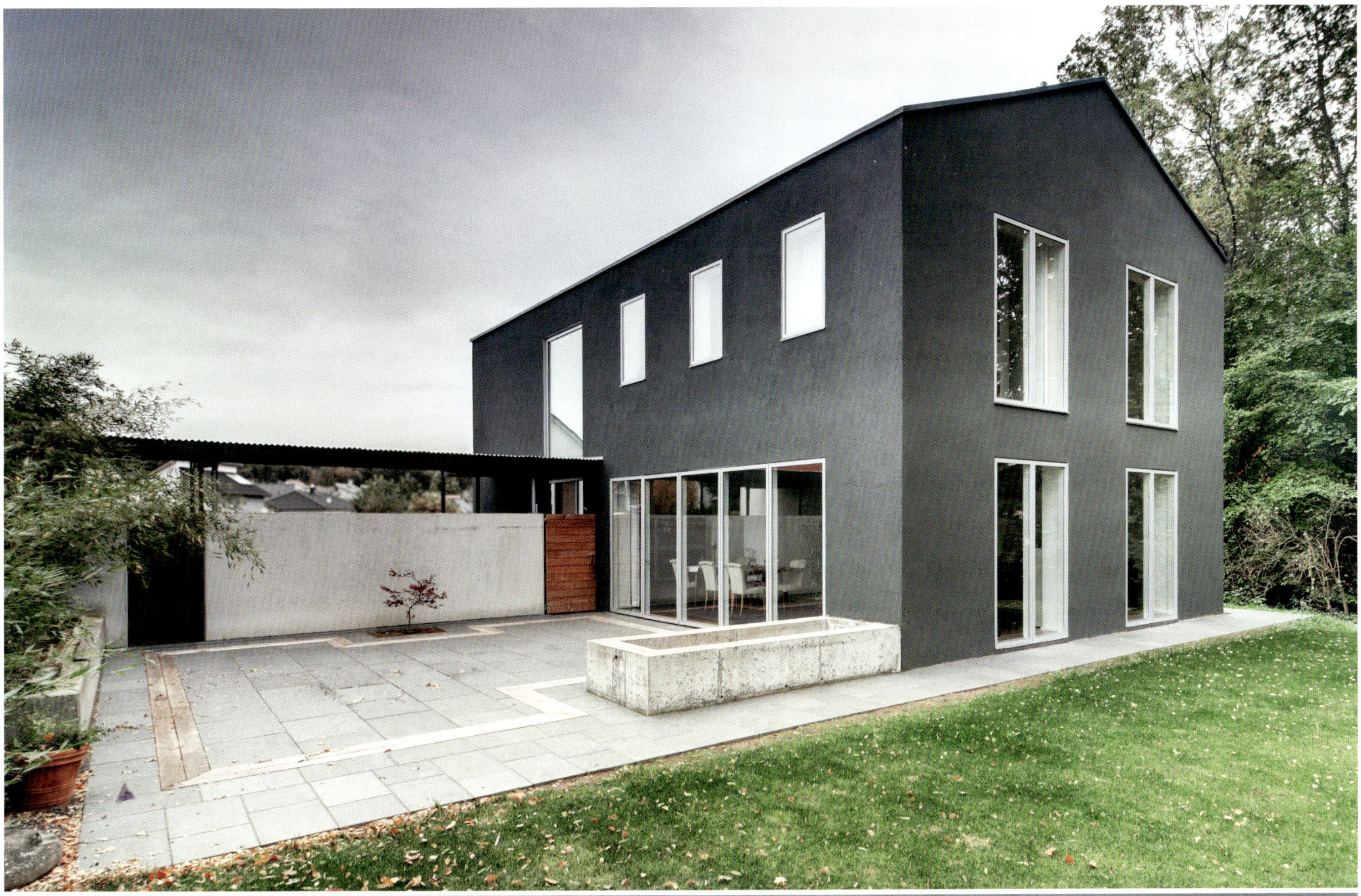

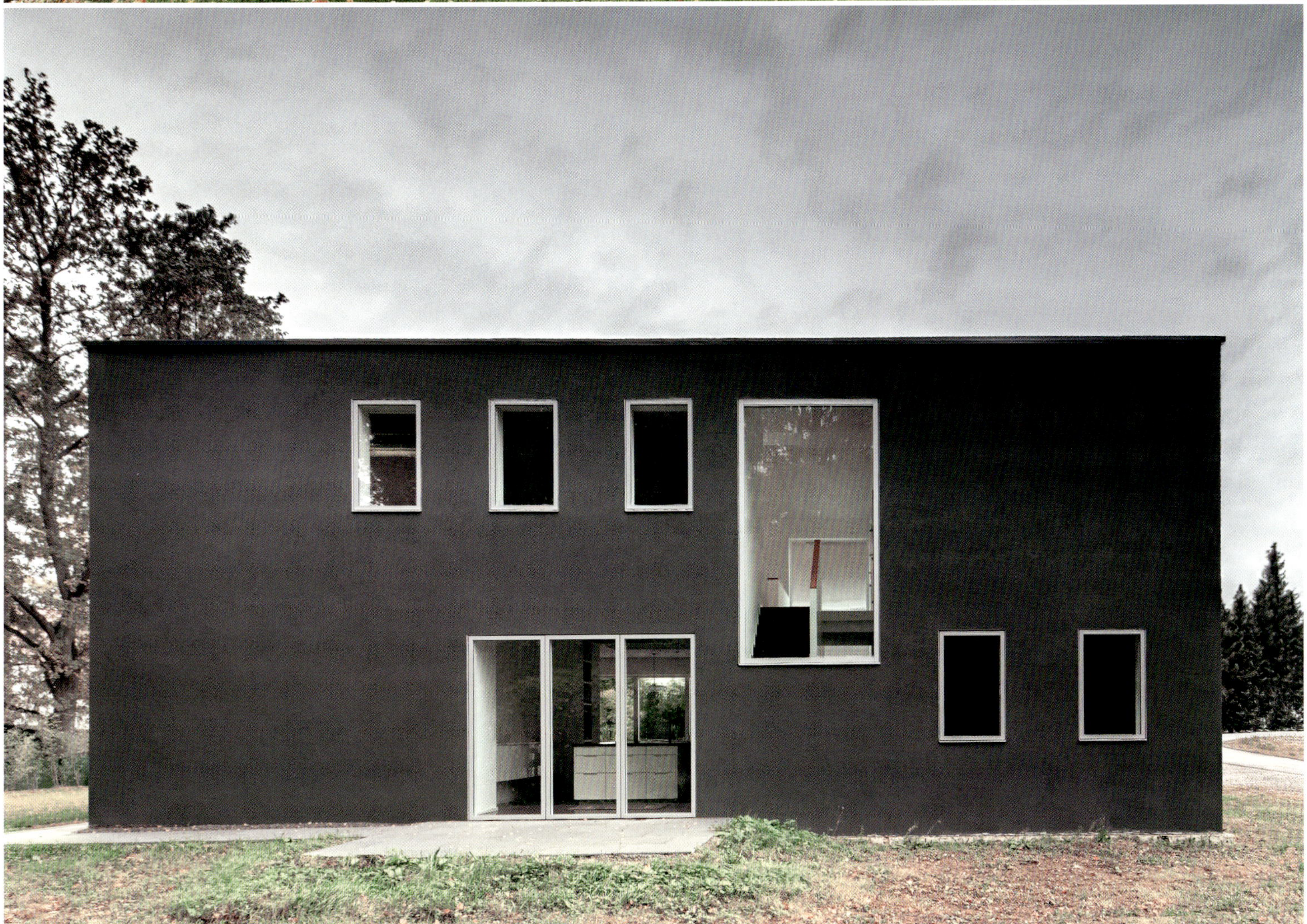

Alles dreht sich um den Kamin. Dahinter liegt die offene Küche, die Wand schirmt den anschließenden Wohnraum ab.

Die Küche besetzt eine zentrale Position im Grundriss. Rechts vorne der Kaminblock, hinten links reicht eine kleine Speisekammer unter die Treppenschräge.

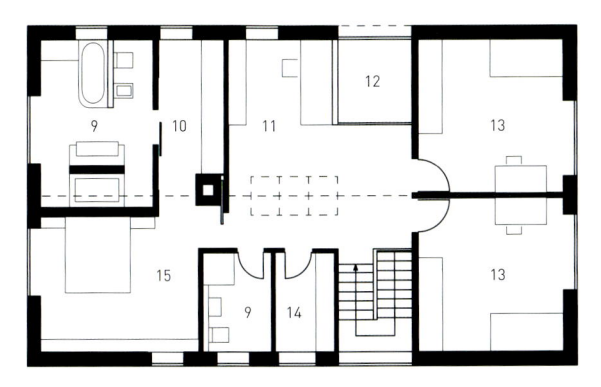

Obergeschoss M 1:200

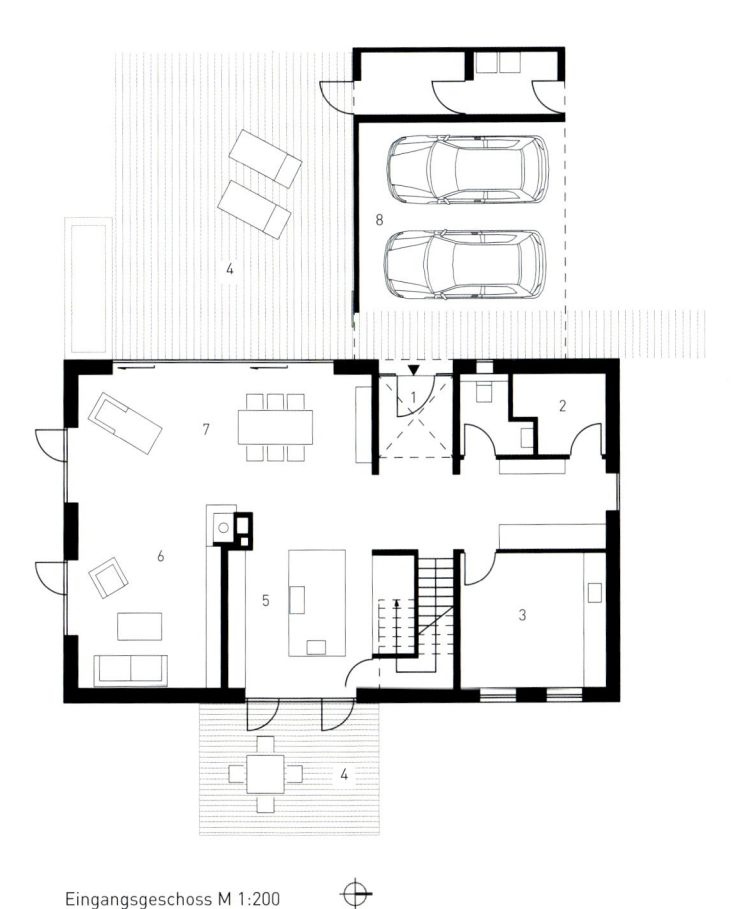

Henning Baurmann, Baurmann Dürr Architekten, D-Karlsruhe

„Das Haus sollte, wie der Wald, einem Scherenschnitt gleich sich vom Himmel abheben – radikal einfach, pur, archaisch."

1 Eingang
2 Technik
3 Hauswirtschaftsraum
4 Terrasse
5 Kochen
6 Wohnen
7 Essen
8 Garage
9 Bad
10 Ankleide
11 Arbeiten
12 Luftraum
13 Kind
14 Lager
15 Eltern

Gebäudedaten

Grundstücksgröße: 945 m²

Wohnfläche: 219 m²

Zusätzliche Nutzfläche: 212 m²

Anzahl der Bewohner: 4

Bauweise: massiv (Stahlbeton, Ziegel)

Primärenergiebedarf: 63 kWh/m²a

Fertigstellung: 2011

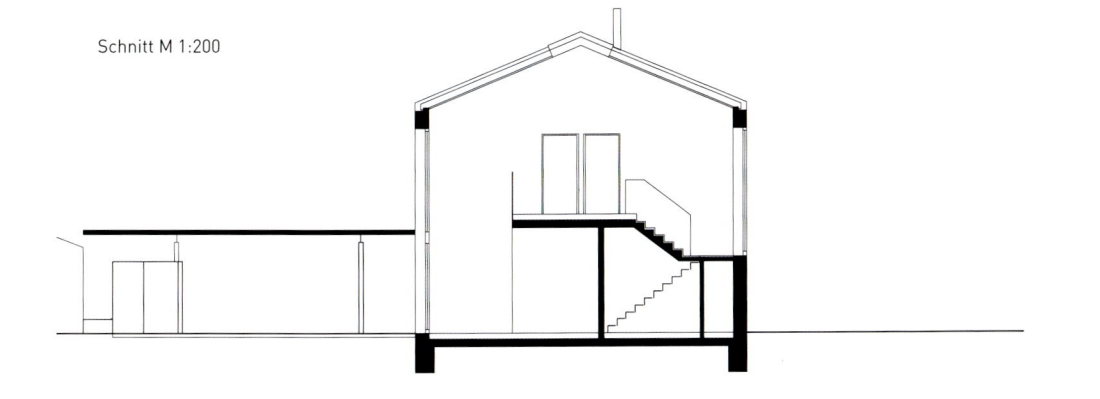

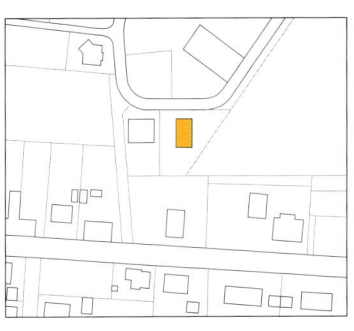

Eingangsgeschoss M 1:200

Schnitt M 1:200

Lageplan

EINFAMILIENHAUS IN SEEHEIM

FRITSCH + SCHLÜTER ARCHITEKTEN

Man muss mit den Innenaufnahmen beginnen! Sie zeigen einmal den Ausblick aus der exponierten Hanglage in die Rheinebene und zur anderen Seite in die Baumkronen des um 1900 entstandenen Wohngebiets. Diese einzigartige Qualität bestimmt den Entwurf des Hauses, das dem Bebauungsplan folgend ein traditionelles Satteldach bekommen sollte. Die Architekten nahmen diese Vorgabe auf und entwickelten einen monolithischen Baukörper, der über der Hangkante zu balancieren scheint.

Die wünschenswerten Öffnungen wurden im Modell gefunden. Dazu zählen subtrahierte Volumen in den Gebäudeecken, die die Aussichten inszenieren, und vertikale „Stanzungen" in den Baukörper für (im Dach verglaste) Lufträume über Essbereich und Treppe. Die Einschnitte durften nicht zu zaghaft sein, um das Panorama ins Haus zu holen. Dies hatte Konsequenzen für den Baukörper. Er sollte ja wie aus einem Guss wirken, also mit einer identischen Oberfläche an Fassaden und Dach. Die Architekten entschieden sich für Kupferblech, das als natürliches, dauerhaftes Material auch für Nachhaltigkeit steht. Damit ließen sich funktionstüchtige Flächen herstellen, die zwischen Dach und aufgehenden Wänden sowie an den Gebäudeecken scharfe Kanten bilden, um den Eindruck eines monolithischen Körpers zu erhalten. Besondere Sorgfalt wurde auf die Detaillierung gelegt, um bei Anschlüssen und Übergängen die geometrisch klare Form nicht zu stören und die bauphysikalisch notwendige Hinterlüftung zu gewähren.

Die anthrazitfarbig voroxidierten Bleche sind traditionell eingehängt, sie bilden einen auffallenden Kontrast zu den weißen Oberflächen im Inneren. Die dunkle Außenverkleidung fügt sich gleichzeitig unauffällig in die grüne Umgebung des Wohngebiets. Die Schnittflächen der Laibungen bilden die Übergänge von außen nach innen.

Zimmer mit Aussicht. Der oft zitierte Filmtitel hat hier einmal seine Berechtigung: der Entwurf des gesamten Hauses folgt dieser Disposition. Auch der Eingang ergab sich nach der Subtraktions-Regel.

137

Man betritt das Haus an einer der ausgesparten Ecken, also unter dem schützenden Dach, wobei die Stufe noch einmal die Grundfläche zeigt und an das Drama der Formfindung erinnert. Innen erlebt man die Spannung zwischen den großen, hellen, extrovertierten Räumen und den kleinen, introvertierten, dienenden. Im Erdgeschoss ist das ein offener Bereich für Wohnen, Küche und Essen, der zusätzlich von oben durch ein Lichtfeld ausgezeichnet wird, gegliedert von einem Treppenblock mit Kamin. Im Obergeschoss kommen zwei Schlafräume in den Genuss einer Terrasse, während Ankleide und Bad zu den inneren Räumen zählen. Vom Arbeitszimmer führt noch eine schmale Stiege zu einer Dachgalerie. Die Kinder haben ihre eigene Spielebene im Untergeschoss erhalten. Ihre Zimmer liegen zu beiden Seiten einer hellen Diele.

Das weiße Raumkontinuum setzt sich in der Winterlandschaft fort. Es wird von einem Treppen-Kaminblock begrenzt und zusätzlich von oben belichtet.

Ganz oben: Im Innenraum genießt man nur noch den Ausblick, die Theorie der Raumbildung wird nebensächlich.

Die Räume werden bis zum letzten (Dach-) Winkel genutzt. Eine Stiege führt in den Spitzgiebel, der als Lesegalerie dient.

Obergeschoss M 1:200

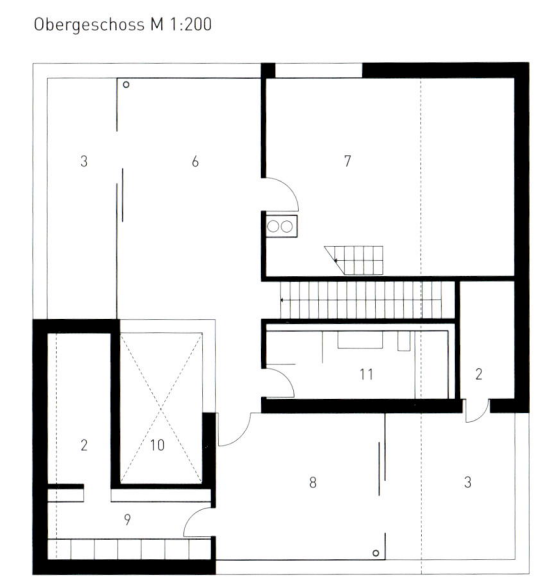

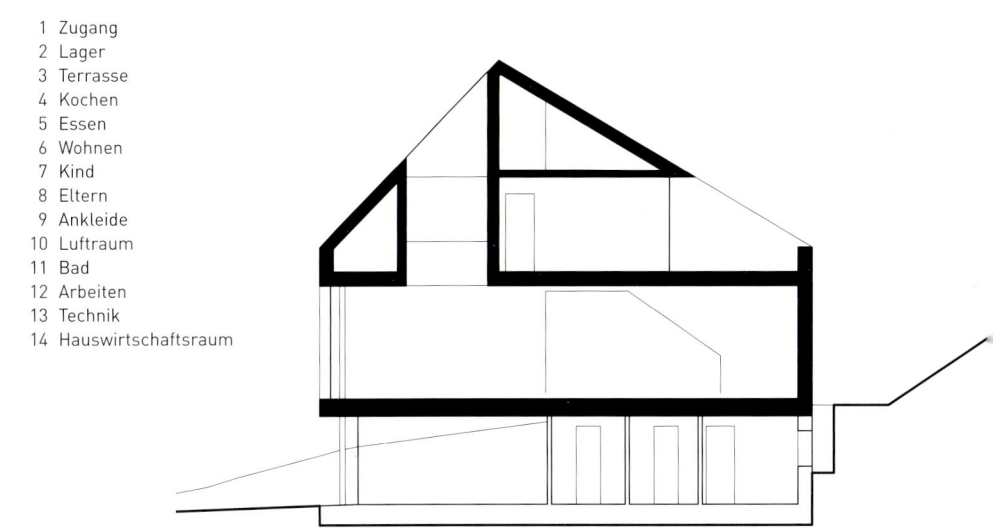

1 Zugang
2 Lager
3 Terrasse
4 Kochen
5 Essen
6 Wohnen
7 Kind
8 Eltern
9 Ankleide
10 Luftraum
11 Bad
12 Arbeiten
13 Technik
14 Hauswirtschaftsraum

Schnitt M 1:200

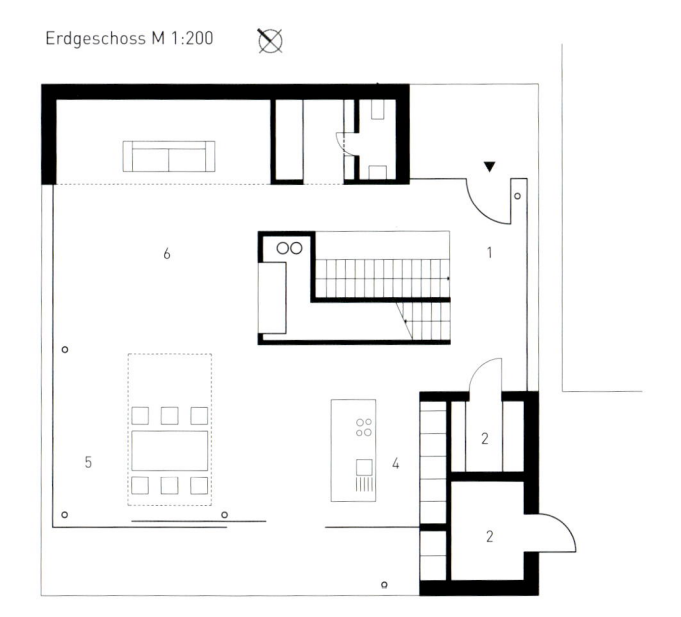

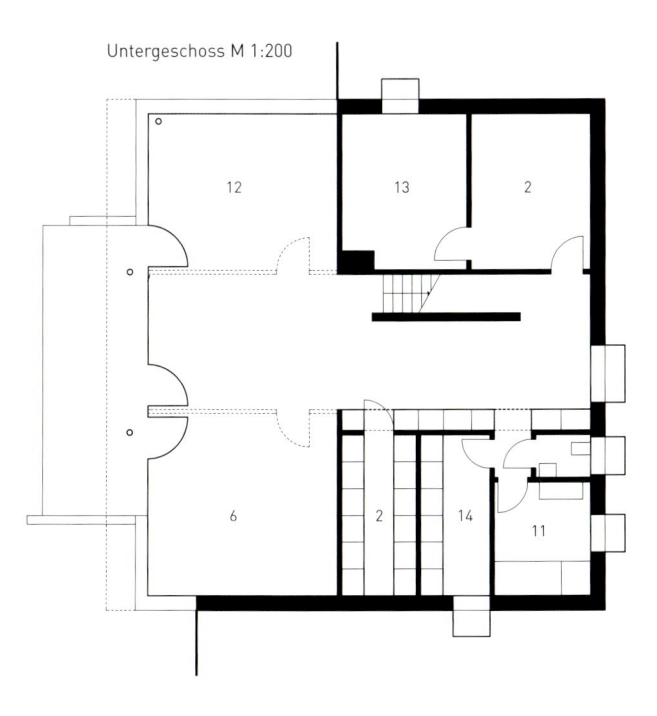

Erdgeschoss M 1:200

Lageplan

Gebäudedaten

Grundstücksgröße: 835 m²

Wohnfläche: 263 m²

Zusätzliche Nutzfläche: 42 m²

Anzahl der Bewohner: 5

Bauweise: Stahlbeton-Massivbauweise mit Mauerwerk

Primärenergiebedarf: 96,7 kWh/m²a

Fertigstellung: 2010

Untergeschoss M 1:200

Julia Schlüter-Fritsch, Johannes Schlüter
Fritsch + Schlüter Architekten, D-Seeheim-Jugenheim

„Das Material Kupfer entwickelt seinen besonderen Reiz sowohl durch die gespannte, samtige Oberfläche als auch durch die Ambivalenz eines einerseits nahezu unverwüstlichen Materials, das andererseits sensibel auf Umwelteinflüsse reagiert und einem stetigen Wandel seiner Oberfläche unterliegt."

BAG-A-BOX, EIN STAHLHAUS IN ALMERE

COURAGE ARCHITECTEN

Das Haus steht in Almere und gehört dort zu einer Initiative der Gemeinde, um jungen Leuten mit einem überschaubaren Einkommen eine Behausung für eine garantierte Bausumme zu bieten. Aber natürlich könnte das Katalog-Stahlhaus nach dem Erfolg auch an anderen Orten gebaut werden, wenn alle Beteiligten wieder mitwirken: die Architekten, der Hersteller und die Baufirma. Doch „Kataloghaus" hat nicht nur in den Niederlanden einen schalen Beigeschmack, deshalb soll dieses Beispiel zeigen, dass dabei keine notdürftige Unterkunft entstehen muss, sondern ein Haus, das auf den ersten Blick „cool" ausschaut und sich an eine junge Zielgruppe und nicht die typischen Häuslebauer wendet.

Das einfache Haus ist als Starterhaus gedacht, das sich später einmal weiter ausbauen lässt. Kriterien waren Volumen, Nutzfläche, Flexibilität, Erweiterungsmöglichkeit und vor allem Tageslicht. Der Käufer wählt die für ihn passende Größe, die Grundrisse, die Ausführung der Glasfassade auf der Gartenseite und die Farbe. Die Grundfarbe ist zunächst Schwarz, wobei die geschlossenen mittleren Paneele der Straßenfassade nach eigenen Wünschen beschichtet werden können.

Das Haus kann somit völlig unterschiedliche Wohnauffassungen umschreiben: von kompakten Zimmerchen bis zum „Industrie-Loft" von 9 bis 12 Metern Länge. Es gibt viele Grundriss-Varianten, so dass die Funktionseinteilung ganz nach den Wünschen der Käufer ausfallen kann. Extra dünne Beton-Stahl-Schalen („Quantumdek") bieten genügend Hohlraum für alle Arten der Installation. Die Konstruktion ist so ausgelegt, dass man später sogar aufstocken kann, ohne neue statische Berechnungen. Eine zweite Etage kostet ca. 40.000 Euro.

Die erkerartige Box an der Eingangsseite nimmt die Installationen und die Nasszelle im Obergeschoss auf. Die Farbe bestimmt der Käufer.

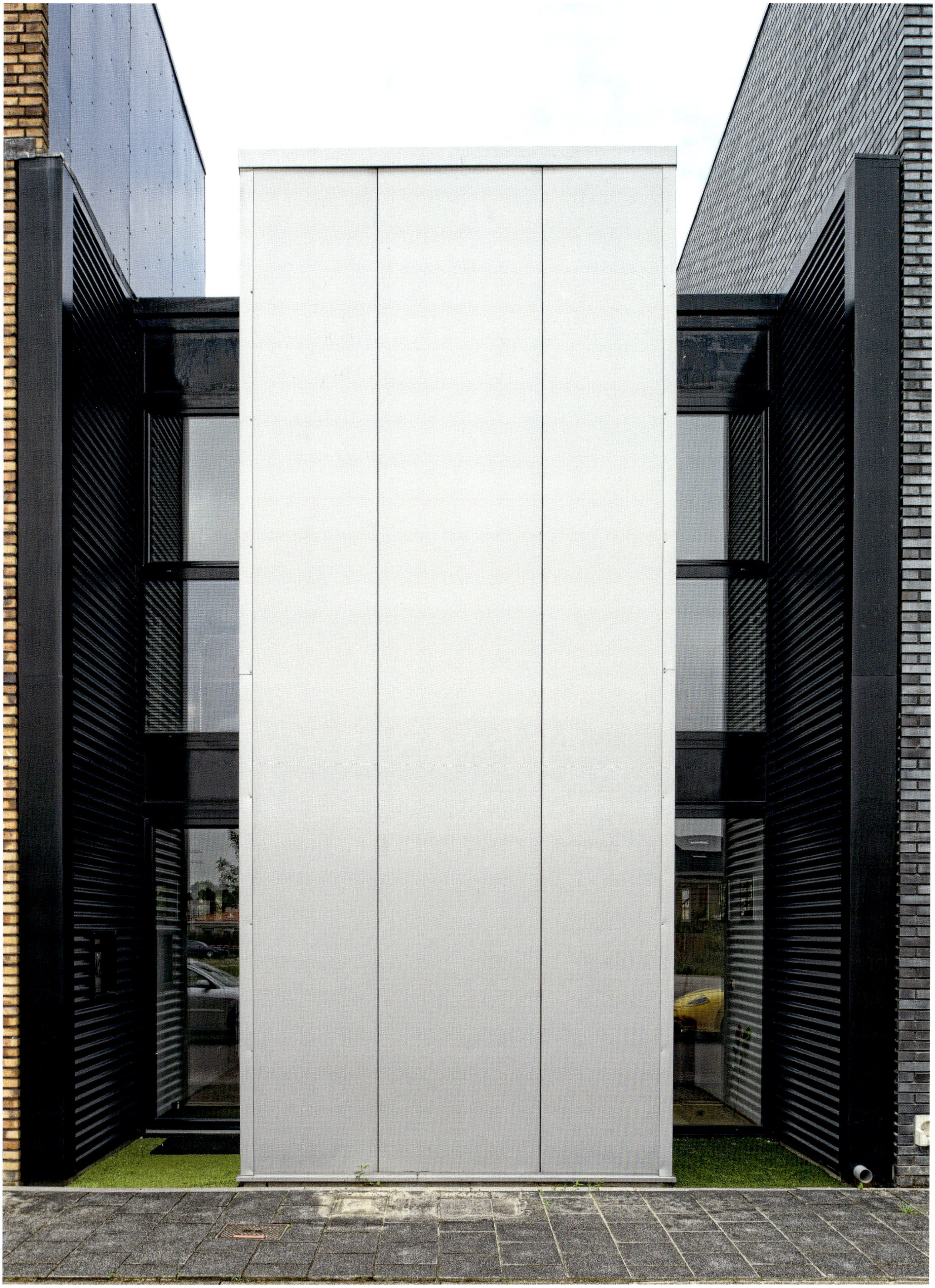

Hier haben sich die Käufer für einen Typ mit zweigeschossigem Wohnraum entschieden. Der Arbeits-/Schlafraum öffnet sich mit einer Galerie, bis auf die Sanitärbereiche gibt es nur einen Raum.

Rechts oben: Schwarz und technisch wie ein Gitarrenverstärker wirkt die Gartenfassade mit dem Profilblech. Damit will man eine junge Zielgruppe erreichen.

Das Fundament besteht aus isolierten Stahlbeton-Elementen. Die Außenwände sind eine hochwertig gedämmte Stahlrahmenkonstruktion, die außen mit HPS Ultra-200-Stahlblechen und -formteilen verkleidet ist, innen stehen Sandwichelemente aus Metall-Ständer-Wänden. Die Isolierglasfenster mit Sonnenschutzverglasung haben Alu-Rahmen. Geschossdecken und Dach bestehen aus einer 50 Millimeter dicken Betonauflage auf einem kaltgewalzten C220-Stahlprofil. Darauf hat der Käufer alle Freiheiten der Einteilung. Ein Kern aus Sandwichtafeln an der Vorderseite des Hauses nimmt die senkrechten Installationen auf.

Das hier gezeigte Beispiel ist als Reihenhaus konzipiert, das zur Gartenseite einen zweigeschossigen Wohnraum hinter der querliegenden Treppe bietet. Das Haus kann aber auch frei stehen.

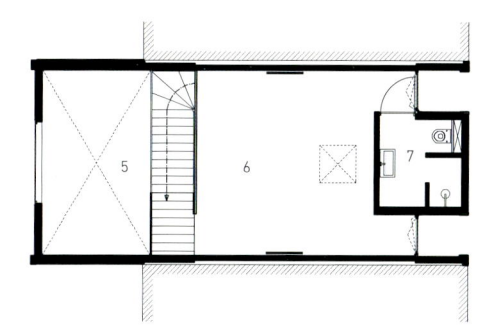

Obergeschoss M 1:200

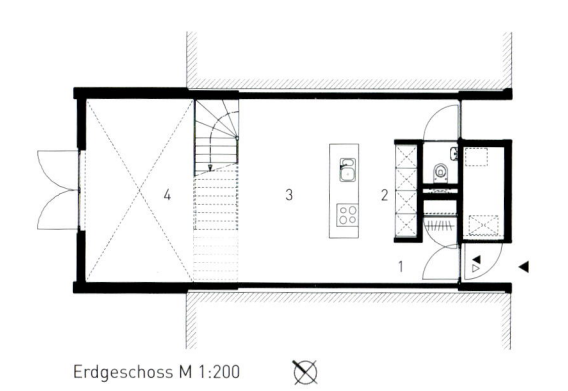

Erdgeschoss M 1:200

1 Zugang
2 Kochen
3 Essen
4 Wohnen
5 Luftraum
6 Schlafen
7 Bad

Gebäudedaten

Grundstücksgröße: 95 m²
Wohnfläche: 86,5 m²
Zusätzliche Nutzfläche: 33 m²
Anzahl der Bewohner: 1
Bauweise: Außenwände: isolierte
Stahlrahmenkonstruktion;
Innenwände: Sandwichplatten
und Metall-Ständer-Wände;
Boden: Quantumdek;
Dach: Stahlkonstruktion
Primärenergiebedarf: 20 kWh/m²a
Baukosten gesamt: 115.000 Euro
Baukosten je m² Wohn-
und Nutzfläche: 962 Euro
Fertigstellung: 01/2011

Lageplan

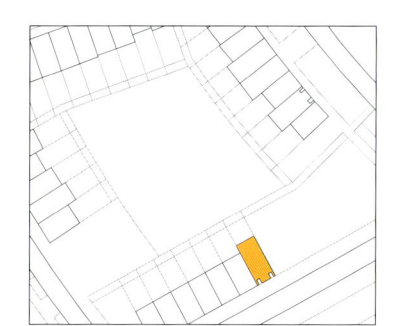

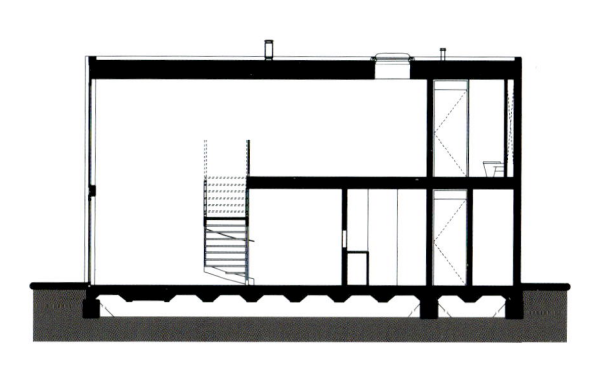

Schnitt 1:200

Lars Courage, COURAGE Architecten, NL-Apeldoorn
„Loft-living-Gefühl: Kostengünstige Katalog-Wohnung in Stahl und Glas mit viel Wahlfreiheit im Außen- und Innenbereich, einfach mit einer Extra-Etage aufzustocken."

PASSIVHAUS-SANIERUNG IN BONN

DREXLER GUINAND JAUSLIN ARCHITEKTEN

Die Architekten betrachteten die Aufgabe grundsätzlich. Für sie ist Sanierung im Gebäudebestand kein technisches oder bauphysikalisches Problem, sondern ein Beitrag zur nachhaltigen Entwicklung der Gesellschaft. Dieses Haus aus dem Jahr 1948 demonstriert, wie vorhandene Bausubstanz genutzt werden kann und wie aus der räumlichen Enge eines Mehrfamilienhauses mit Gewerberäumen ein in energetischer, funktionaler und gestalterischer Hinsicht attraktives Stadthaus entsteht. Bewusst wurden schützenswerte Teile der Konstruktion – zum Beispiel die Holztreppe – erhalten und bei der Konzeption berücksichtigt. Zum Umfang des Auftrags gehörten Umbau und Erweiterung des Haupthauses, die Neugestaltung von Hof und Außenanlagen und der Umbau der rückwärtigen Werkstatt zu einem Künstleratelier.

Im Erdgeschoss ist nun eine Galerie eingezogen, zur anderen Seite wurde eine Einliegerwohnung abgetrennt. Die obere Wohnung beginnt bereits mit dem Treppenhaus hinter dem Abschluss im Eingang. Im Obergeschoss erreicht man einen um die Treppe fließenden Wohnraum, der einerseits Küche und Essplatz, andererseits den gemütlichen Aufenthalt mit Büchern, Klavier und bequemen Polstern bietet. Darüber liegen die Schlafräume, zwei für die Kinder mit Duschbad und ein großer Raum für die Eltern, der zur Straßenseite in eine Badelandschaft übergeht. Die besondere Attraktion ist ein Austritt hinter dem Treppenhaus, von dem an der Fassade eine steile Stiege auf eine Dachterrasse führt. Über eine Brücke im Hof erreicht man einen zweiten Freisitz über dem neuen Atelier.

Hofseitig wurden die Anbauten aus den Sechzigerjahren abgerissen, die Fassade begradigt und gleichzeitig die Wohnfläche vergrößert. Diese Erweiterung und im Anschluss die Dämmung der alten Fassade

Die gedämmte Fassade des alten Hauses hat dort Fenster, wo sie für die Nutzung sinnvoll sind. Im Hof wurde in der ehemaligen Druckwerkstatt ein Künstleratelier eingerichtet; die Brückenverbindung zum Freisitz auf dem Dach ist noch nicht montiert.

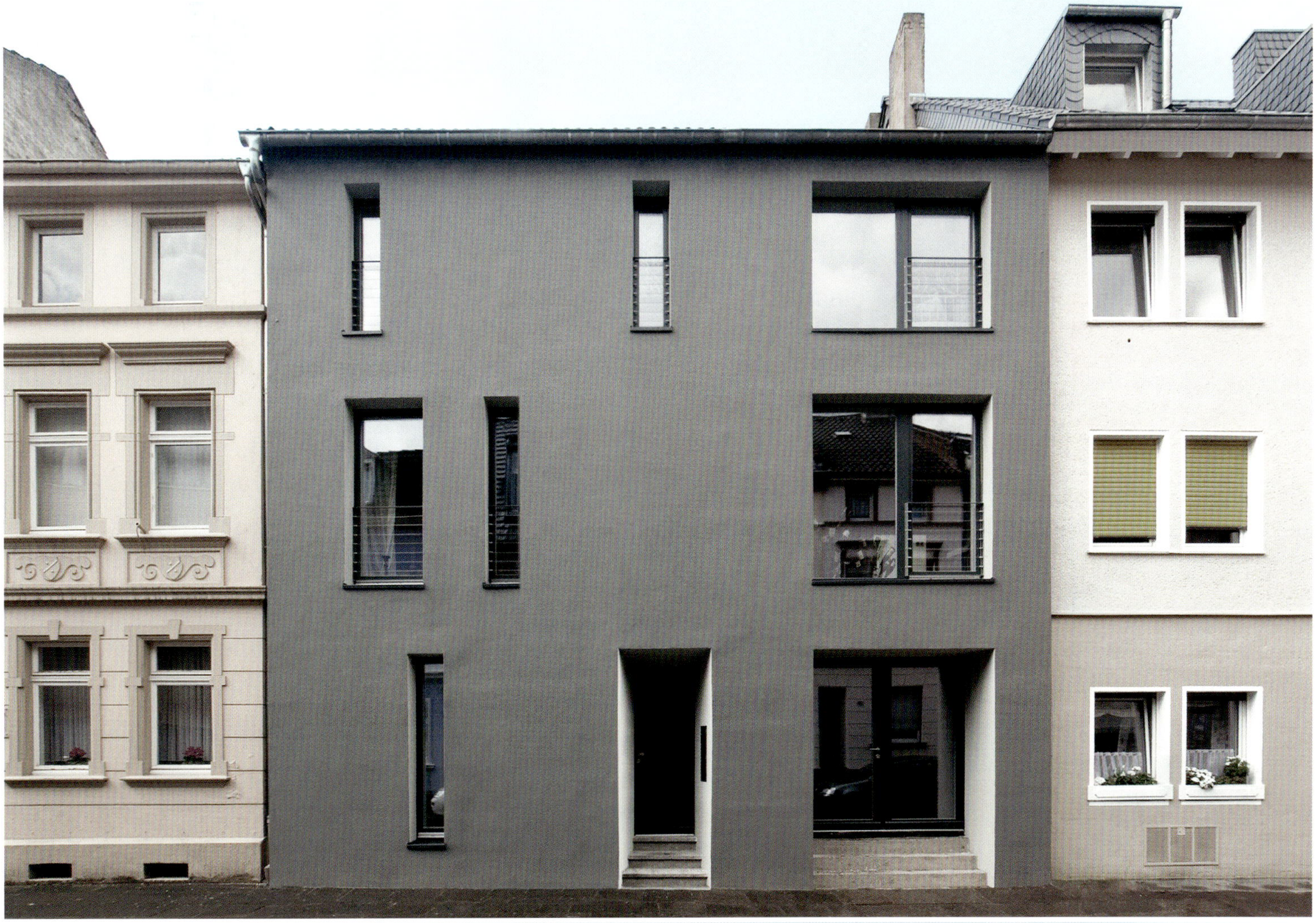

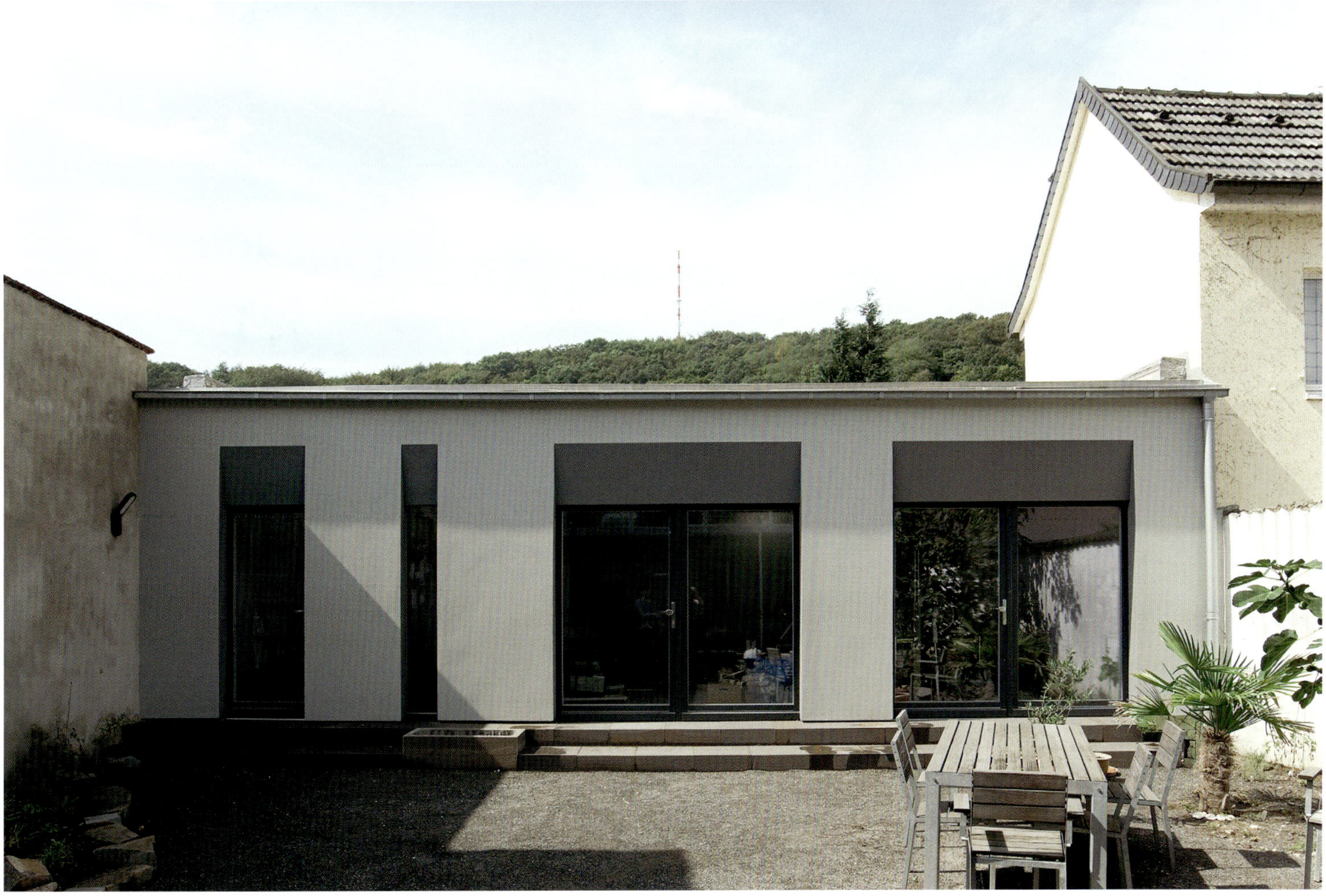

Der offene Wohnraum winkelt sich um die erhaltene Holztreppe.

Sie stellt mit einer neuen Außenwange eine durchlässige Verbindung im vergrößerten, galerieartigen Treppenhaus her.

Unten links: Darüber im Schlafgeschoss liegt der Austritt zur Stiege auf die Dachterrasse.

Unten: Die Gartenfront geizt nicht mit Glasflächen. Die leiterartige Verbindung zum Dach verlangt Schwindelfreiheit.

wurden mit einer vorgefertigten Holzkonstruktion gelöst, was Vorteile durch eine kürzere Bauzeit und für die Genauigkeit der Ausführung brachte.

Alle Öffnungen wurden nach der Möglichkeit solarer Energiegewinne und den in den Räumen vorgesehenen Nutzungen verteilt. Die mit Wärmedämmverbundsystem ausgeführte Straßenfassade erhielt für die privaten Räume nur kleine Fenster, zum Hof nach Südwesten zeigen sich raumhohe Glasflächen. Zur Haustechnik gehört eine Sole-Wasser-Wärmepumpe und eine kontrollierte Lüftung, deren Leitungen sind in der Dämmschicht verborgen. Das Gebäude entspricht Passivhausstandard.

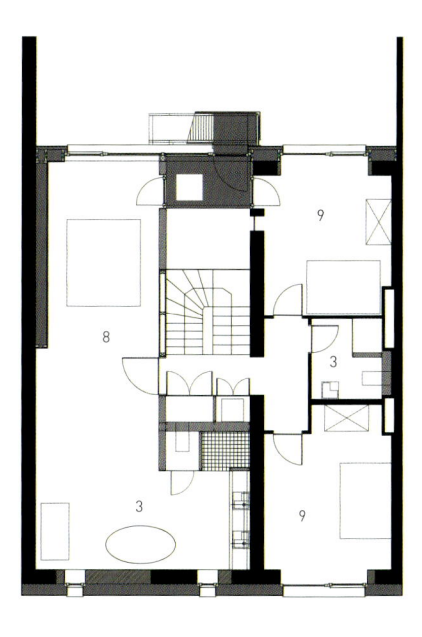

2. Obergeschoss M 1:200

Schnitt M 1:200

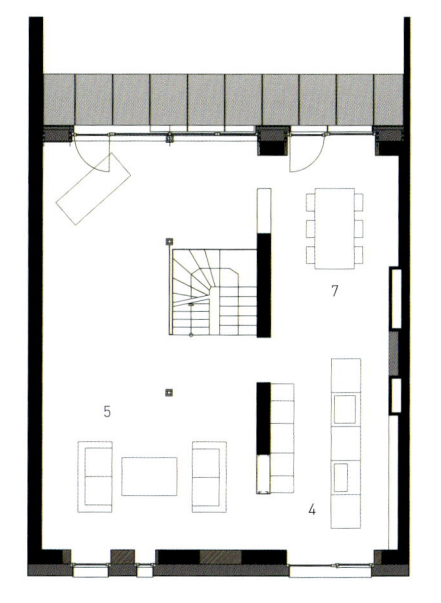

1. Obergeschoss M 1:200

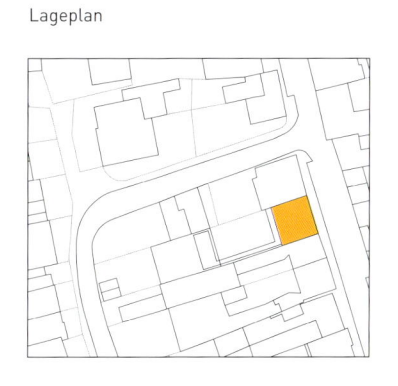

Lageplan

Gebäudedaten

Grundstücksgröße: 460 m²

Wohnfläche: 409 m²

Zusätzliche Nutzfläche: 90 m²

Anzahl der Bewohner: 5

Bauweise: Bestand: massiv;
Erweiterung: Holzrahmenbau

Primärenergiebedarf: 26,6 kWh/m²a

Baukosten gesamt: 453.000 Euro

Baukosten je m² Wohn- und
Nutzfläche: 1.109 Euro

Fertigstellung: 2012

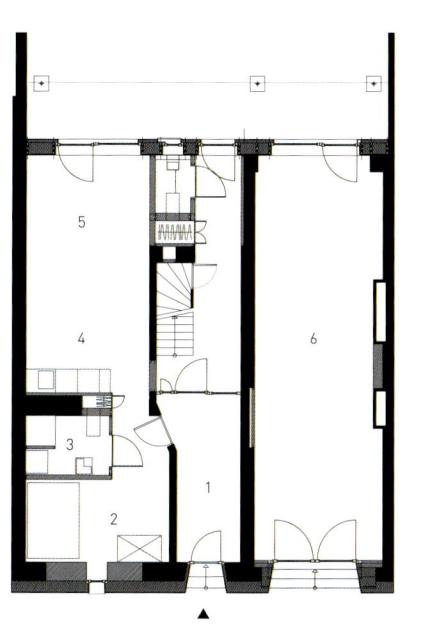

Erdgeschoss M 1:200

1 Zugang
2 Schlafen
3 Bad
4 Kochen
5 Wohnen
6 Showroom
7 Essen
8 Eltern
9 Kind

Hans Drexler
Drexler Guinand Jauslin Architekten, D-Frankfurt/Main

„Bei der Passivhaus-Sanierung in Bonn haben wir Nachhaltigkeit nicht allein als technische Anforderung verstanden. Es ging vor allem darum, innerhalb der bestehenden Gebäudestruktur zeitgemäßen Wohnraum zu schaffen und so die Bausubstanz für kommende Generationen nutzbar zu machen."

DER UFOGEL

ARCHITEKTURBÜRO JUNGMANN & ABERJUNG DESIGN AGENCY

Dies ist die Vorhut, das Musterhaus (es wird zurzeit als Gästehaus genutzt), das einen Bausatz für ein komplettes Gehäuse vorstellt. Sein Aussehen auf den spirrigen Fundamenten gab ihm den Namen Ufogel. Es kann als Bootshaus dienen, als Almhütte, Ferienwohnung oder Ausstellungspavillon. Biwak und Berghütte sind seine Ahnen.

Der Hersteller hat das kleine Haus zusammen mit dem Architekten als Beitrag für das Förderprogramm Kreatives Handwerk in Tirol erdacht. Voraussetzung war gebogenes Kreuzlagenholz (CLT), für dessen Produktion die Firma selbst eine Maschine entwickelt hatte. Der Baustoff für das „Radius-Holz" ist Lärche, sie ist wie die Zirbe das architektonische Erbe alpiner Baukunst. Der Ufogel kommt hell zu seinem neuen Besitzer, außen verkleidet mit traditionellen Holzschindeln. Mit den Jahren wird er vergrauen und sich in die Natur einpassen wie die alten Bauernhäuser und Berghütten im Osttiroler Hochgebirge.

Sein kompakter, hochgedämmter Baukörper trotzt jeder Witterung, er ist äußerst platzsparend und basiert auf dem Wissen um den Wert von Raum und den Gegebenheiten im rauen, stürmischen Winter. Mit diesen Kenntnissen wurde die Holzkonstruktion, speziell für die Eigenschaften des Lärchenholzes, entwickelt.

Obwohl das Objekt nur 45 Quadratmeter Wohnfläche auf zwei Ebenen bietet, kann man es als Raumwunder betrachten. Es ist komfortabel ausgestattet mit Küchenblock, Toilette und Designerdusche. Große Panoramafenster holen die Natur herein, seine gewölbte Form vermittelt ein Gefühl von Geborgenheit und Wärme.

Ob's stürmt oder schneit, der Ufogel trotzt allen meteorologischen Widrigkeiten. Die regionaltypischen Holzschindeln haben sich schon der Patina des alten Bauernhauses angepasst.

149

Oben: Wohnen in 3D mit einer Raumökonomie, wie man sie sonst von Segelyachten kennt, ist jeder Winkel ausgenutzt oder zu verändern.

Panoramafenster inklusive. Unter der Fensterliege ist die Heizung versteckt.

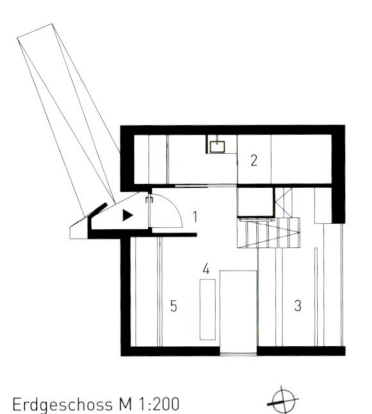

Erdgeschoss M 1:200

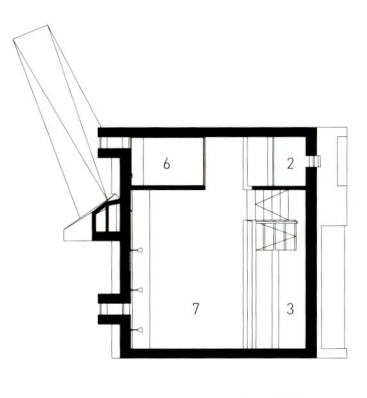

Obergeschoss M 1:200

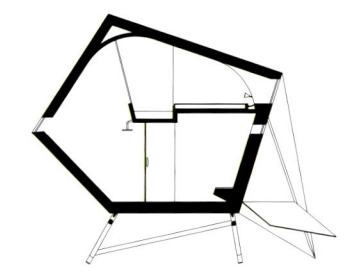

Schnitt M 1:200

1 Zugang
2 Bad
3 Liegewiese mit Panoramascheibe
4 Wohnen/Essen
5 Kochen
6 Schlafen
7 Galerie/Wohnen

Gebäudedaten

Grundstücksgröße: 780 m^2
Wohnfläche: 45 m^2
Zusätzliche Nutzfläche: 15 m^2
Anzahl der Bewohner: 2–4
Bauweise: KLH massiv
Primärenergiebedarf: 60,2 kWh/m^{2}a
Baukosten gesamt: 190.000 Euro
Fertigstellung: 2012

Lageplan

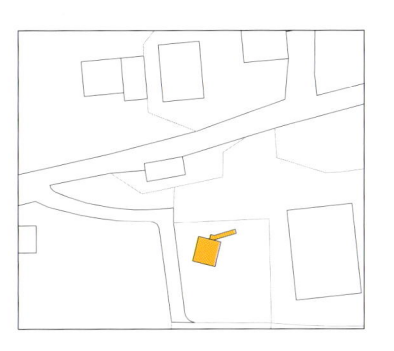

Im gebauten Prototyp wird über eine Fernleitung aus dem Nachbarhaus die Fußbodenheizung versorgt, inzwischen wurde zusätzlich ein kleiner Kaminofen installiert. Als stationäres Gästehaus ist es an die haustechnische Infrastruktur angeschlossen, könnte aber auch autark mit Sonnenkollektoren und chemischem WC in abgelegenen Gegenden betrieben werden. Die Innenaufteilung wird dann nach den Wünschen des Käufers vorgenommen.

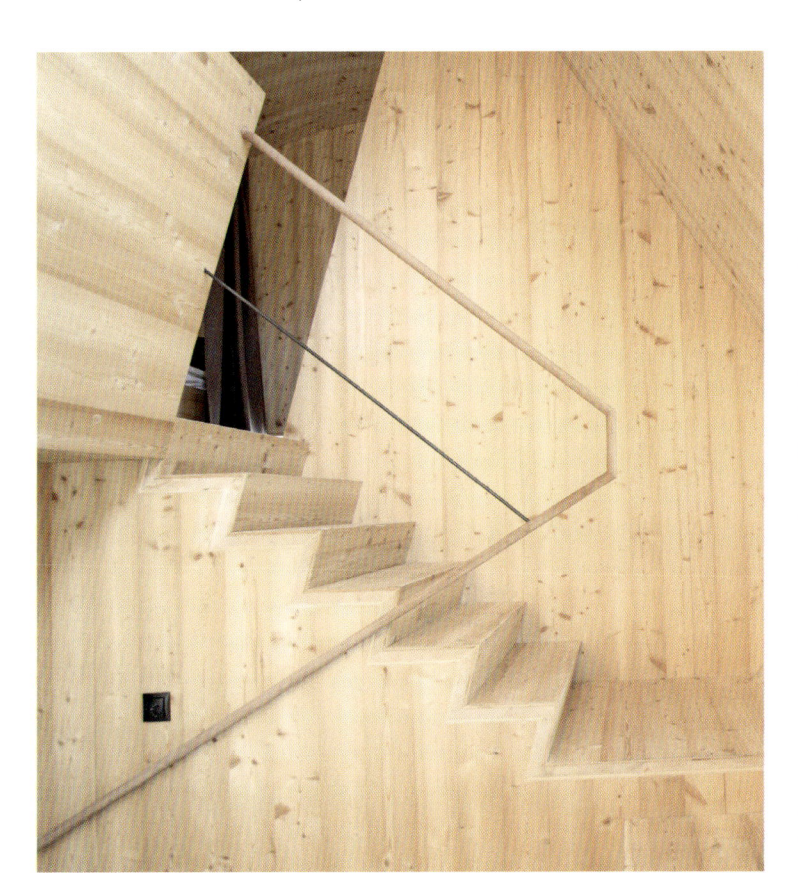

Lukas und Peter Jungmann, Architekturbüro Jungmann & Aberjung Design Agency, A-Lienz

„Minimierung des Raumgefüges bzw. dessen Fläche und Kubatur und trotzdem großzügiges Wohngefühl."

Voraussetzung für die Herstellung der bergenden Hülle war die Entwicklung von gebogenem Kreuzlagenholz.

HAUS AUF SCHMALEM GRUND IN ESSLINGEN

FINCKH ARCHITEKTEN

Das Gebäude steht auf einem Südhang in einem gewachsenen Wohngebiet oberhalb von Esslingen am Neckar. Die schmale und sehr steile Parzelle wurde zuvor als Zufahrtsstraße genutzt, sie galt als „unbebaubar". Unter Einhaltung der Grenzabstände war nur ein 4,70 Meter breites und 14 Meter langes Haus möglich, das sich nun als schlanker Baukörper zwischen die Nachbarhäuser in den Berg schiebt.

Die Architektur ist außerdem maßgeblich vom Energiekonzept bestimmt. Eine Tragstruktur aus filigranen Sichtbetonscheiben gliedert die Räume. An den Traufseiten öffnen geschosshohe Glasfassaden das Gebäude. Die Innenräume orientieren sich zum Grün des Gartens, zur Aussicht über das Neckartal und auf die Schwäbische Alb. Die Flanken, also die ungewöhnlich langen Giebelfassaden, sind mit dünnen Hochleistungspaneelen als transparente Wärmedämmung verkleidet. Es handelt sich dabei um nur 6 Zentimeter dicke, aber aus zwölf Kammern aufgebaute Polycarbonatplatten, die in der Höhe ungeteilt über die Geschossdecken reichen. Dort, wo sie die Betonwandscheiben berühren, ist darunter eine zusätzliche Wärmedämmung aufgebracht. Die bis zu 7 Meter breiten Öffnungen werden frei überspannt, hier reicht die Steifigkeit der Randprofile aus, um einen stabilen Raumabschluss herzustellen.

Diese transluzenten Fassaden sorgen für Privatheit gegenüber den Nachbarn, vor allem aber erwärmen und belichten sie im Winter den Raum, während im Sommer der steilere Sonneneinfall reflektiert wird. Die Betonflächen dienen als träge Puffer. Die Glasflächen an den Traufen werden an Sommertagen verschattet, nachts sorgt die natürliche Konvektion über einen zentralen Luftraum für Abkühlung. Der Passivhausstandard mit 15 kWh/m²a wird außerdem erreicht durch eine Sole-Wasser-Wärmepumpe und Erdwärmesonden, die die Fußbodenheizung versorgen. Auf dem Dach liegen Photovoltaikpaneele, LED-Leuchten reduzieren den Stromverbrauch um 80 Prozent.

Straßen- und Gartenseite des Energiesparhauses, das auf dem handtuchschmalen Grundstück mit 4,58 Meter im Lichten auch mit Fläche spart.

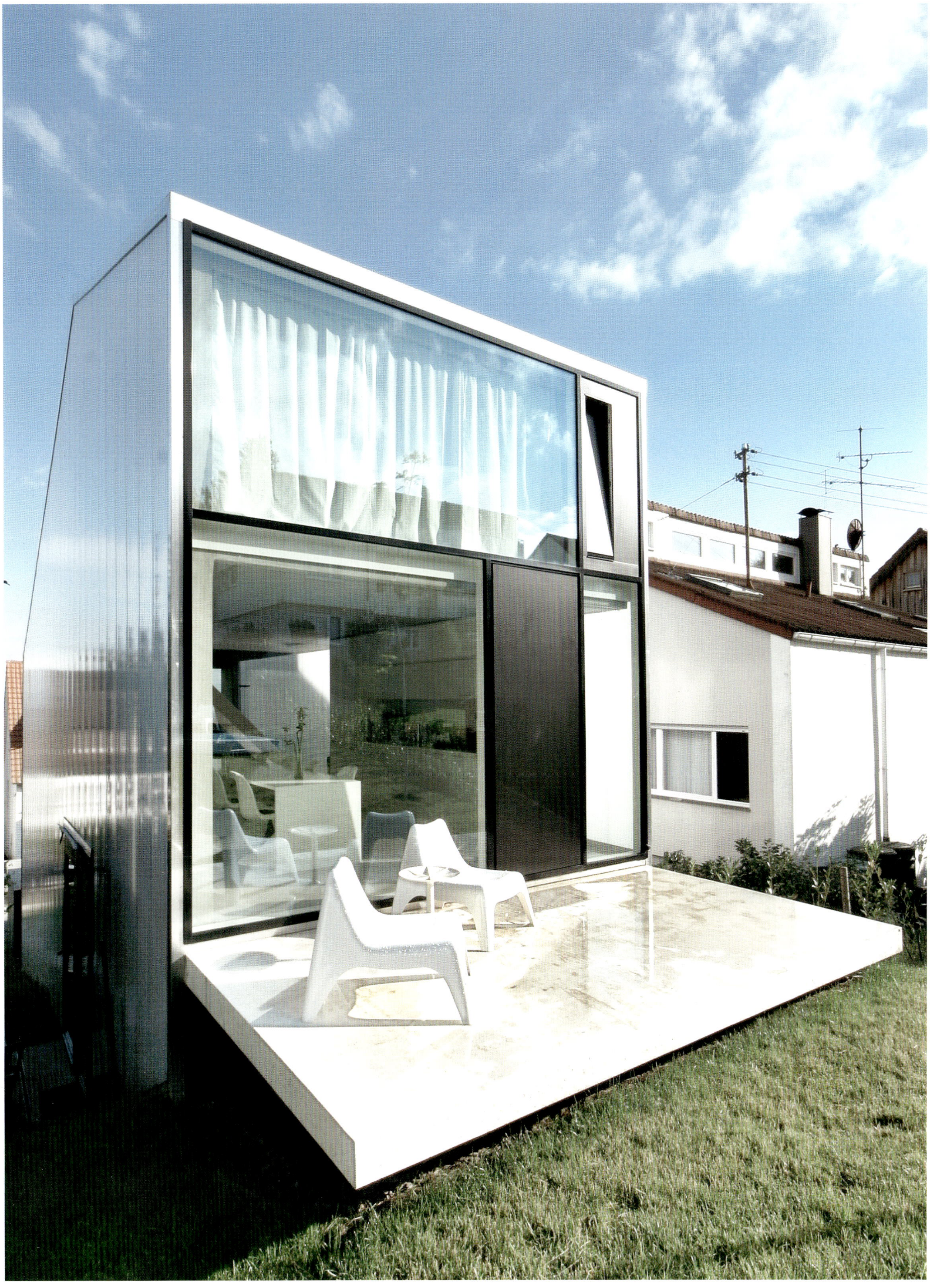

Bei Nacht erkennt man das Prinzip der transparenten Flankendämmung, die vor den Betonwänden besonders gut isoliert, in den offenen Feldern zur Bauteilaktivierung beiträgt.

Küche und Essplatz richten sich zum Garten, der von einem kleinen Pool und einem Gartenhaus begrenzt wird.

Das Wechselspiel zwischen Konstruktion und Hülle, offenen und geschlossenen, transparenten und transluzenten Flächen bestimmt die Atmosphäre. Im Erdgeschoss wird von der Talseite eine Einliegerwohnung erschlossen, die Familienwohnung darüber hat einen seitlichen Eingang an der Ostseite. Zuerst erreicht man dort zwei schmale Kinder- und ein diskretes Gästezimmer, die nächste Ebene gehört dem Wohnraum, der bis unter das Dach reicht. Von der querliegenden Treppe abgetrennt sind Küche und Essplatz, die sich zur Berg-Terrasse nach Norden richten. Ganz oben liegt der Elternschlafraum, von hier behält man über eine Arbeitsgalerie Kontakt zum Wohnraum.

Der Wohnraum reicht bis unter das Betondach, über die Galerie hält der Arbeitsplatz Kontakt nach unten. Das diffuse Seitenlicht ergänzt die klare Aussicht an den Traufseiten.

Eine querliegende, ohne Handlauf ausgeführte Treppe trennt die Funktionen und reduziert die lang gestreckten Räume. Die Polycarbonatfassade wird von außen farbig beleuchtet.

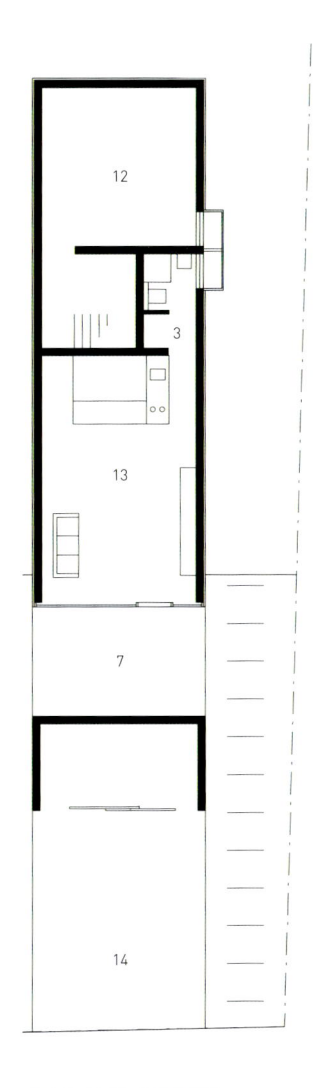

Untergeschoss M 1:200

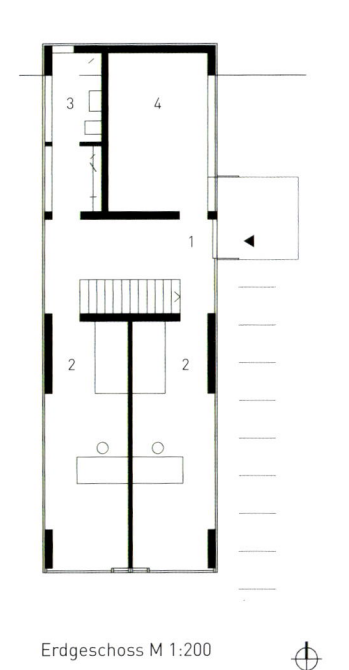

Erdgeschoss M 1:200

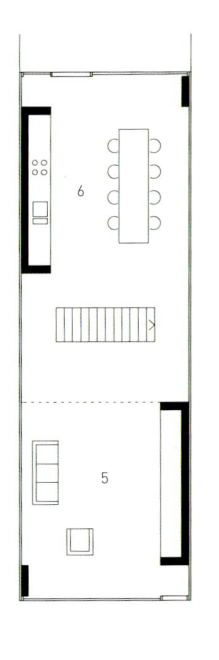

1. Obergeschoss M 1:200

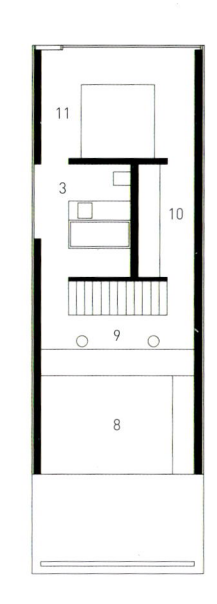

2. Obergeschoss M 1:200

1 Zugang
2 Kind
3 Bad
4 Gäste
5 Lounge
6 Kochen/Essen
7 Terrasse
8 Luftraum
9 Galerie/Arbeiten
10 Ankleide
11 Eltern
12 Technik
13 Einliegerwohnung
14 Stellplätze

Gebäudedaten

Grundstücksgröße: 456 m²

Wohnfläche: 182 m²

Zusätzliche Nutzfläche: 25 m²

Anzahl der Bewohner: 5

Bauweise: Stahlbeton mit Sichtbeton im Innenraum

Primärenergiebedarf: 15 kWh/m²a

Baukosten gesamt: 264.000 Euro

Baukosten je m² Wohn- und Nutzfläche: 1.275 Euro

Baubeginn: 04/2011

Fertigstellung: 01/2012

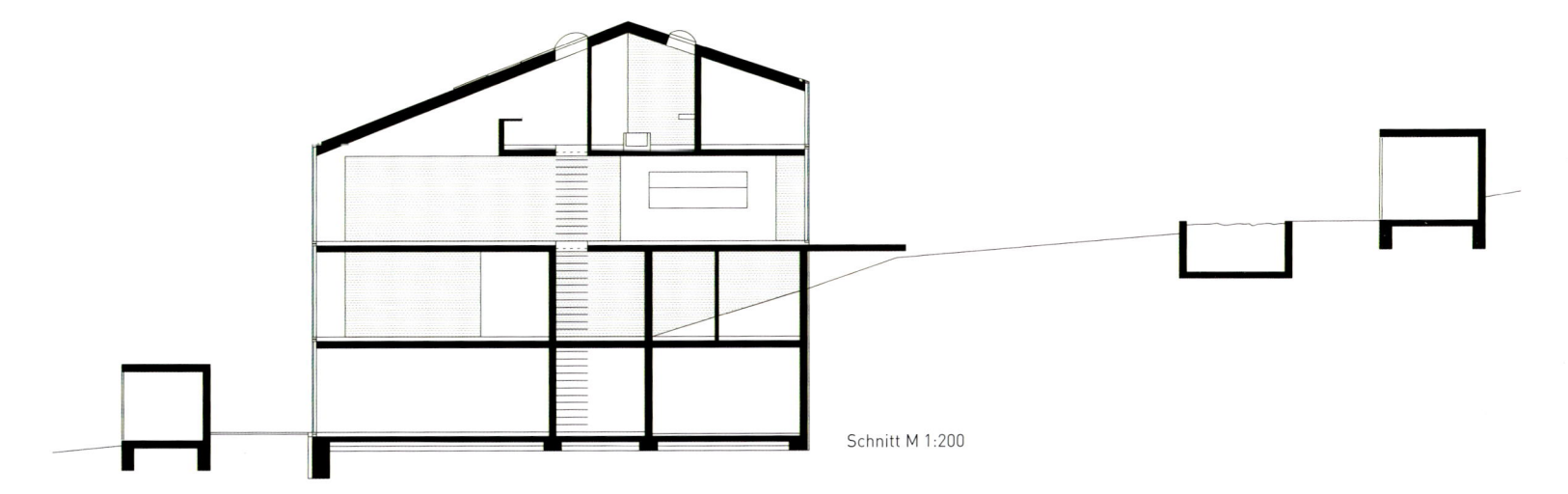

Schnitt M 1:200

Thomas Finckh
Finckh Architekten, D-Stuttgart

„Der schmale, lange Gebäudekörper mit seinen glatten, spiegelnden Oberflächen weitet den Ort. Material, Licht und Transparenz schaffen Weite und öffnen die Räume."

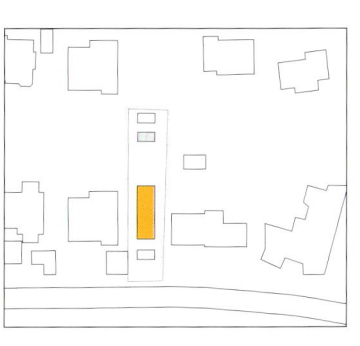

Lageplan

WOHNHAUS IN STARNBERG-SÖCKING

TITUS BERNHARD ARCHITEKTEN

Ein Lichthaus! Ein weiße Raumcollage als Wohnpassepartout, das auch den Freiraum mit seinen Bügeln und Bändern einbezieht und immer wieder zwischen Innen und Außen vermittelt. Am auffallendsten ist die große Geste, mit der der Pool an der südlichen Grundstücksgrenze durch eine Art Portal an das Haus geholt wird. Natürlich schließen sich die Flächen zu nützlichen Räumen, aber wo immer es geht, kokettiert die Architektur mit der dritten Dimension, bietet Ausblicke, Einblicke, Durchblicke – oder blendet die unerwünschte Nachbarschaft aus.

Das Spiel mit den Verschachtelungen und Verschachtungen beginnt bereits im Souterrain, wo ein Atelierraum durch einen abgegrabenen Leerraum belichtet wird, dessen weiße Rückwand geschosshoch aus der Erde wächst und sich als „Wolkenbügel" zum Schwimmbecken fortsetzt. Zusätzlich kommt Licht auf den Arbeitsplatz über einen zweiten Schacht. Auch zum Essplatz nach oben bietet das Atelier einen Durchblick. Das Erdgeschoss besteht im Grundriss aus zwei Rechtecken, die sich nur wenig überlappen, sodass der Wohnraum trotz des offenen Übergangs eine eigene Qualität erhält. Auch Küche und Essplatz sind durch einen eingestellten Funktionsblock für Garderobe, WC und Speisekammer als Orte bestimmt. Nach oben führt eine gerade Treppe, aber Blickkontakt erhält man auch durch ein Oberlichtband im Winkel der beiden Grundflächen. Eine Dachverglasung setzt das Lichtschauspiel über die Höhe fort.

Man könnte die umgreifende Geste auch ironisch lesen: So groß hätte das Haus eigentlich werden sollen! Tatsächlich vermitteln die Bügel und Bänder das Artefakt Haus zum Garten und schneiden die attraktivsten Freiräume aus.

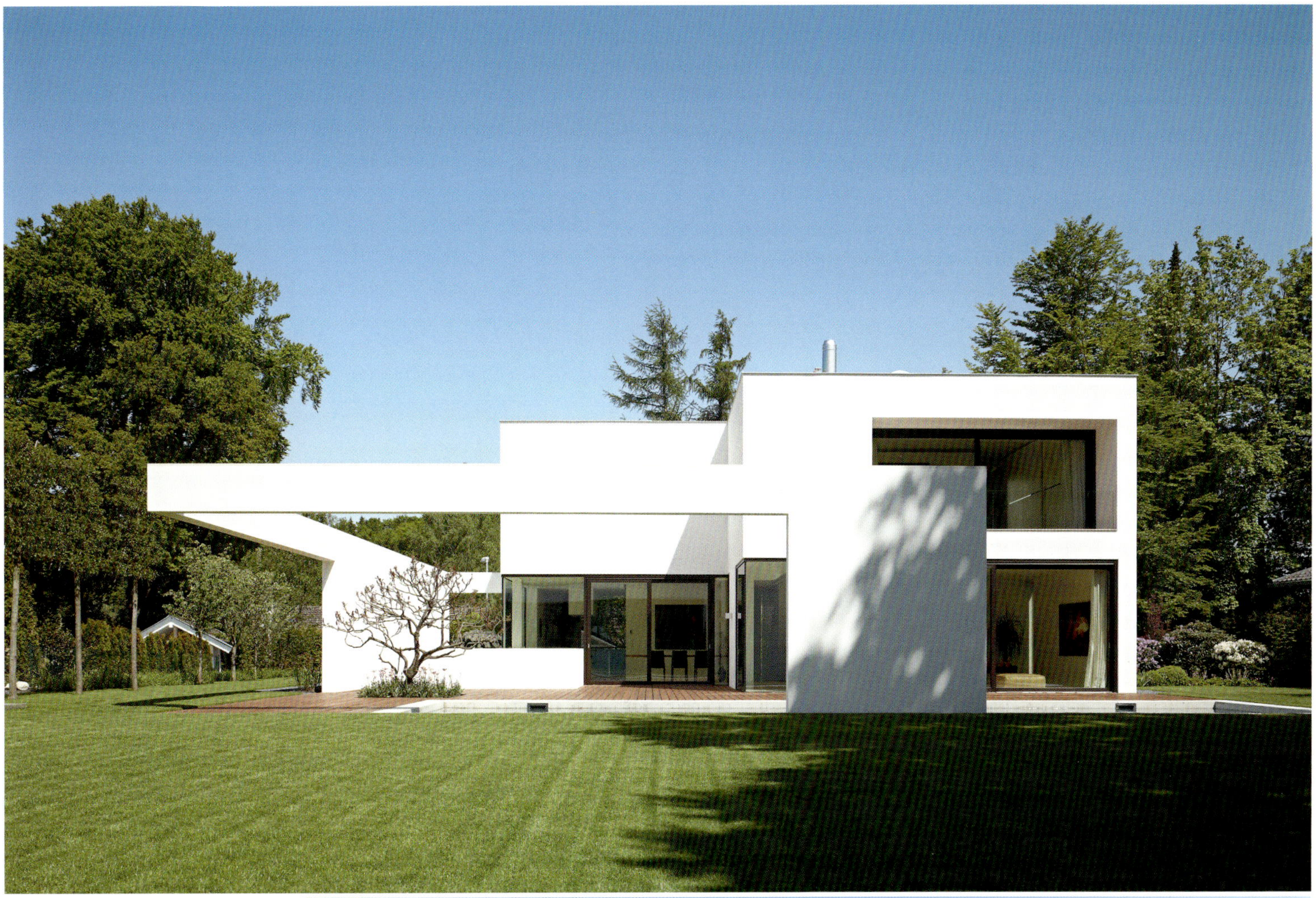

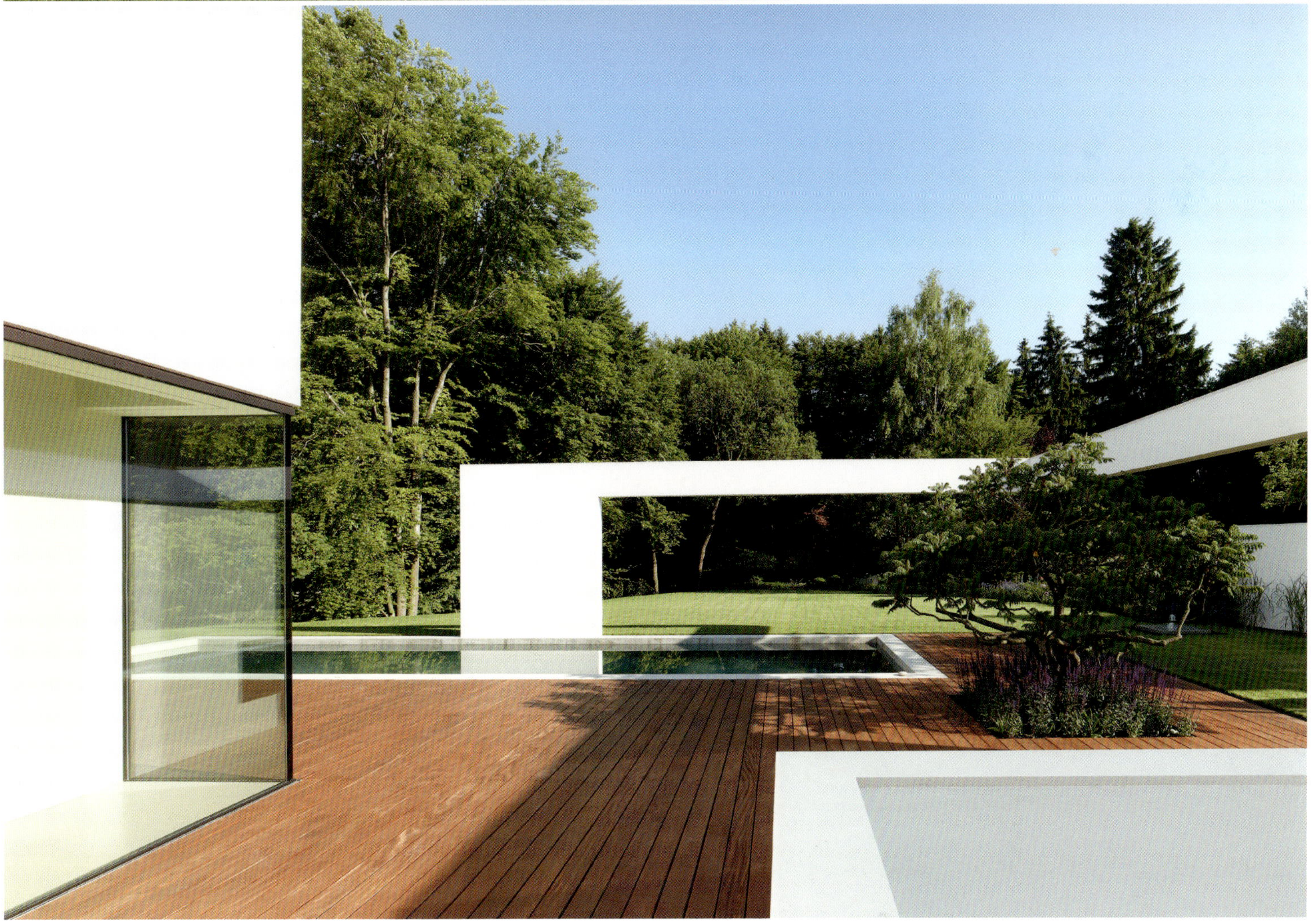

Hier auf der oberen Ebene stoßen zwei Kinderzimmer mit jeweils eigenem Bad symmetrisch zusammen, das Elternzimmer wird durch eine Ankleide hinter einem Wandschirm erweitert. Eine hübsche Besonderheit bietet das Badezimmer. Es erhält Licht und Luft über eine eingeschnittene Terrasse, zur Straße hin nach der eigentlichen Brüstung schließt sich das Hausvolumen jedoch mit einer bis zum Dach reichenden Wandscheibe und schützt so vor Einblicken. Im Zwischenraum kann man nach unten zum Eingang sehen. Die blendend weiße Fassade ist als Wärmedämmverbundsystem ausgeführt.

Spiegelnde Transparenz changiert auf den Innenflächen. Deutliche Zäsuren verbinden die Ebenen nach oben und unten.

Weißer feinkörniger Marmorputz, warmer heller Sandstein und Glas bestimmen das Erdgeschoss, sogar die Küche.

Orientierung schon am Eingang. Aber wo das Haus im Garten endet, lässt sich noch nicht eindeutig erkennen.

Die Eingangsseite: Abgeschirmt hinter der weißen Wandscheibe verbirgt sich eine Terrasse, über deren Brüstung die Sonne bis zum Eingang streift.

Ausblick zum Eingang: Typisch für die Architektur von Titus Bernhard ist es, die funktionale Ordnung der Grundrissflächen durch „Sicht-Passagen" ins Räumliche zu erweitern.

Titus Bernhard, D-Augsburg

„Dieses Wohnhaus thematisiert den Übergang Innenraum/Außenraum durch die gezielte Setzung von ‚Passepartouts', um die schönen Blickbeziehungen des Grundstücks zu inszenieren und die ungewünschte Nachbarschaft auszublenden."

Obergeschoss M 1:200

Lageplan

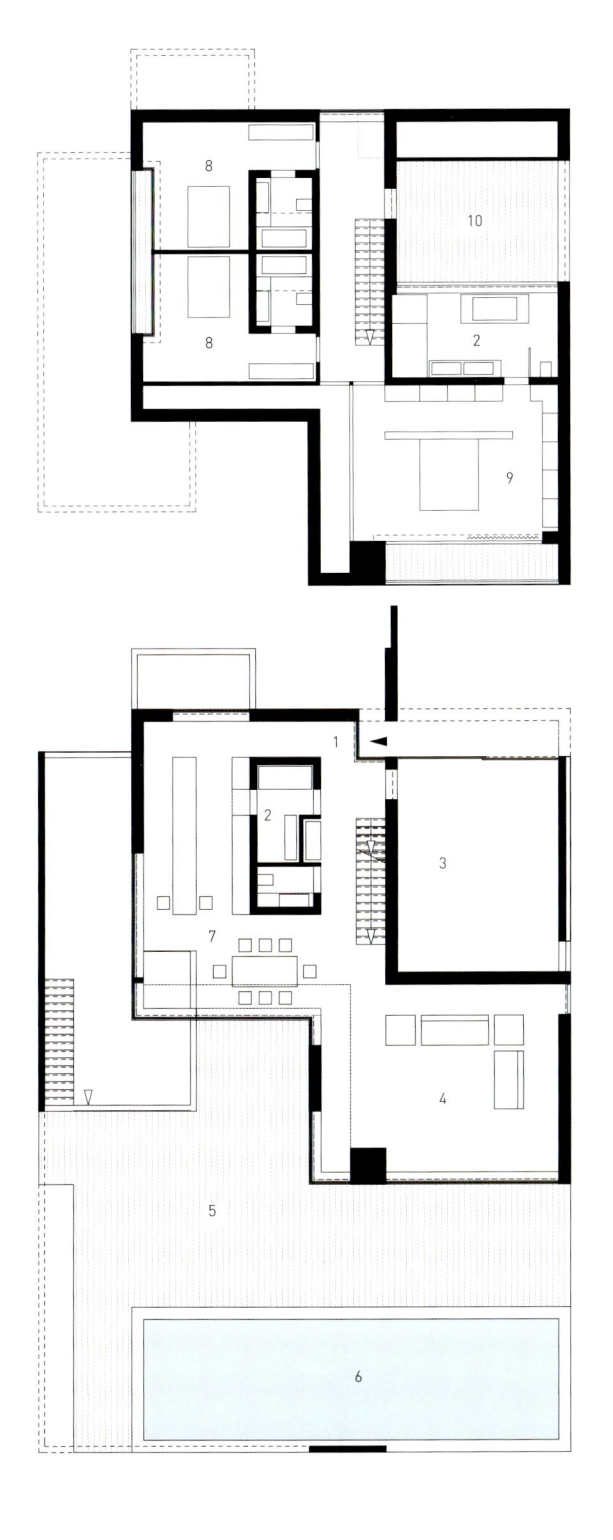

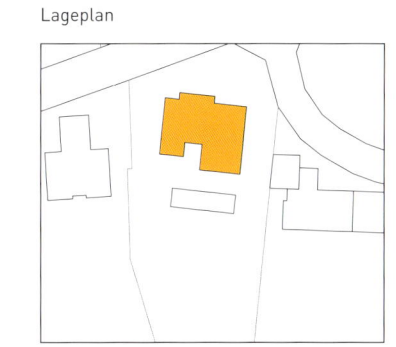

Erdgeschoss M 1:200

1 Zugang
2 Bad
3 Garage
4 Wohnen
5 Terrasse
6 Pool
7 Kochen/Essen
8 Kind
9 Eltern
10 Terrasse
11 Tiefhof
12 Atelier

Gebäudedaten

Grundstücksgröße: 2.000 m²

Wohnfläche: 240 m²

Zusätzliche Nutzfläche: 75 m²

Anzahl der Bewohner: 3

Bauweise: massiv

Primärenergiebedarf: 53,9 kWh/m²a

Baubeginn: 07/2010

Fertigstellung: Frühjahr 2012

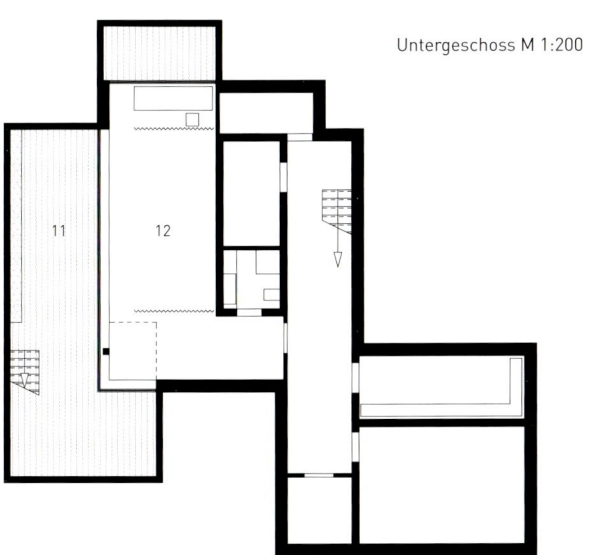

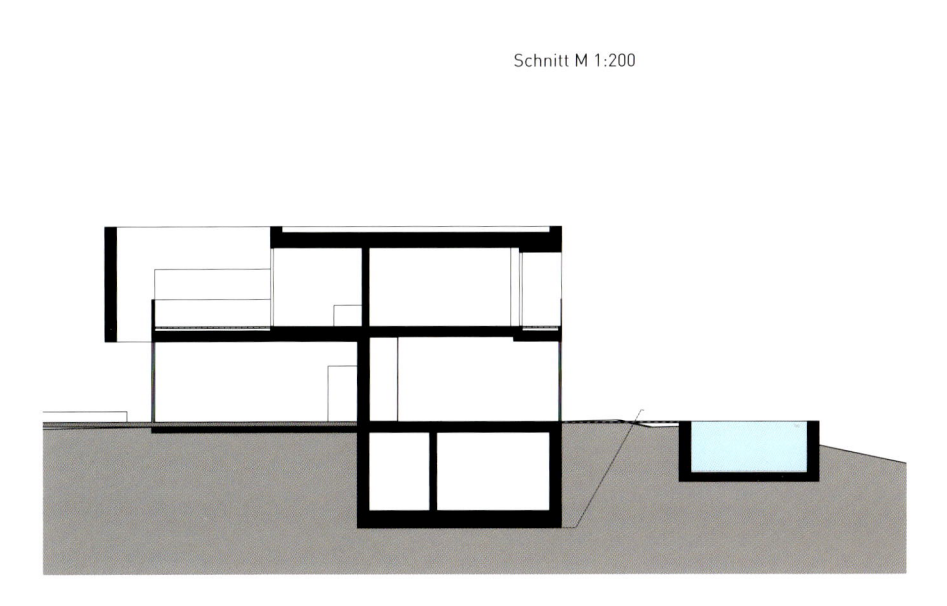

Untergeschoss M 1:200

Schnitt M 1:200

FÜNF HÄUSER BEI LUGANO

STUDIO MEYER E PIATTINI

Wie im letzten Jahr machen auch 2013 Architekten wieder Vorschläge, wie man die Nachteile des Einfamilienhauses – Flächenverbrauch, Zersiedelung und die ungünstige Ökonomie einzelner Baumaßnahmen – vermeiden kann. In diesem Fall entstanden fünf Häuser zusammen als kleines Quartier. Es liegt auf dem östlichen Hang der Collina d'Oro bei Lugano, nicht weit vom alten Dorfkern von Barbengo. Das Grundstück öffnet sich nach Süden und Norden mit guter Sicht auf die Berge. Hier waren früher Weinberge angelegt, darum zeigt das Gelände noch die typische Terrassierung des Rebenanbaus. Eine mäandrierende Betonwand zieht sich wie eine Kontur durch den Gebäudekomplex, bisweilen unterbrochen, mal als Hausfassade, mal als Stützmauer oder Abgrenzung der Außenbereiche. So bilden die fünf Häuser eine Einheit, obwohl sie auf unterschiedlichen Ebenen liegen und die Topografie des Geländes respektieren, das als gemeinschaftlicher Garten genutzt wird. Ein Teil wird wieder mit Reben kultiviert, um die Tradition der Landschaft aufzunehmen.

Die Wohneinheiten haben alle eine Fläche von 140 Quadratmetern und den gleichen Grundriss, weichen aber wegen der Himmelsrichtung im Ausbau geringfügig voneinander ab. Die Nutzflächen reichen über zwei Stockwerke, wobei Wohn-/Esszimmer und die offene Küche im Gartengeschoss liegen, darüber drei Schlafzimmer und das Bad. Jedes Haus verfügt über einen gepflasterten, mit einer Pergola überdachten Außenraum. Daran schließt ein Garten von unterschiedlicher Größe an. Außerdem gibt es zwei Autostellplätze.

Einfamilienhaus mal fünf. Dem Hangverlauf der ehemaligen Weinbergterrassen folgend bilden die Häuser ein eigenes einheitliches Quartier. Bauform und Materialien sind einfach, sie setzen die regionale Tradition mit abstrakten Kubaturen fort.

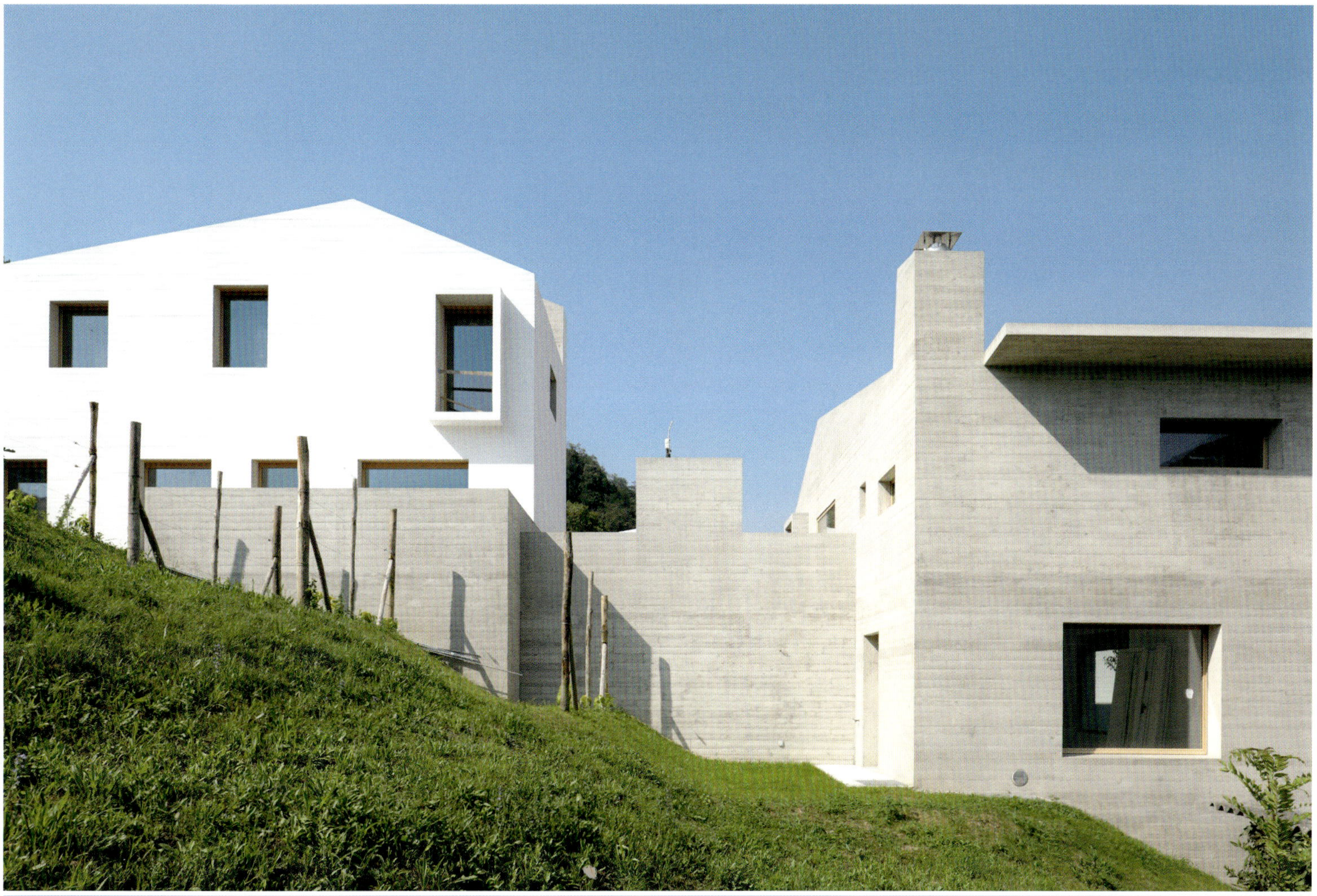

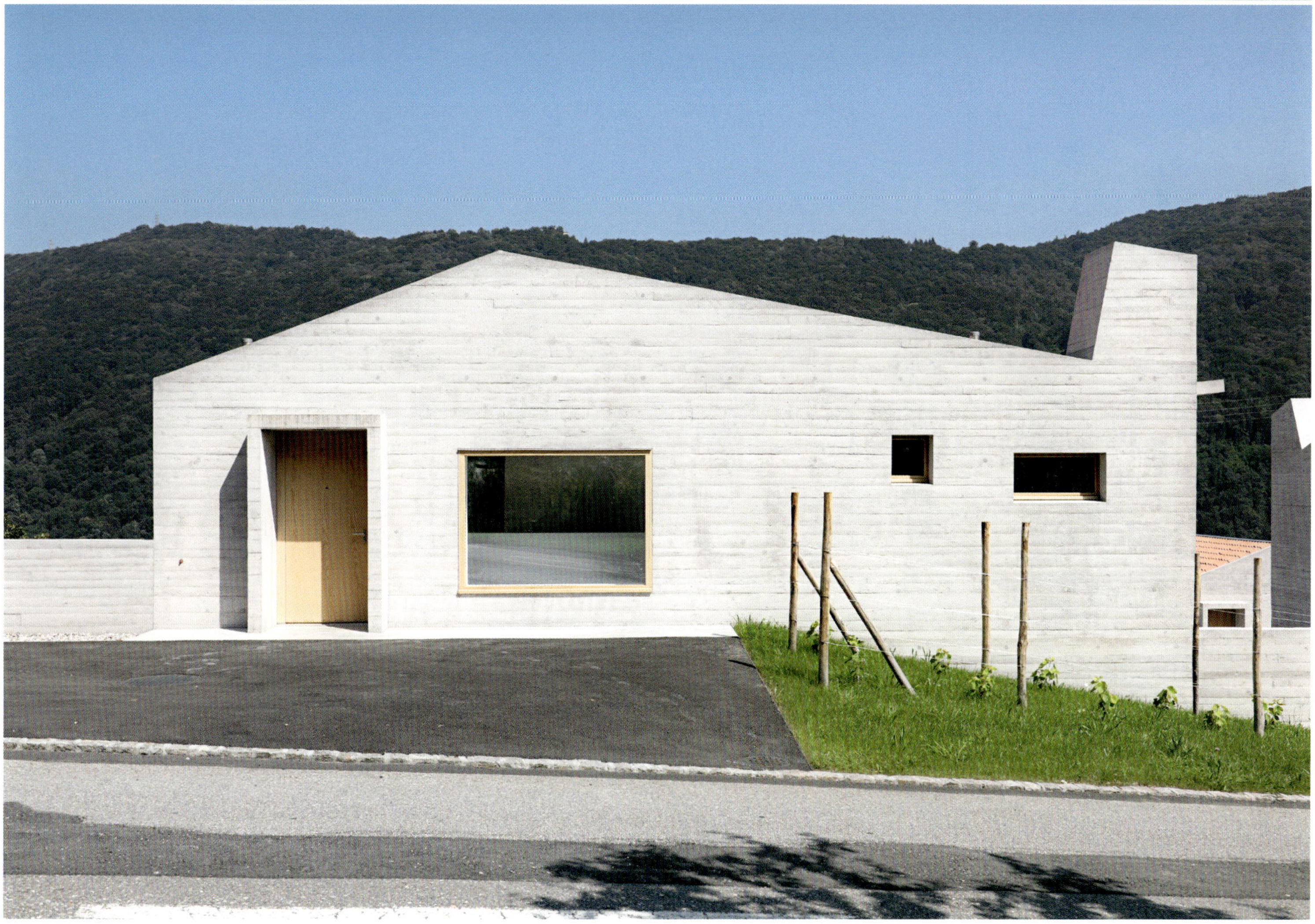

Die Außenwände und Gartenmauern sind einheitlich aus Sichtbeton hergestellt, die horizontale Brettschalung variiert in einer Breite von 10 bis 20 Zentimetern. Nach Osten und Süden ist diese Textur zusätzlich weiß getönt. Eine Hausecke wird jeweils vom Kamin des Wohnraums markiert. Auf die Innendämmung aus 18 Zentimetern Glaswolle folgt eine doppelte Gipskartonbeplankung. Die Holzfenster sind mit einer sprossenlosen Dreifachverglasung versehen, Wohn- und Schlafzimmer mit Holzrollläden ausgestattet. Das ziegeldeckte Satteldach ist aus verleimten Holzelementen errichtet, im Obergeschoss bleiben sie sichtbar.

Alle Häuser erreichen Minergie-Standard. Heizung und Lüftung sind an eine Wärmepumpe angeschlossen, auf der Carport-Überdachung sind Sonnenkollektoren montiert.

Hausfassaden, Stützmauern und Gartenabgrenzungen ziehen sich als verbindende Kontur durch die Wohnanlage.

Ganz oben: Durch Versatz und Drehung bleibt jedem Haus eine private Umgebung erhalten, außerdem der unverstellte Ausblick in die Berge.

Die horizontal schraffierten Betonwände sind zum Teil weiß geschlämmt, so ergeben sich Körper und Flächen.

Die Häuser sind auf zwei Ebenen kompakt organisiert. Die Grundrisse weichen je nach Himmelsrichtung geringfügig voneinander ab.

Auch im Innern setzen sich die Farben Weiß und Grau fort. Große Fensterflächen lassen viel Licht herein.

Lukas Meyer, Ira Piattini
Studio Meyer e Piattini, CH-Lamone

„Die fünf Häuser, die sich am Hang auf unterschiedlichen Ebenen befinden, bilden eine Einheit. Sie respektieren die Topografie des Gebiets und teilen sich eine Grundfläche, die als gemeinschaftlicher Garten gedacht ist."

1 Zugang
2 Schlafen
3 Bad
4 Kochen
5 Essen
6 Wohnen
7 Terrasse
8 Patio

Gebäudedaten

Grundstücksgröße: 1.752 m²

Wohnfläche: 700 m²

Zusätzliche Nutzfläche: 350 m²

Anzahl der Bewohner: 20

Bauweise: Beton

Primärenergiebedarf: 40,9 kWh/m²a

Baukosten gesamt: 4.762.200 CHF

Baukosten je m² Wohn- und Nutzfläche: 4.535 CHF

Fertigstellung: 2012

Erdgeschoss M 1:200

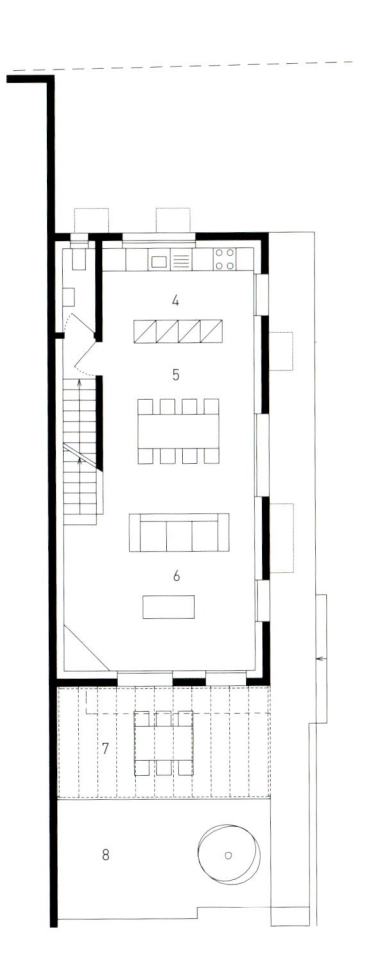

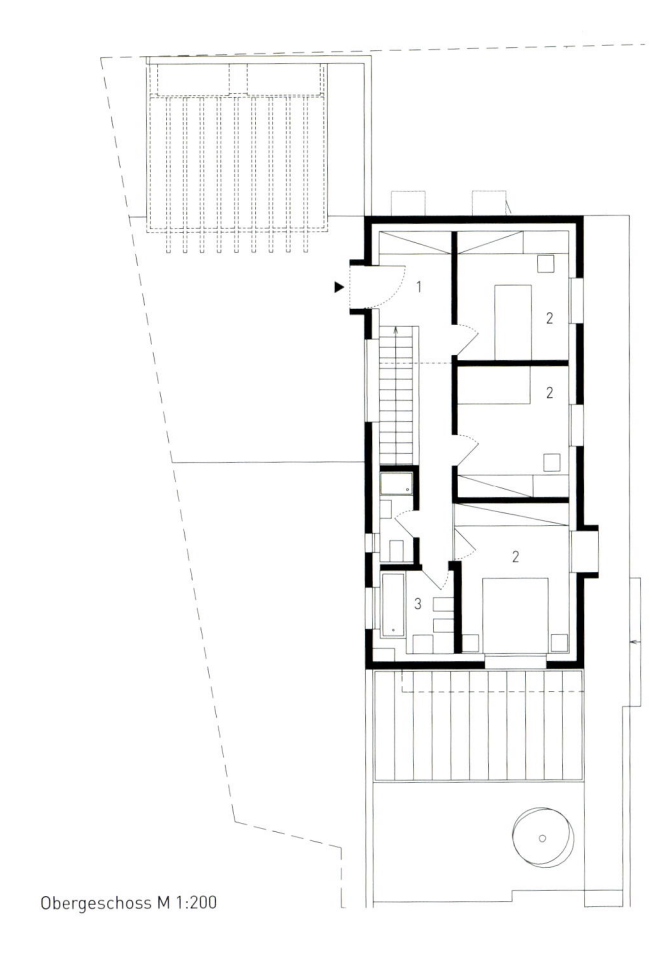

Obergeschoss M 1:200

Lageplan

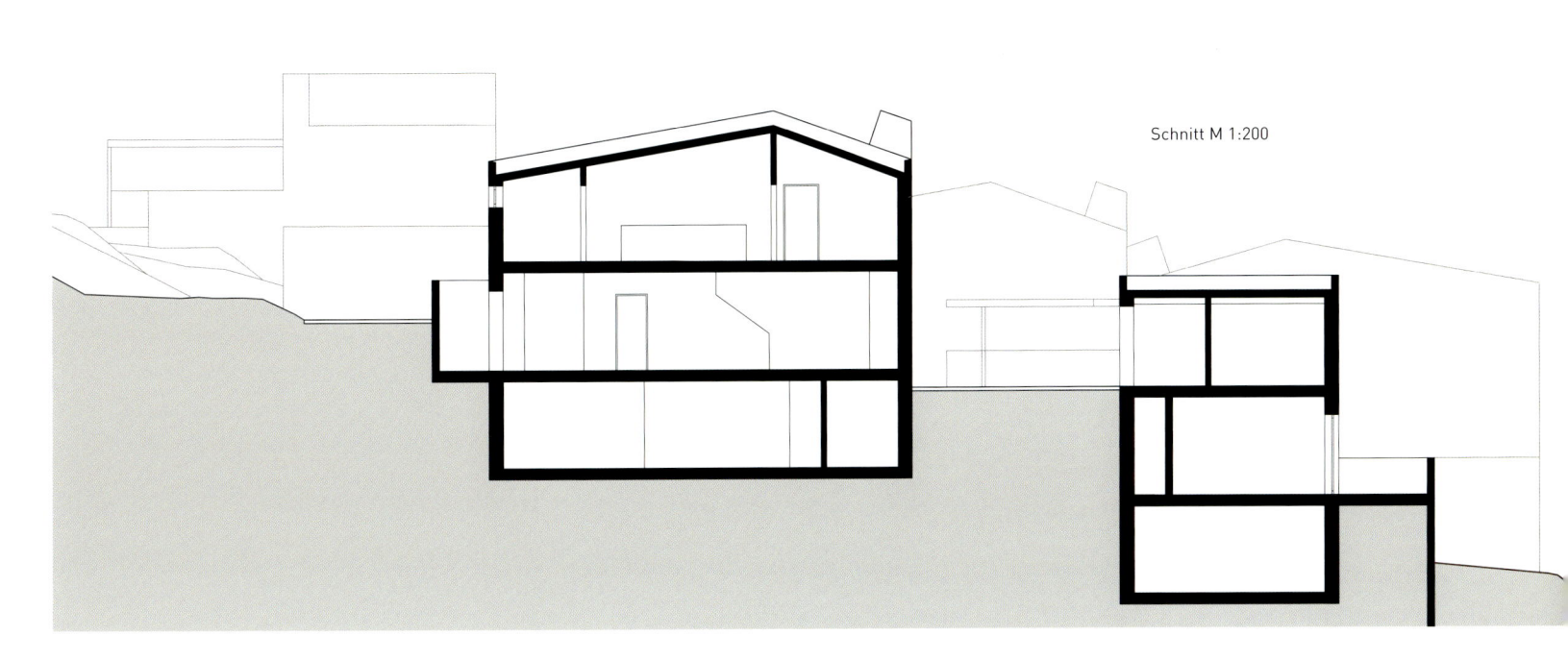

Schnitt M 1:200

EIN ZWEI-ZIMMER-APPARTEMENT IN MELLAU

SVEN MATT

Manchmal gibt es keine Alternative zum eigenen Haus: für die eigene Ruhe, die eigene Freiheit, die eigene Natur, die eigene Art. Selbst der enge Rahmen eines knappen Budgets konnte die Bauherrin von ihren Plänen nicht abbringen. Das erforderte höchste Konzentration auf das Nötigste und zu bald zwei Dritteln Eigenarbeit der Familie. So entstand dieses „Zwei-Zimmer-Appartement" in vorgefertigter Holzbauweise, eingeschossig, ohne Keller auf eine betonierte Bodenplatte gestellt.

Das Innenleben des kleinen, schwarz lasierten Hauses bietet über die ganze Haustiefe einen Wohn- und Lebensraum, dazu zwei weitere kleine Zimmer, eines privater angeschlossen, das andere vom Flur aus erreichbar. Direkt hinter dem Eingang liegt ein Kern für Haustechnik und Nasszelle. Nach draußen schaut man durch vier große Öffnungen, an jeder Außenwand eine. Je nach Funktion, Richtung und Umgebung reichen sie bis auf den Boden oder sind mit einer Brüstung abgesetzt, flach in die Fassade geschnitten oder tief eingekerbt: im Osten der Zugang, im Norden die Schlafräume, im Westen der private Austritt mit Blick in das sich weitende Tal, im Süden der Essplatz und ein kurzer Flur, hier kommt man den Nachbarhäusern am nächsten. Die Raumökonomie führte dazu, dienende Bauteile in die Wände zu integrieren, also Küchenzeile, Einbauschrank und einen kleinen Schreibplatz. Ebenso aufgenommen werden die Garderobe und ein Sitzplatz in der Rückwand der Nasszelle. Diese Nische ist mit Betonschaltafeln dunkel abgesetzt, als sollte man sich hier besonders konzentrieren und zurückziehen können, sonst dominiert Weißtanne die Innenräume. Die freien Flächen gestatten kleine Möbel.

Eingang, Flur und Funktionszellen besitzen die übliche Raumhöhe, Schlafzimmer und Wohnraum reichen bis unter das flach geneigte Dach, was eine verblüffende Großzügigkeit ergibt. Beheizt wird es über die Hackschnitzelheizung des Nachbarhauses; sie versorgt die Fußbodenheizung unter dem geschliffenen Zementestrich.

Unauffällig, bei Dämmerung nur wie ein Schatten, steht das mit schwarz lasierten Fichtenlatten verkleidete kleine Haus zwischen seinen Nachbarn.

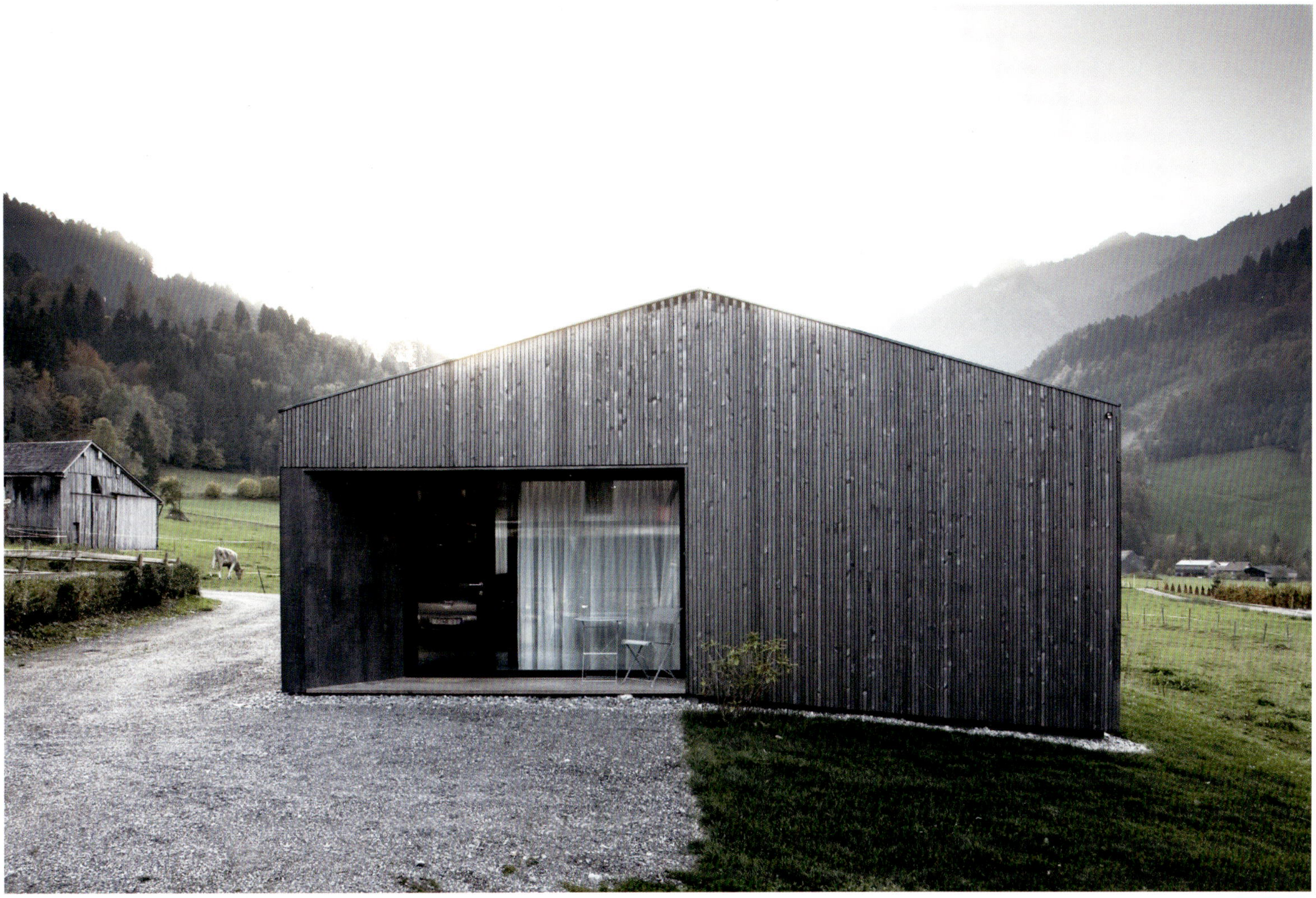

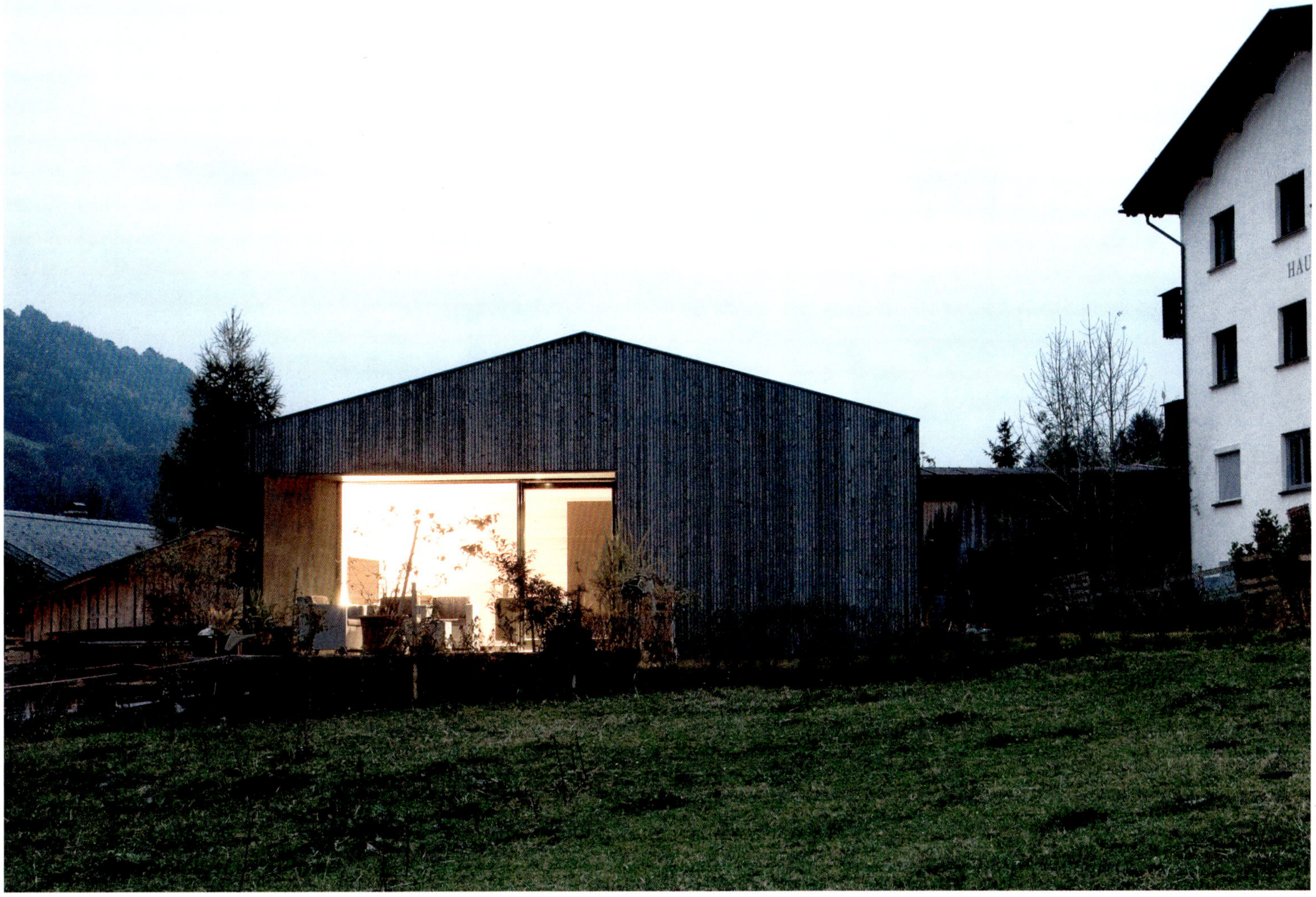

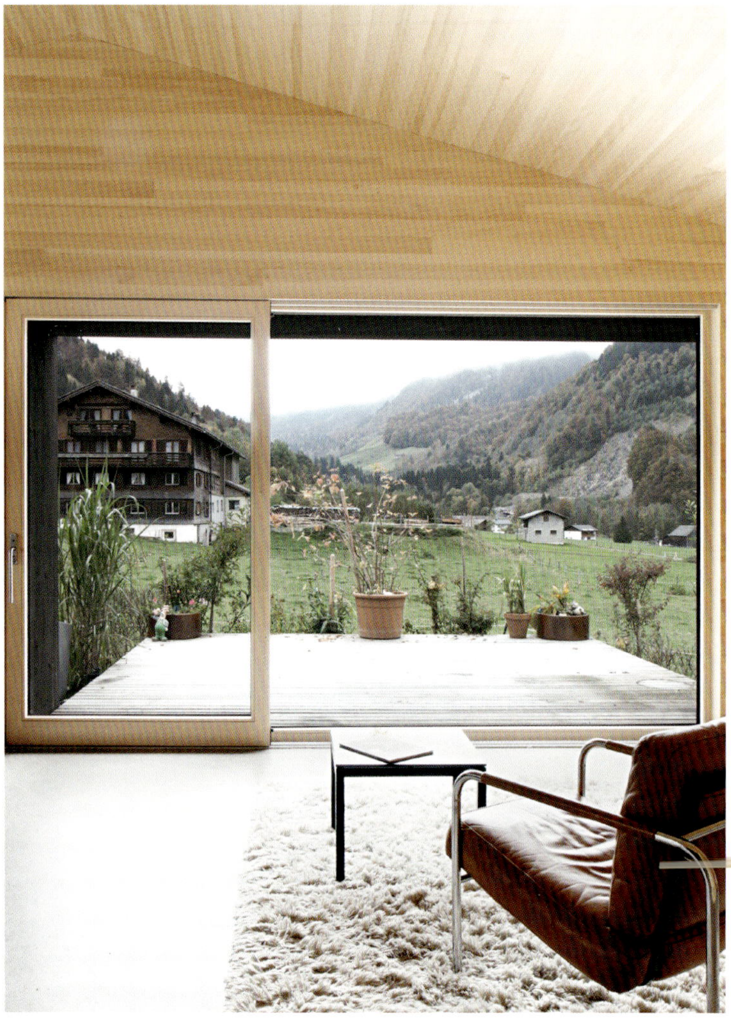
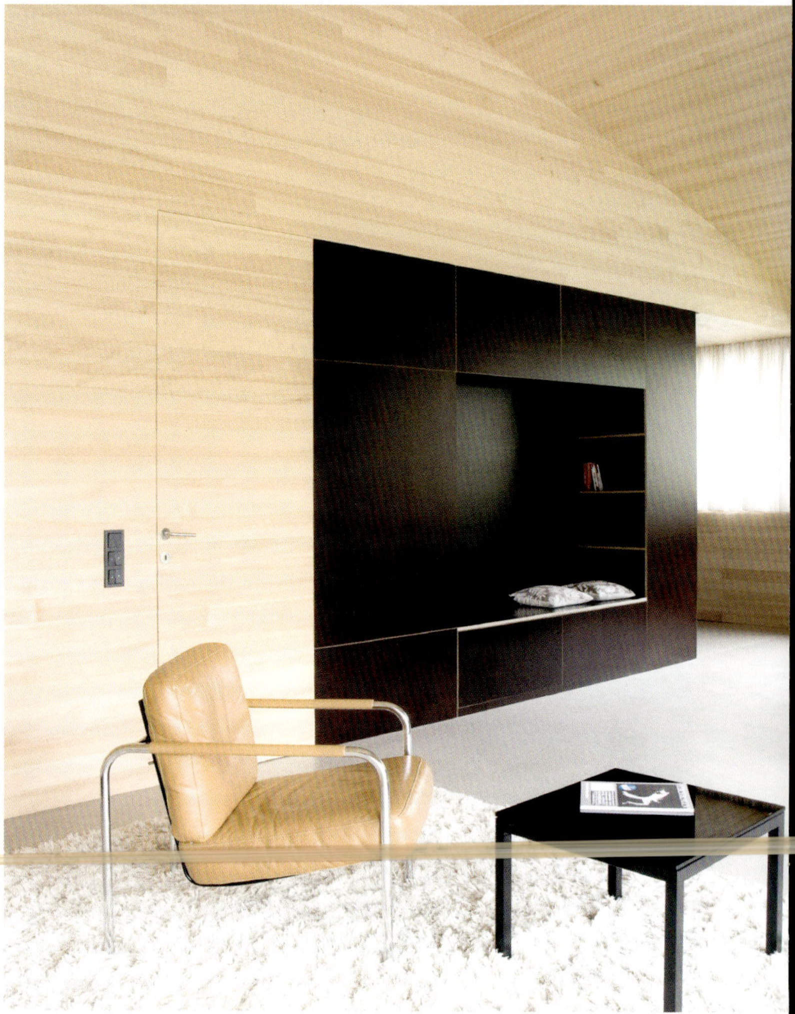
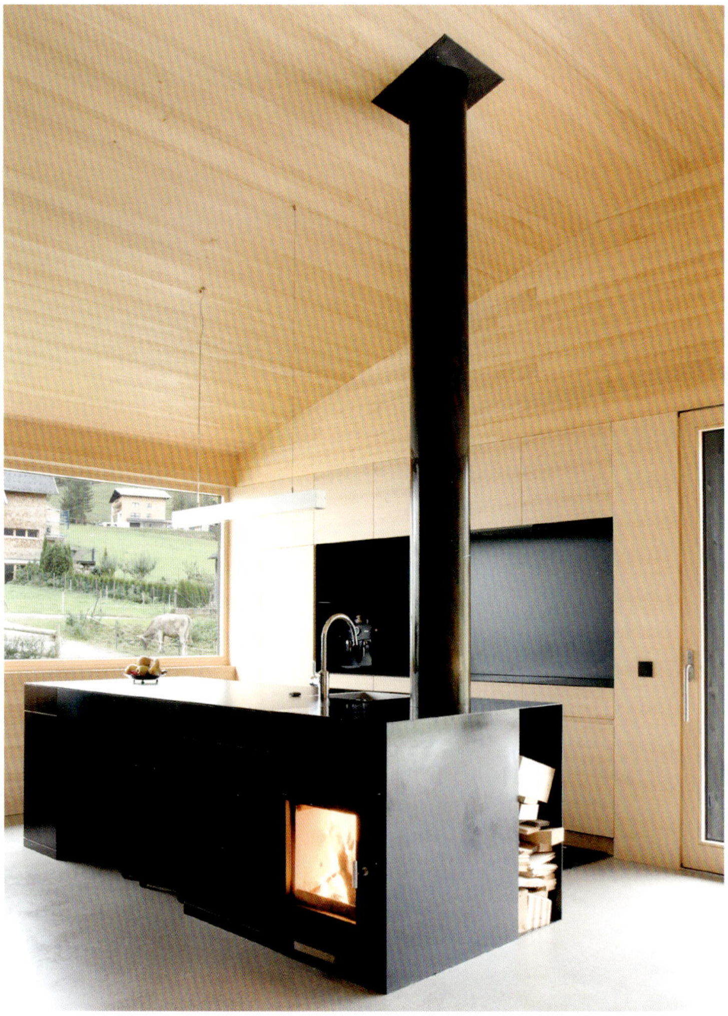
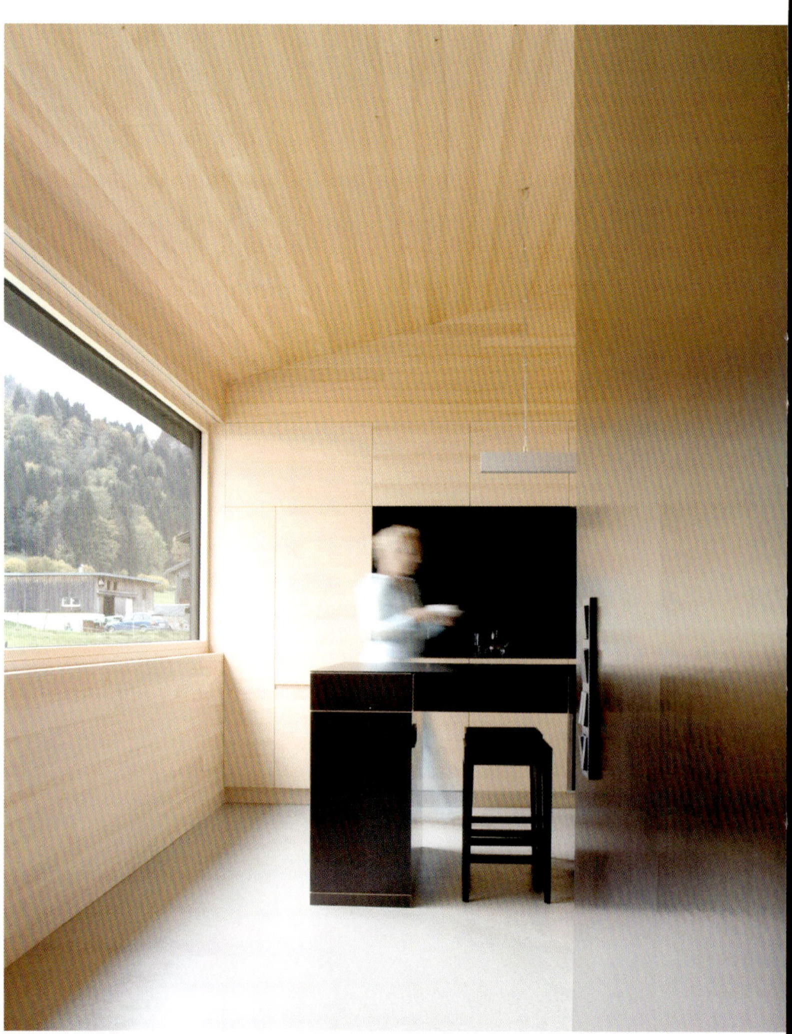

Innen trifft man auf das lichte Gegenbild, wenn man aus dem mit Weißtanne ausgeschlagenen Gebäude schaut. Hier der Blick über die Terrasse nach Westen in das weite Tal.

Konzentration auf das Nötigste: Auf der sparsamen Fläche darf nicht viel herumstehen. Drum sind Fächer, Schränke, Garderobe und sogar eine Sitznische in die Wände eingebaut.

Der bis unters Dach reichende Wohnraum wirkt mit seiner Appartement-Möblierung geräumig. Gegenüber der Sitznische steht ein esstisch-hoher Kaminofen.

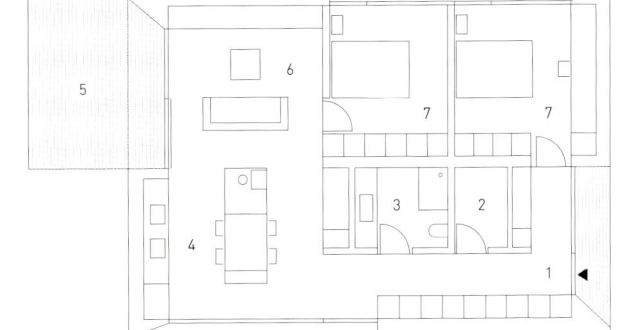

Erdgeschoss M 1:200

1 Zugang
2 Technik
3 Bad
4 Kochen/Essen
5 Terrasse
6 Wohnen
7 Schlafen

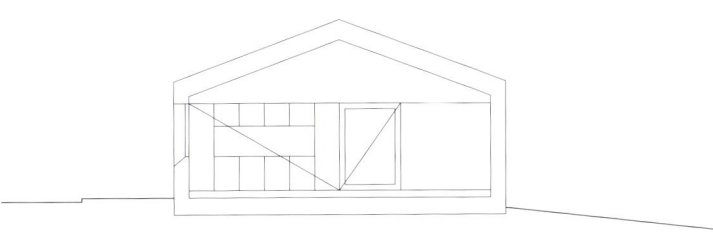

Schnitt M 1:200

Lageplan

Gebäudedaten

Grundstücksgröße: 300 m²

Wohnfläche: 90 m²

Anzahl der Bewohner: 1–2

Bauweise: Holzelementbau

Primärenergiebedarf: 35 kWh/m²a

Baukosten gesamt: 150.000 Euro (mit einem hohen Anteil an Eigenleistung)

Baukosten je m² Wohn- und Nutzfläche: 1.600 Euro

Fertigstellung: 06/2010

Sven Matt, A-Bezau

„Die eigene Ruhe, die eigene Freiheit, die eigene Natur, die eigene Art. Das war der Bauherrin wichtig, dem stand woanders immer etwas im Weg und dem ist sie mit diesem Haus näher gekommen."

EIN KLASSISCHES STEINHAUS IN MÜNCHEN-BOGENHAUSEN

PETRA UND PAUL KAHLFELDT ARCHITEKTEN

Ein Haus, dessen Grundrisse sich – auch durch die Art der Darstellung – wie ein Ornament einprägen. Und zusammen mit den Fotos als Bekenntnis gelten, dass es in der Baukunst keinen Fortschritt geben kann, sondern nur eine Entwicklung unseres Denkens. So steht dieses herrschaftliche Anwesen als Manifest gegen die zufällige Pluralität der Gegenwartsarchitektur, die von immer neuen Theorien gestützt wird und durch das Talent der Ingenieure Halt findet.

Dieses Haus wurde mit einer zweischaligen Fassade gebaut. Die äußere Hülle ist aus 14 Zentimeter dicken Crailsheimer Muschelkalk-Steinen geschichtet. Sie ist selbsttragend, lagert auf einem eigenen Fundament und wird nur am Dachrand einmal gesichert. Nach einer dünnen Luftschicht folgt eine Foamglas-Dämmung, das tragende Mauerwerk ist aus Kalksandsteinen errichtet. In die Öffnungen sind Eichenholzfenster oder -türen eingesetzt, oder sie sind als blinde Vertiefungen verschlossen und rhythmisieren nur die Fassade. Zum Garten löst sich das kastenartige Volumen in Stützen und Balken auf; sie bilden Loggien, Terrassen, Balkone oder umschreiben großzügig verglaste Räume. Jedes Material übernimmt die Funktion, die es leisten kann. Das umlaufende geneigte Dach aus Eifelschiefer endet an den seitlichen Terrassen, hier setzt sich die Schräge als senkrechte Außenwand fort, so dass die Gartenfront dreigeschossig erscheint. Auf dem Flachdach liegen Solarkollektoren, außerdem ist das ganze Spektrum zeitgenössischer Energiespartechnik installiert, die Fußbodenheizung und Kühldecken versorgt.

Den Haupteingang markiert ein Portal mit kantigen Pfeilern und schwerem Architrav, was Einladung, Schutz und Privatheit bedeuten kann. Außerdem gibt es an den Schmalseiten jeweils einen Zugang für die Anlieferung und zum Garten. Gleichartige Räume, die sich emblematisch um eine zentrale Halle ordnen, stehen als Salons für das gesellschaftliche Leben zur Verfügung. Im Obergeschoss liegen Schlafräume, jeweils mit Ankleiden und Bädern ergänzt.

In der Gartenansicht löst sich das schatullenartige Gebäude in offene Strukturen auf. Balkone, Terrassen und Loggien nähern sich dem von großen Bäumen gesäumten Garten.

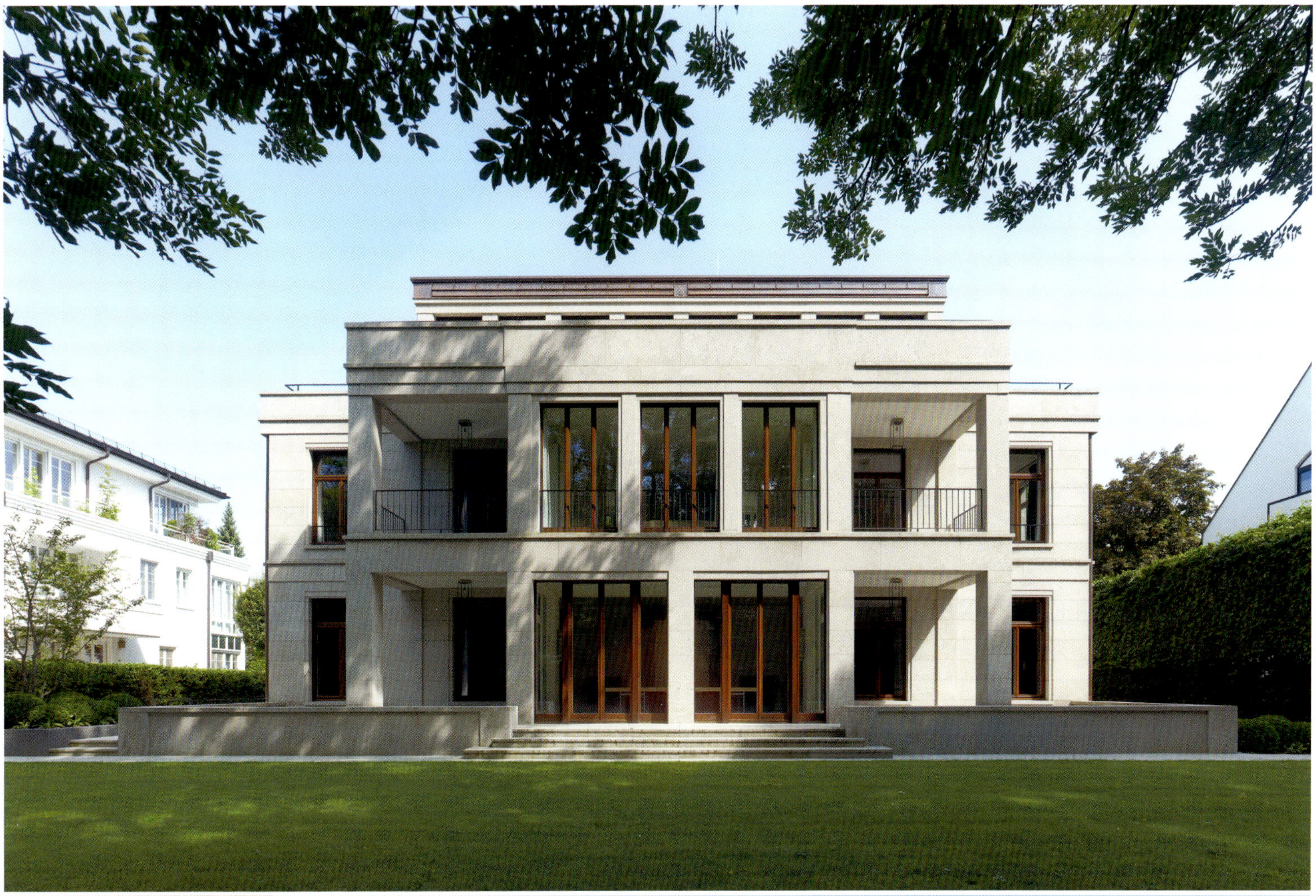

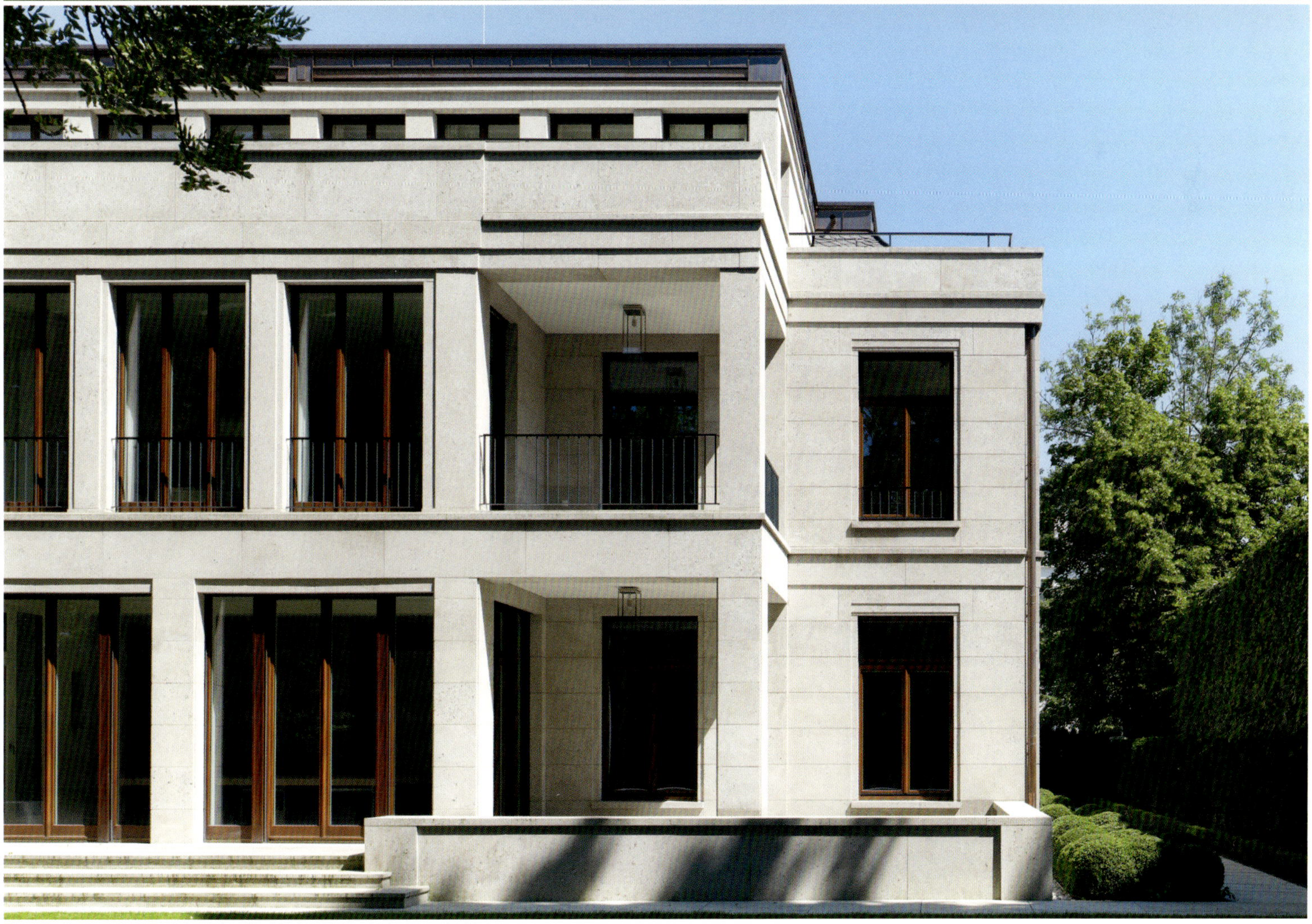

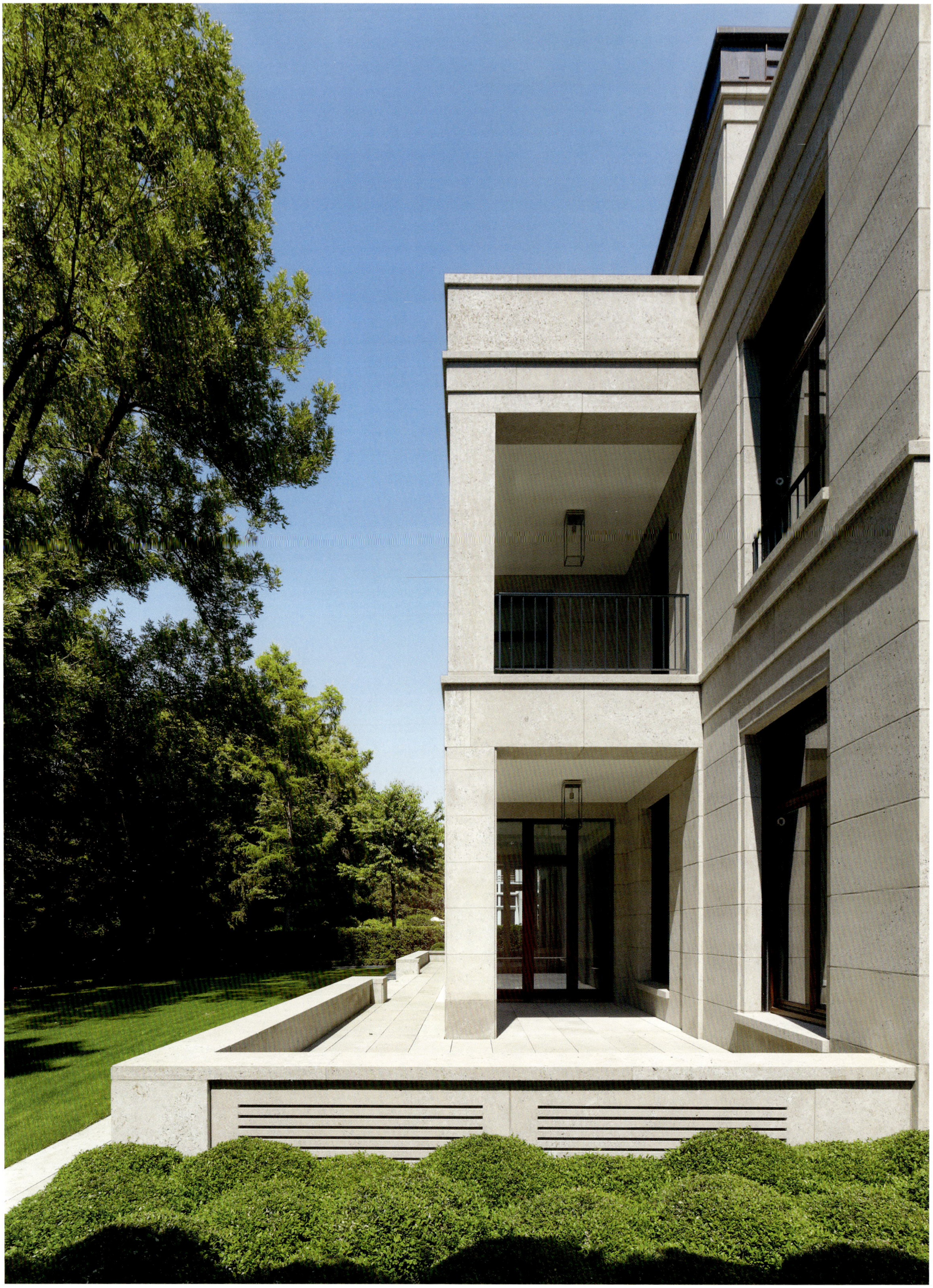

Linke Seite: Zwischen den seitlichen Loggien schiebt sich der Wohnraum wie ein Wintergarten in das parkartige Grundstück.

Die Eingangsseite wirkt hermetisch. Die Öffnungen lassen ihre Bedeutung deutlich erkennen.

Unten links: An den Flanken liegen untergeordnete Zugänge, um dem Garten zu versorgen oder Waren anzuliefern.

Unten Mitte: Wieder entdeckt, das Blindfenster als Gliederungselement der Fassade. Der Muschelkalk überzieht alle Fassaden mit einer ruhigen Textur.

Das architektonische Konzept des Hauses, die Fassade aus Stein, lässt sich überall spüren. Alle gliedernden Profile und Gesimse sind aus dem Block gearbeitet und bilden so ein homogenes Materialgefüge. Die ruhige Textur des Muschelkalks verbindet die Teile zu einem Ganzen von strenger, herber Einfachheit.

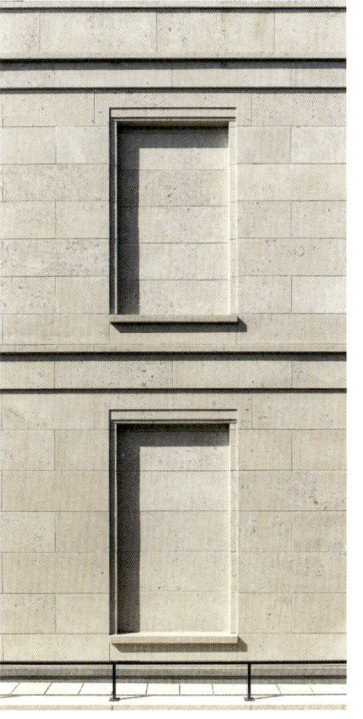

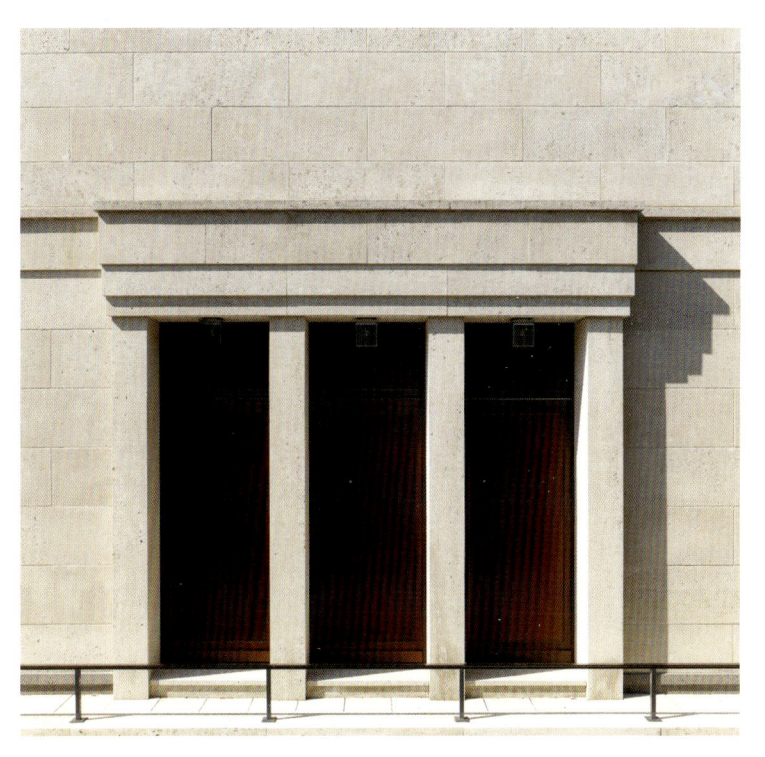

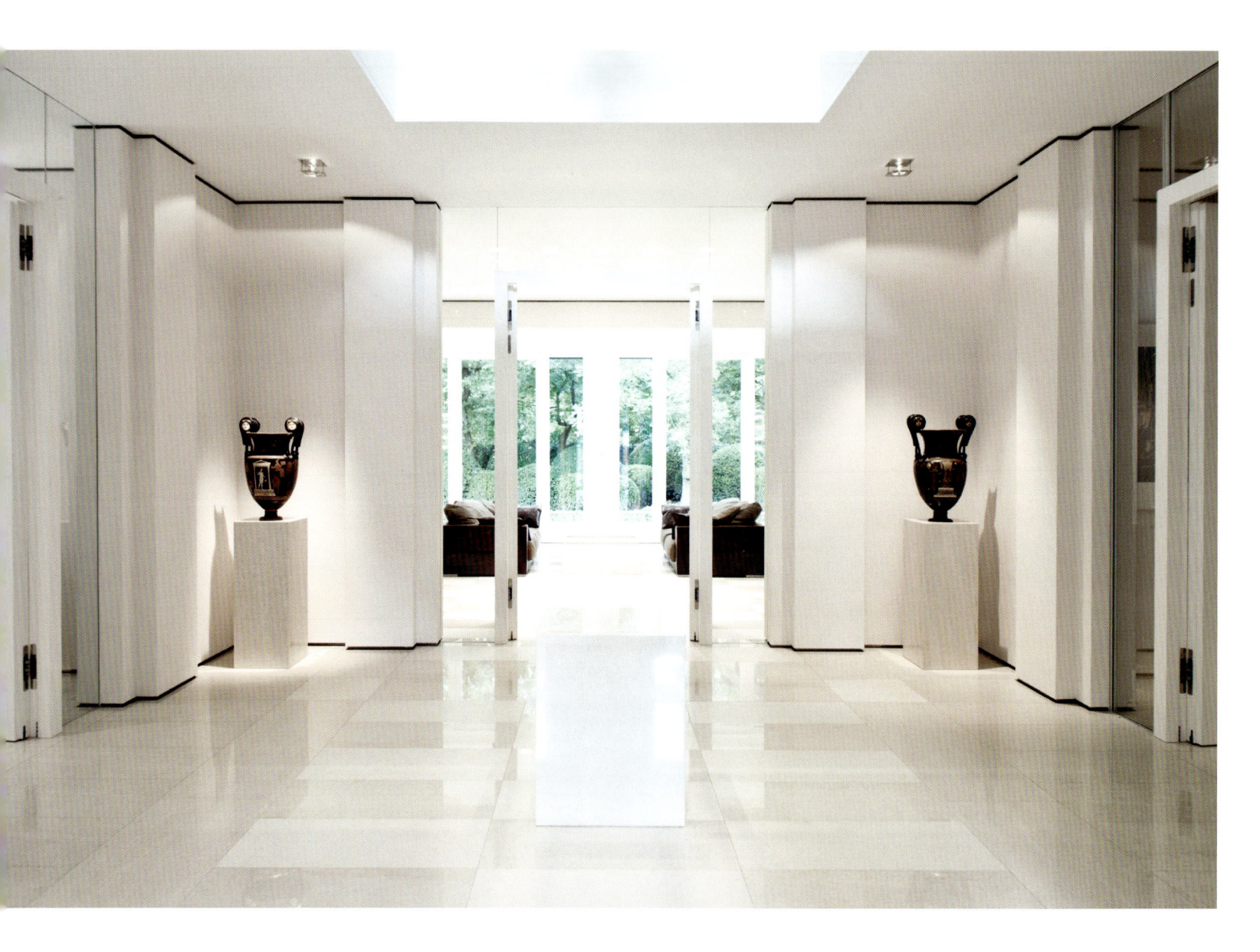

Wohnhalle mit Sitzgruppe zum Garten: Das Erdgeschoss verfügt über Aufenthaltsräume, für die das altmodische Wort „Salon" wieder angebracht ist.

Rechts: Kleine Bar für den Zwischenstopp.

Erdgeschoss M 1:250

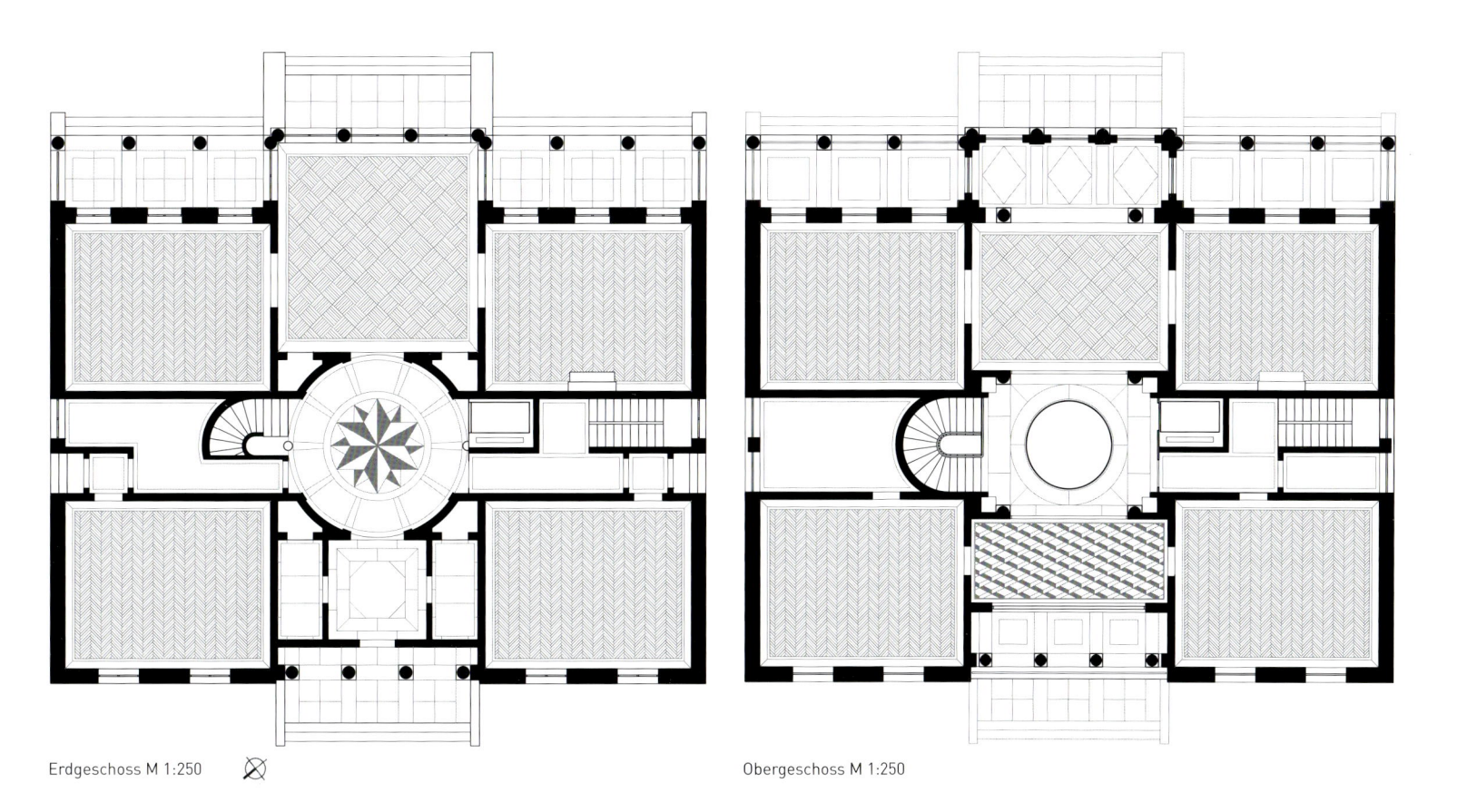

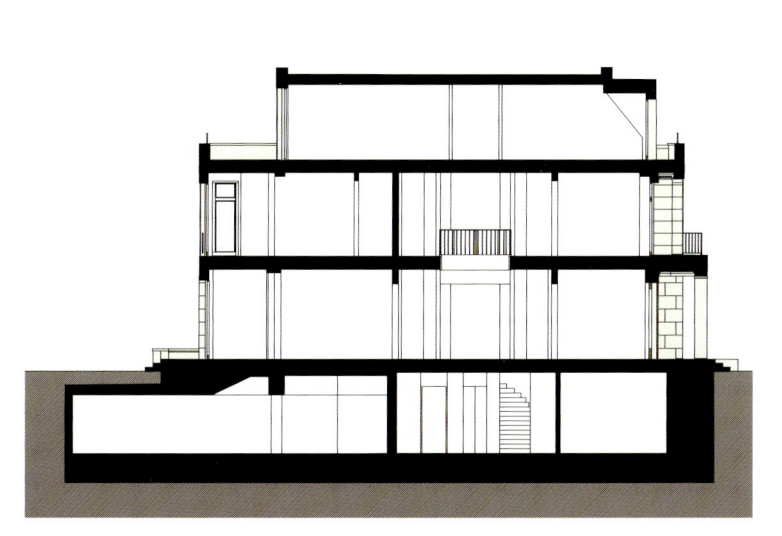

Obergeschoss M 1:250

Schnitt ohne Maßstab

Lageplan

Gebäudedaten

Grundstücksgröße: 1.519 m²

Wohnfläche: 707 m²

Zusätzliche Nutzfläche: 100 m²

Anzahl der Bewohner: 3

Bauweise: massiv

Fertigstellung: 08/2012

Paul und Petra Kahlfeldt, D-Berlin

„Gute Architektur macht viel Arbeit."

ERWEITERUNG EINER GARTENVILLA IN BERGISCH GLADBACH

BACHMANN BADIE ARCHITEKTEN

Eine reizvolle Aufgabe ist es, sich mit der Architektur der sogenannten Nierentischzeit auseinanderzusetzen und sie nicht nur formal weiterzuspinnen, sondern in der Fortentwicklung auch heutige Wohnansprüche und einen akzeptablen Energieverbrauch zu erreichen.

Diese Villa aus dem Jahr 1958 wurde kernsaniert und an der südwestlichen Giebelseite um einen zur Straße hervortretenden Anbau erweitert. Die Ergänzung nimmt die prägende Formensprache des Altbaus auf: mit der Dachkontur, der großzügigen Glasfassade, hinter der ein neuer Wohnraum liegt, den schräg ausgestellten Pfeilern und den gefächerten filigranen Geländern, die auch beim Altbau entsprechend erneuert wurden.

Einen wichtigen Beitrag zur Sanierung bedeutete die Verbesserung der Wärmedämmung. Da man mit einer alles überziehenden „Thermohaut" die schlanken Vorsprünge und auskragenden Terrassen zerstört hätte, nutzte man andere Möglichkeiten der energetischen Optimierung wie den Austausch der Fenster und der Heizungsanlage. Besondere Sorgfalt wurde auf den neuen Blickfang des Hauses, den pavillonartigen neuen Vorbau gelegt. Die in das Hanggeschoss reichende Garage ist mit lackierten Holzpaneelen im Takt der darüber liegenden Fensterpfosten verkleidet. Darauf wiederholen sich gespiegelt die gespreizten Brüstungsgitter.

Man erreicht das Haus über die neue Außentreppe entlang des Neubaus. Hier empfängt zur Linken eine weite Diele mit einer schwungvollen Treppe, wie man sie heute leider nicht mehr bauen würde. Dahinter liegt ein Wohnbereich mit neuem Kamin, Essplatz und Küchenabteil, im neuen Haus sind ein weiteres Wohnzimmer und zwei

Die Fünfzigerjahre, kongenial weiterinterpretiert: der Neubau nimmt die Formensprache ungeniert auf und setzt sie, verglichen mit dem Bestandsbau, ein wenig verklärt fort.

Das profane Garagentor wird durch das feine Plissee, das von der gefächerten Brüstung bekrönt wird, zu einer vornehmen Robe.

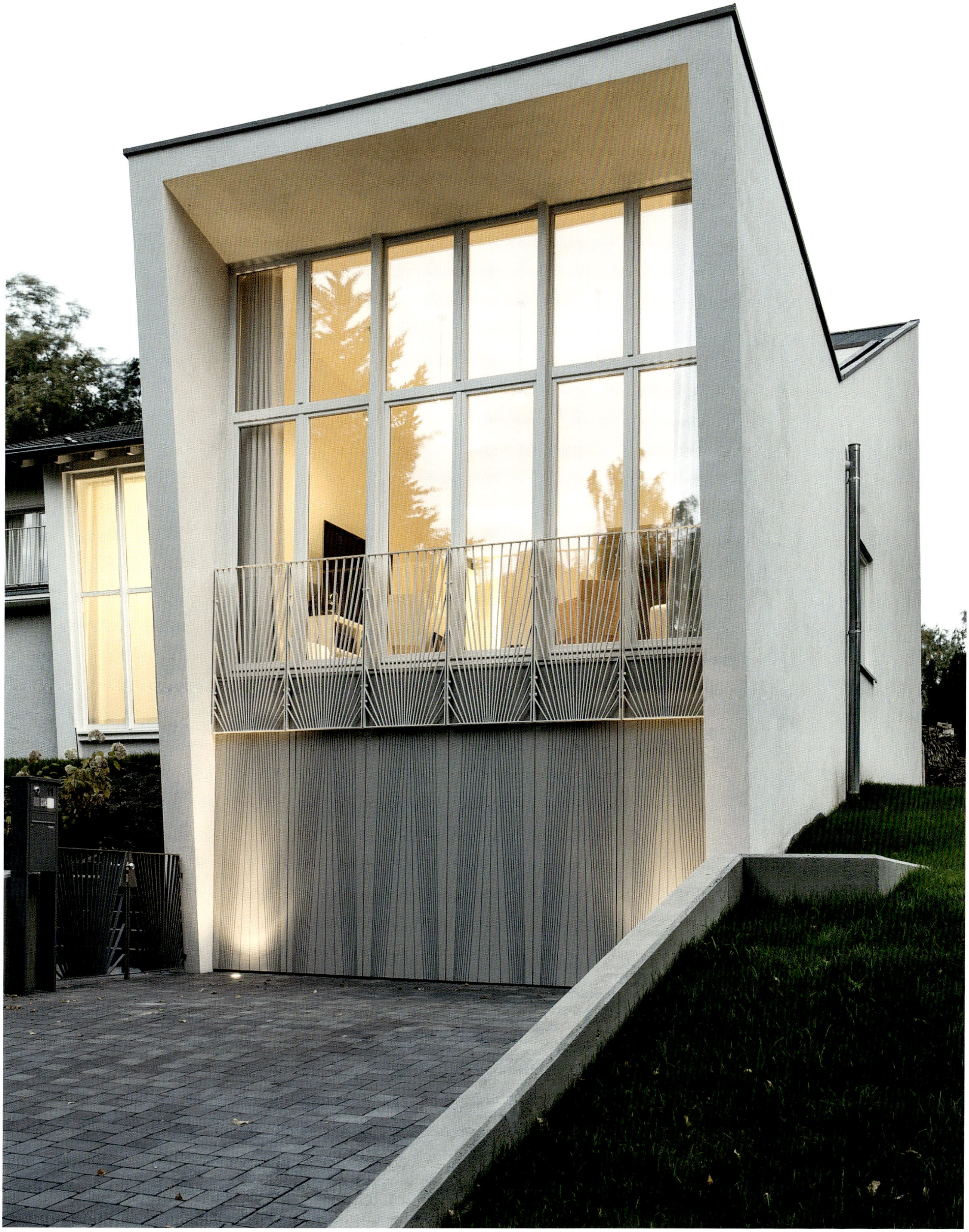

Arbeitsräume eingerichtet, wovon sich einer mit einer internen Treppe nach unten fortsetzt und dank eigenem Bad auch als Gästewohnung dienen könnte.

Im Obergeschoss kann man von einer Galerie auf die Diele zurückblicken. Hier versammeln sich drei Schlafzimmer und ein Bad mit Sauna. Die besondere Attraktion ist eine uneinsehbare Terrasse, die am Tiefpunkt hinter dem neuen Schmetterlingsdach eingeschnitten ist. In dieser „Wellnessloggia" lässt sich die ganze Architektur genießen, deren Charme – frisch wie nie zuvor – herauspräpariert wurde.

Roosbeh Badie, Andrea Bachmann
Bachmann Badie Architekten, D-Köln
„Die Form des Anbaus passt sich an die Dachform des Bestandsgebäudes an und nimmt die Themen der prägenden Elemente des Fünfzigerjahre-Hauses auf."

Gebäudedaten

Grundstücksgröße: 900 m²

Wohnfläche: 310 m²

Zusätzliche Nutzfläche: 105 m²

Anzahl der Bewohner: 4

Bauweise: Bestandsgebäude und Keller: massiv; Neubau: Holz

Primärenergiebedarf: 81 kWh/m²a

Baukosten gesamt: 470.000 Euro

Baukosten je m² Wohn- und Nutzfläche: 1.132 Euro

Fertigstellung: 2012

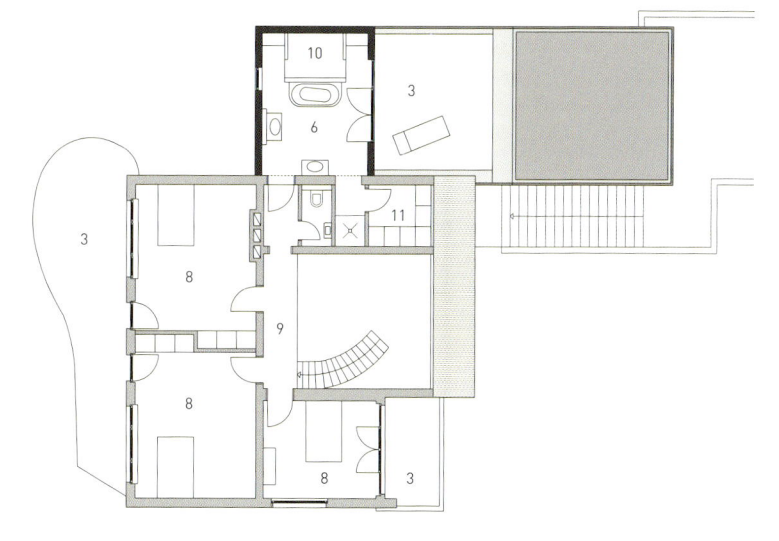

Obergeschoss M 1:250

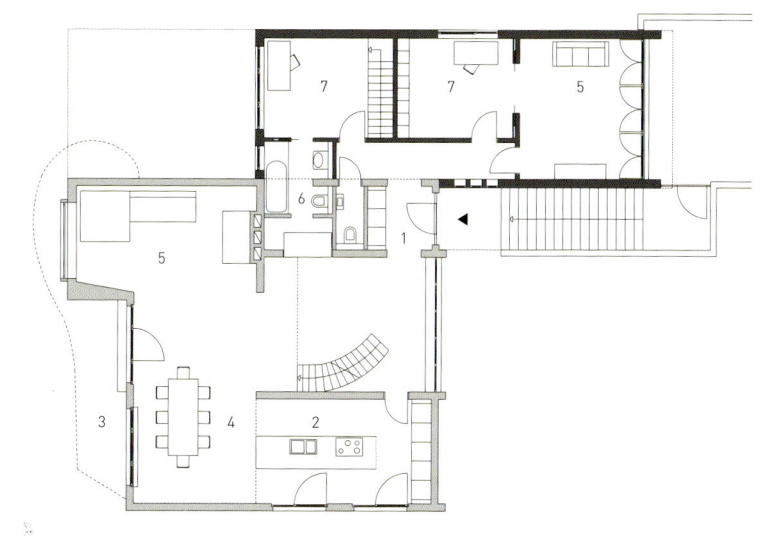

Erdgeschoss M 1:250

1 Zugang
2 Kochen
3 Terrasse
4 Essen
5 Wohnen
6 Bad
7 Arbeiten
8 Schlafen
9 Galerie
10 Sauna
11 Ankleide
12 Keller
13 Waschküche
14 Technik
15 Garage
16 Lager

Oben links: Schwungvoll geht es auch zur Gartenseite zu. Akademisch ist die Spurensicherung: was ist original, was nachempfunden?

Oben rechts: Die schrägen frühen Jahre. Von hier wirkt die Erweiterung mit den drei Fensterstreifen beinahe wie eine Kapelle. Hinter der Dachbrüstung verbirgt sich der Freisitz der Sauna.

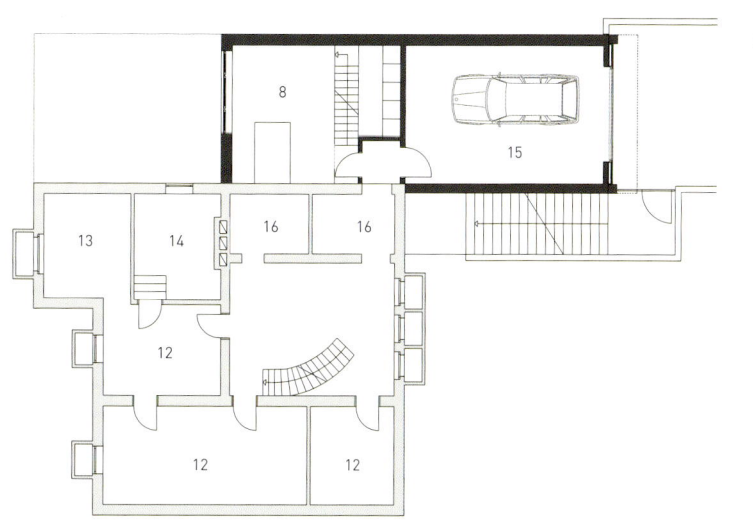

Der Wohnraum erhielt einen neuen Kamin. Das wandbündige Aquarium ragt in das Badezimmer.

Die helle Diele holte schon 1958 Übersichtlichkeit ins Haus. Nach oben geht's mit der raumgreifenden Treppenkurve.

Untergeschoss M 1:250

Schnitt M 1:250

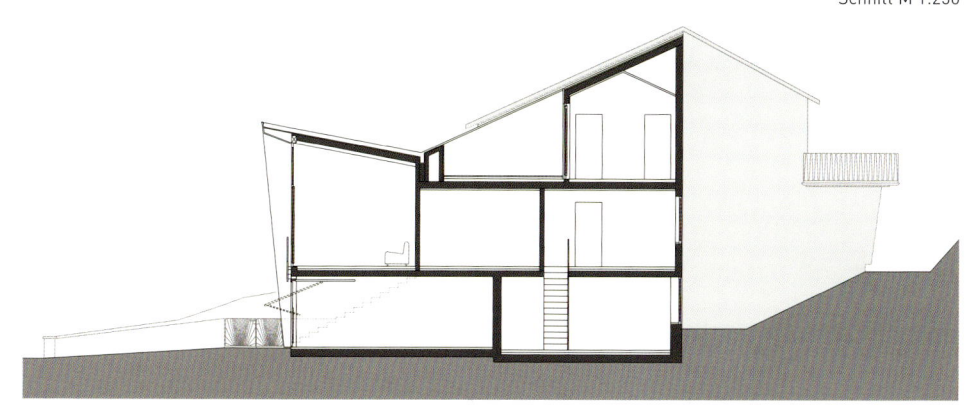

Lageplan

STADTHAUS IN BERELDANGE

DENZER & POENSGEN

Der Lageplan verrät es: Nachbarn ringsum! Das Haus in der westlichen Stadtrandlage Luxemburgs wird so zwar vor Verkehrslärm geschützt, auf einem Hammergrundstück in der zweiten Reihe ist das schmale Passepartout seiner verbleibenden Freiflächen aber allen Einblicken ausgesetzt.

Die Größe des nur eingeschossig genehmigten Gebäudes entspricht den Häusern der Umgebung. Das große Raumprogramm war deshalb nur durch ein komplettes Geschoss unterhalb des Geländeniveaus möglich. Die dazu nötigen Innenhöfe kommen gleichzeitig einer introvertierten, fast hermetischen Bauweise zugute, die das Haus jeder Neugierde von außen entzieht.

Zum bestimmenden Thema wurde deshalb die Lichtführung. Durch den zurückgesetzten Eingang in der fensterlosen Südfront betritt man das Gebäude, empfangen durch ein lichtdurchflutetes Atrium, das die räumliche Mitte bildet. Das Licht führt durch das Haus entlang dieses als Steingarten angelegten Innenhofs. Das Material der Wände und Böden entspricht den Außenmauern: Gilsdorfer Sandstein, das ortstypische Material. Außen wird er roh und unbehandelt verwendet, innen geschliffen und veredelt. Die Erschließung erinnert an die Typologie des Kreuzgangs. Büro, Schlafraum und Bad an der Westseite, im Norden der Wohnraum, der durch eine Kaminwand vom Essplatz mit offener Küche abgetrennt wird. Himmelsrichtungen spielen dabei weniger eine Rolle, da mit wenigen Ausnahmen die Belichtung indirekt über das Atrium, zwei weitere Innenhöfe und ein langes Oberlicht erfolgt. Garage und Nebenräume sind ebenfalls in das oblonge Hausgeviert einbezogen.

Die Öffnungen bringen Tageslicht bis auf die darunter liegende Ebene. Eine große einläufige Treppe entlang des Atriums führt ins Unterge-

Eine feste Burg: Verschlossen und unnahbar behält das Haus an der Eingangsseite alle Geheimnisse für sich. Die Außenwände sind 50 Zentimeter dick. Belichtet wird es fast nur indirekt über Lichthöfe.

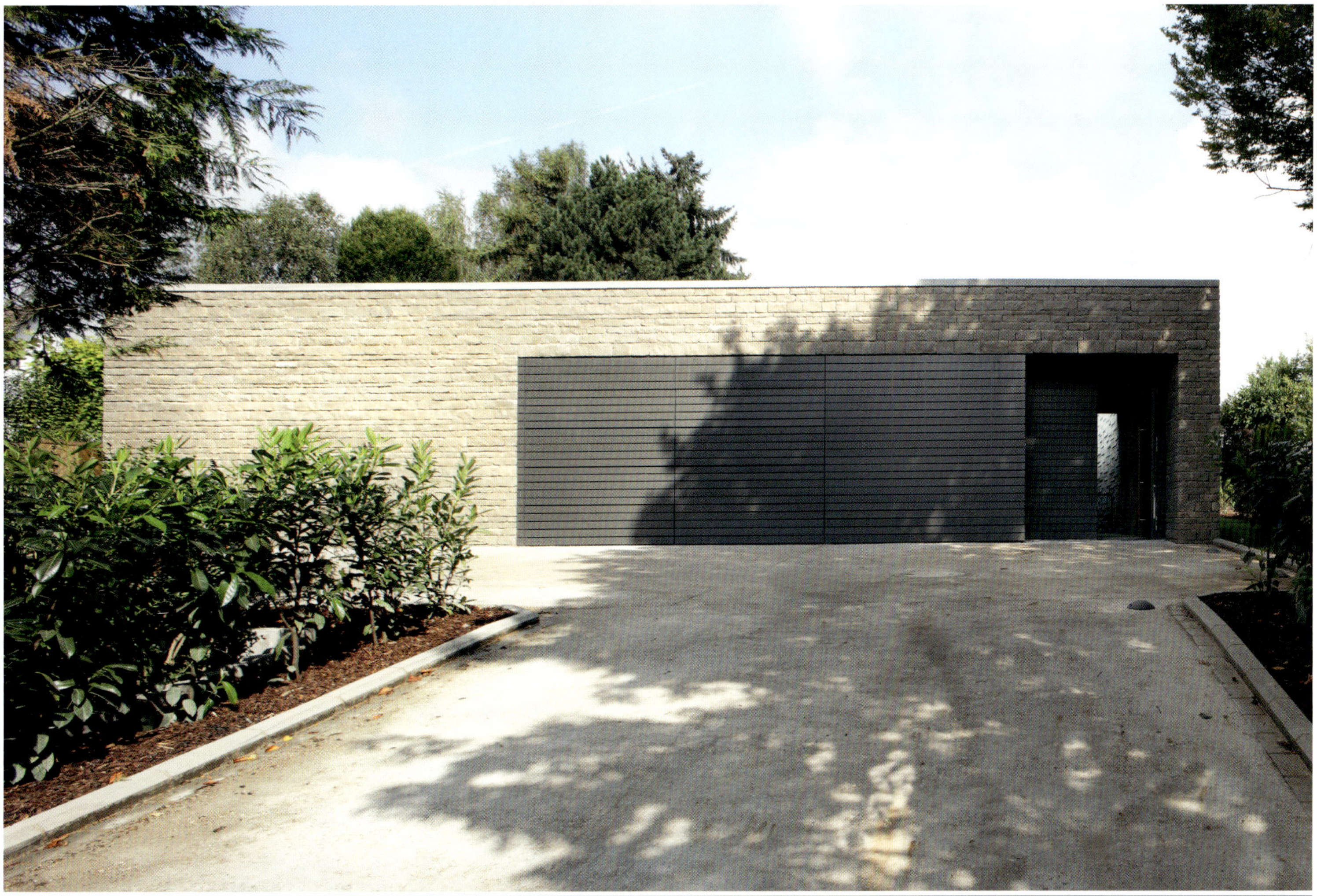

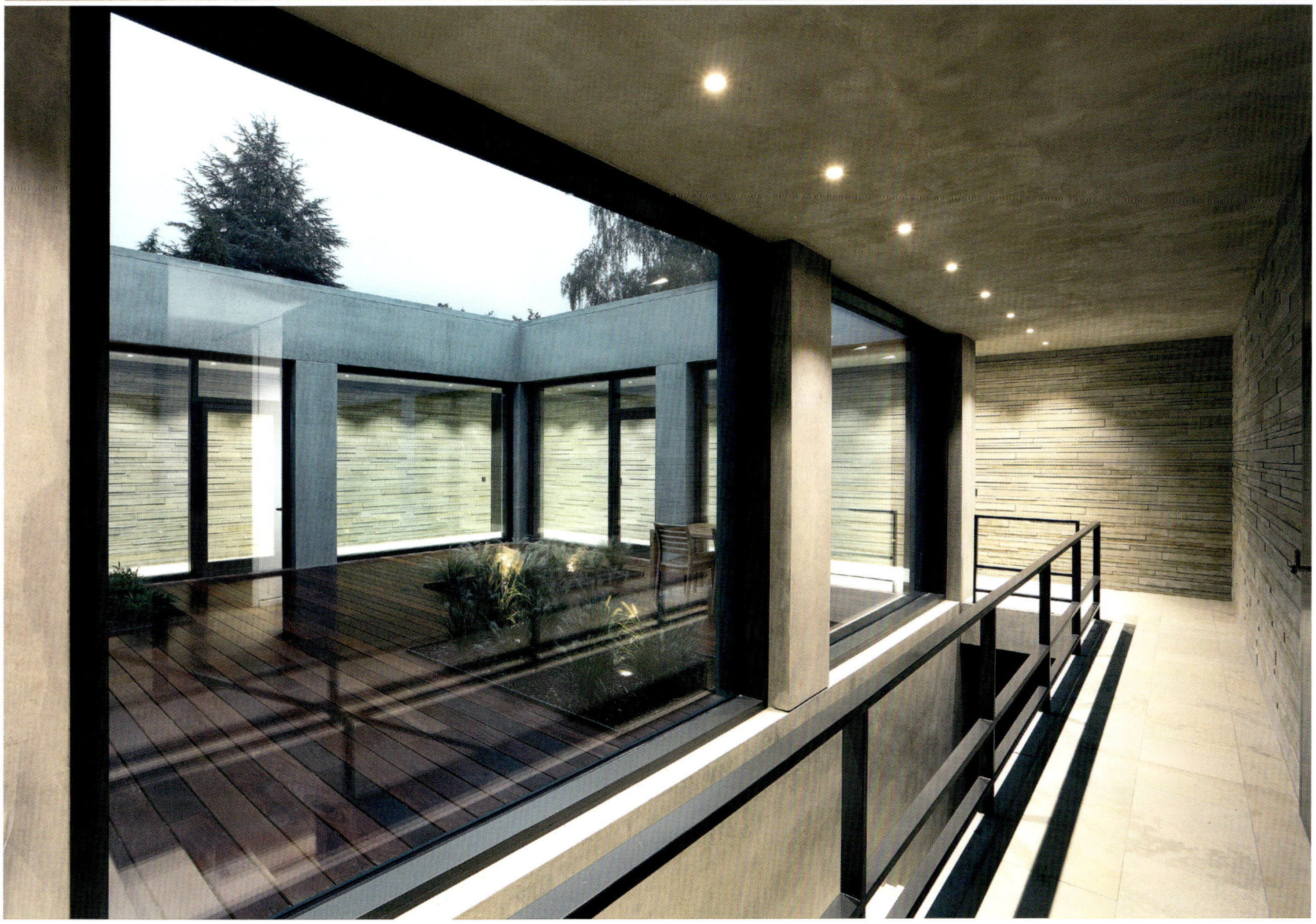

Statt in Nachbars Garten schaut man aus dem Wohnzimmer in das begrenzte Geviert des eigenen Hofraums.

Wellness und Ruhe. Hier lenkt nichts ab. Der Baum holt den Garten beispielhaft ins Untergeschoss.

Rechts unten: Über das Dachoberlichts fällt Tageslicht bis in die Weinbar im Souterrain.

schoss. Hier wartet ein großer Wellnessbereich mit Sauna, Dampfbad, Turngeräten und Ruhezone, angelegt um den bis in die Tiefe reichenden Lichthof des Wohnraums. Ein besonderer Ort ist die unterhalb des Oberlicht-Luftraums eingerichtete Weinbar. Dieser Bereich wird durch das von Süden ankommende Streiflicht erhellt. Ein Gästezimmer erhält Licht durch den kleinen Hof, dem man schon neben dem oberen Schlafraum begegnet ist. Selbst die Flure im Untergeschoss führen ins Helle, sodass kein Eindruck des Eingeschlossenseins entsteht. Man muss sich erst daran erinnern, dass man sich unter der Erde befindet.

Das Haus als „Stadtbaustein" mit „öffentlichen und privaten" Bereichen, Innen- und Außenräumen, hellen und dunklen Zonen versteht sich als Analogie zu einer Idealstadt.

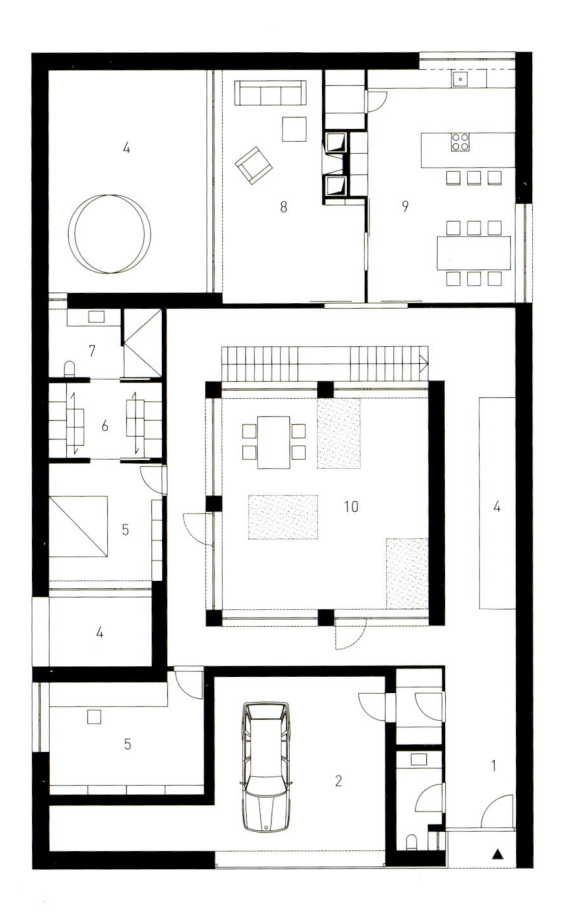

Erdgeschoss M 1:250

1 Zugang
2 Garage
3 Arbeiten
4 Luftraum
5 Schlafen
6 Ankleide
7 Bad
8 Wohnen
9 Kochen/Essen
10 Hof
11 Wellnesshof
12 Wellness
13 Ankleide
14 Lichthof
15 Lager
16 Technik
17 Weinbar
18 Weinkeller

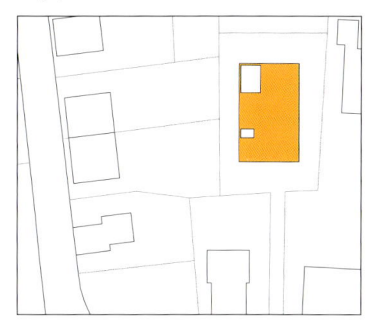

Lageplan

Gebäudedaten

Grundstücksgröße: 1.162 m²

Wohnfläche: 440 m²

Zusätzliche Nutzfläche: 175 m²

inkl. Garage und Innenhöfe

Bauweise: Konventionelle zweischalige Bauweise

Primärenergiebedarf: 63,3 kWh/m²a

Baubeginn: 04/2011

Fertigstellung: 09/2012

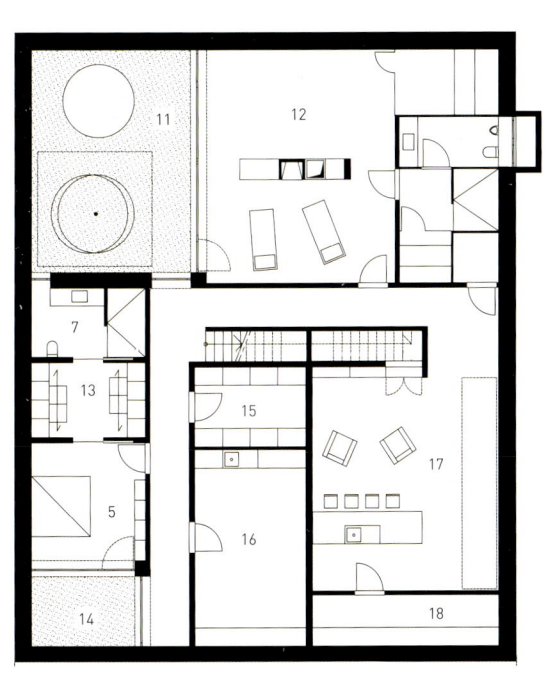

Untergeschoss M 1:250

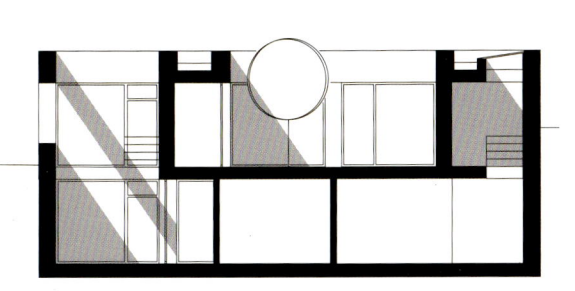

Schnitt M 1:250

**Andrea Denzer, Prof. Georg A. Poensgen
Denzer & Poensgen, D-Marmagen**

„Vom hellen Licht zum Schatten, ein Rhythmus."
(Le Corbusier aus „Ein Ausblick auf eine Architektur", 1922)

UMBAU EINES VIERSEITHOFS IN OBERBARNIM

ANNE LAMPEN ARCHITEKTEN

Der stark verfallene, ensemblegeschützte Vierseithof wurde zu einem hochwertigen Wohnhaus mit Pferdestallungen und Gästehaus umgebaut. Das für die Gegend typische Feldsteinmauerwerk wurde sorgfältig restauriert, zerstörtes Mauerwerk vorsichtig abgetragen und aus altem Material in der traditionellen Scheunenform wiederaufgebaut.

Dabei stellte das erforderliche Handwerk eine Herausforderung dar. Alte Maurermeister wurden dazu aus dem Ruhestand geholt, um ihre jungen Kollegen zu unterweisen. Da der Umbau hohen funktionalen und ökologischen Ansprüchen genügen sollte, wurde zur Optimierung der Energiebilanz und des Raumklimas den Feldsteinmauern auf der Innenseite eine Vormauerung aus porosierten Ziegeln vorgeblendet. Die Fensterlaibungen wurden konisch in das 90 Zentimeter dicke Mauerwerk geschnitten, außen sichtbar blieben die tragenden Betonrahmen der raumhohen Fensterelemente. Tragende Wandscheiben und Kamine sind aus Sichtbeton mit Brettschalung hergestellt.

Im Bad wurden die Wände in einer alten Technik mit weißem Tadelakt (ein historischer, ursprünglich von Berbern erfundener Kalkglanzputz) beschichtet. Das Dach ist mit Zellulose gedämmt, beheizt wird das Anwesen mit Erdwärme.

Zentrales Thema waren Raumfolgen, Durchblicke und wahrnehmbare Naturnähe. Die großflächigen Verglasungen, Alukonstruktionen mit nur 2 Zentimeter breiten Profilen, lassen sich komplett öffnen, um Innen- und Außenraum zu verbinden und den Blick zu lenken auf den Innenhof, die Pferdekoppeln und in den Garten …

Der große Wohnraum mit dem 3 Meter breiten Kamin wird von einer betonierten Sitzbank gerahmt. Der Flur führt zu den privaten Räumen

Ein auf- und umgebauter, innen neu gefasster Vierseithof, der durch den Wirtschaftstrakt mit Stallungen die ehemalige landwirtschaftliche Nutzung für Städter interpretiert.

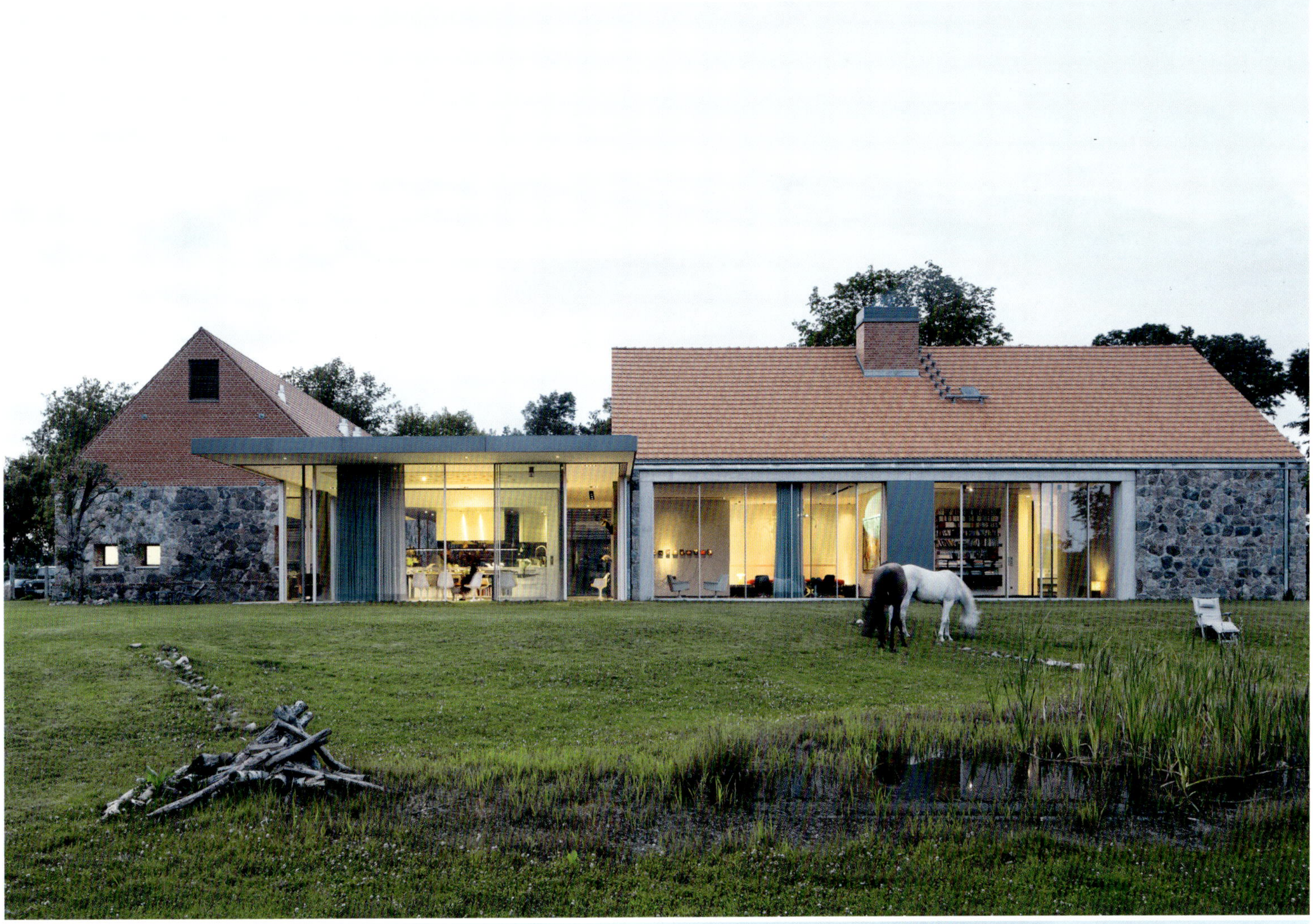

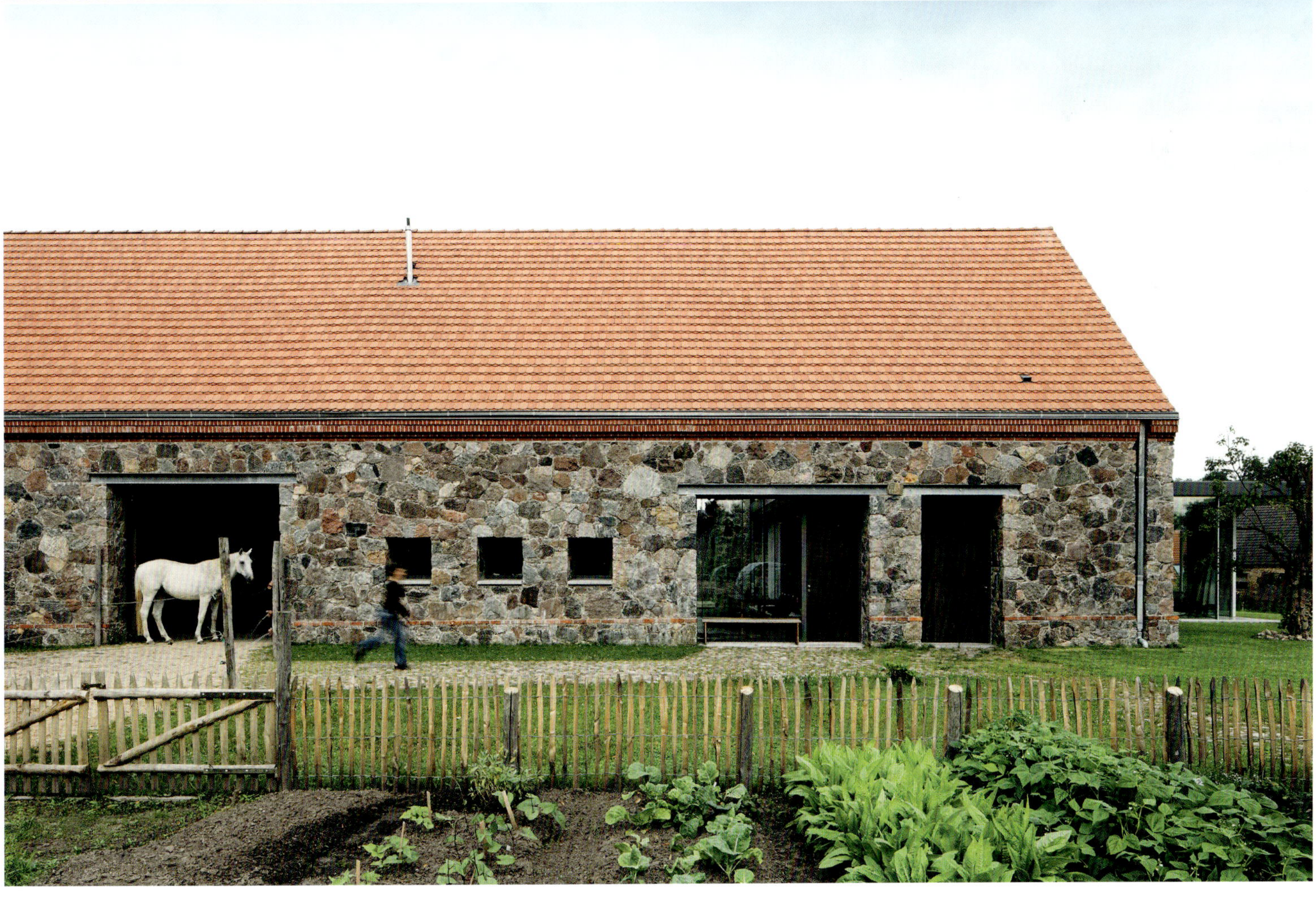

mit Bad, Ankleide, kleinem Wohnraum und Schlafzimmer. Das Haus ist eingeschossig, das Dach nicht ausgebaut. Als modernes Aperçu ragt ein Pavillon als Zwischentrakt aus den Feldsteinmauern. Er umschreibt Küche und Essbereich und verbindet den privaten Wohnraum mit dem Wirtschaftstrakt der ehemaligen Scheune.

Als Bodenbelag wurde im Esszimmer und Wirtschaftsbereich ein geschliffener Estrich verwendet, im Wohnzimmer und Bad liegen Naturstein und in den privaten Rückzugsräumen Dielen aus Räuchereiche. Zur Verbesserung der Akustik ist über dem Esstisch eine künstlerische Teppicharbeit von Sigrid Wylach angebracht.

Feuerstellen: Das große und auch das private Wohnzimmer haben jeweils einen Kamin.

Hier lässt sich auch eine große Gästetafel bewirten. Bei entsprechender Witterung sitzt man bei aufgeschobenen Glaswänden fast auf der Wiese.

Von der professionell ausgestatteten Küche hat man alles im Blick. Sie ist das Zentrum des neuen Hofs.

Der zwischen die Feldsteinbauten gesetzte Pavillon verbindet das Wohnhaus mit dem Wirtschaftstrakt und den Stallungen.

Das Gäste- und Seminarhaus neben der Hofzufahrt wurde nur restauriert, der alte Stall (links) wartet noch auf die Zuwendung der Architekten.

Gebäudedaten

Grundstücksgröße: 10.600 m²
Wohnfläche: 450 m²
Zusätzliche Nutzfläche: 260 m²
Anzahl der Bewohner: 2
Bauweise: massiv: Feldstein, Beton, Stahl/Glas
Primärenergiebedarf: 60,2 kWh/m²a
Fertigstellung: 2010

Anne Lampen
Anne Lampen Architekten, D-Berlin

„Die schöne Atmosphäre des Vierseithofes in seiner geschlossenen Kubatur zu erhalten, war mir besonders wichtig. Anstatt sie zu überformen, habe ich die kompakte Massivität des Natursteinmauerwerks sowohl im Außen- als auch im Innenraum haptisch erlebbar gestaltet. Das Zusammenspiel mit der modernen Architektur an den funktionalen Schnittstellen des Hofes lässt ein ästhetisches Spannungsfeld entstehen, das durch die neue Nutzung definiert ist."

Erdgeschoss M 1:250

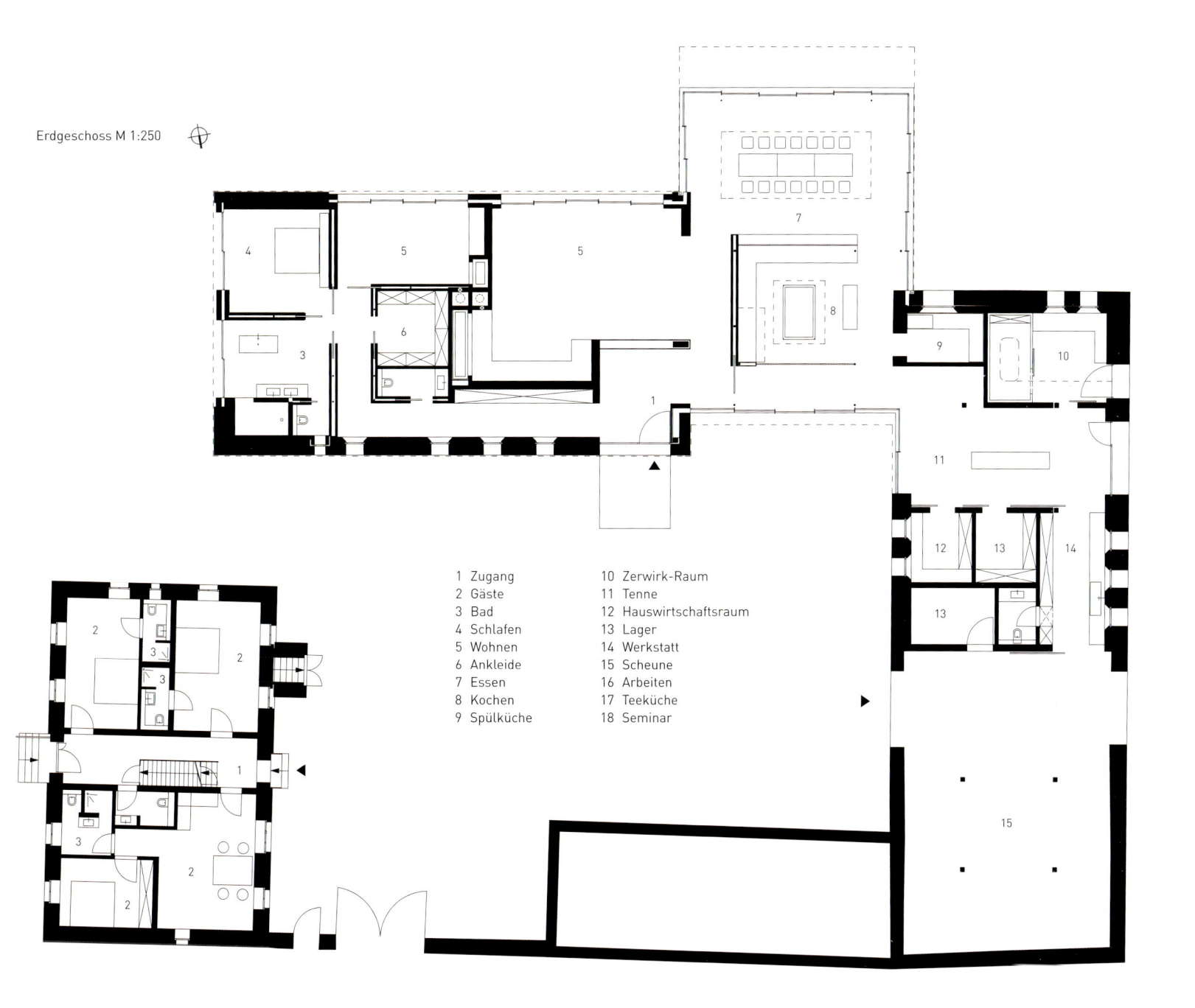

1 Zugang
2 Gäste
3 Bad
4 Schlafen
5 Wohnen
6 Ankleide
7 Essen
8 Kochen
9 Spülküche
10 Zerwirk-Raum
11 Tenne
12 Hauswirtschaftsraum
13 Lager
14 Werkstatt
15 Scheune
16 Arbeiten
17 Teeküche
18 Seminar

Untergeschoss M 1:250

Schnitt M 1:250

Lageplan

EIN FAMILIENWOHNHAUS IN MAUREN

GOHM & HIESSBERGER ARCHITEKTEN

Ein ungewöhnliches Haus mit über 1.000 Quadratmetern Wohnfläche und zusätzlich 600 Quadratmetern Nutzfläche. Ebenso nicht alltäglich ist, dass eine Familie – eine Mutter mit drei Kindern und einigen Enkeln – ein gemeinsames Haus, besser: eine Wohnanlage mit zwei zusätzlichen Gästewohnungen, über einen Wettbewerb entwickeln lässt.

Das große Haus zeigt nach außen die Gemeinsamkeiten als rationaler Baukörper, der in drei kantigen Volumen mit entsprechenden Zwischenräumen die individuellen, klar begrenzten Haushalte der Bewohner umschreibt. Wie aus Spielzeugbausteinen gestapelt addieren sich die Kompartimente, verbinden sich talseitig zu einem Riegel und enden in der Höhe mit unterschiedlichen turmartigen Volumen. Dazwischen bleibt Freiraum für Gärten und Höfe.

Die Außenansicht wird von einer deutlichen Fassadengrafik bestimmt. Auf einem flächig wirkenden, abgetreppten Betonsockel steht ein reiner Holzbau mit kräftigen Pfosten und lagernden Decken, beide sind mit einer hellgrauen Glimmerlasur beschichtet und ließen von Weitem ein Betonskelett vermuten. Die Felder dazwischen sind von senkrechten Latten oder horizontalen Jalousien schraffiert, hinter denen geschosshohe, nur manchmal von einem Öffnungsflügel geteilte Fensterflächen liegen.

Die Holzelemente wurden vorgefertigt, aussteifend wirken die betonierten Treppen- und Liftkerne. Zwischen den tragenden 50 Zentimeter dicken Außenwandelementen aus verleimten Holztafeln spannen Brettstapeldecken, die innen sichtbar belassen wurden. Die Innenwände aus Fichte-Verbundplatten zeigen ebenfalls das Material, der versiegelte Estrich antwortet mit dunkelgrauer Neutralität. Die Holz-Alufenster sind dreifach verglast.

Ansicht von Norden: Ein Zugang liegt auf der Bergseite, der andere talwärts im Untergeschoss, wo die beiden Stiegenhäuser miteinander verbunden sind. Die Hanglage erlaubt es, die Freisitze zwischen und neben den Baukörpern auch in der Höhe etwas privater zu definieren.

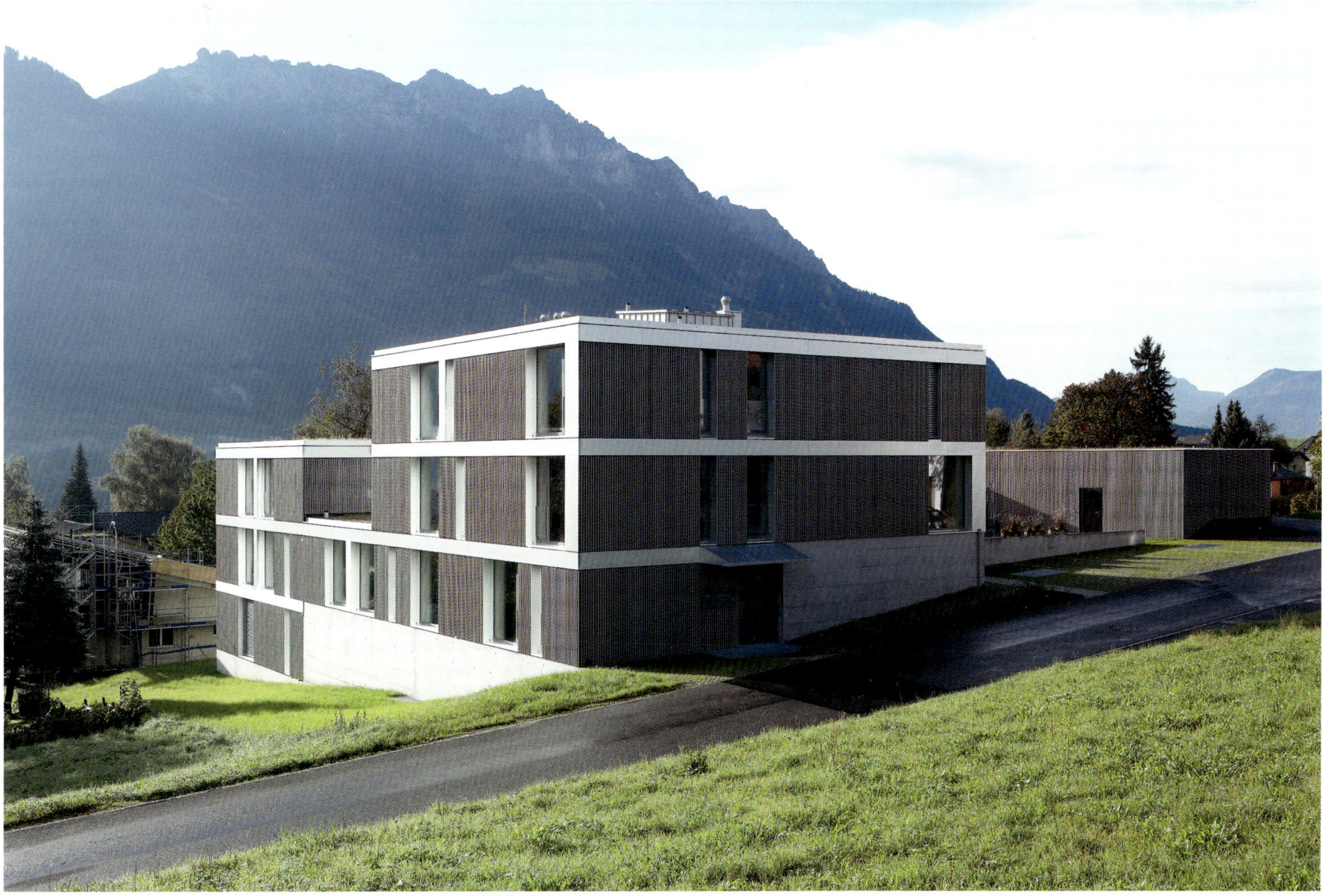

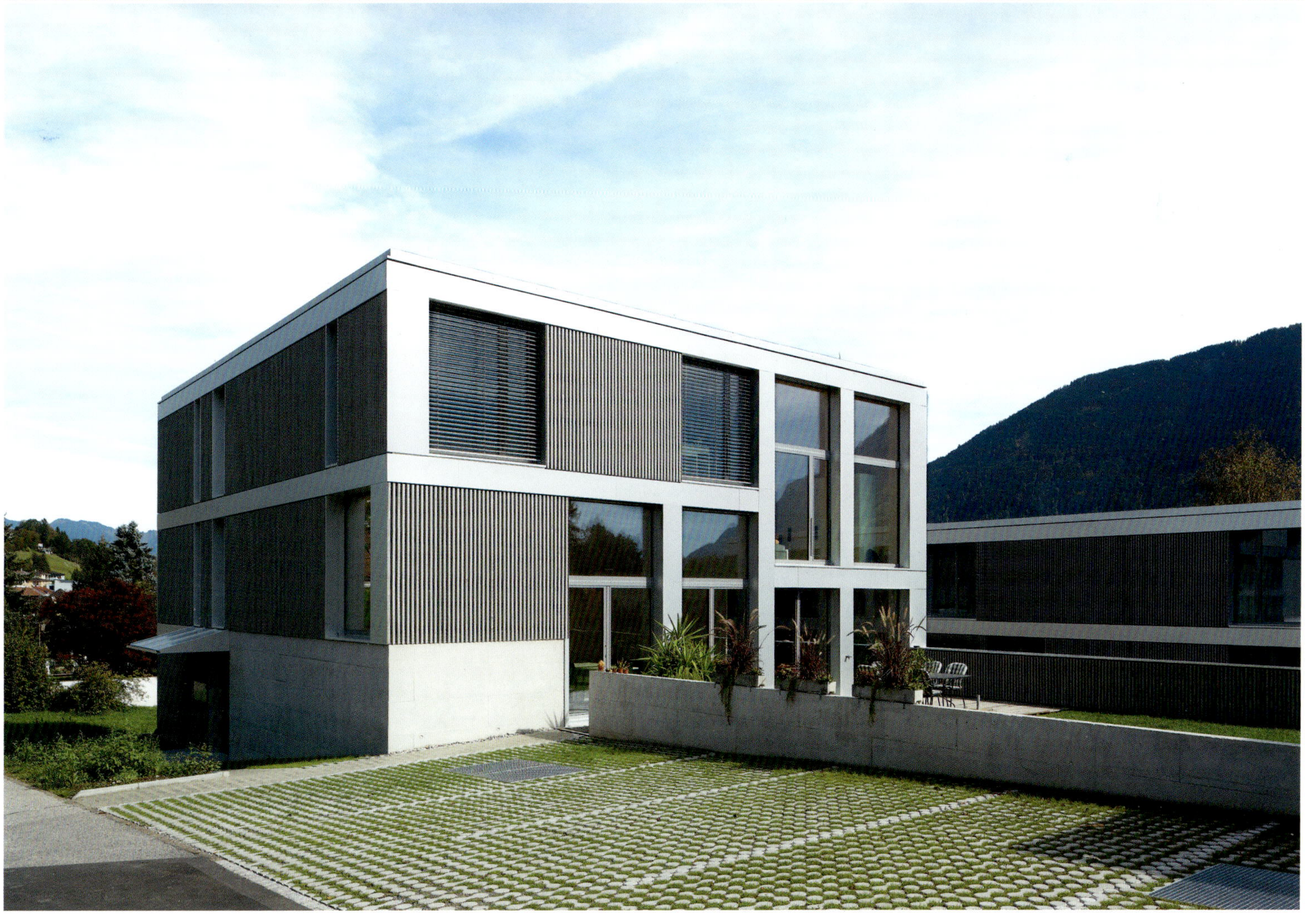

Die Wohnungen liegen auf einer oder zwei Ebenen, erreichen zum Teil übergroße Raumhöhen, extern gehören ein Büro, Musik- und Werkstattraum dazu. Ansonsten sind sie ähnlich organisiert und unterscheiden sich vor allem darin, wie der Wohnraum mit Essplatz und Küche von den übrigen Zimmern abgetrennt ist. Es gibt zwei Zugänge, deren Stiegenhäuser im Untergeschoss verbunden sind. Das Haus ist im Passivhausstandard ausgeführt.

Was zunächst wie ein Tragskelett wirkt, reduziert sich auf eine gliedernde Struktur, ein silbernes Architekturgerüst, das die Familie zusammenhält.

Die Wohnung im talseitigen Obergeschoss ohne direkten Gartenanteil verfügt über eine große überdeckte Terrasse nach Südwesten.

Wenige Materialen, eigentlich nur farblich unbehandelte Baustoffe, bestimmen den Innenausbau.

Ganz oben: Der Hauptunterschied in den Grundrissen ist der Anschluss der Wohnräume zu den übrigen Zimmern.

Markus Gohm, Ulf Hiessberger
Gohm & Hiessberger Architekten, A-Feldkirchen

„Das Projekt weist eine konstruktiv-modulare Raumgestaltung auf, die alle Einheiten mit gleich hoher Wohnqualität ausstattet und doch individuelle Räume zulässt."

Wohnung A
Wohnung B
Wohnung C
Wohnung D
Wohnung E
Wohnung F

2. Obergeschoss M 1:400

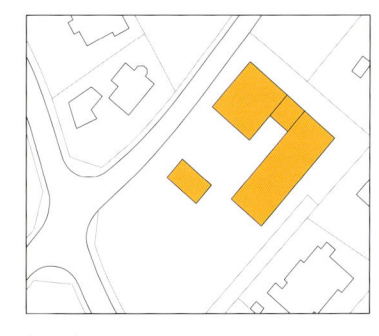

Lageplan

1. Obergeschoss M 1:400

 1 Zugang
 2 Bad
 3 Zimmer
 4 Arbeiten
 5 Kochen
 6 Essen
 7 Wohnen
 8 Schlafen
 9 Terrasse
10 Musikraum
11 Ankleide
12 Werkstatt

Gebäudedaten

Grundstücksgröße: 3.113 m²

Wohnfläche: 1.040 m²

Zusätzliche Nutzfläche: 600 m²

Anzahl der Bewohner: 4 Wohneinheiten für 3 Geschwister und Eltern, 6 Wohneinheiten zur Vermietung

Bauweise: vorgefertigte Holzelemente

Primärenergiebedarf B: 28 kWh/m²a, C: 25 kWh/m²a

Baukosten gesamt: ca. 4 Mio. Euro

Baukosten je m² Wohn- und Nutzfläche: 2.439 Euro

Fertigstellung: 08/2012

Erdgeschoss M 1:400

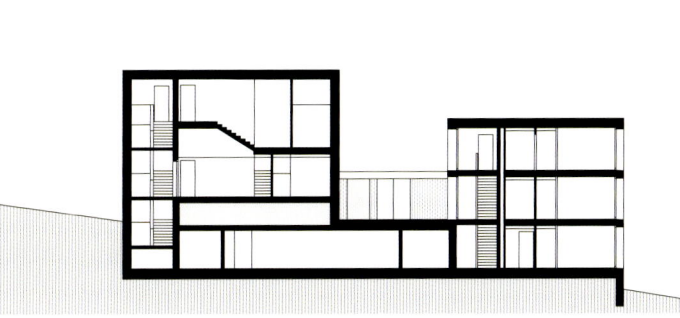

Schnitt ohne Maßstab

HAUS K. IN DER SCHWEIZ

BE ZÜRICH, MITGLIED DER BE BAUMSCHLAGER EBERLE GRUPPE

Die Grundrisse setzen sich aus mäandrierenden Flächen zusammen, sie schlagen Haken, und dadurch entstehen einleuchtende Funktionsflächen, ohne dass man Wände und Türen braucht. Das Gleiche geschieht auch in der Höhe. Ausgangsmaterial war ein rechtkantiger Baukörper, den man in angemessenen Dimensionen ausgehöhlt und verschoben hat: mit Auskragungen, Einschnitten, Leerräumen. Damit wird auf das ruhende Volumen eine gewisse Dynamik übertragen. Die Planung erfolgte von außen nach innen, die Räume entstehen zwischen den subtrahierten Volumen.

Hinter dem Eingang auf der Südseite, verborgen und dennoch betont durch eine tiefe Nische im Baukörper, die sich ins Untergeschoss als Lichthof fortsetzt, werden zwei Wege angeboten. Auf der oberen Ebene geht der nächste Weg zum Essplatz. Durch ein eingestülptes zweites Atrium wird der Wohnraum ein wenig privater behandelt, an der Passage zwischen den Räumen verschwindet die Küche, in diesem Fall deutlich abgetrennt und mit einer Schiebetür verschließbar, wenn man in Ruhe köcheln will. Zusammen mit Speisekammer, Garderobe und Gäste-WC entsteht so ein eigenes Volumen zur Straßenseite.

Zur anderen Seite des Essplatzes bietet sich ebenfalls ein Wandelraum an, der sich zu einem Schlafzimmer vertieft. Hinter einer Ankleideschleuse folgt noch ein Badezimmer. Ins Untergeschoss führt der zweite Weg, wenn man in der Diele die Treppe nach unten nimmt. Zur rechten Seite ist dort eine Einliegerwohnung mit eigenem Zugang eingerichtet. Sie lässt sich mit dem Haushalt durch eine Schleuse verbinden. Zur Linken wird man mit einem großen Fitnessraum und einem Arbeitsplatz belohnt, er bildet den Durchgang zu einem Medienraum, der auch Gäste beherbergen kann. Zur Bergseite verschwinden verschiedene dienende Räume und die Sauna. Der Pool liegt dagegen oberhalb, nach Süden hinter der Gartenmauer, er reizt mit seinem lang gestreckten Becken ausdauernde Schwimmer.

Wie ein abstrakter Aussichtsfelsen lagert das Betonhaus über der Seenlandschaft. Hinter dem Eingang auf der Südseite passiert man den Pool, der als spiegelnde Fläche auch zur Architektur beiträgt.

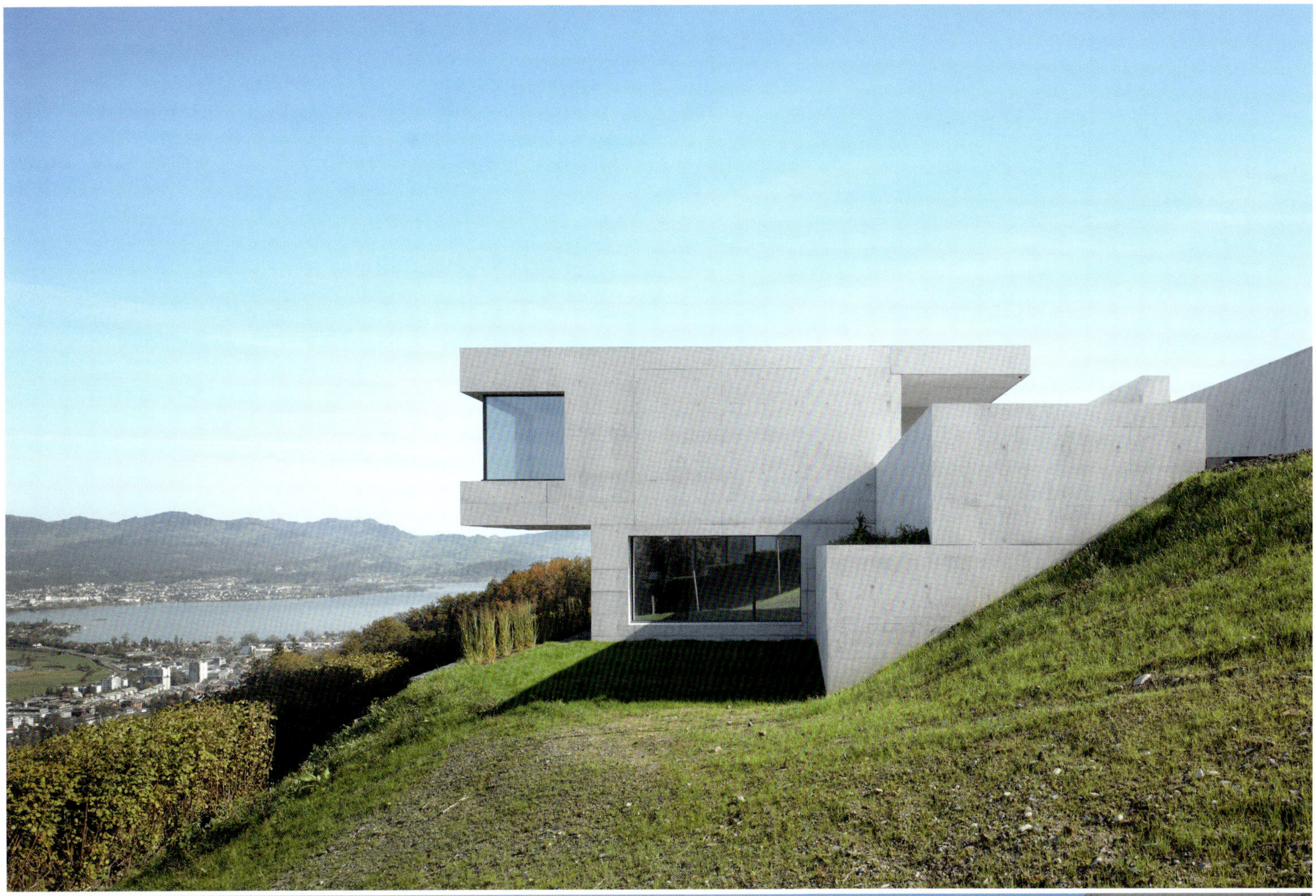

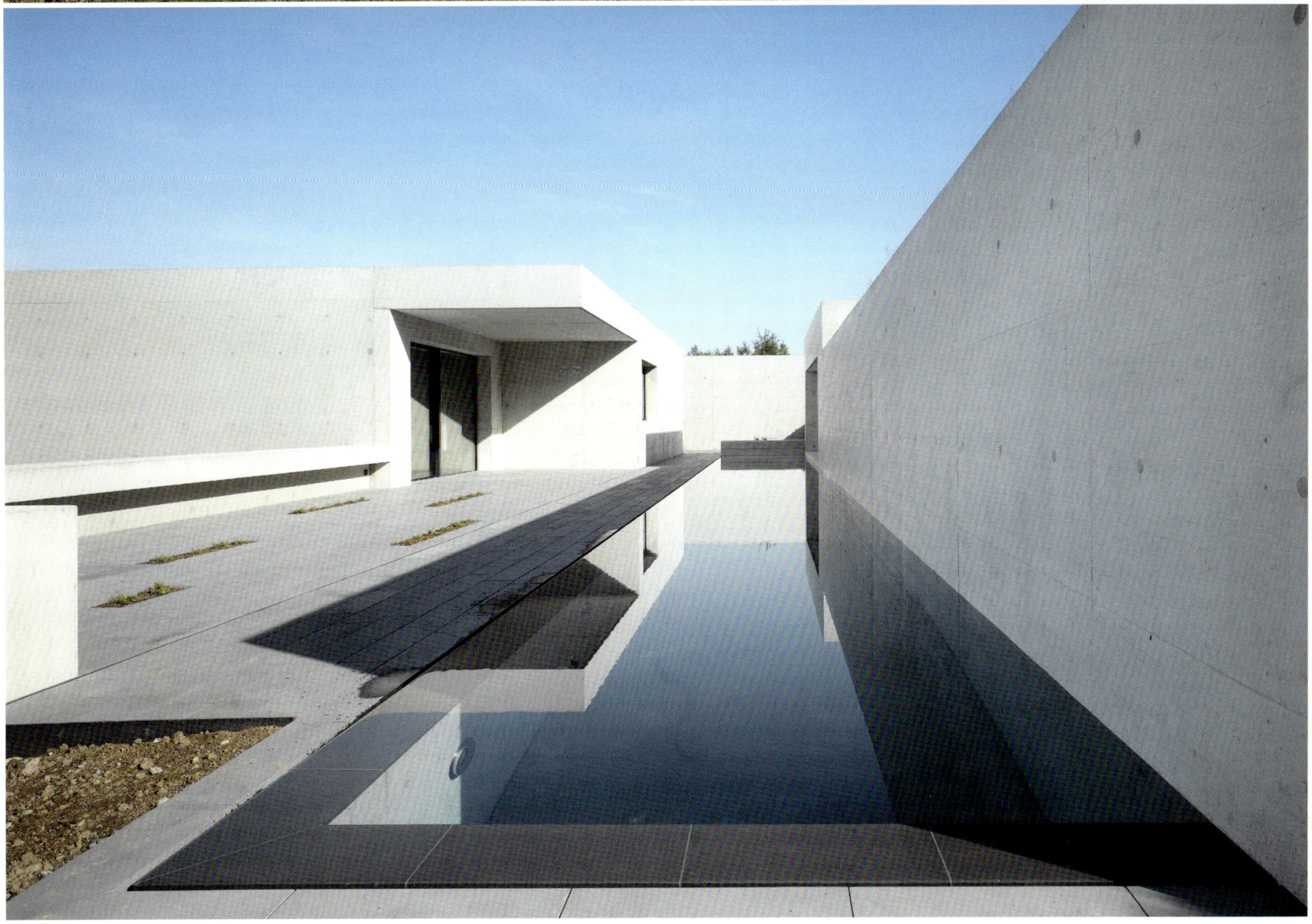

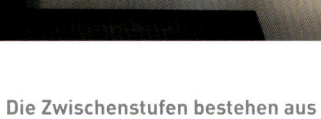

Die Zwischenstufen bestehen aus Räuchereiche-Schwellen.

Der Treppenabgang ist als hängender skulpturaler Trichter ausgebildet, er erinnert an das Prinzip des Baukörpers.

Beheizt wird das Haus mit einer von Erdsonden versorgten Wärmepumpe. Hinter der 25 Zentimeter dicken Sichtbetonaußenwand folgt im Obergeschoss eine Innendämmung aus 20 Zentimetern XPS, die Innenoberflächen sind mit 4 Zentimeter dicken Gipskartontafeln beplankt. Aus statischen Gründen ist das Untergeschoss zweischalig betoniert.

Im Wohnraum öffnet sich dann das Panorama wie auf einer Großleinwand. Die Übereckverbindung gibt der Aussicht einen perspektivischen Sog.

Die Einliegerwohnung lässt sich über eine Schleuse mit dem Haushalt verbinden, sei es für ein Au-pair-Apartment oder eine Pflegeperson.

1 Zugang
2 Kochen
3 Terrasse
4 Pool
5 Wohnen
6 Essen
7 Schlafen
8 Ankleide
9 Bad
10 Carport
11 Einliegerwohnung
12 Technik
13 Sauna
14 Medienraum
15 Fitness/Arbeiten

Untergeschoss M 1:250

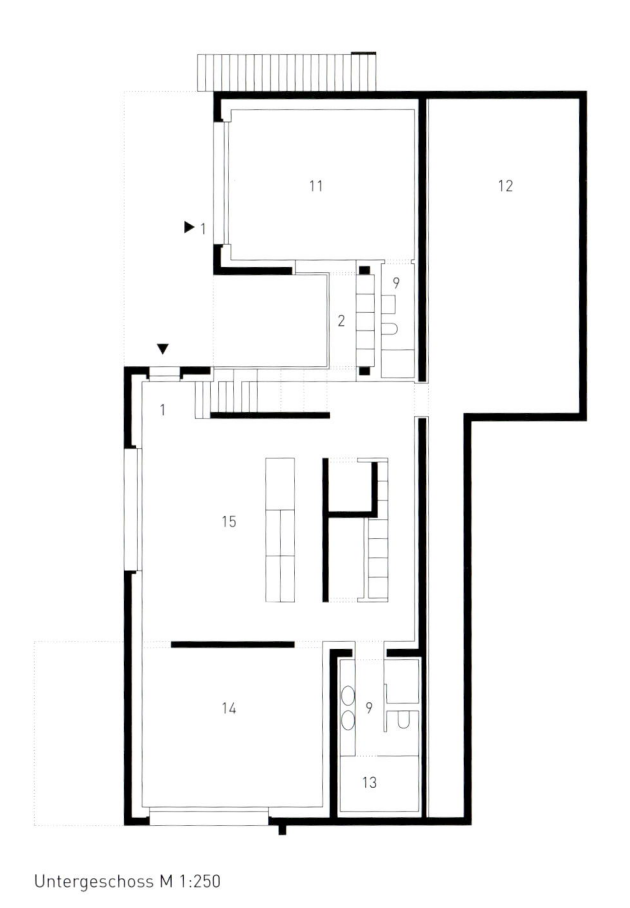

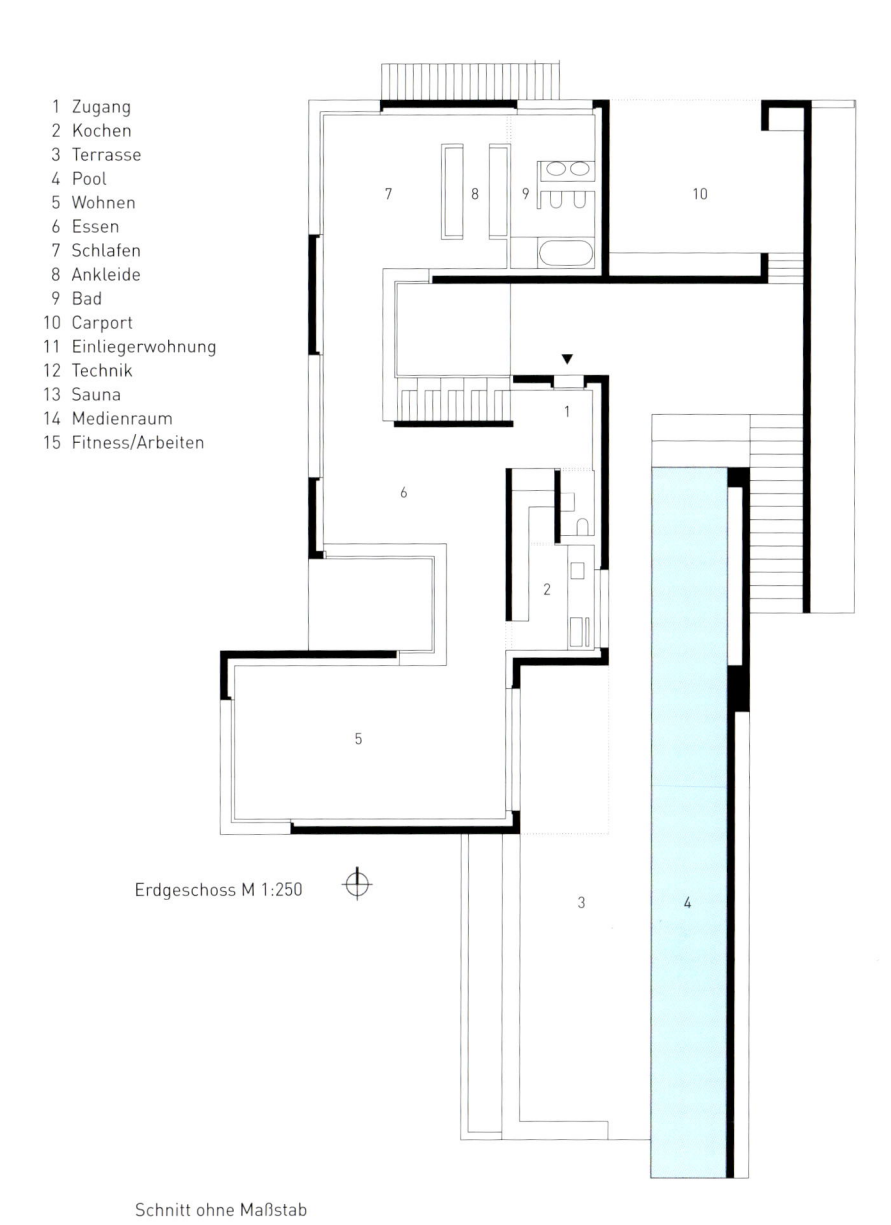

Erdgeschoss M 1:250

Gebäudedaten

Grundstücksgröße: 1.521 m²

Wohnfläche: 333 m²

Bauweise: Stahlbeton

Heizwärmebedarf: 48,6 kWh/m²a

Baubeginn: 2010

Fertigstellung: 2011

Lageplan

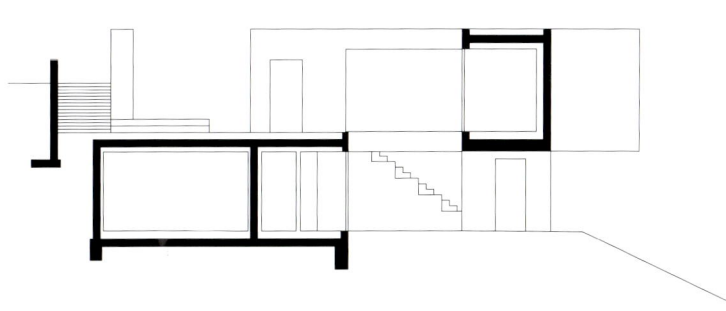

Schnitt ohne Maßstab

**Dietmar Eberle, Sabrina Contratto Ménrad
be Zürich, Mitglied der be baumschlager eberle Gruppe,
CH-Zürich**

„Es ging bei der Villa K. darum, dass sich die Bewohner in den Dimensionen des Gebauten und der Topografie wiederfinden."

Dietmar Eberle

EIN BRÜCKENHAUS IN KAMPERLAND

PAUL DE RUITER ARCHITECTS

Wenn man auf der Landkarte die Provinz Zeeland betrachtet, diesen zerfaserten Küstenstreifen, dessen Inseln und Halbinseln von Kanälen geteilt und von Dämmen und Brücken zusammengehalten werden, um eine Infrastruktur zu ermöglichen, dann versteht man die Architektur dieser Villa. In dieser umweltempfindlichen Zone der Niederlande zu bauen verpflichtet, der Natur dafür wieder etwas zurückzugeben. Die Bauherrschaft wollte deshalb mit der Gestaltung ihres Hauses auf dem 26 Hektar großen Grundstück etwas für die Region Typisches beitragen. Nicht in dem naiven Sinn, die Geschichte zu imitieren, sondern durch die zeitgemäße Interpretation von Elementen aus der – zum Teil durchaus künstlich hergestellten – holländischen Landschaft. Das Grundstück liegt in einer Umgebung aus Wiesen und Weiden, gegenüber des angrenzenden Kanals wurde rechtwinklig ein Hain angelegt, hier befindet sich die Zufahrt. Von der Villa reicht der Blick bis zur Osterschelde.

Der Bauherr wollte ein einfaches, aber gleichzeitig auffallendes und außergewöhnliches Haus. Er erhielt zwei rechtwinklig zueinander liegende, durch ein Luftgeschoss verbundene Baukörper: einmal unterirdisch, einmal über das Grundstück in die Höhe gestemmt. Die filigrane Verbindung stellen eine V-förmige Stahlstütze sowie ein verglaster Erschließungskern her. Im Untergeschoss ist reichlich Platz für Fahrzeuge, über deren Rampe erreicht man auch den Eingang. Außer Nebenräumen gibt es hier unten ein Arbeitszimmer, was nach Norden zum Kanal aus der Uferböschung lugt und somit natürlich belichtet wird. Das Wohnen findet in der Höhe statt. Über eine Treppenkaskade erreicht man ein rundum verglastes oblonges Volumen, in das inselartig Küchenblock, Sanitär- und Stauräume sowie an den Enden Schlafräume eingestellt sind. Neben dem zentralen Sitzplatz öffnet sich ein Patio.

Ein Haus, das mit den technischen Bauwerken der holländischen Landschaft kokettiert, aber nicht als skulpturaler Selbstzweck steht, sondern als Energiemaschine effizient für ein angenehmes Wohnklima sorgt. Der Eingang liegt im Souterrain – mit Fuhrpark und einem Arbeitszimmer.

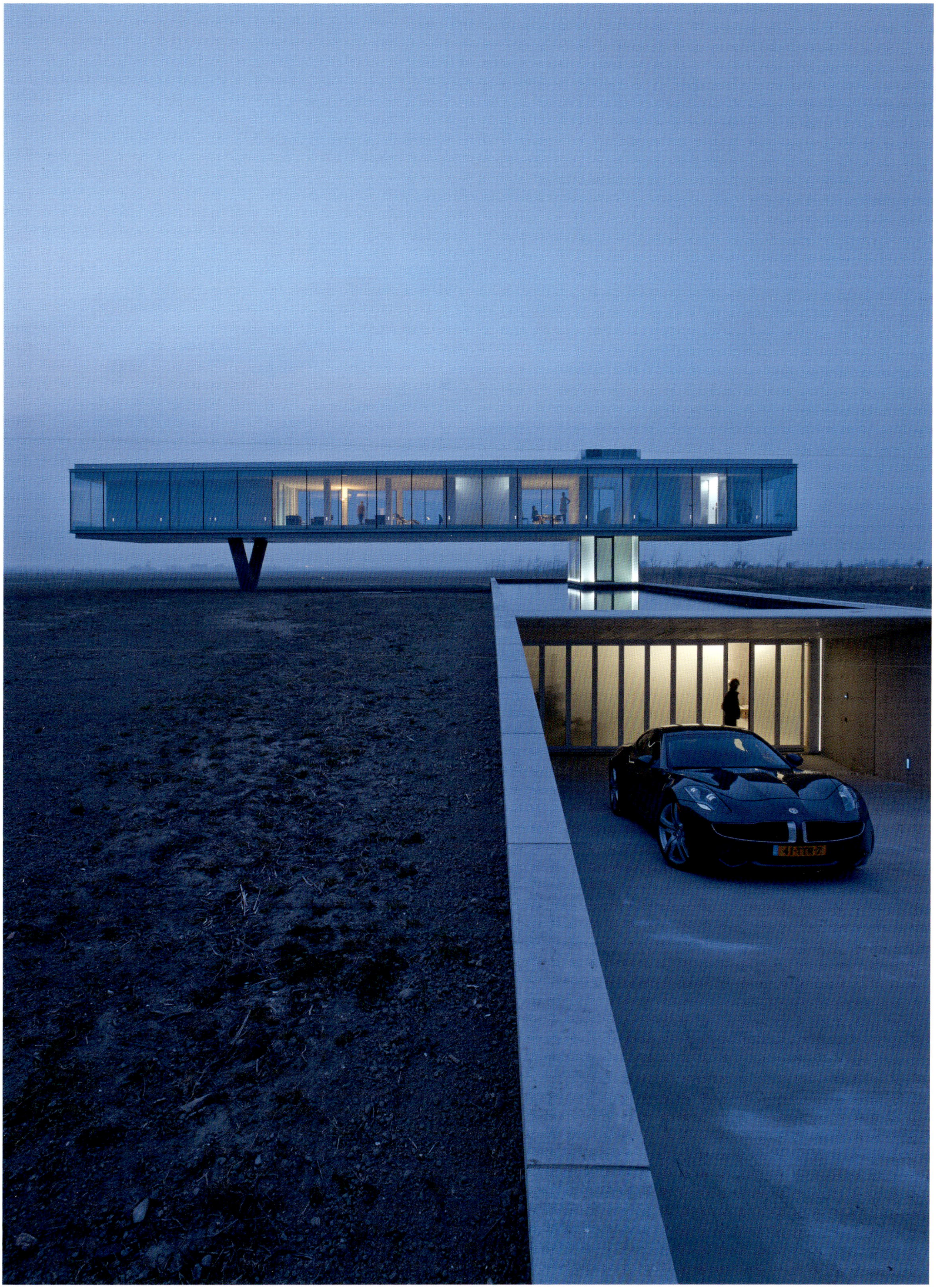

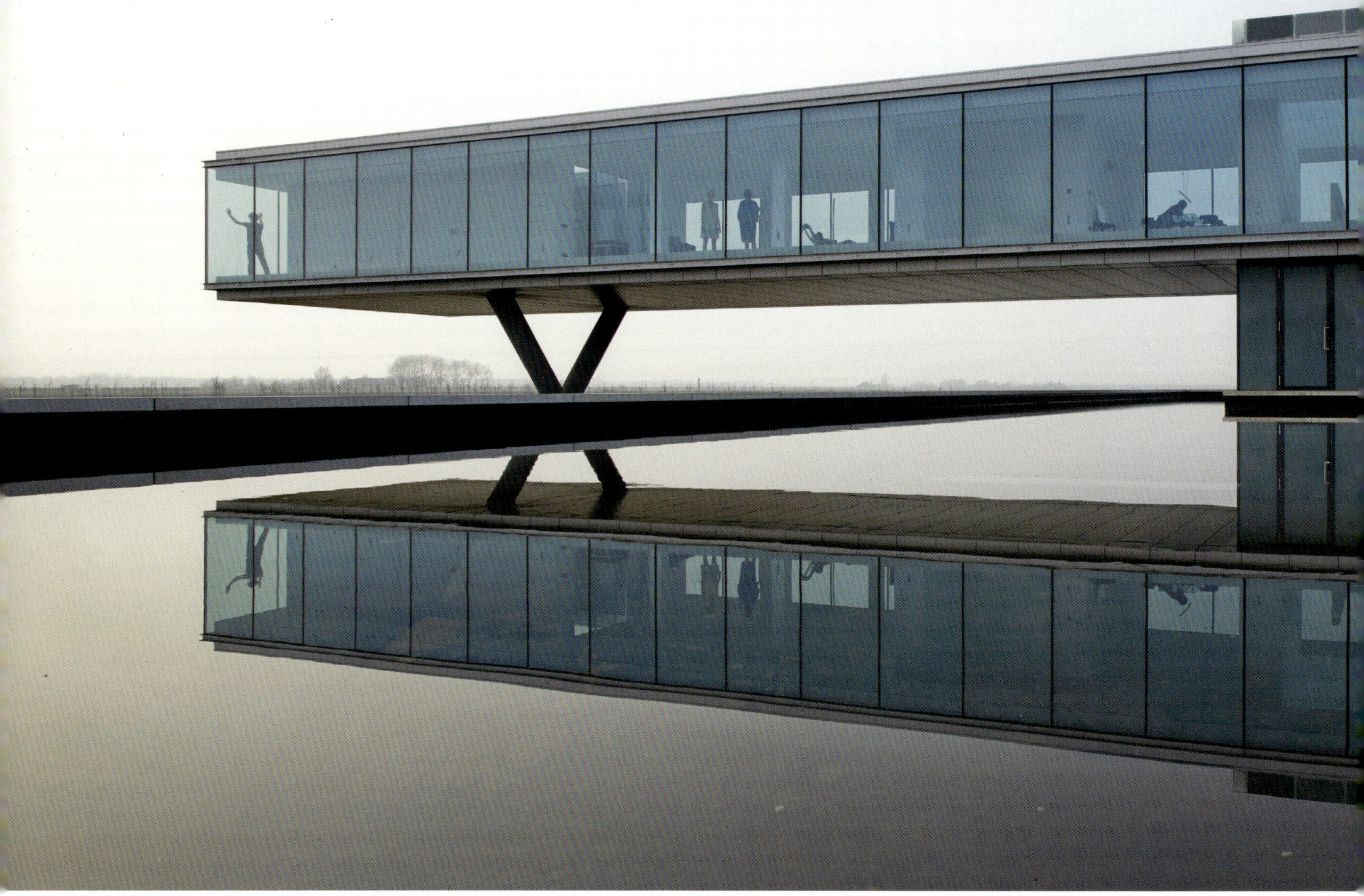

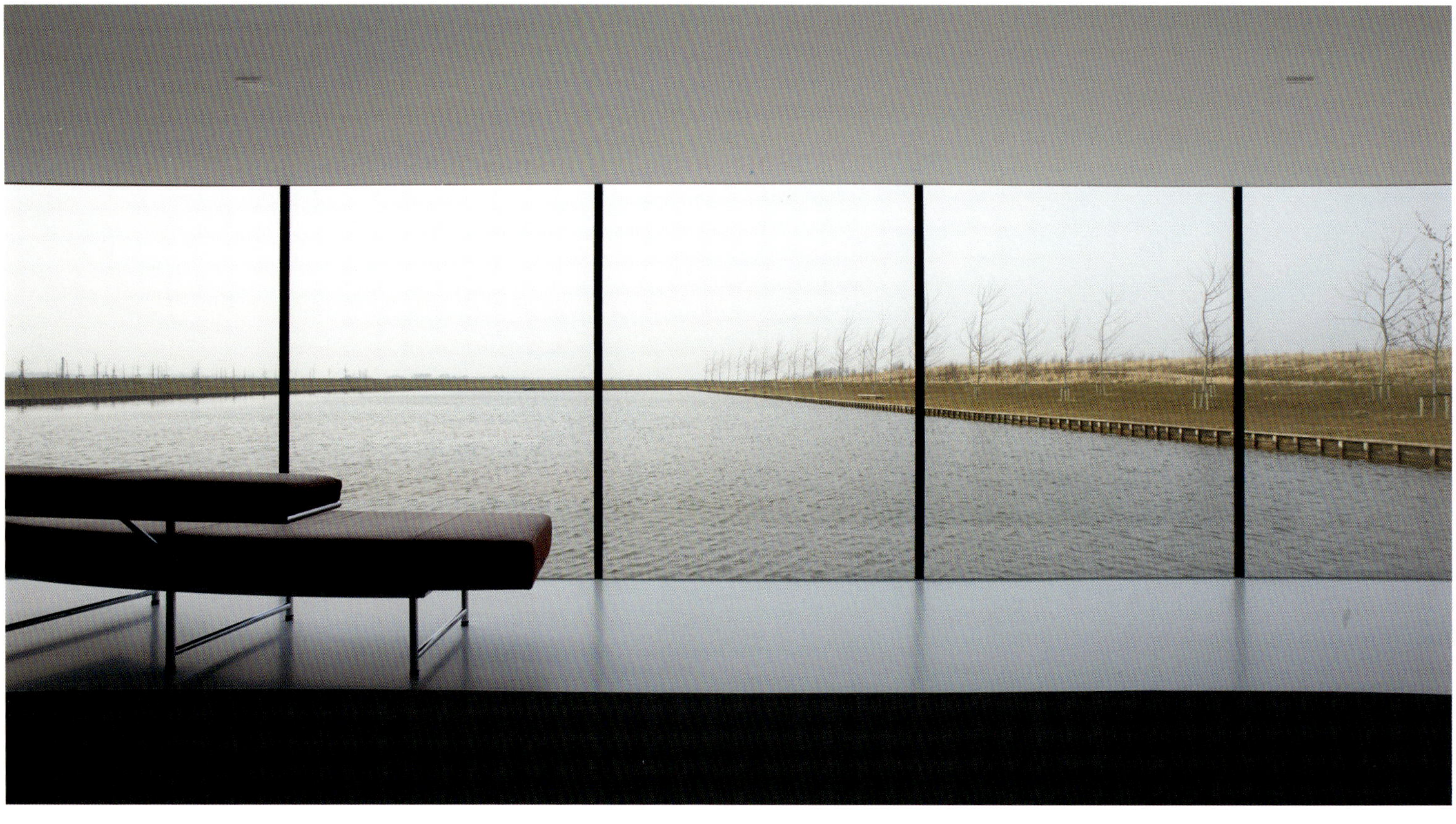

Die technische Gestaltung des Hauses kontrastiert mit der umgebenden Natur, die man von hier allseits im Blick behält. Zur Haustechnik gehört die Klimafassade. Die besteht aus geschosshohen äußeren Isolierglasscheiben und innen aus einem aufrollbaren reflektierenden Gewebevorhang. Wenn er abgesenkt ist, kann über den Zwischenraum die Luft über das Dach abgeführt werden. Hitze und Kälte werden jeweils im Untergrund in einer Kaverne gespeichert und entsprechend im Winter bzw. Sommer zur Klimatisierung des Hauses rückgeführt. Künftig wird ein Holzofen das Energiekonzept ergänzen, außerdem Photovoltaik und ein Windrad. Damit wird die Villa zu jeder Jahreszeit ein komfortables Raumklima erhalten – höchst effizient und umweltfreundlich.

Auch die Erschließung erinnert an die maritime Umgebung der Häfen und Laderampen. Aus dem Arbeitszimmer im Untergeschoss und von der Hauptebene hat man einen spektakulären Ausblick in die Polderlandschaft.

Die Wohnetage erhält mit dem Säulengeviert um die Polstergruppe einen klassischen Mittelpunkt. Dahinter blickt man in den offenen Patio.

Paul de Ruiter
Paul de Ruiter Architects, NL-Amsterdam
„Einfach, abstrakt und trotzdem prachtvoll!"

Die Funktionsbereiche sind als Zellen in den Großraum mit seiner umlaufenden Glasfassade eingestellt. Bei schlechtem Wetter lässt sich hier eine passable Strecke ablaufen.

Die Treppe wird über ein Glasdach belichtet.

Schnitt M 1:200

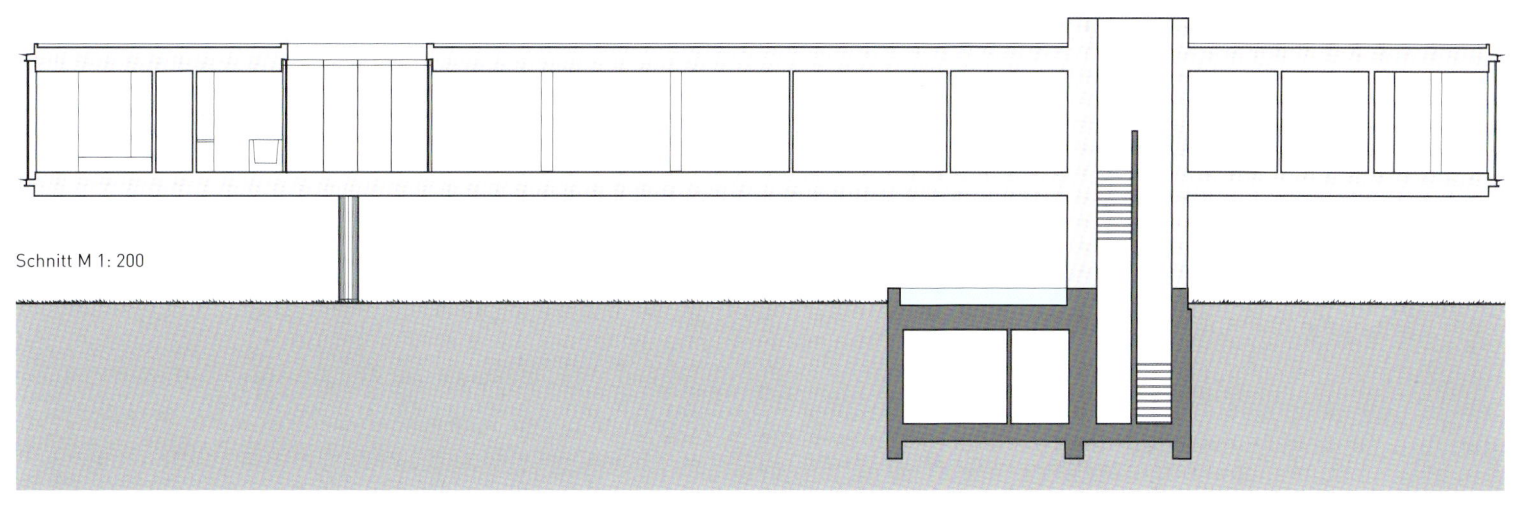

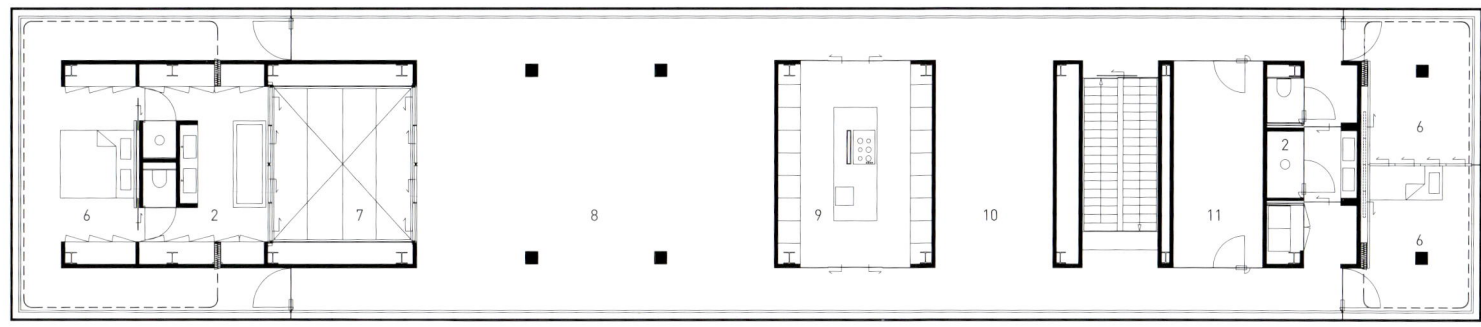

Obergeschoss M 1:200

1 Zugang
2 Bad
3 Lager/Technik
4 Garage
5 Arbeiten
6 Schlafen
7 Patio
8 Wohnen
9 Kochen
10 Essen
11 Zimmer

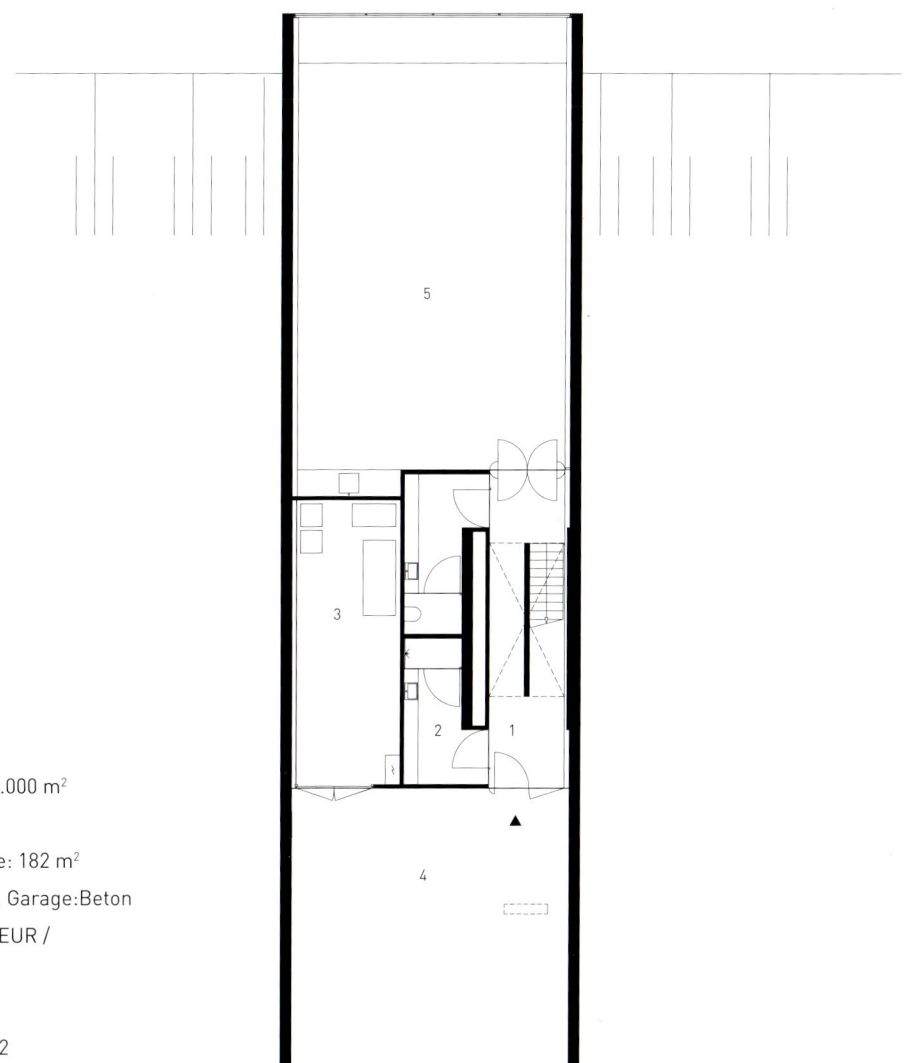

Lageplan

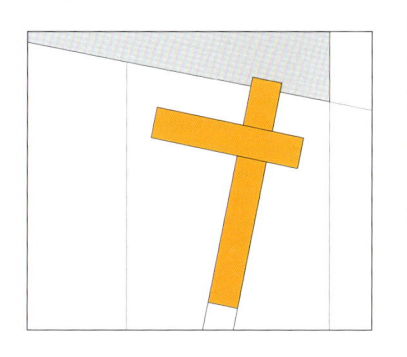

Gebäudedaten

Grundstücksgröße: 26.000 m²

Wohnfläche: 533 m²

Zusätzliche Nutzfläche: 182 m²

Bauweise: Stahl, Glas, Garage: Beton

Baukosten: 1.935.000 EUR /
2.706 EUR/m³

Baubeginn: 05/2009

Fertigstellung: 12/2012

Untergeschoss M 1:200

ZWEIFAMILIENHAUS IN OBERDORF

ERN + HEINZL

Am Jurasüdfuß in der Schweiz steht dieses mit großer Strenge und täuschender Symmetrie geordnete Doppelhaus. Es reagiert eindeutig auf die Situation seiner Lage: nach Norden dominiert der mächtige Jurahöhenzug, nach Süden erstreckt sich das Tal bis in die Alpen. Der Baukörper nimmt diese topografische Hauptrichtung parallel zum Hang auf. Mit seinen beiden Außentreppen, zwischen denen das Gelände vor dem Untergeschoss als steile Schräge aufgefüllt wurde, wirkt es wie der gediegene Tribünenbau eines Sportstadions. Der Zugang führt über die Dächer der Garagen, die an den Rand des Grundstücks gerückt sind, um die Aussicht nach Süden und in den Garten nicht zu stören.

Aber zweifellos handelt es sich um den Zweiklang einer Villa, wobei die rechte ein wenig breiter geraten durfte. Die innere Aufteilung auf allen Ebenen wird durch eine dem Hangverlauf folgende Schrankzone bestimmt, die als durchgehendes, nur von Türdurchgängen unterbrochenes Möbel oder flankierende Ankleiden den Grundriss in einen nördlichen und einen südlichen Teil trennen. Zum Berg liegen auf der Eingangsebene Garderobe, Gästezimmer und Treppe, auf der Ebene darüber die Bäder; alle Zimmer, die dem Wohnen dienen, sind im Erdgeschoss, die Schlafzimmer im Obergeschoss zur hellen Talseite gerichtet. Nach außen demonstrieren drastisch ausladende Loggien die ideale Blickrichtung. Damit werden auf beiden Stockwerken großzügig nutzbare Veranden angeboten.

Material und Farbe suchen die Distanz zwischen innen und außen, zwischen Wohnen und Landschaft: Diese Neutralität inszeniert den Ausblick als Besonderheit. Das Haus ist massiv gebaut aus feinen vorgefertigten Sichtbetonelementen mit innenliegender Wärmedämmung. Die völlig glatte innere Schale ist weiß geschlämmt. Durch Ihren Versatz an der Fassade wird das Volumen des Gebäudes betont und die Geschossfuge überspielt; hier auf der Rückseite lassen die tief eingeschnittenen Fensterbänder die solide Wandstärke erkennen.

Als läge hier der Centercourt ... Das parallel zur ansteigenden Topografie ausgerichtete Doppelhaus inszeniert den Ausblick auf die Weiden im Tal.

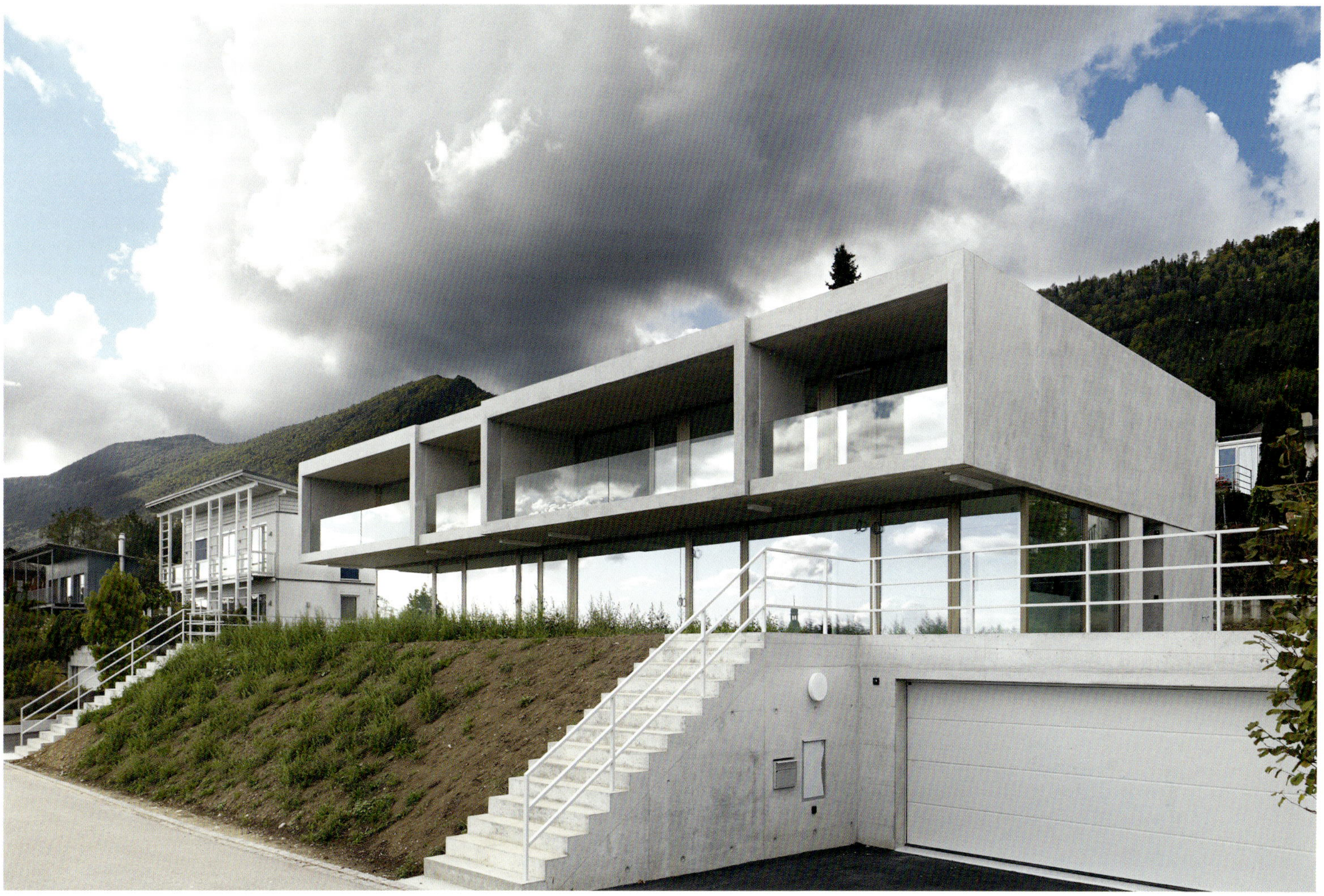

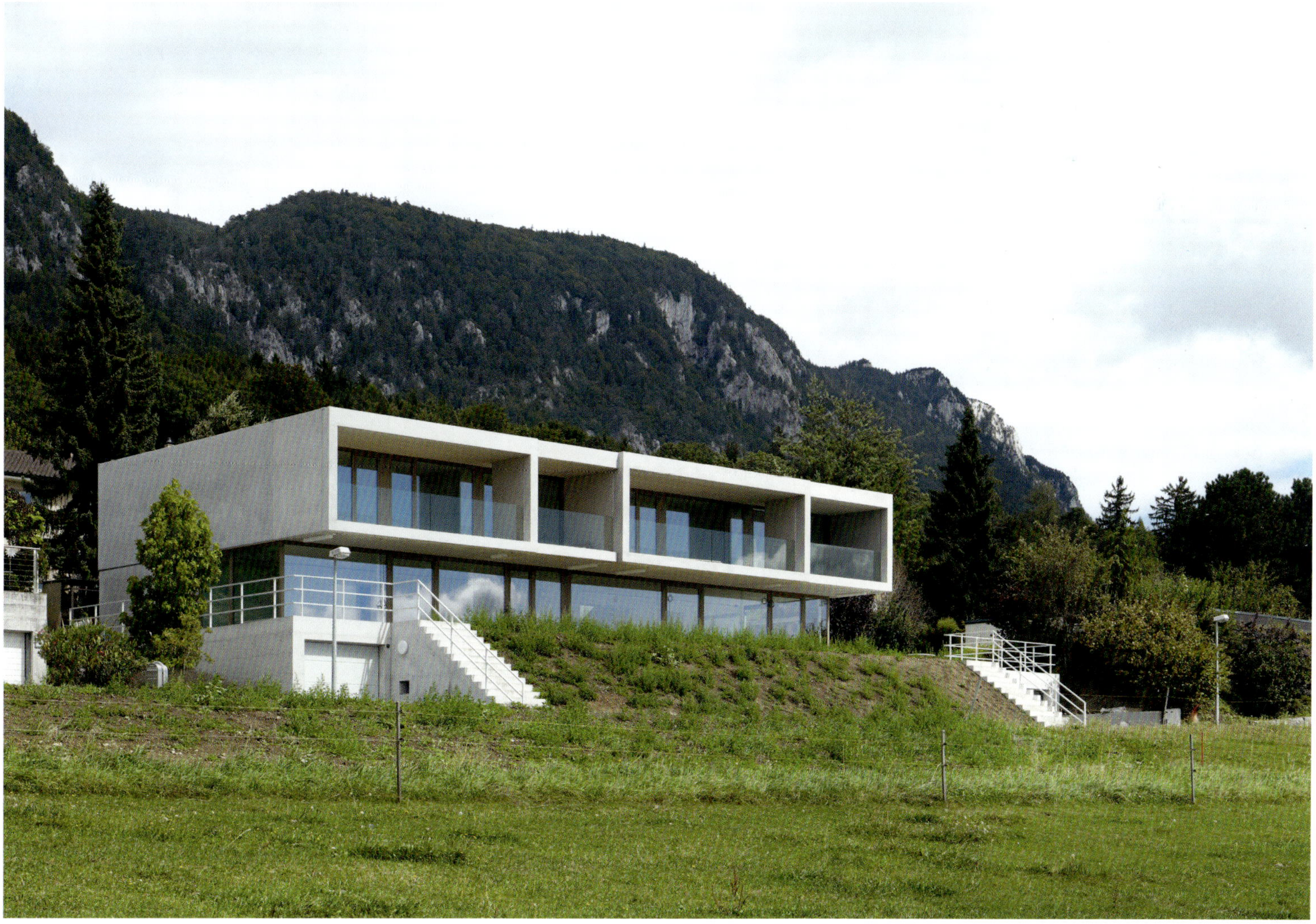

In allen Wohn- und Schlafräumen liegen weiß geölte Eichendielen auf dem Boden, die Wände sind weiß geschlämmt oder bestehen aus einem lackierten Schrankmöbel.

Rechts oben: Die Loggia wird zum schützenden Guckkasten – dank Glasbrüstung ohne störendes Geländer.

Eine Mittelachse aus Schränken teilt auf jeder Ebene die Neben- von den Haupträumen.

Christiane Ern, Simeon Heinzl
Ern + Heinzl Gesellschaft von Architekten, CH-Solothurn

„Großzügiges Wohnen, umgeben von Natur, ist etwas ganz Besonderes. Damit dieses Besondere nicht zum Alltäglichen wird, haben wir mit der bewussten Gegenüberstellung von Architektur und Natur Räume geschaffen, welche den Außenraum im Wandel der Jahreszeiten stets aufs Neue inszenieren."

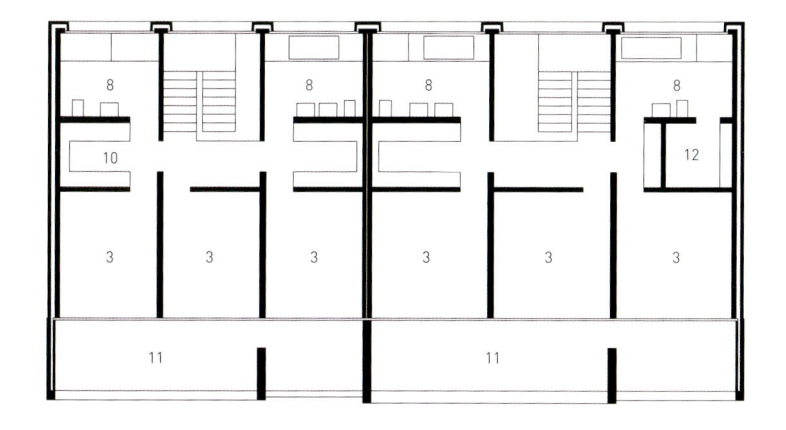

Obergeschoss M 1:200

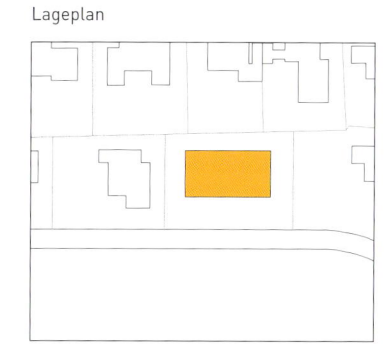

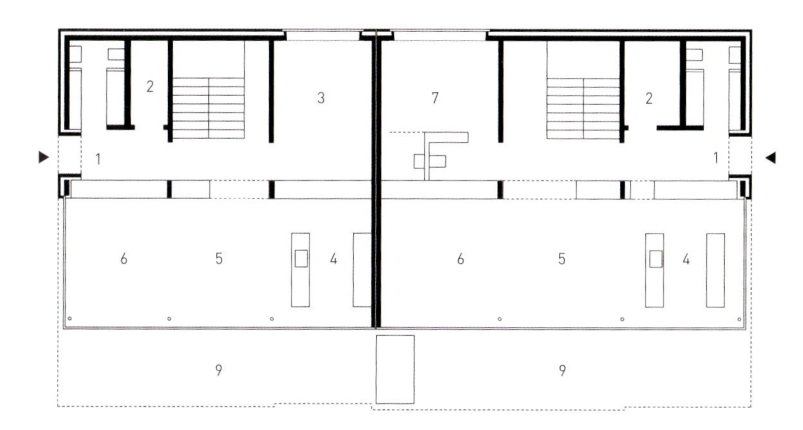

Lageplan

Erdgeschoss M 1:200

1 Zugang
2 Lager
3 Zimmer
4 Kochen
5 Essen
6 Wohnen
7 Gäste
8 Bad
9 Terrasse
10 Ankleide
11 Loggia
12 Sauna
13 Hauswirtschaftsraum
14 Technik
15 Garage
16 Fitness

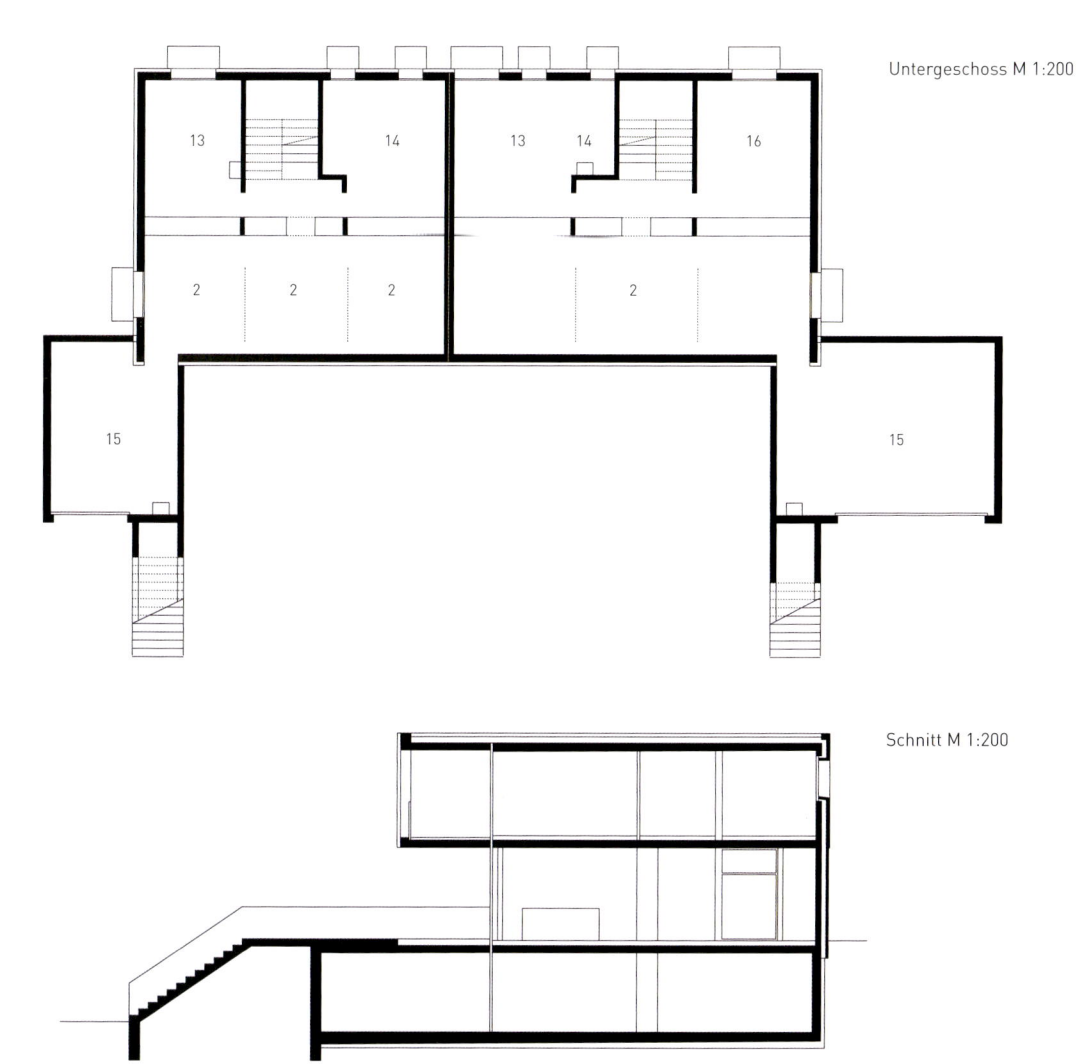

Untergeschoss M 1:200

Gebäudedaten

Grundstücksgröße: 904 m^2

Wohnfläche: 390 m^2

Zusätzliche Nutzfläche: 270 m^2

Anzahl der Bewohner: 2 Familien

Bauweise: vorfabrizierte monolithische Fertigbauteile in Beton, Sandwich-Elementbauweise

Baukosten gesamt: 1.727.000 EUR

Baukosten je m^2 Wohn- und Nutzfläche: 2.617 EUR

Fertigstellung: 08/2012

Schnitt M 1:200

ORGANISCHE ARCHITEKTUR IN BAD ENDORF

FINSTERWALDERARCHITEKTEN

Das eingeschossige, nicht unterkellerte Haus steht auf einem Hanggrundstück. Seine amorphe organische Form vermittelt zwischen den Bedingungen der Umgebung und der wünschenswerten Atmosphäre eines fließenden Innenraums, der mit Stufen und verschiedenen Raumhöhen auf die Topografie reagiert. Dafür waren kaum Erdbewegungen nötig. Der gekurvte Umriss respektiert zum Beispiel einen mächtigen Ahornbaum, vor dem die Fassade zurückweicht; er ist nachts angestrahlt und wird aus dem Wohnzimmer wie ein Stillleben in der Natur wahrgenommen.

Die sich zu rechtwinkligen Funktionsboxen schließenden Innenwände bilden das orthogonale Rückgrat, sie berühren kaum die geschwungene Außenwand. Sie tragen die Dachlasten und erlauben der lediglich raumschließenden Fassade ihr organisches Eigenleben. Es wird betont durch die eigens entwickelte vertikale Stülpschalung, bei der sich die unbehandelten Lärchenbretter fortlaufend überlappen und scheinbar eine Bewegung andeuten. Die Decke und die Innenwände sind aus Dickholzelementen konstruiert, ihre sichtbaren Nuten strukturieren die Oberflächen, was die Deckenbeleuchtung noch verstärkt. Der Boden ist mit Eschendielen ausgelegt, die Sockelleisten und der obere Wandabschluss bestehen aus einem spiegelnden Edelstahlband, das die organische Bewegung hervorhebt.

Die Außenwände sind mit Mineralfasern effizient wärmegedämmt, somit reicht der Holzofen zur Beheizung. Nur in den Bädern gibt es elektrische Heizflächen, die aber kaum zugeschaltet werden müssen. Die Dachterrasse wurde als Steingarten angelegt, von hier hat man einen fantastischen Ausblick in die Alpen und zum Simssee. Die geplante Gangway muss noch montiert werden.

Mit organischem Schwung fügt sich der eingeschossige Wohnpavillon in das geneigte Gartengrundstück. Die weiche Kontur wird von einer Stülpschalung umschlossen, nur wo Fensterflächen sind, geht sie in eine gerade Linie über. Zu dem mächtigen Ahornbaum (im Hintergrund) hält der Baukörper respektvoll Abstand.

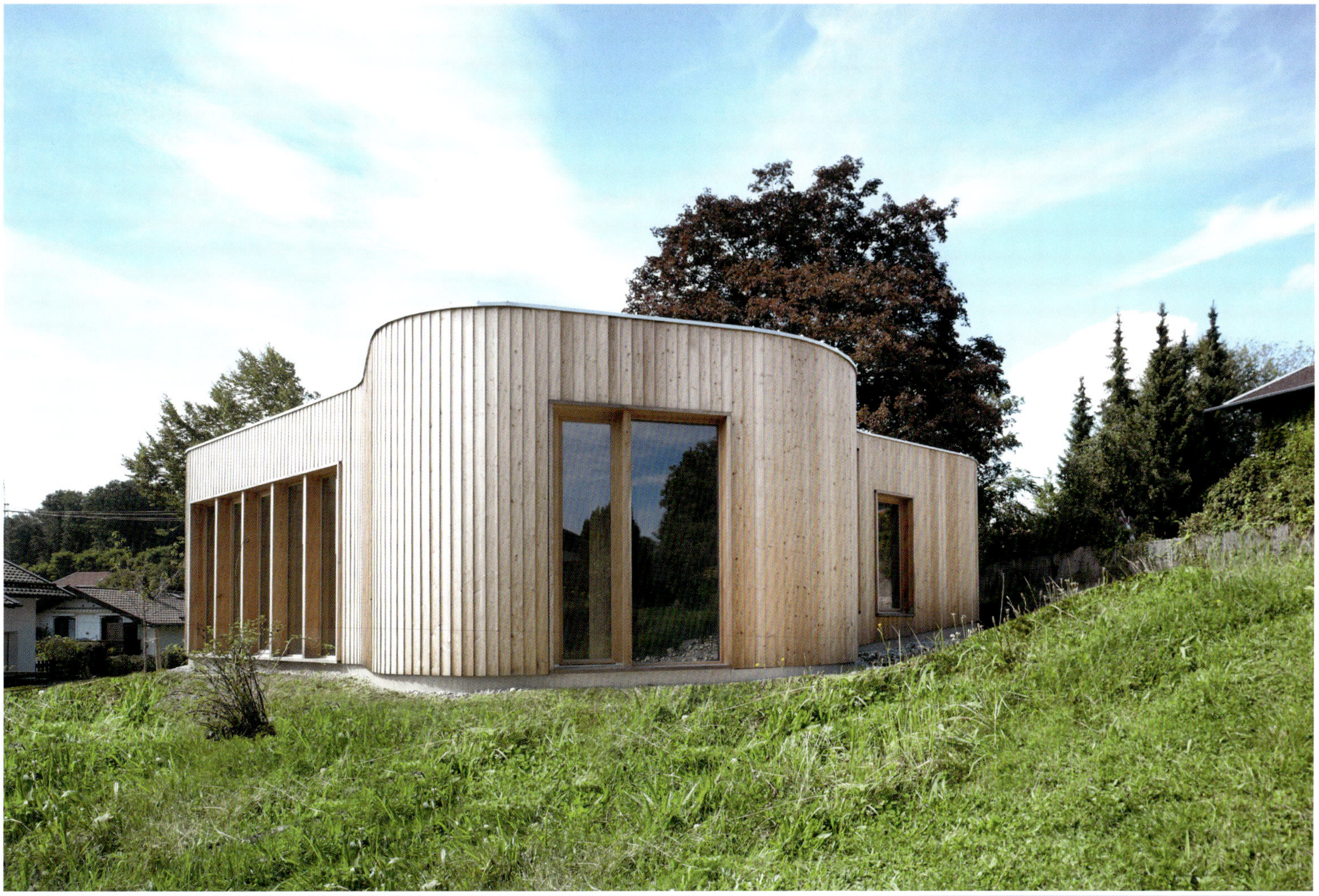

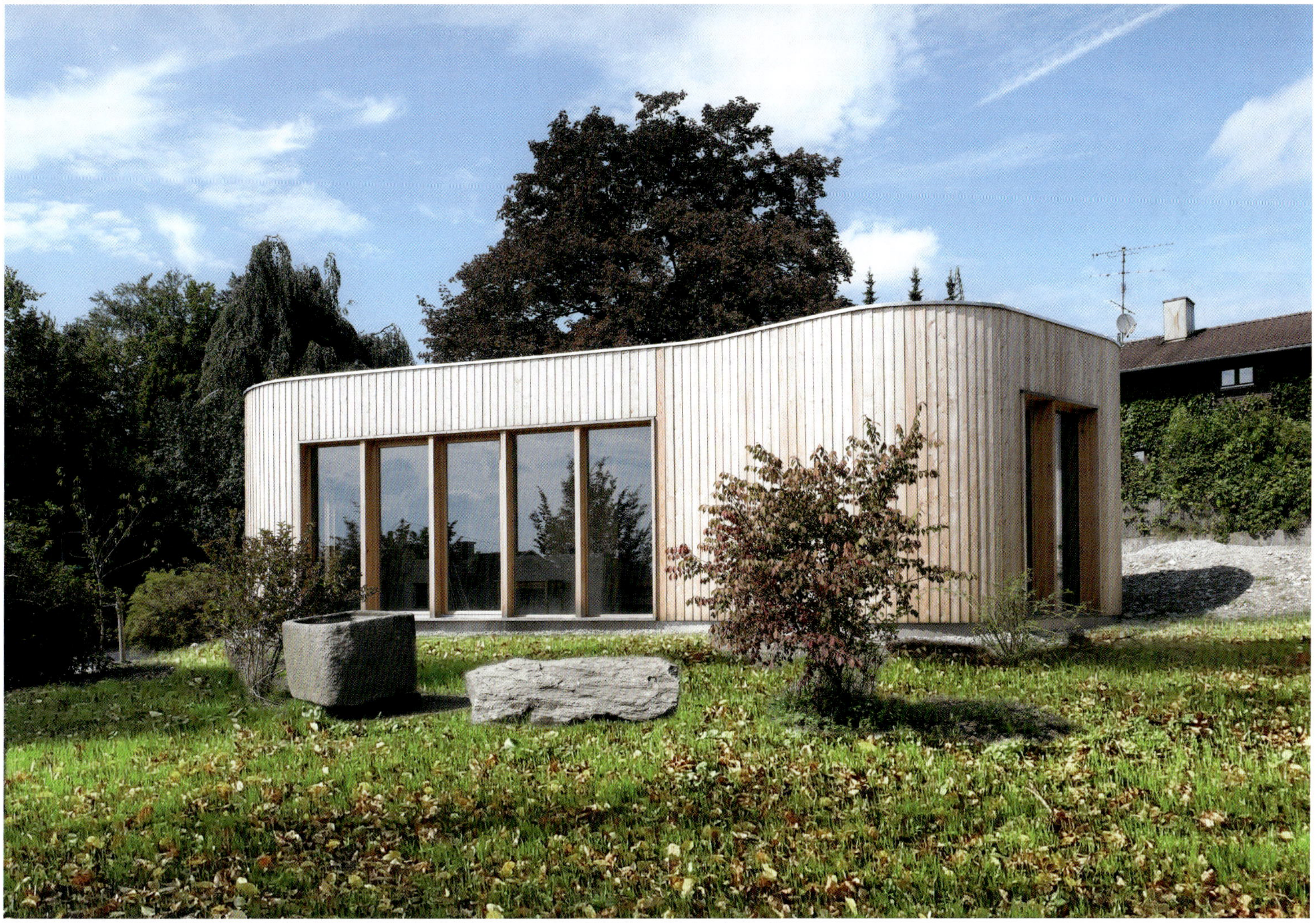

Nur die Innenwände tragen das Dach, die Fassade darf das Haus eigenwillig umschließen.

Der Fußboden folgt dem Geländeverlauf – so ergeben sich abwechslungsreiche Räume, und es war wenig Aushub für das nicht unterkellerte Haus nötig.

Der Holzofen versorgt das gesamte Haus mit ausreichender Wärme. Auf dem Boden liegen Eschendielen.

Erdgeschoss M 1:200

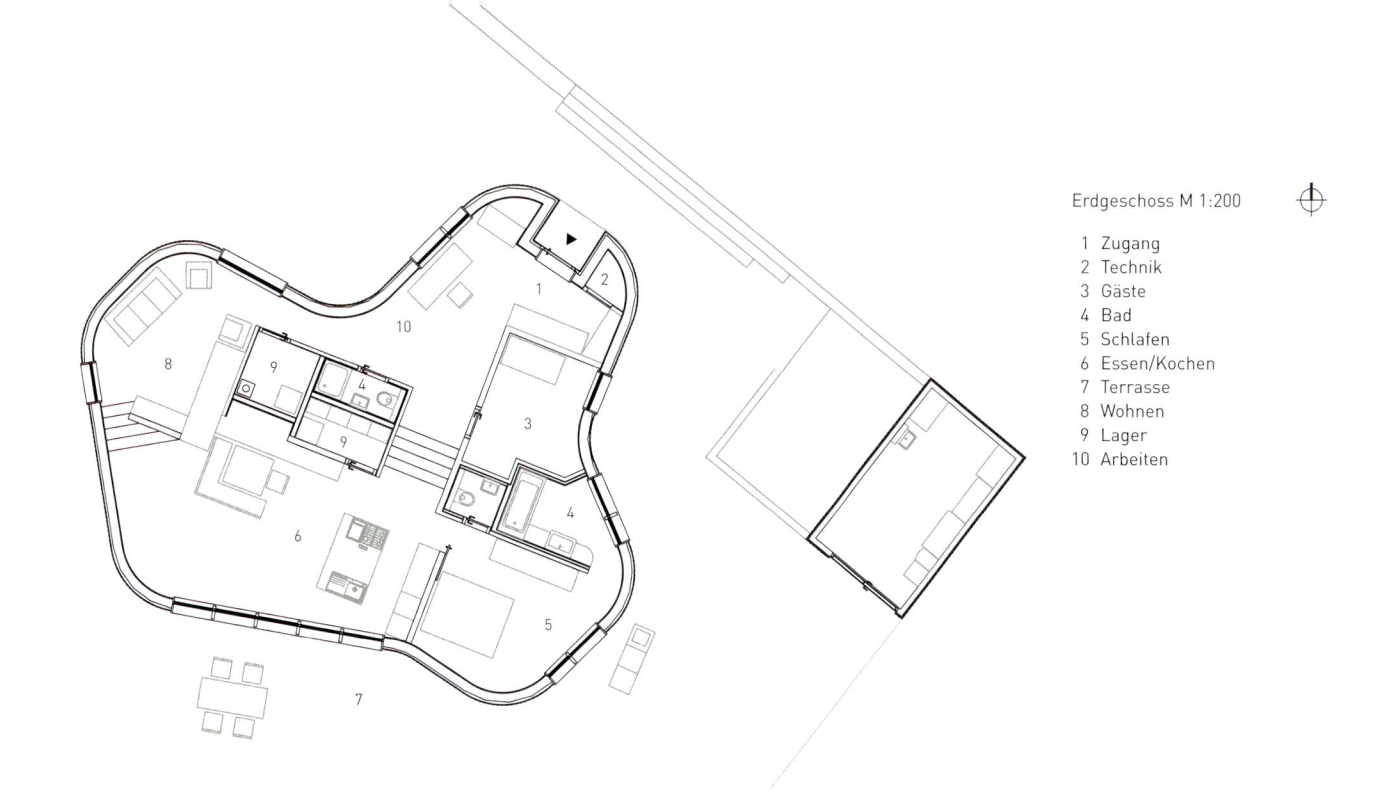

1 Zugang
2 Technik
3 Gäste
4 Bad
5 Schlafen
6 Essen/Kochen
7 Terrasse
8 Wohnen
9 Lager
10 Arbeiten

Schnitt M 1:200

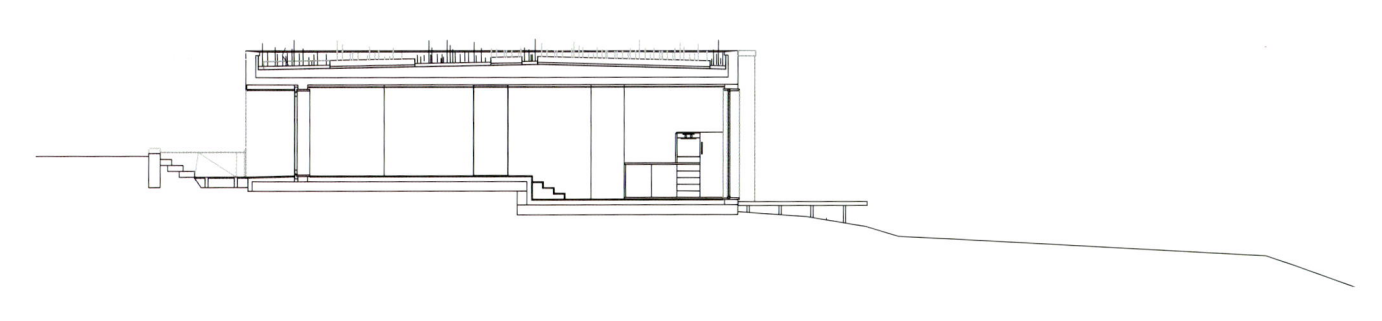

Rudolf Finsterwalder, Maria José Finsterwalder
Finsterwalderarchitekten, D-Stephanskirchen
„Form follows nature ..."

Gebäudedaten

Grundstücksgröße: 670 m²
Wohnfläche: 120 m²
Zusätzliche Nutzfläche: 4 m²
Anzahl der Bewohner: 2
Bauweise: Holzelementbauweise, Dickholzwände im Innern
Primärenergiebedarf: 73 kWh/m²a
Baukosten gesamt: 320.000 Euro
Baukosten je m² Wohn- und Nutzfläche: 2.670 Euro
Fertigstellung: 2012

Lageplan

EIN HÖLZERNER WOHNTURM IN VIGNOGN

GRASER ARCHITEKTEN

Dieses Haus hat etwas Erratisches. Mit seinen Fassaden aus sägerauen Weißtannenbrettern und den schmalen Fensterbändern, die um die Gebäudeecken laufen, steht der hohe Kubus unbehelligt in dem kleinen Dorf im schweizerischen Val Lumnezia. Er gibt nichts preis, lässt seine komplexe innere Organisation nicht vermuten.

Tatsächlich birgt das einfache Gehäuse einen höchst anspruchsvollen, an Adolf Loos erinnernden Raumplan. Im Zentrum auf einer quadratischen Betonplatte beginnt eine vierläufige Holztreppe, um die sich die Räume auf elf verschiedenen Ebenen organisieren. Jeweils um 90 Zentimeter (das sind fünf Stufen) versetzt staffeln sich große Zimmer und kleine Kammern um diesen Erschließungskern.

Man betritt das rätselhafte Bauwerk entweder durch die Garage oder eine unauffällige Tür in der Terrassenloggia, die sich durch ein Schwingtor auch über die gesamte Breite öffnen lässt. Der erste größere Raum ist die Küche mit dem über zwei Geschosse reichenden Essplatz, neben beiläufig passierten Funktionsräumen erreicht man auf dem Weg nach oben Schlafzimmer, eine Sauna und schließlich den Wohnraum, der bis unter das als flache, asymmetrische Pyramide aufliegende Dach reicht. Hier lässt sich eine Fensterwand öffnen, sodass man wie auf einer Veranda im Freien sitzen kann.

Konstruiert ist das Haus aus 40 Millimeter dicken Blockholzplatten. An den Außenwänden sind sie über senkrecht stehende Rippen, zwischen denen die Wärmedämmung liegt, und eine Konterlattung zu Elementen gefügt. Die Innenwände sind als eigenständige Kuben montiert, die über einen Zwischenraum von 20 Millimetern zusammenstoßen. An den Außenkanten sieht man also immer eine Kante der Blockholztafeln, an den Türdurchgängen die angeschnittene Konstruktion aus beiden Tafeln mit dem geschlossenen Zwischenraum.

Wenn die Weißtanneschalung verwittert, fügt sich das Turmhaus immer unauffälliger in das vorhandene Dorfbild. Die scheinbar zufällig verteilten Fensterschlitze lassen über die innere Organisation und Nutzung rätseln.

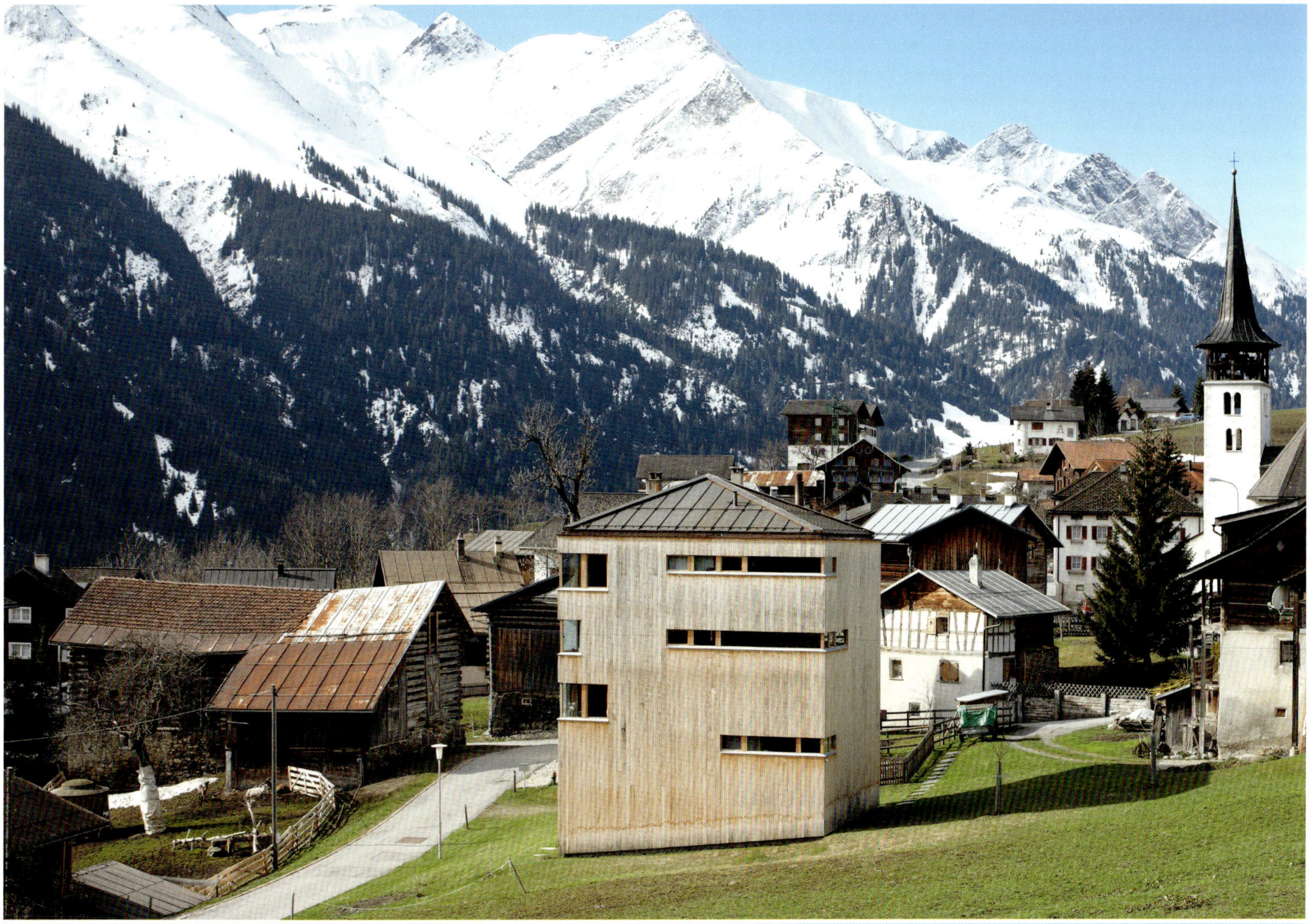

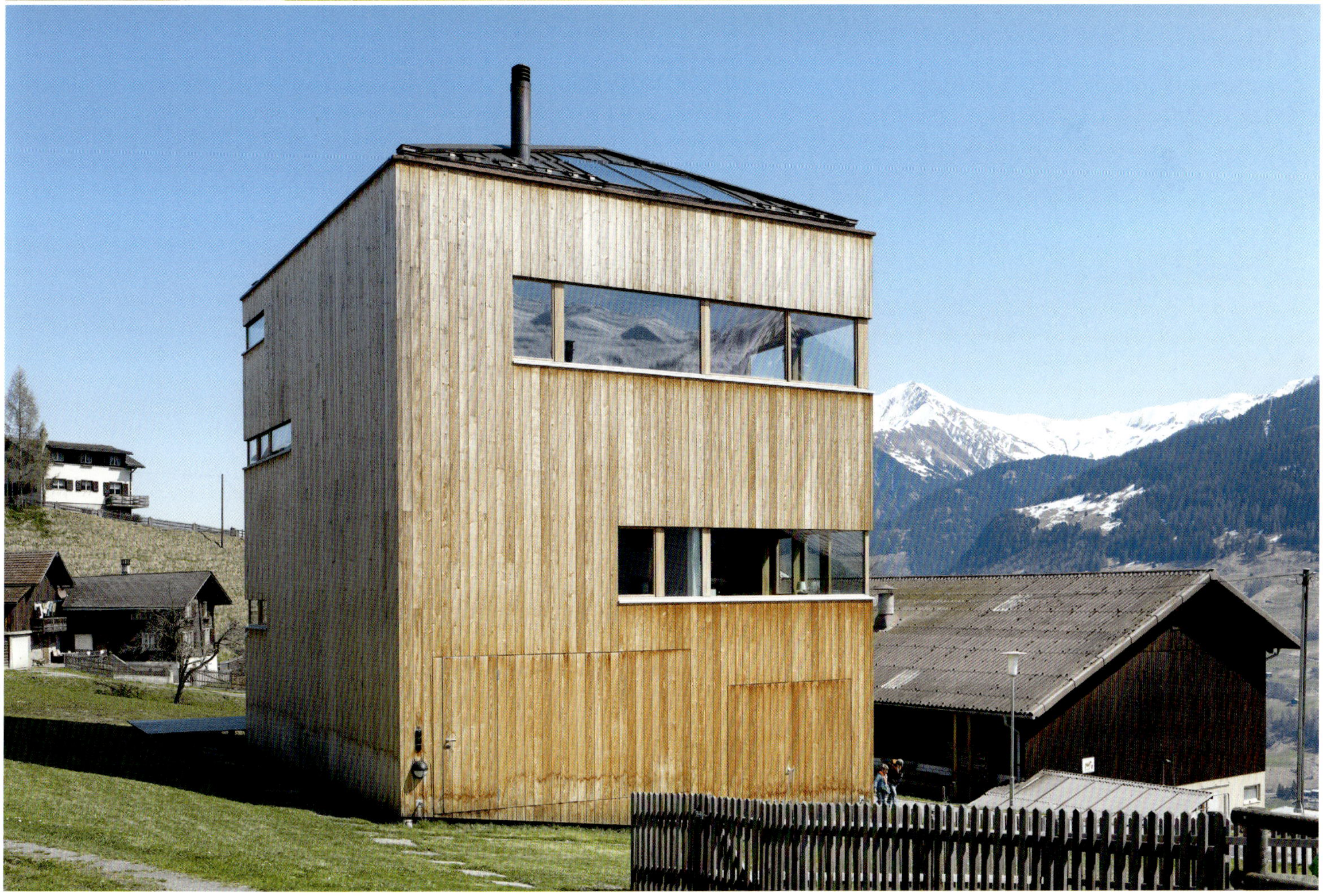

Das Haus kommt ohne fossile Heizung aus. Auf dem Dach der hochwärmegedämmten Konstruktion liegen Sonnenkollektoren, die den Wasserkreislauf der Fußbodenheizung versorgen. Um eine sommerliche Überhitzung zu verhindern, gibt es im Obergeschoss elektrisch betriebene Fensterklappen, die die aufsteigende Wärme abführen.

Ganz oben: Der Wohnraum reicht bis unter die Dachschrägen. Zusätzlich zur Fußbodenheizung sorgt ein Kamin für echtes Feuer.

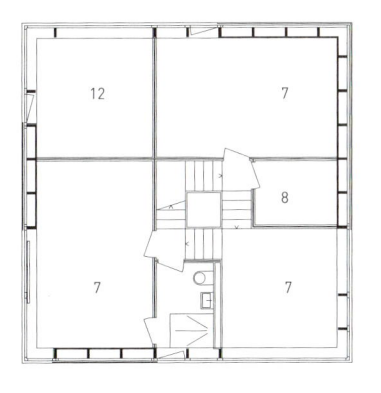

3. Obergeschoss M 1:200

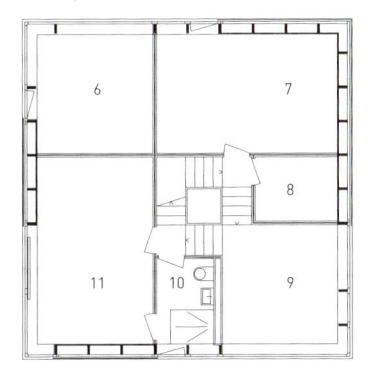

2. Obergeschoss M 1:200

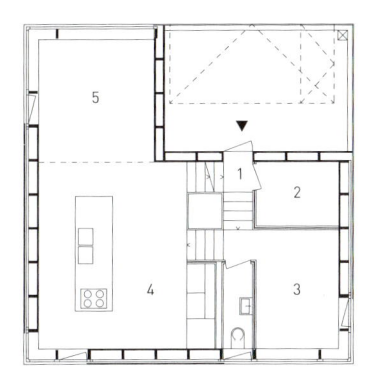

1. Obergeschoss M 1:200

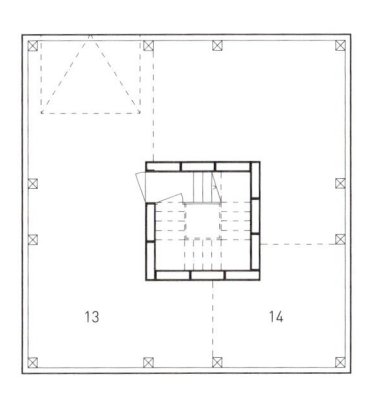

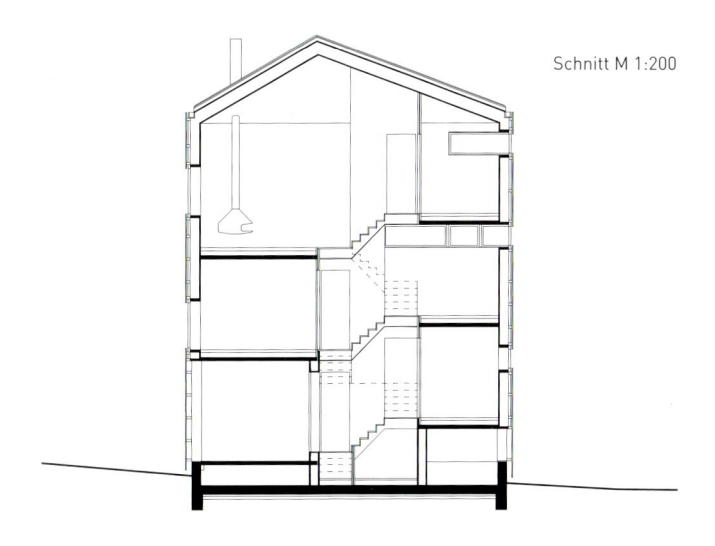

Schnitt M 1:200

Gebäudedaten

Grundstücksgröße: 830 m²
Wohnfläche: 175 m²
Zusätzliche Nutzfläche: 75 m²
Anzahl der Bewohner: 2–4
Bauweise: Holzelementbau
Heizwärmebedarf: 57 kWh/m²a
Baukosten gesamt: 650.000 CHF
Baukosten je m² Wohn-
und Nutzfläche: 2.600 CHF
Fertigstellung: 2012

Lageplan

Erdgeschoss M 1:200

1 Zugang
2 Werkstatt
3 Garderobe
4 Kochen
5 Essen
6 Luftraum
7 Zimmer
8 Ankleide
9 Arbeiten
10 Bad
11 Sauna/Ruheraum
12 Veranda
13 Garage
14 Lager

Jürg Graser, Graser Architekten AG, CH-Zürich

„Verschieden große Raumzellen sind in einer komplexen Raumfigur um eine vierläufige Treppe im Kern des Hauses gestapelt. Von außen ist das Haus betont unaufgeregt, ohne die expressiv räumliche Geste preiszugeben."

Links außen: Ein Arbeitsraum, in dem nichts ablenkt. Unter der Decke eine automatische Klappe, die die Sommerwärme abführt.

Links: Die Treppenstaffel eignet sich, um Nebenräume geschickt einzufügen.

UMBAU EINES ATRIUMHAUSES IN DÜSSELDORF

DÖRING DAHMEN JOERESSEN ARCHITEKTEN

Das Atriumhaus aus den späten Sechzigerjahren, ein Entwurf des im Düsseldorfer Raum bekannten Architekten, Developer und Bauherrn Walter Brune, entspricht der Typologie des damals beliebten Bungalows, also eines eingeschossigen flach gedeckten Hauses. Eine Ironie der Zeitgeschichte ist es, dass kein Gebäude an dieser Straße dem damals schon geltenden Bebauungsplan entsprochen hat – auch heute wäre ein Neubau auf dem vorhandenen Umriss nicht mehr genehmigungsfähig gewesen.

Die neuen Eigentümer schätzten den Typ des Atriumhauses, mussten allerdings die rechtlichen Konditionen zur Kenntnis nehmen. Deshalb wurde aus dem Bauauftrag eine umfassende Kernsanierung. Voraussetzung war, dass dabei die für die Abstandsflächen maßgebenden Außenwände stehen blieben. Die innere Aufteilung wurde dagegen verändert, viele kleine Räume wurden zu großzügigen Bereichen zusammengefasst. Entscheidend für die neuen Proportionen, Größen und Zuordnungen der Fensterflächen war, mehr Helligkeit, Transparenz und Sichtbezüge zu gewinnen. Da das Haus in der Einflugschneise des Düsseldorfer Flughafens liegt, wurden die Wände nicht nur zur Energieeinsparung gedämmt, sondern auch das Holzbalkendach für einen besseren Lärmschutz durch eine schwere Stahlbetondecke ersetzt, ebenso waren dreifach verglaste Holz/Aluminium-Fenster mit einem höheren Schalldämmmaß erforderlich. Die neue Geschosshöhe beträgt jetzt 3 Meter. Zur haustechnischen Aufwertung gehörte der Einbau einer Wärmepumpe, für die zwei 100 Meter tiefe Sonden abgeteuft wurden. Außer der Fußbodenheizung sorgt eine kontrollierte Wohnraumlüftung für eine leise, allergiefreie und energetisch sinnvolle Konditionierung der Räume.

Der Eingang liegt etwas zurückgesetzt in einem kleinen Hof. Die Diele wird bereits von dem gegenüberliegenden Atrium erhellt, als Mittelpunkt des Hauses bringt es auch Licht in Wohn- und Schlafzimmer, verbindet die Räume miteinander und bietet einen windgeschützten

Janusköpfig korrespondieren die beiden Fassaden: hermetisch die Eingangsseite, großzügig geöffnet zum rückwärtigen Garten.

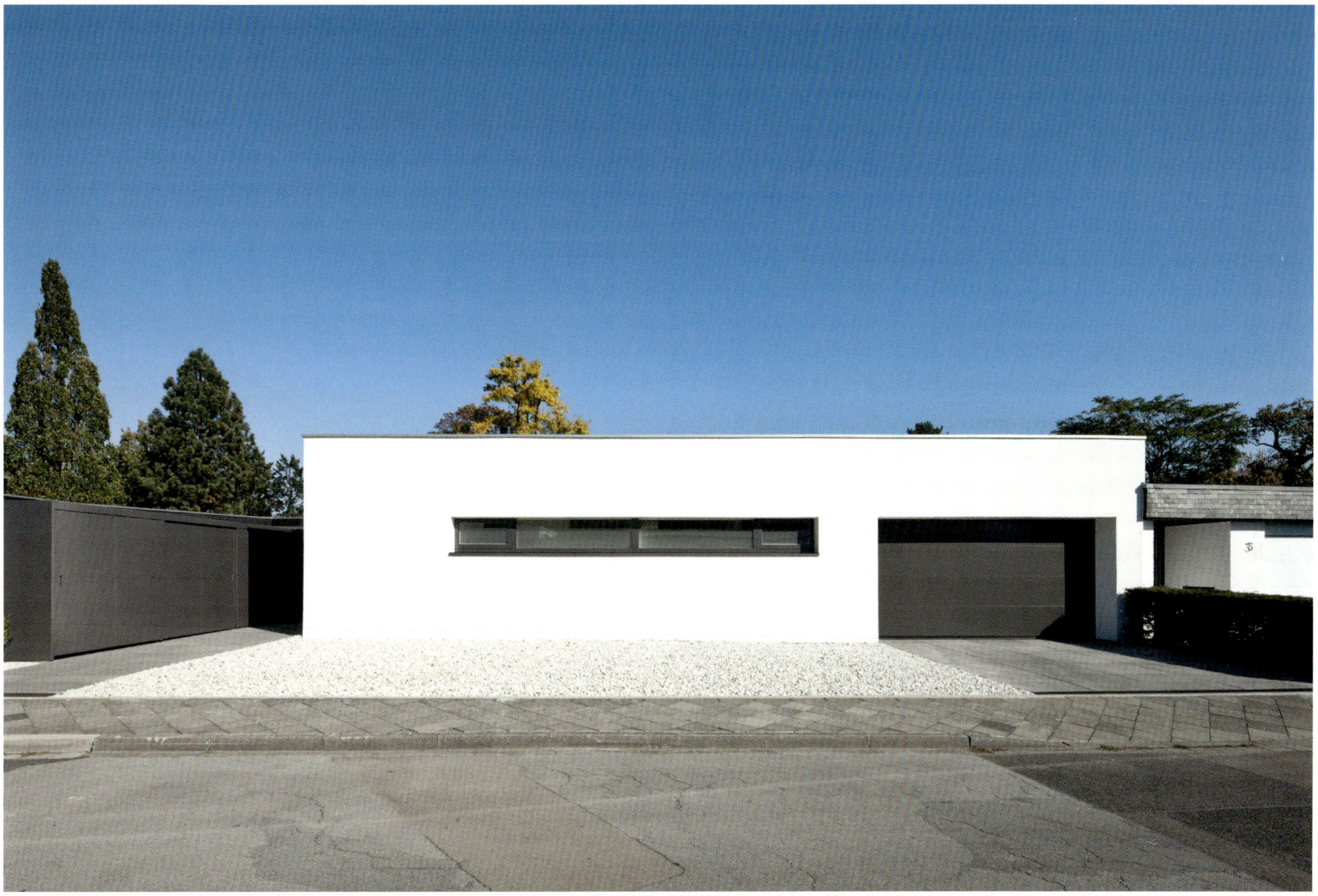

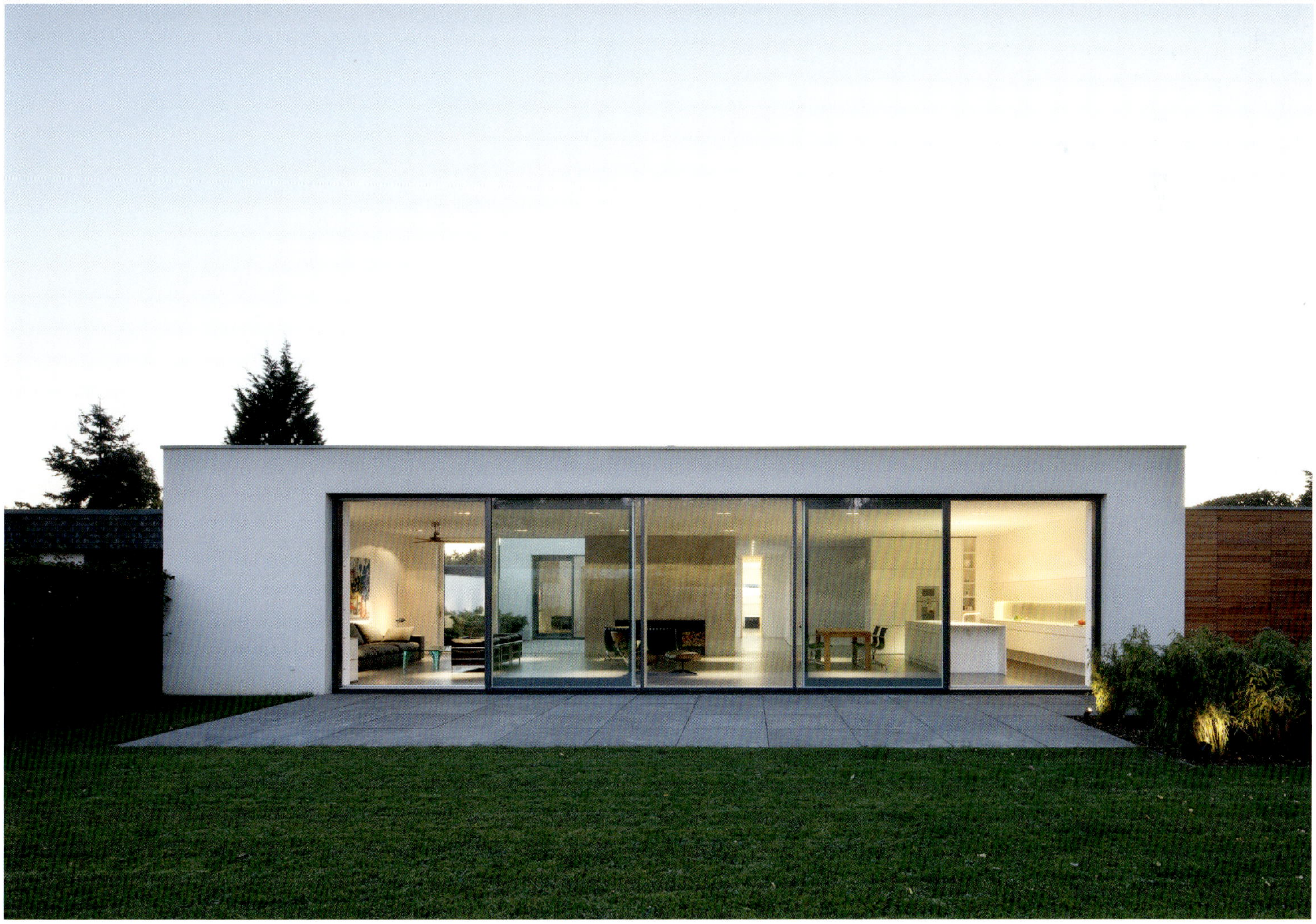

Ein Atrium verbindet die Räume und belichtet den kompakten Bungalow zusätzlich.

Diskret liegt der Eingang an der Flanke des Hauses, ein Vorhof verbreitert die schmale Passage vor der Haustür.

Innenhof. Zur Linken geht die Diele schwellenlos und einladend in den Wohnraum mit Küche und Essplatz über. Zur anderen Seite deuten kleine Durchgänge die privateren Funktionen an. An das Arbeitszimmer schließt ein Gästezimmer an, das Schlafzimmer betritt man über einen Ankleideflur. Zur Straße hin geben Garage, Bad und Technikraum Distanz – alles unter einem Dach.

Diele und Wohnraum sind einladend miteinander verbunden. Das Atrium hinter dem Kamin ist der helle Mittelpunkt des Hauses.

Der Wohnraum wird von zwei Seiten belichtet. Sichtbezüge nach draußen vergrößern scheinbar die Fläche.

Noch sieht die unberührte Küche wie ein Grafikatelier aus.

Das Badezimmer zur Straße sorgt für die ruhige Privatheit der dahinter liegenden Räume.

Der kleine nicht einsehbare Garten gestattet die ungenierte Verglasung des Wohnbereichs.

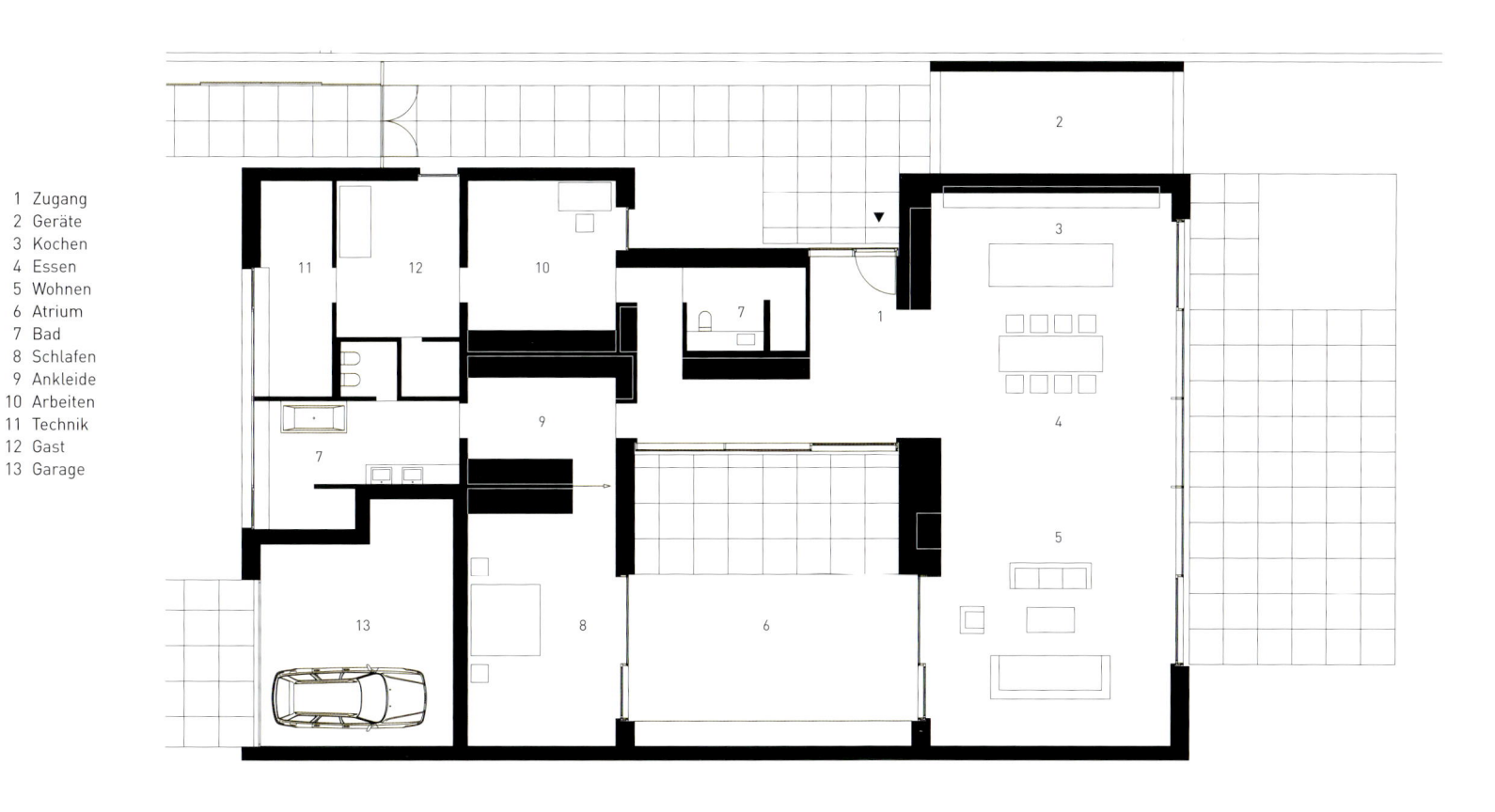

1 Zugang
2 Geräte
3 Kochen
4 Essen
5 Wohnen
6 Atrium
7 Bad
8 Schlafen
9 Ankleide
10 Arbeiten
11 Technik
12 Gast
13 Garage

Erdgeschoss M 1:200

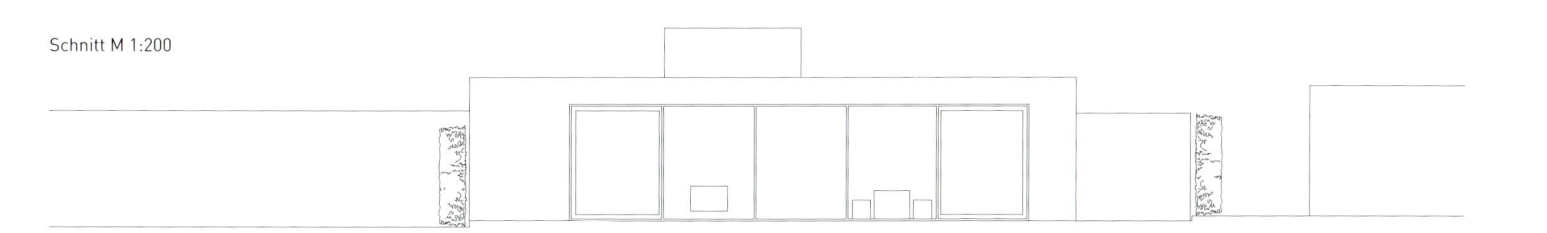

Schnitt M 1:200

Elmar Joeressen, Wolfgang Döring, Michael Dahmen
Döring Dahmen Joeressen Architekten, D-Düsseldorf

„Das Atrium ist der zentrale Raum des Hauses, es sorgt für wechselnde Lichtstimmung der Innenräume und spendet Ruhe und Orientierung."

Gebäudedaten

Grundstücksgröße: 952 m²

Wohnfläche: 265 m²

Zusätzliche Nutzfläche: 63 m²

Anzahl der Bewohner: 2

Bauweise: massiv

Primärenergiebedarf: 59,8 kWh/m²a

Baukosten gesamt: 490.000 Euro (netto)

Baukosten je m² Wohn- und Nutzfläche: 1.500 Euro

Baubeginn: 04/2010

Fertigstellung: 01/2011

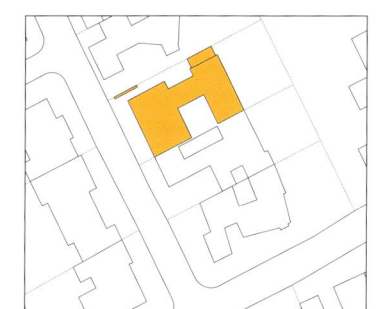

Lageplan

VILLENUMBAU IN MEERBUSCH-BÜDERICH

DÖRING DAHMEN JOERESSEN ARCHITEKTEN

Das fast 2.000 Quadratmeter große Grundstück liegt in einem zu Beginn des letzten Jahrhunderts als Gartenstadt angelegten Wohngebiet. Hier verteilen sich frei stehende Villen zwischen altem Baumbestand. Auch dieses Haus basiert auf einem in die Jahre gekommenen Villenanwesen aus den Sechzigerjahren, das abgerissen und über den bestehenden Umrissen neu errichtet und ergänzt wurde. Dabei wurde das zeitgenössische Bild einer in Flächen und Streifen plastisch gegliederten Fassade mit auskragenden Dachüberständen wieder bewusst aufgenommen.

Allerdings entspricht der massiv hergestellte Neubau heutigen energetischen Anforderungen. Die Außenwände sind zweischalig aus Kalksandsteinen gemauert, wärmegedämmt und mit Klinkern verblendet, sie beziehen auch vorhandene Wände mit ein. Raumhohe alugerahmte Fensterfronten mit vorgelagerten überdeckten Terrassen schaffen im Erd- und Obergeschoss eine Verbindung zum Garten. Der Grundriss ist vorzüglich gegliedert. Über eine lang gestreckte Diele erreicht man den Wohnbereich mit Essplatz. Ein Kamin trennt einen Medienwinkel von der Sitzgruppe ab. Die Küche ist als eigener Raum zwar abgeschlossen, durch raumhohe Schiebetüren lässt sich das Erdgeschoss aber zu einer fließenden Raumfolge verbinden.

Die Kinder bewohnen einen Seitenflügel mit eigenem Eingang, er kann später einmal in eine Einliegerwohnung umgewandelt werden. Dieser Trakt liegt einige Stufen höher, womit auf die leichte Hanglage des Grundstücks reagiert wird (darunter lag ehemals eine Garage). Mit Bad und Schrankflur zeichnet er sich als eigener Bereich aus. Im Obergeschoss befinden sich das Elternschlafzimmer, daneben Platz zum Arbeiten und einen Gast, flankiert von großen Bädern und einem Ankleidezimmer.

Die Gartenfront weist fast nach Süden. Die im Zeitgeschmack der Sechzigerjahre aufgenommenen Dachüberstände bieten geschützte Aufenthaltsbereiche. Der Haupteingang erinnert an Motive aus der jüngeren Baugeschichte. Der Seitenflügel links gehört den Kindern.

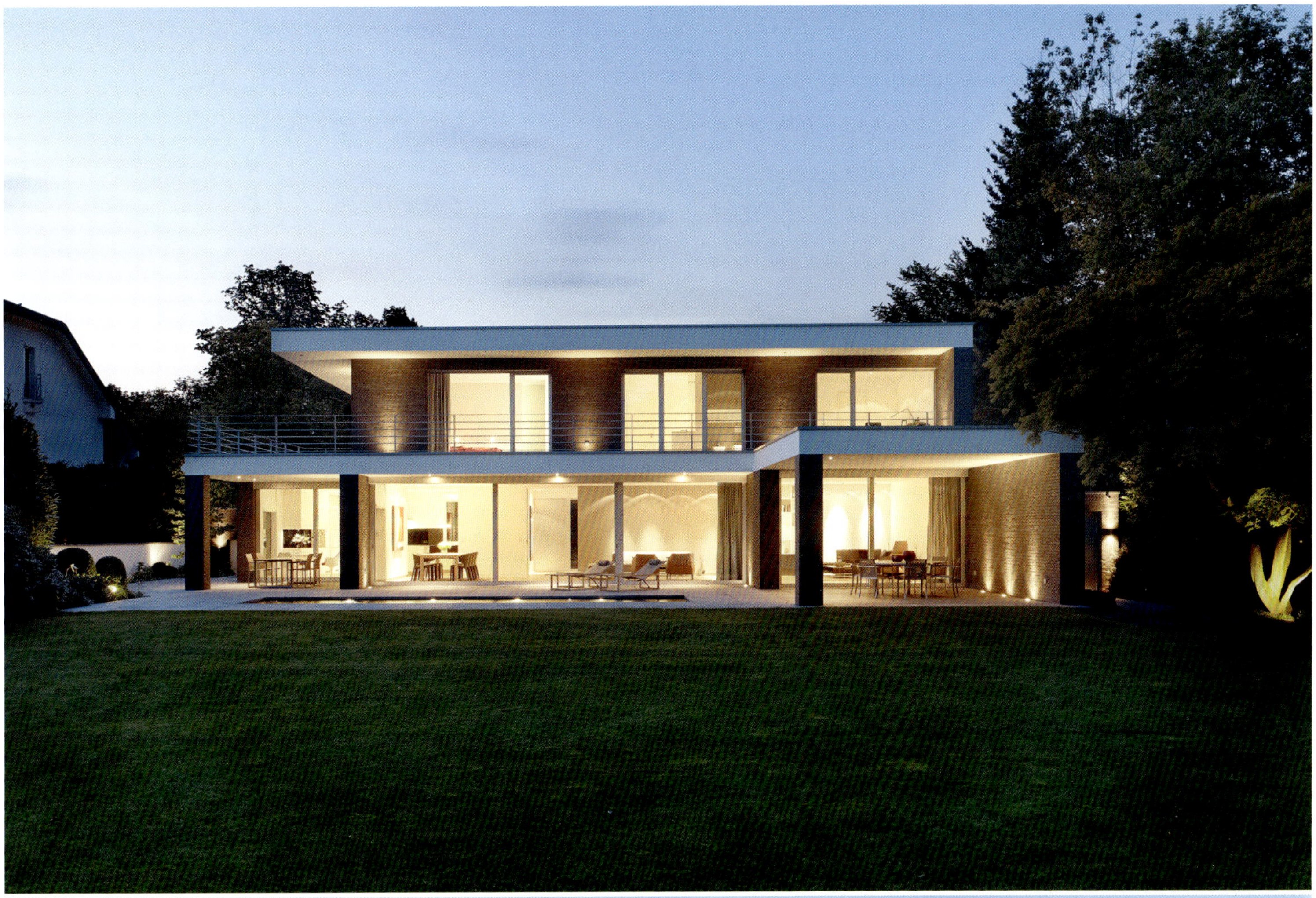

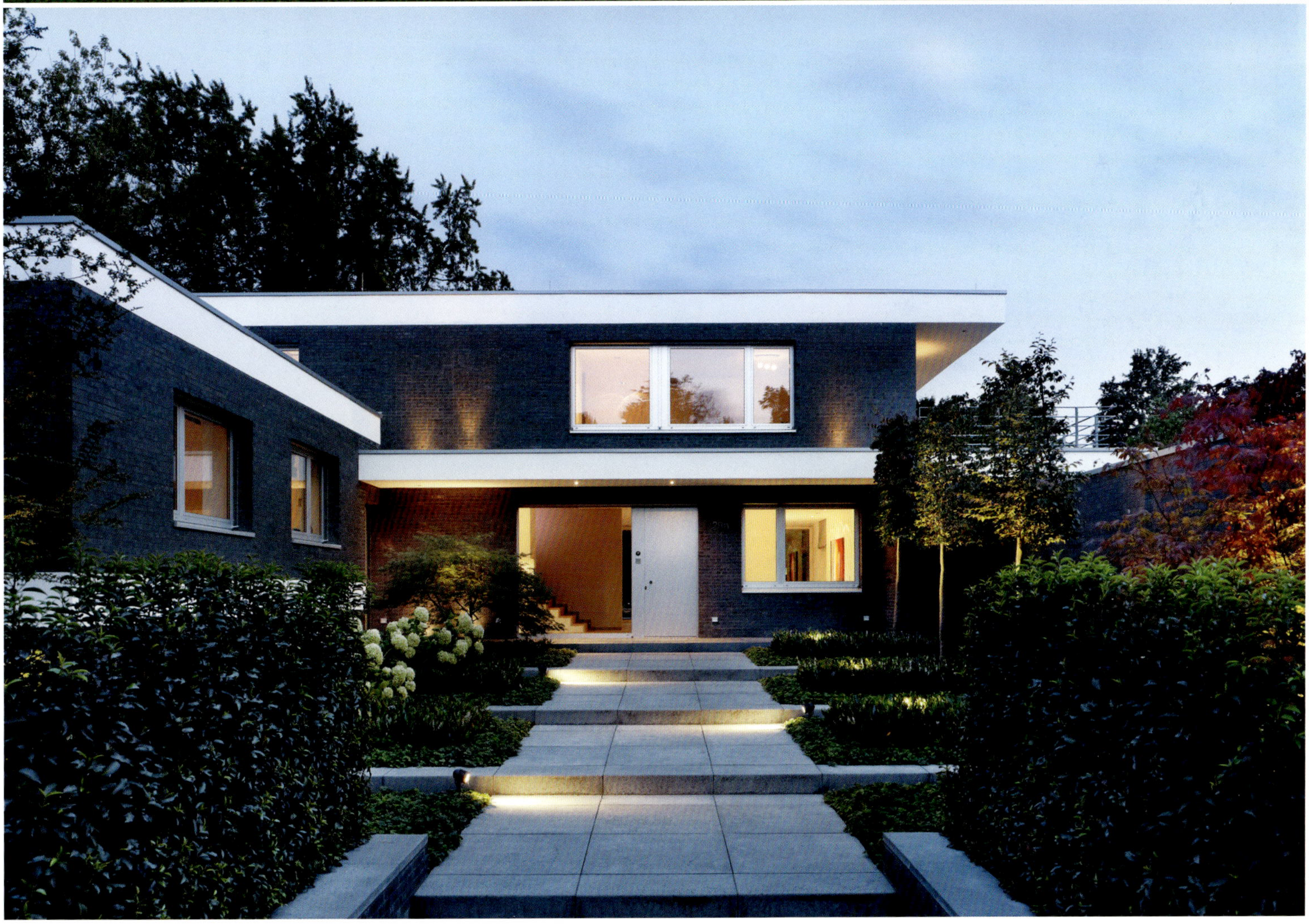

Im Wohnraum wird das Fernsehen nicht lästig, es ist in eine Nische verlegt – und konkurriert mit dem Kaminfeuer.

Unten links: Essen kann man hier überall: beiläufig am Tresen, privat an einem separaten runden Tisch, mit Gästen im Speisezimmer.

Unten rechts: In den Bädern setzt sich die Architekturräson fort. Alles bezieht sich rechtwinklig aufeinander, der Materialkanon bleibt überschaubar.

Auf den Böden und den Treppen liegen weiß geölte Eichendielen, darunter die von einer Gastherme versorgte Fußbodenheizung, in den Bädern großformatige keramische Platten. Die stumpf in Schattennutzargen einschlagenden Türen reichen bis unter die Decke, die Bänder verschwinden im Falz, die Rosetten sind versenkt: Detaillierung und Ausstattung entsprechen der Erwartung an eine zeitgemäße Villa. Der Ausbau wurde zusammen mit einer Innenarchitektin geplant.

Elmar Joeressen, Wolfgang Döring, Michael Dahmen
Döring Dahmen Joeressen Architekten, D-Düsseldorf
„Raumhohe Fensteranlagen und überdachte Außenterrassen schaffen eine perfekte Verbindung von Natur und Architektur."

Obergeschoss M 1:200

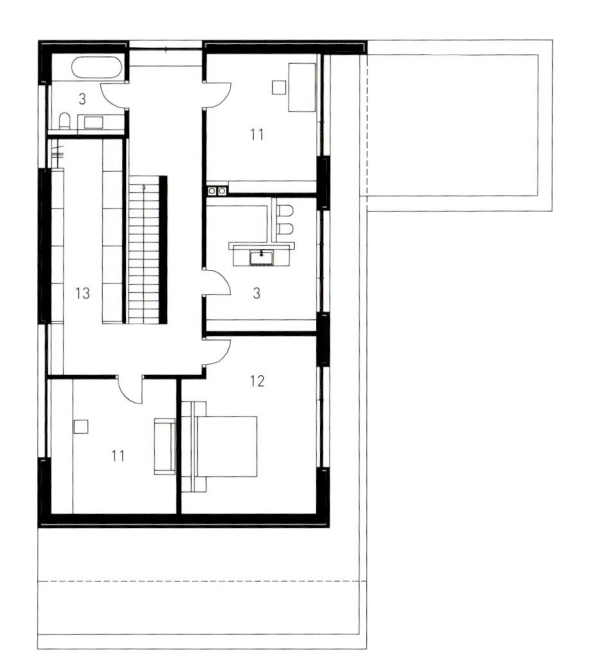

Gebäudedaten

Grundstücksgröße: 1.993 m²

Wohnfläche: 410 m²

Zusätzliche Nutzfläche: 168 m²

Anzahl der Bewohner: 4

Bauweise: massiv

Primärenergiebedarf: 79 kWh/m²a

Baubeginn: 06/2010

Fertigstellung: 06/2011

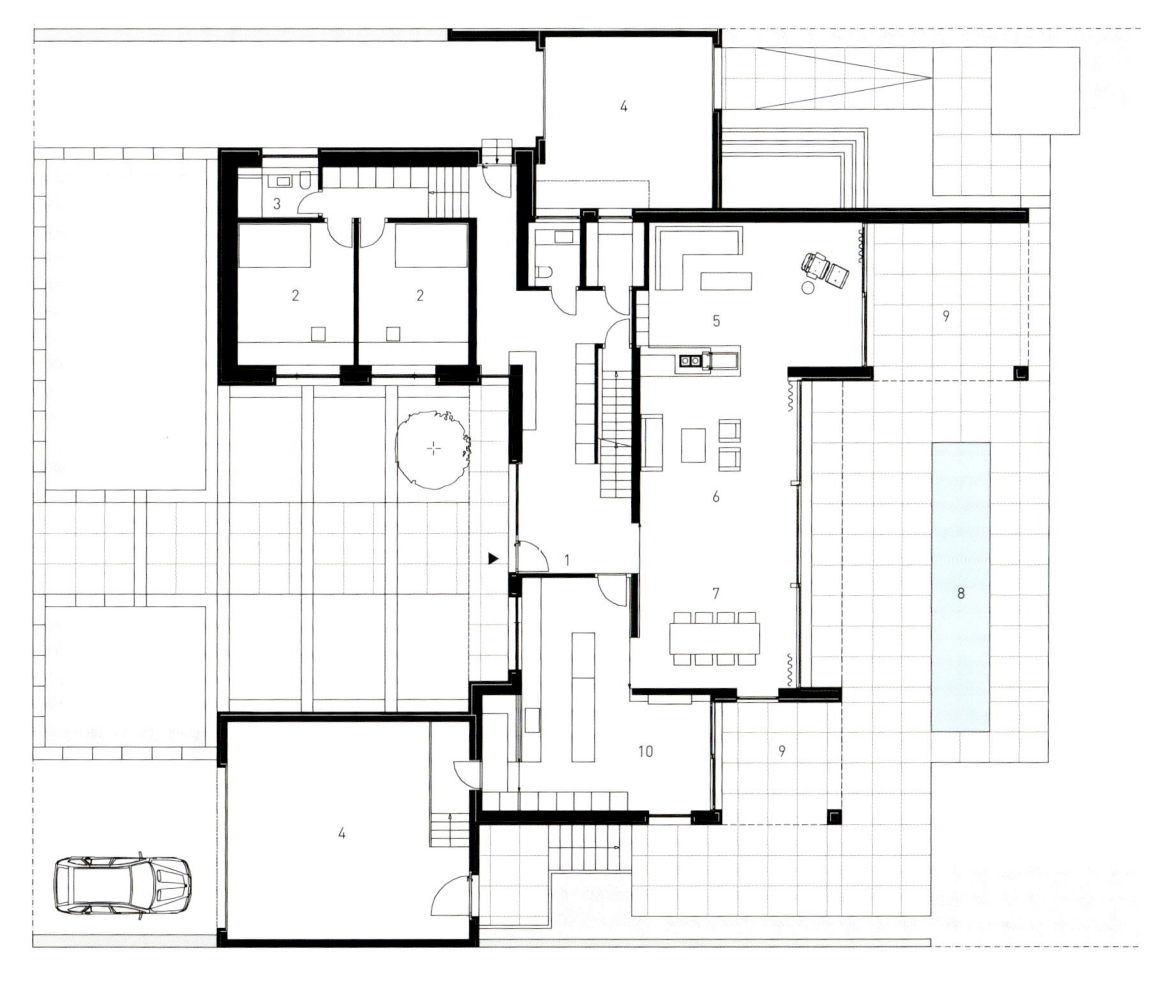

Erdgeschoss M 1:200

1 Zugang
2 Kind
3 Bad
4 Garage
5 Medien
6 Wohnen
7 Essen
8 Wasserbecken
9 Terrasse
10 Kochen
11 Arbeiten/Gast
12 Schlafen
13 Ankleide

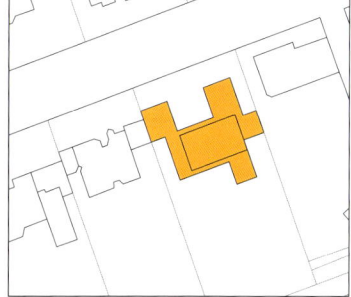

Lageplan

Schnitt M 1:200

EINE VILLEN-ERWEITERUNG IM TAUNUS

MEIXNER SCHLÜTER WENDT ARCHITEKTEN

Das vorgefundene Haus aus den Zwanzigerjahren wurde früher bereits einmal mittelmäßig renoviert, eine Augenweide ist dabei nicht entstanden. Dennoch zeigte es eine passable Statur. So bauen einige Architekten heute wieder, und sicher hätten viele eine Erweiterung als unauffällige Fortsetzung begonnen.

Die Architekten dieses Umbaus beschäftige indes eine konkrete Formentwicklung. Das alte Haus mit seinem Walmdach ruhte typologisch eher introvertiert, es stand ohne exaltierte Gesten auf seinem Grundstück. In seiner direkten Nachbarschaft kaprizieren sich dagegen Großvillen aus der Jahrhundertwende, die zu einem auffallenderen Eingriff ermutigt haben. Es galt, den Eingangsbereich des Hauses aufzuwerten und an der straßenabgewandten Seite ein Wohnzimmer, ein Schlaf- und Badezimmer sowie einen Fitnesstrakt anzufügen. Nach Süden zum Pool sollte sich ein geschützter Gartenbereich ergeben.

Zu dieser Raumbildung wurde dem bestehenden Gebäude gedanklich eine Hülle oder Röhre übergestülpt, die auf beiden Seiten so übersteht, dass sie die Eingangsseite als Außenraum und die eigentliche Erweiterung als Innenraum definiert. In der schematischen Darstellung zeigt sich das Gedankenspiel als einfache geometrische Überlagerung, die dann allerdings zu diffizilen Flächenanschnitten herausforderte. Die Hülle ergab sich aus den funktionalen Erfordernissen der Grundrisse. An der Eingangsseite wurde der Walm aufgenommen und weit abgeschleppt, damit die Südsonne die Terrasse erreicht, und unter dem umschließenden neuen Dach erkennbar herauspräpariert. Zur anderen Seite vermitteln dagegen verschiedene Dreiecksflächen zu dem hochaufragenden Kubus, der die neuen Innenräume umschreibt. So ergibt sich ein spezifischer, „merkwürdiger" Baukörper, der ein Spektrum baugeschichtlicher Formen zeigt: mit Innen-, Außen-, Zwischen- und Umräumen.

Das alte Haus steckt unter dem neuen Gehäuse. Man erkennt den alten Eingang und ein Stück des Walmdachs. Während der Anbau an der Südseite (rechts) den Außenraum des Zugangs rahmt, fügt die hoch aufragende Erweiterung nach Norden neue Nutzflächen hinzu.

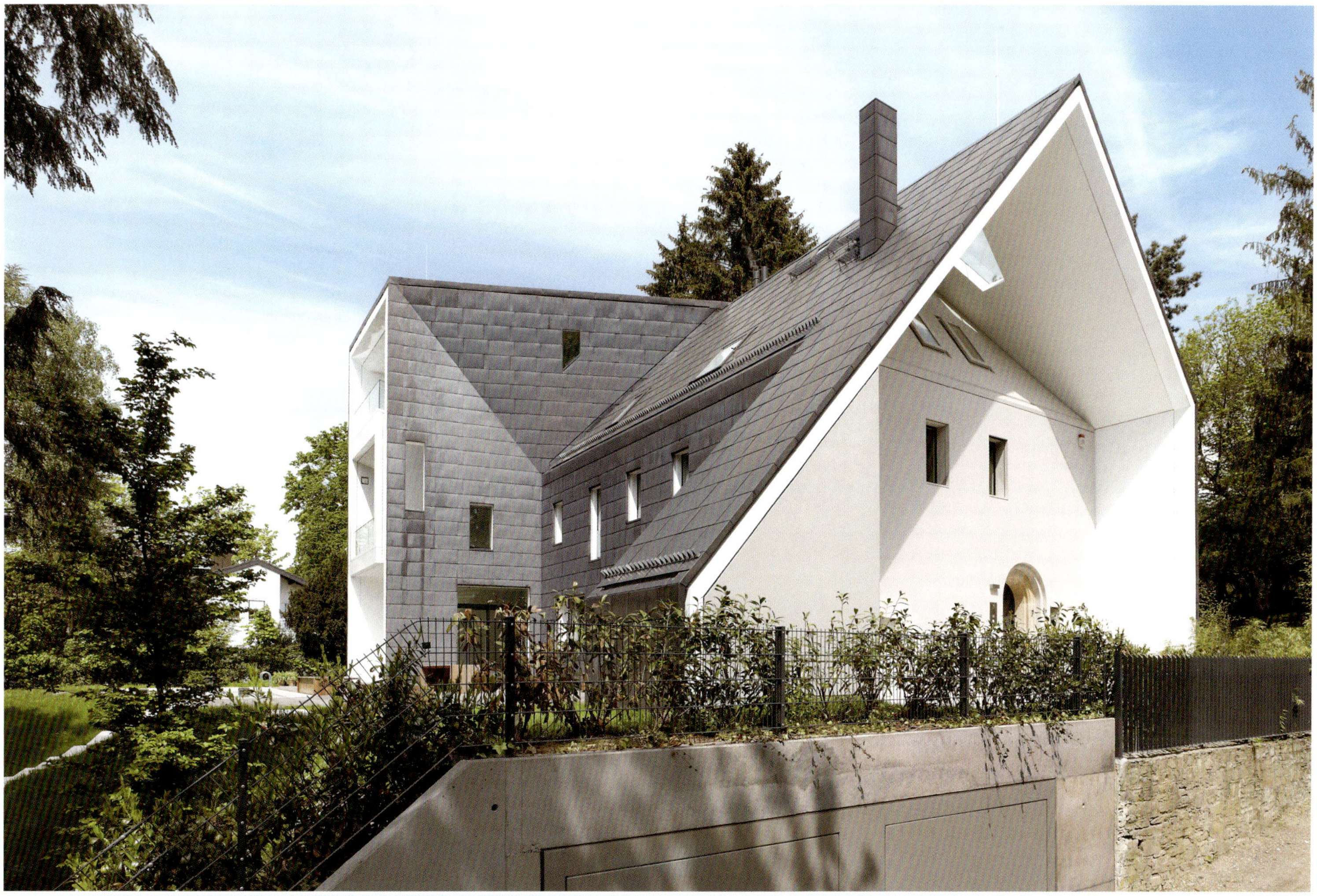

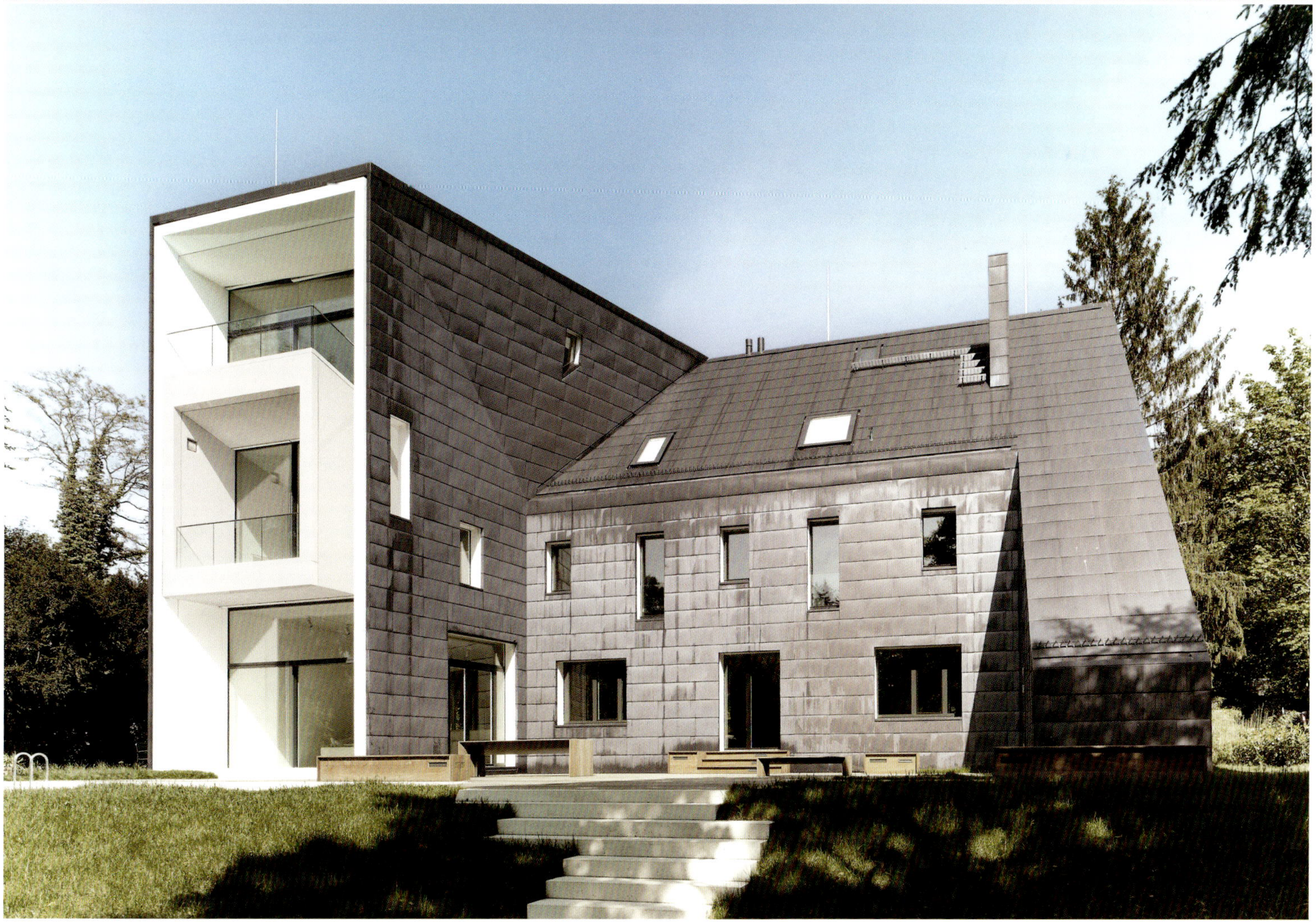

Entsprechend der Idee einer homogenen Hülle werden Dach- und Wandflächen einheitlich mit geschuppten vorbewitterten Kupferschindeln verkleidet. Als tragendes Gerüst dienen Leimbinder mit dazwischenliegender Dämmung. Das äußere Bild entspricht den Villen der Umgebung, deren Schieferdeckung in anderem Maßstab und Material interpretiert wird.

Die Bestandsräume blieben nach der Sanierung ihrer Entstehungszeit verpflichtet. Das Erdgeschoss atmet den Geist eines herrschaftlichen Haushalts. Die Küche mit professionellen Dimensionen kann ein großes Speisezimmer versorgen, das mit einem Kaminplatz endet. Im Neubau erreicht man den eigentlichen Wohnraum. Darüber liegt der Elternbereich mit zwei Bädern, die Kinder finden im Altbau ausreichend Platz. In der Dachgalerie darf geturnt werden, durch einen Einschnitt in den alten Walm, jetzt von der neuen Hülle überdeckt, geht es unter die alte Schrägen. Hier warten Arbeits- und Gästezimmer, ein Raum zum Spielen und einer fürs Heimkino. Neben der betonierten Treppe verbindet ein schmaler Luftraum alle Ebenen.

Die Schieferdeckung der Nachbarhäuser wird durch vorbewitterte dunkle Kupferschindeln in anderem Maßstab aufgenommen.

Bei der Sanierung des Altbaus hat man sich bemüht, das authentische Innenbild zu erhalten.

Die ehemalige äußere Dachfläche wird zur inneren Schräge, mit der neuen Faltung entsteht ein Feuerwerk an geometrischem Eigensinn.

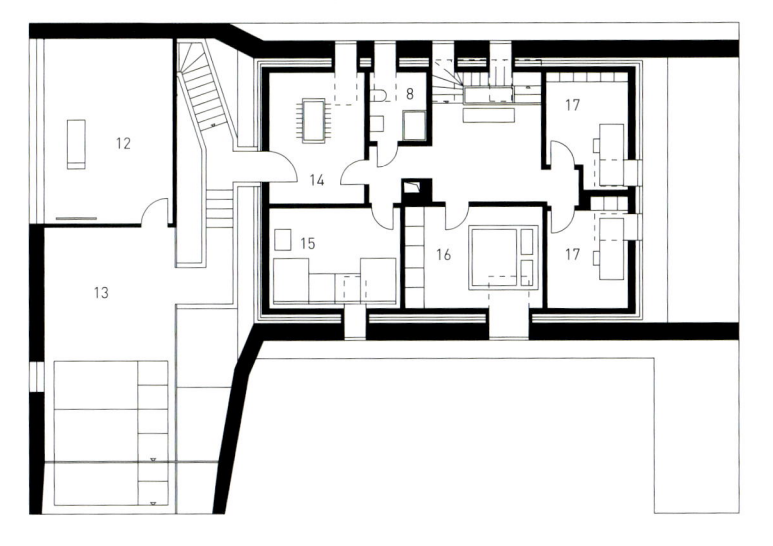

Dachgeschoss M 1:250

Gebäudedaten

Grundstücksgröße: 3.159 m²

Wohnfläche: 507 m²

Zusätzliche Nutzfläche: 195 m²

Anzahl der Bewohner: 5

Bauweise: Stahlbeton/

Holzbauweise

Heizwärmebedarf: 80 kWh/m²a

Primärenergiebedarf: 107 kWh/m²a

Baubeginn: 06/2010

Fertigstellung: 03/2012

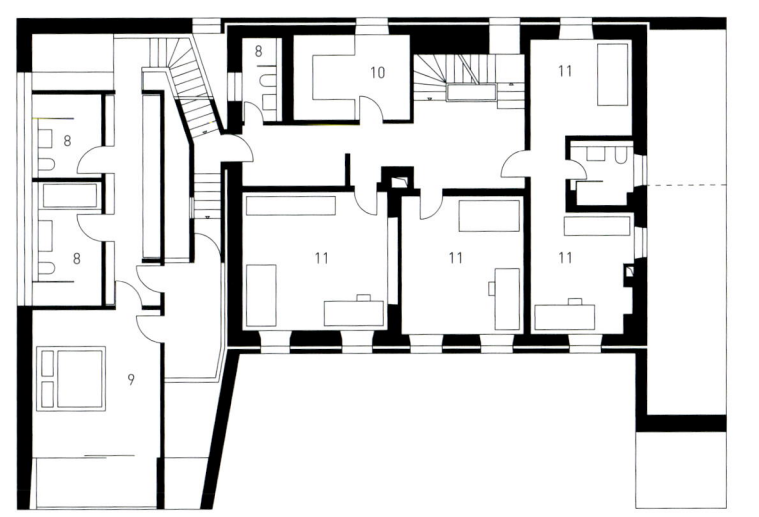

Obergeschoss M 1:250

Lageplan

1 Zugang
2 Diele
3 Kochen
4 Wohnen
5 Loggia
6 Essen
7 Wohnen
8 Bad
9 Schlafen
10 Ankleide
11 Kind
12 Fitness
13 Galerie
14 Spielen
15 Kino
16 Gäste
17 Arbeiten

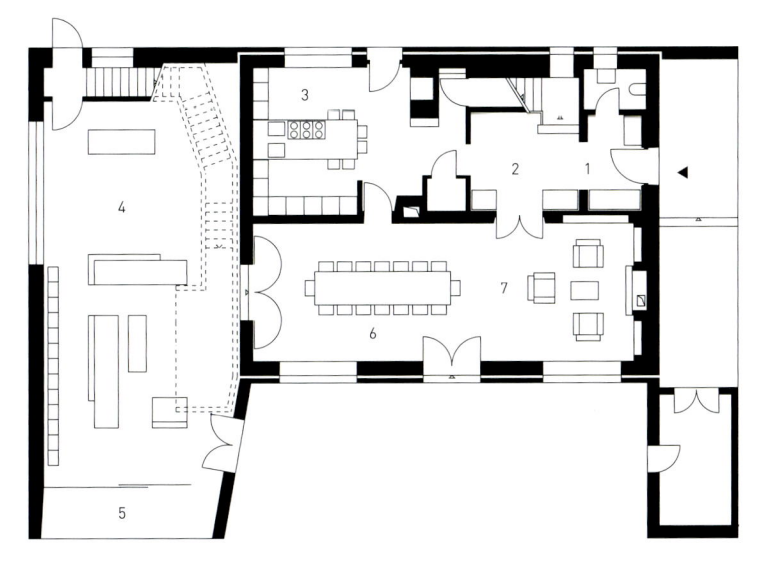

Erdgeschoss M 1:250

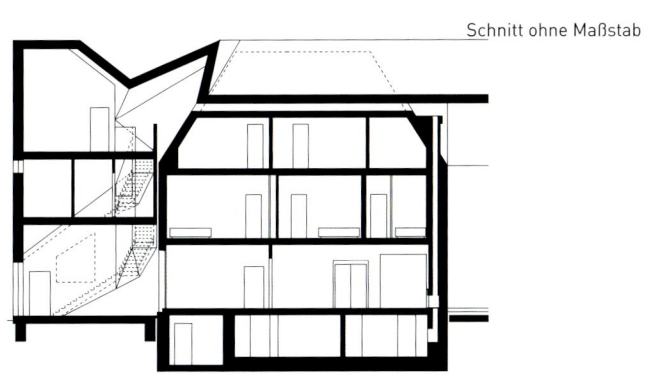

Schnitt ohne Maßstab

Florian Meixner, Claudia Schlüter, Martin Wendt
Meixner Schlüter Wendt Architekten, D-Frankfurt/Main

„Die Einfügung dieses transformierten Wohnhauses wird in der direkten Umgebung sehr positiv wahrgenommen. Neben den Bezügen zu den schindelgedeckten Dachlandschaften der Nachbarvillen liegt es vielleicht auch daran, dass die Grundstücke recht weitläufig sind und ambivalenten Atmosphären Raum geben – eine Art kontextuelle Entspanntheit."

BETONHAUS IN SANT'ABBONDIO

WESPI DE MEURON ROMEO ARCHITEKTEN

Ein kantiges Betonhaus mit Bergen und See im Blick, da ist man sich ganz sicher: Solche Architektur wird nur in der Schweiz gebaut. Diese fand Halt auf einem Steilhang in Sant'Abbondio, hoch über dem Lago Maggiore, sie bietet Wohnraum für zwei Personen und Gäste. Bergseitig und zur Seite liegen zu unterschiedlichen Zeiten bebaute Grundstücke an, erschlossen wird das Haus deshalb talseitig über eine durch den Wald führende Zufahrtsstraße. Der freie Ausblick nach Südwesten wird mit dem Panorama der Landschaft belohnt.

Durch die Position am Berg ist die Organisation der Grundrisse naheliegend. Die Zimmer orientieren sich zum See, dahinter folgen Flure, Sanitär-, Technik- und Lagerräume. Zuunterst erreicht man über eine Treppenkaskade die Gästezimmer, die ein gemeinsames kleines Duschbad trennt. Darüber nimmt die Haustiefe vor dem zurückweichenden Berghang zu, es folgt zuerst die Ebene der Eigentümer mit Schlaf- und Fitnessraum, unter der Dachterrasse schließlich das Wohngeschoss, das sich nach Süden durch eine von zwei schattenspendenden Höfen flankierte Loggia auszeichnet. Durch seine einfache, einprägsame Kubatur, die ohne alle den Berghang verändernde Eingriffe auskommt, außerdem durch den Sichtbeton, der das Bauwerk wie einen Felsen aus dem Boden wachsen lässt, fügt es sich zurückhaltend in die heterogene Umgebung.

Die unregelmäßigen, scheinbar wie zufällig gesetzten Öffnungen (für die der Vergleich „Petersburger Hängung" kursiert) machen den Monolithen zu einem skulpturalen Unikat. Sie belichten archaische Innenräume und Innenhöfe, horizontal und vertikal, verbinden sie mit Wasser, Wald und Bergen, mit Licht und Sonne. Das spartanische Gehäuse wird zum Passepartout für die Poesie der Natur. Durch die strikte Beschränkung auf wenige Materialien – Beton, Natursteinpflaster und Holz – bleibt die Architektur im Hintergrund, es entsteht eine Balance zwischen Innen und Außen, das Artefakt evoziert eine naturnahe Atmosphäre. Man spürt die Tektonik der statischen Struktur, wie sie auch den traditionellen Steinbauten der Region eigen ist.

Offenbar ein Felsenhaus. Es ragt aus dem sonst unveränderten steilen Berghang wie eine Skulptur für archaische Wohnhöhlen.

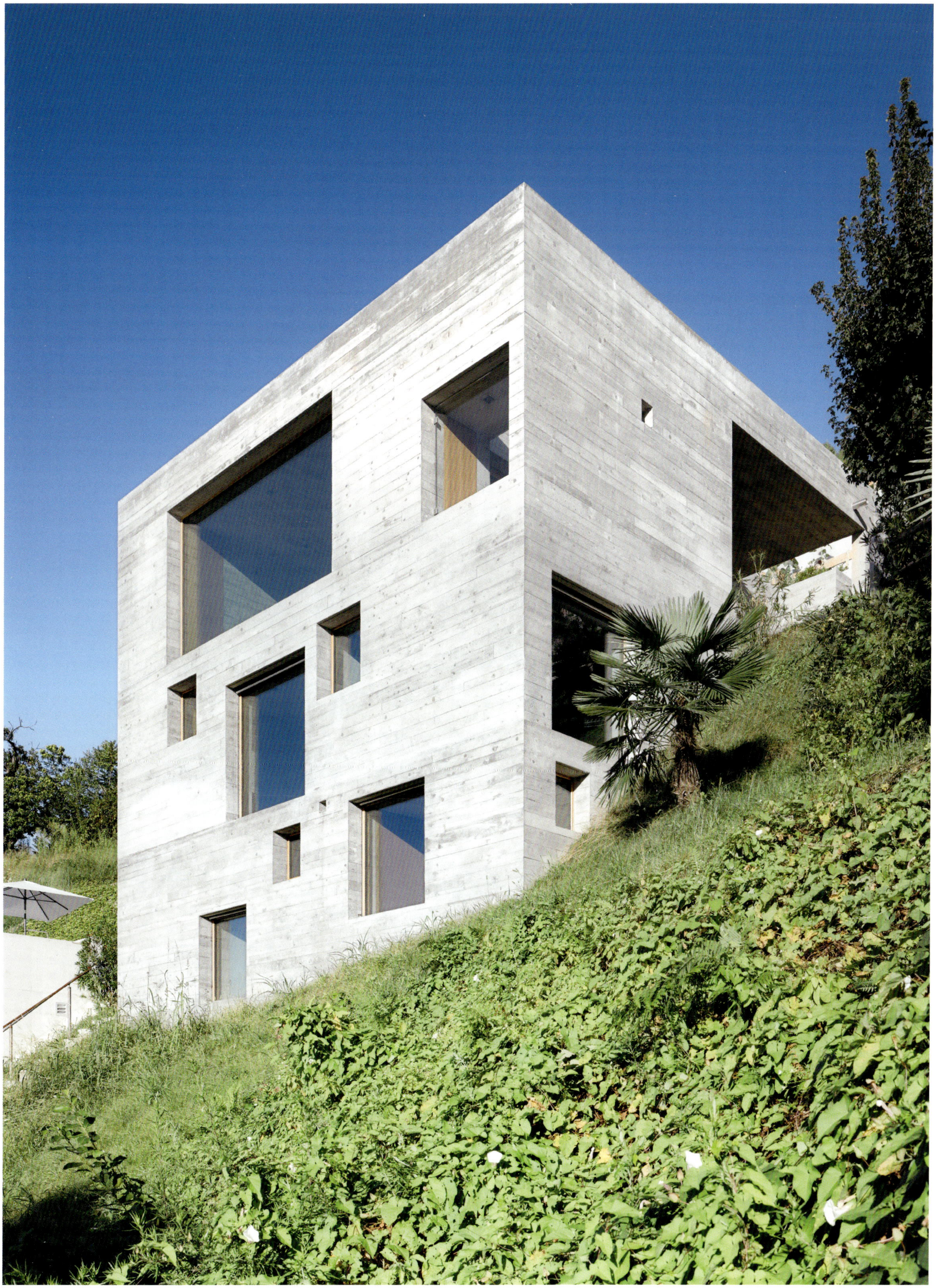

Jede Öffnung konzentriert sich auf einen Ausblick, von der Dachterrasse hat man das unbezahlbare Panorama im Blick. Sie ist vom Berg aus begehbar.

Unten: Der Kaminblock separiert den Wohnbereich vom Essplatz. Im Eckpfeiler hinten befindet sich eine kleine Bibliothek.

Der Beton ist als hauptsächliches Baumaterial ringsum erkennbar, seine Masse bestimmt die Architektur körperhaft an Böden, Wänden, Decken. Die sägeraue Brettschalung gibt ihm eine warme, lebendige Oberfläche. Die Konstruktion ist zweischalig mit Kerndämmung ausgeführt, alle von innen nach außen führenden Bauteile sind konsequent ohne Wärmebrücken hergestellt. Selbst die Architektur ist neben den energetischen Parametern durch ihre zeitlose Qualität ein Beitrag zur Nachhaltigkeit. Eine Wärmepumpe speist die Fußbodenheizung.

Unten: Wegen des steilen Grundstücks schließt zu beiden Seiten der Loggia ein Wohnhof als Freiraum an.

Wohnraum auf der oberen Ebene. Die Fenster nach Nordwesten und Nordosten müssen nicht verschattet werden. Man reinigt sie mit destilliertem Wasser von außen.

Die nach Südwest gerichtete Loggia lässt sich vollständig zum Wohnraum anschließen, das Material ist ohnehin identisch.

Rechts außen: Gästezimmer. Die kleinen Fenster lassen sich öffnen, sie sind außen mit Stoffrollos ausgerüstet. Raumhohe Schränke ergänzen die Architektur, jedes weitere Möbel wird zur Skulptur.

Eine Schachttreppe verbindet die drei Ebenen.

**Jérôme de Meuron, Marcus Wespi, Luca Romeo
Wespi de Meuron Romeo Architekten, CH-Caviano**

„Der einfache Monolith integriert sich mit Zurückhaltung im heterogenen Quartier und die skulptural eingeschnittenen Öffnungen lassen die Natur hineinfließen."

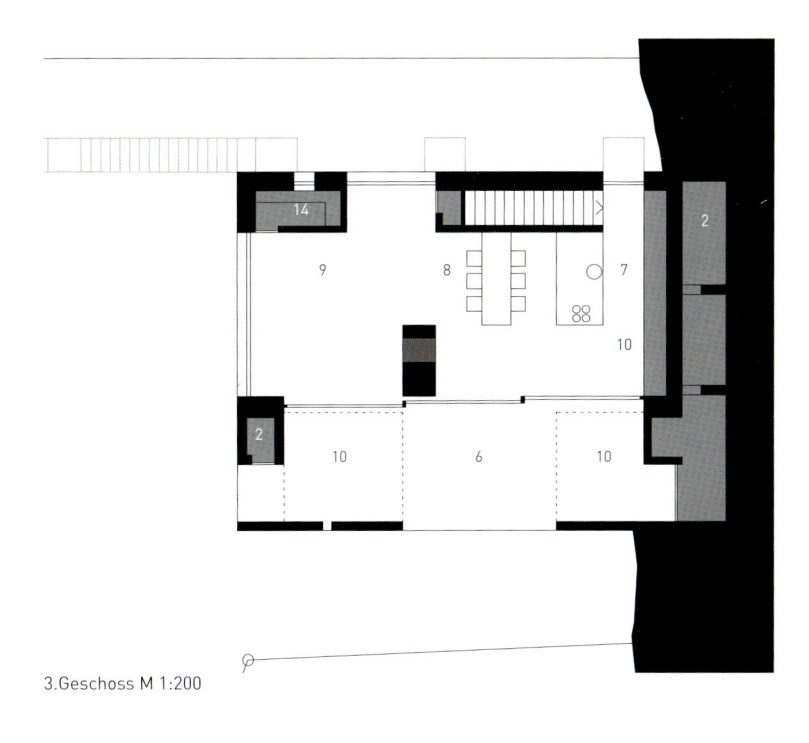

3.Geschoss M 1:200

2. Geschoss M 1:200 ⊗

1 Zugang
2 Hohlraum
3 Zimmer
4 Flur
5 Bad
6 Loggia
7 Kochen
8 Essen
9 Wohnen
10 Hof
11 Schlafen
12 Fitness
13 Technik
14 Bibliothek

Lageplan

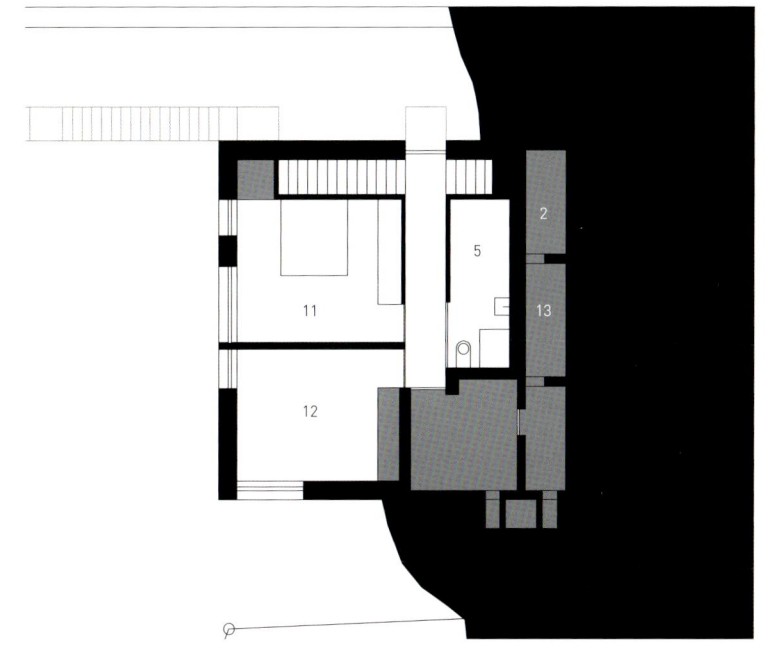

Gebäudedaten

Grundstücksgröße: 599 m²

Wohnfläche: 148 m²

Zusätzliche Nutzfläche:

Hof: 29 m², Dachterrasse: 36 m²

Anzahl der Bewohner: 2

Bauweise: Sichtbetonbau

Fertigstellung: Frühling 2012

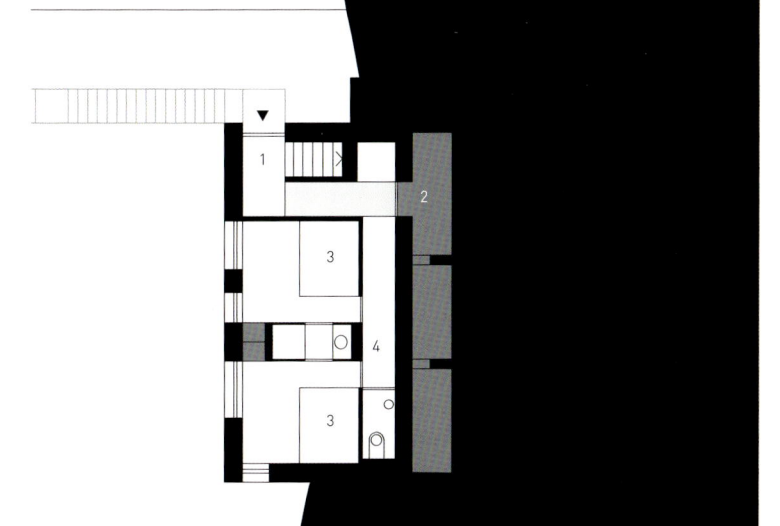

2. Geschoss M 1:200

1. Geschoss M 1:200

Schnitt M 1:200

WOHNHAUS IN WEGGIS

BUCHNER BRÜNDLER ARCHITEKTEN

Von diesem nach Süden abfallenden Grundstück hat man ein spektakuläres Naturpanorama im Blick. Unterhalb liegt der Vierwaldstätter See, dahinter sieht man die Alpen am unerreichbaren Horizont. Das gegenüberliegende steile Ufer des Bürgenstocks ist nicht bebaubar. In dieser Vorzugslage, auf einer abgesenkten Schwelle des Geländes, steht diese Villa.

Spontan erinnern die sich überlagernden und durchdringenden orthogonalen Scheiben, Rahmen, Balken und Bügel an ein ins Räumliche übersetztes Mondrian-Bild oder einen Stuhl von Rietveld. Sie finden zu einer virtuosen Komposition zusammen, in deren Zwischenräumen wie selbstverständlich Nutzflächen entstehen. Aus einem inneren dichten Kern ergeben sich sukzessive gestaffelte Raumzonen, als suchten sie nach außen Verbindung mit der Umgebung. Hofartige Nischen lassen die Fassade zusätzlich mäandrieren. Die ausgeklinkten Scheiben setzen die Dynamik des Verschiebens und Überlagerns im kleinen Maßstab fort. Die Grundrisse sind nach allen Seiten gerichtet, um die außergewöhnliche Aussicht zu inszenieren. Die Hofbereiche bilden zur Weite des Naturraums einen spannenden Kontrast.

An der Zufahrtsstraße wirkt das Haus nur als unscheinbares Bauwerk über dem Gelände, entwickelt sich dann aber talwärts zu einem stattlichen zweigeschossigen Volumen, wobei der westliche Teil einer Einliegerwohnung gehört, die aber Zugang zur Hauptwohnung hat, um eventuell eine assistierende Nutzung zu ermöglichen. Schon beim Eintreten hat man See und Berge im Blick. Diese Ebene teilen sich die Schlafräume und ein Studio. Darunter liegen die eigentlichen Aufenthaltsräume, die sich zur Südseite mit einer Terrasse der Gartentopografie nähern, zur Straße hält ein Hof Abstand, hinter dem sich der Gebäudewinkel unter dem Carport in den Berghang schiebt.

Ein Haus, das sich mit seinem Traggerüst sehnsuchtsvoll zur Landschaft wendet. Oder ein Artefakt, das sein Bildungsprinzip offenbart?

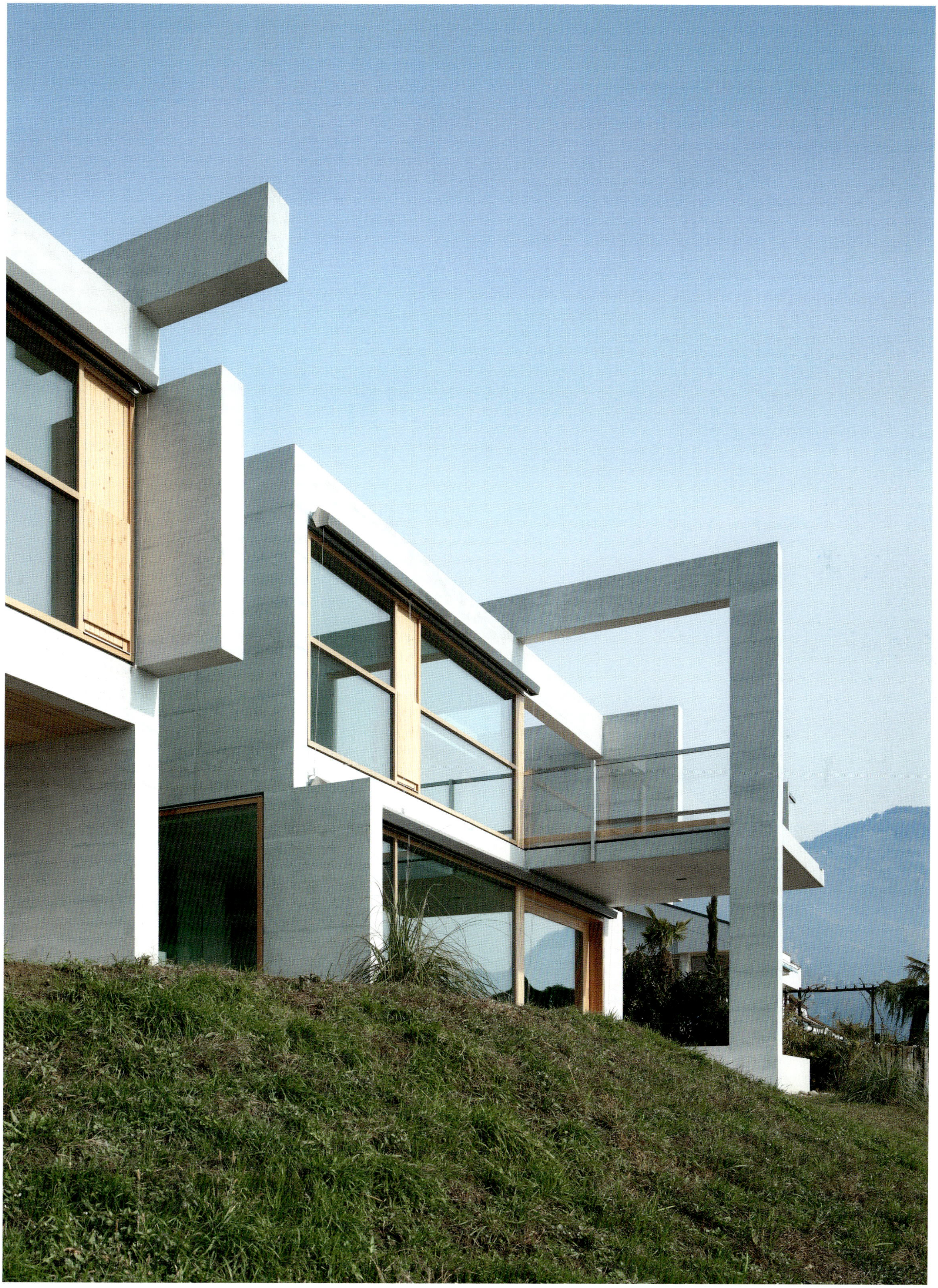

Die Einliegerwohnung hat einen eigenen Zugang, kann aber innenräumlich mit der Hauptwohnung verbunden werden.

Seitlich des Carports hält ein tiefer liegender Wohnhof den Abstand zur Straße.

Der helle Sichtbeton gibt der Tragstruktur durch Licht und Schatten eine plastische Dimension. Nach innen begleiten Materialien wie geschliffene Betonböden, Glattputz und Eichenholz, die die äußere Homogenität fortsetzen. Die Holzrahmen der großen Verglasungen antworten dem grauen Beton mit einem warmen Naturton. Über Schiebetüren lassen sich die Räume zu Terrassen und Hof öffnen.

Die Zugänge auf dem oberen Niveau demonstrieren verschlossene Privatheit.

Um die Küchendiele sammeln sich die schmaleren Räume, die dann in offene Zonen, schließlich die Terrasse übergehen.

Daniel Buchner, Andreas Bründler
Buchner Bründler Architekten, CH-Basel
„In der Überlagerung räumlicher und formaler Themen entsteht eine virtuose Komposition."

Schiebetüren mit massiven Rahmen stellen raumhohe Verbindungen zum Garten her.

Nach dem Eingang rahmt ein Fensterbild den unbezahlbaren Ausblick.

Obergeschoss M 1:200

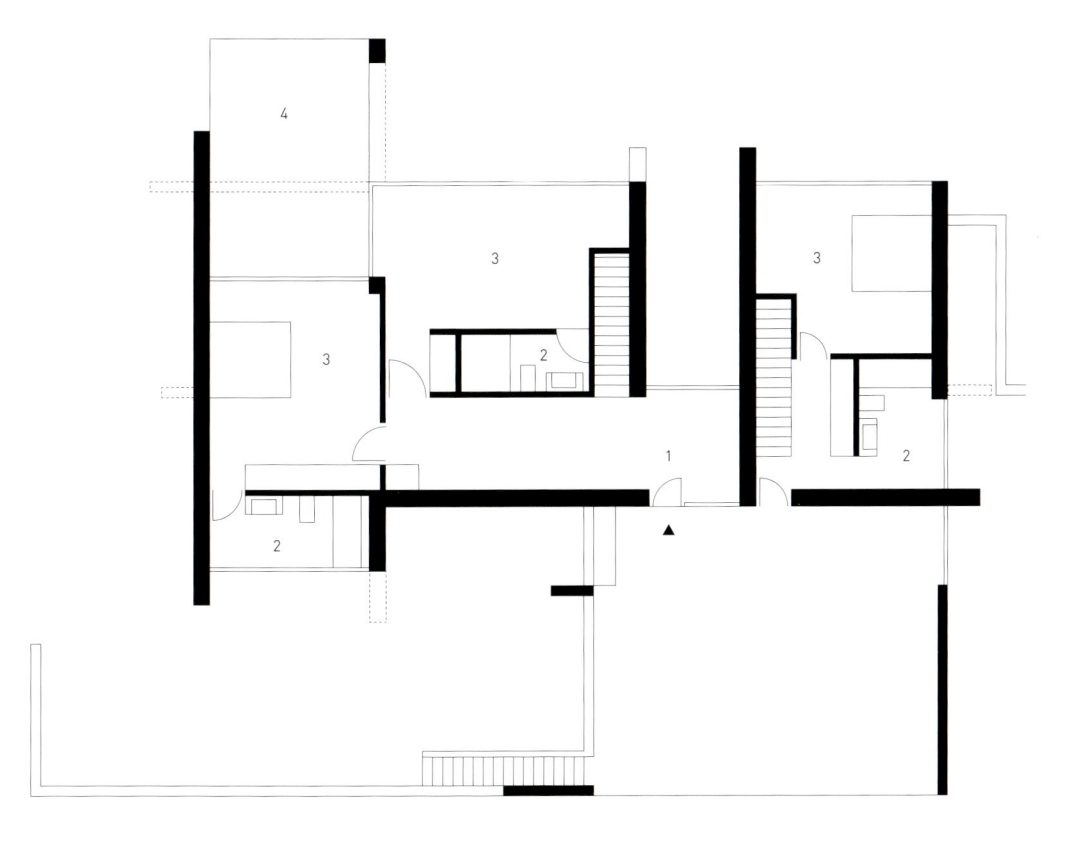

Gebäudedaten

Grundstücksgröße: 1.500 m²
Wohnfläche: 300 m²
Zusätzliche Nutzfläche: 20 m²
Anzahl der Bewohner: 3
Bauweise: massiv, Beton
Baubeginn: 05/2011
Fertigstellung: 08/2012

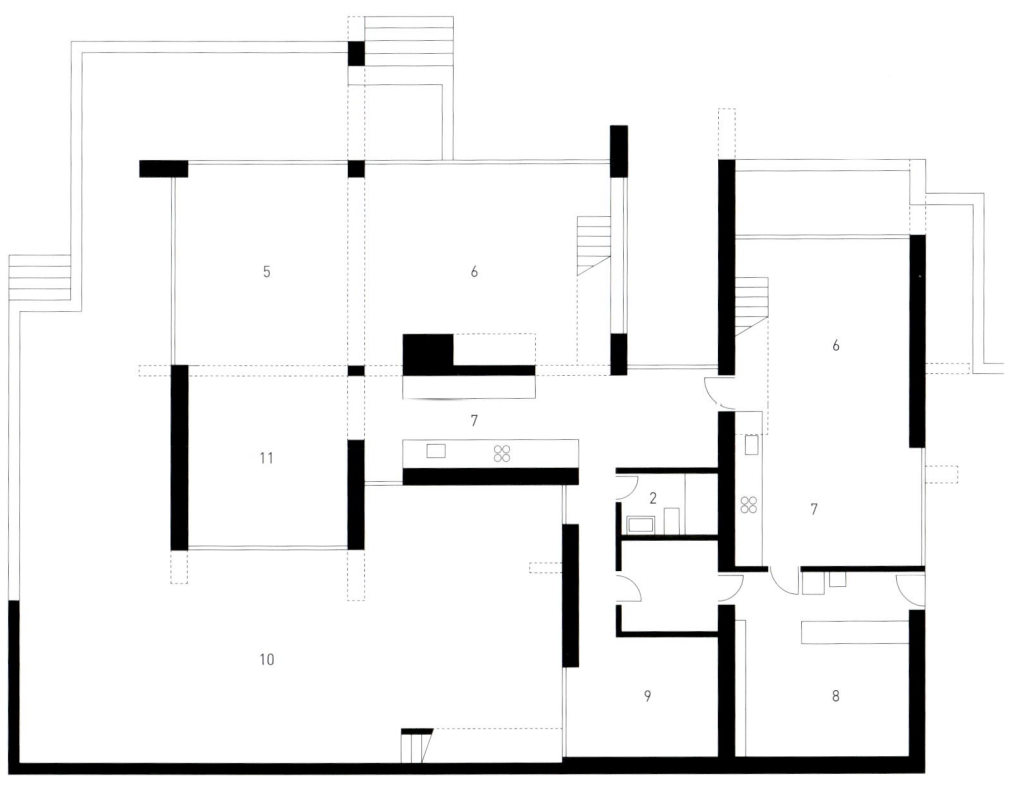

Erdgeschoss M 1:200

1 Zugang
2 Bad
3 Schlafen
4 Terrasse
5 Essen
6 Wohnen
7 Kochen
8 Hauswirtschaftsraum
9 Gäste
10 Hof
11 Arbeiten

Schnitt ohne Maßstab

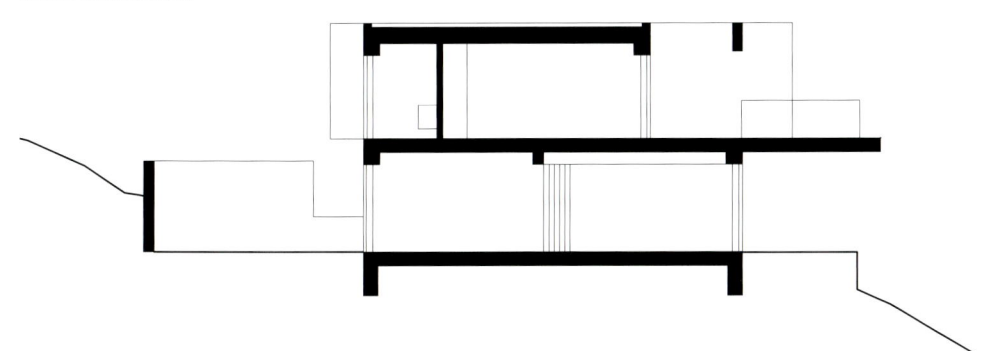

Lageplan

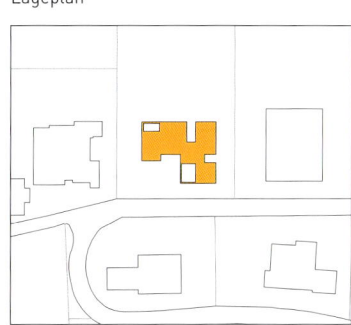

ATELIERHAUS IN KASTELRUTH

MODUS ARCHITECTS

Ein Holzhaus, das wie ein skulpturaler Felsen den Ort überragt, so zeigt sich das Atelierhaus des Südtiroler Künstlers Hubert Kostner. Es steht am Rand des Grundstücks dicht beim Wohnhaus der Familie, knapp über dem Steilhang, und entspricht trotz seiner auffallenden Form der dichten, an der Topografie orientierten alpinen Bauweise. Das neue Gebäude besteht aus zwei Volumen, die im spitzen Winkel zueinander finden und sich zum Tal hin öffnen.

Das untere Geschoss mit Atelier und Werkraum verschwindet ein Stück im Hang. Ein Teil der Künstlerwerkstatt erhält eine gleichmäßige Beleuchtung über die umlaufende Glasfassade vom darüber folgenden Erdgeschoss. Auf dieser Ebene liegt der Eingang, an den ein kleiner Büroraum anschließt. Darüber erreicht man in den knapp verbundenen Baukörpern das Wohngeschoss. Im kleineren Volumen liegt die Küche mit einem Kochherd, der auch zur Beheizung beiträgt, eine Treppe führt zu einem Speicherraum, der einmal eine Schlafgelegenheit bieten könnte; das größere Volumen hinter dem Halbrund der von unten ankommenden Wendeltreppe ist fürs gemütliche Wohnen vorgesehen. Hier steht vor dem Ofen eine Eckbank, im Hintergrund liegt ein Schlafraum mit Bad, zur Bergseite nach Süden schließt eine Terrasse an. Unterm Dachspitz ist ein weiteres Schlafzimmer mit Bad eingerichtet.

Der regionalen Tradition des Steinsockels entspricht der betonierte, dunkel verputzte Unterbau. Darauf steht das Holzgehäuse, das über das verglaste Erdgeschoss von V-förmigen Stützen hochgestemmt wird. Die beiden Obergeschosse sind aus Kreuzlagenholztafeln konstruiert, die über der 18 Zentimeter dicken Holzfaserdämmung nach außen mit einer Dreischichtplatte abschließen. Eine Besonderheit ist, dass sich das 4 Zentimeter dicke obere Brett der schrägen Holzleimstützen über die gesamte Gebäudehöhe fortsetzt. So entsteht ein

Die beiden Holzgehäuse kokettieren mit der regionalen Bauweise und präsentieren sich weithin sichtbar als Atelierhaus eines Künstlers. Die unbehandelten Dreischichtplatten werden rasch vergrauen und das Bauwerk unauffälliger in den Ort holen.

245

tektonisch wirksames Ornament, das jeden Hauskörper zusammenzuhalten scheint und an ein modernes Fachwerk erinnert. Die Oberfläche bleibt unbehandelt.

Die Fenster sind mit Laibungen aus blanken Alutafeln eingefasst, ebenso der Rand des mit Holzschindeln gedeckten Dachs. Geheizt wird konventionell mit einer Gastherme und Radiatoren.

Die Treppenbrüstung ist mit einem Regal umwehrt. Durch die Türöffnung geht es in die Küche im östlichen Hausteil.

Atelier und Werkstatt verschwinden im rückwärtigen Hang, zur Talseite haben sie freien Ausblick. Günstiges Licht kommt über die hochliegende Verglasung, hier kann man von außen bei der Arbeit zusehen.

Matteo Scagnol, Sandy Attia
Modus Architects, I-Brixen

„Mit der Planung des Wohnhauses samt Atelier für den Künstler Hubert Kostner im touristisch geprägten, pittoresken Bergdorf Kastelruth haben wir uns mit Ironie auf einen elanvollen und kreativen Dialog zwischen Tourismus und Tradition eingelassen. Dem haben wir eine standfeste Geste der Architektur entgegengestellt, bei der kein Detail dem Zufall überlassen wurde, sodass sich das maßgeschneiderte Ganze dennoch mit der Schlichtheit eines Standards präsentiert."

1. Obergeschoss M 1:200

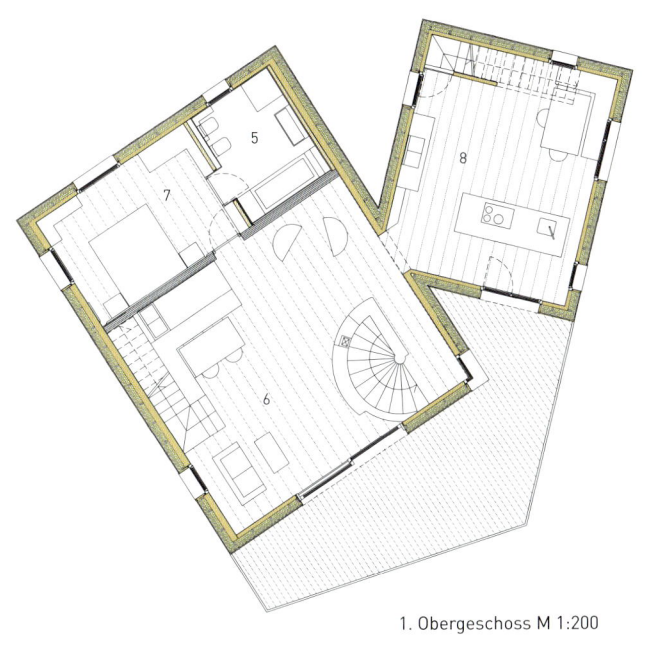

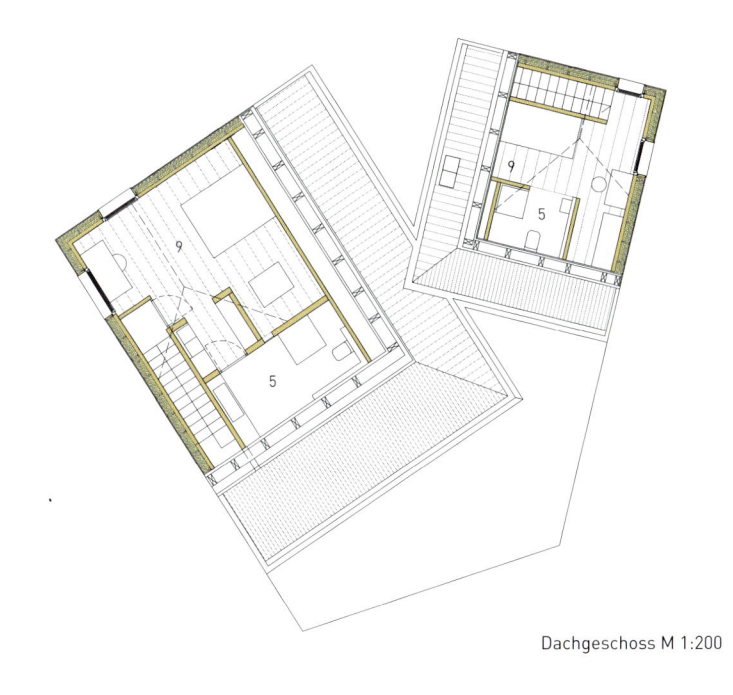

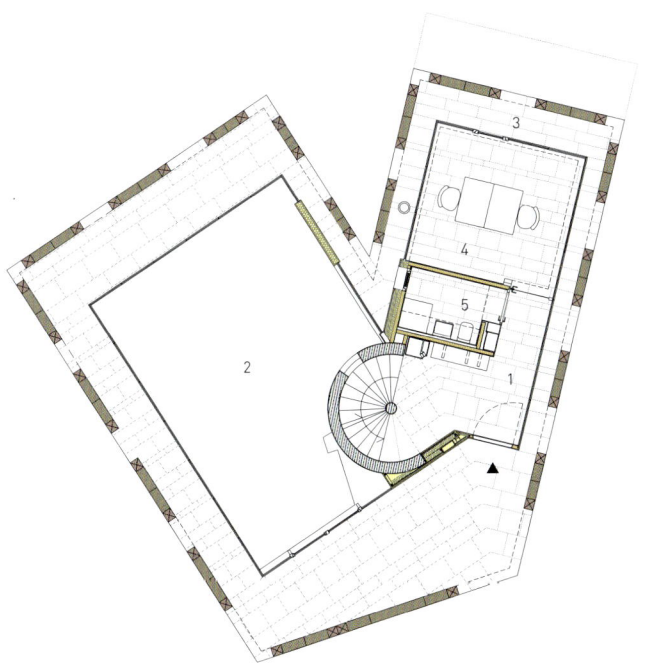

Dachgeschoss M 1:200

Erdgeschoss M 1:200

Lageplan

1 Zugang
2 Luftraum
3 Terrasse
4 Arbeiten
5 Bad
6 Wohnen/Essen
7 Eltern
8 Kochen
9 Kind/Gast

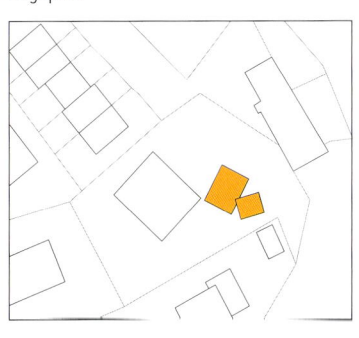

Schnitt M 1:200

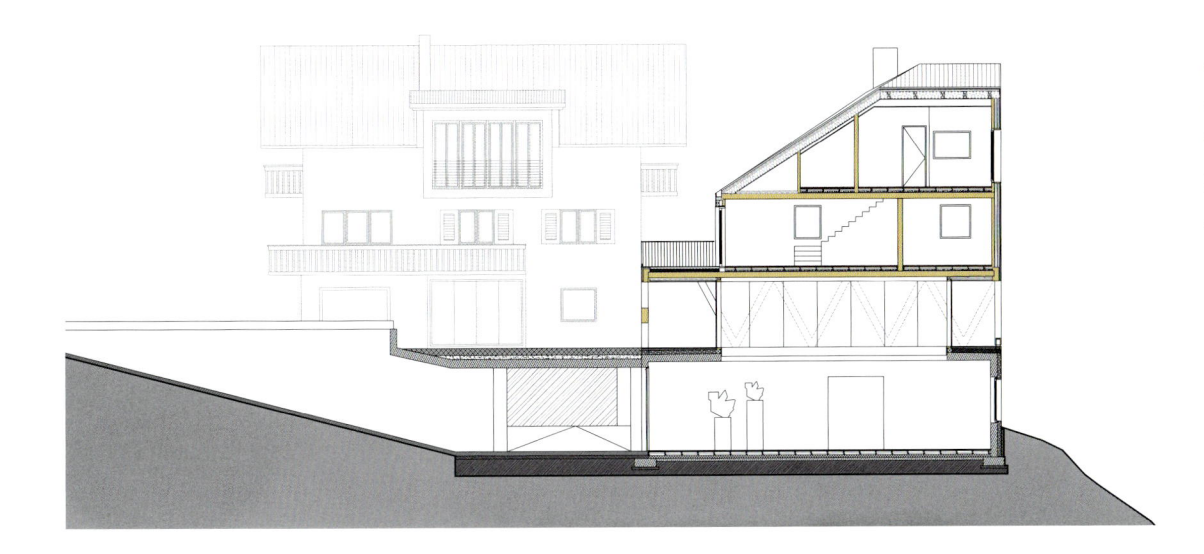

Gebäudedaten

Grundstücksgröße: 934 m²

Wohnfläche: 160 m²

Zusätzliche Nutzfläche: 320 m²

Anzahl der Bewohner: 3

Bauweise: Holzbauweise

Heizwärmebedarf: 60 kWh/m²a

Primärenergiebedarf: 48 kWh/m²a

Baukosten gesamt: 750.000 Euro

Baukosten je m² Wohn- und Nutzfläche: 2.100 Euro

Fertigstellung: 12/2012

KLEINES HAUS IN BLAU

BEL – SOZIETÄT FÜR ARCHITEKTUR, BERNHARDT UND LEESER

Nach dem Kauf eines Grundstücks mit einem einfachen Siedlungshaus aus den Fünzigerjahren, das eigentlich abgerissen werden sollte, wurde nochmals der Rechenstift angesetzt. Es zeigte sich, dass der Umbau und die Erweiterung des vorhandenen Hauses kostengünstiger sein würden als ein Neubau. Außerdem entsprach das Weiterverwenden dem Prinzip der Nachhaltigkeit, weil die in der Bausubstanz eingelagerte graue Energie nicht verloren geht. Man interpretierte das Siedlungshaus als Rohbau, aus dem sich das neue Haus entwickeln ließe.

Die Architekten führten das in jeder Hinsicht undeutlich artikulierte Kleinbürgerhaus auf seine Ursprünge zurück. Alle drei Geschosse wurden eigenständig entworfen. Die tragenden Wände blieben erhalten, die drei Raumkonzepte wurden dieser vorhandenen Struktur einbeschrieben. Das Erdgeschoss ist in zu zwei Seiten vollständig geöffnete, längs gerichtete Räume organisiert. Sie verbinden den Vorgarten mit dem Garten. Über eine durchgehende Querverbindung mit Doppeltüren werden die neuen Terrassen, die das Haus im Westen und Osten flankieren, angeschlossen.

Die schmale Raumfolge dient als Küche, Werk- und Arbeitsraum, die breite als Wohn- und Esszimmer. Die Treppe steht als eigenständiger, neben dem Eingang ablesbarer Baukörper an der Fassade.

Die vier Räume im Obergeschoss sind bis auf das Badezimmer neutral angelegt. Die Besonderheit sind die jeweils in eine andere Himmelsrichtung weisenden Fenster – für jede Tageszeit ein anderer Ausblick. Der Dachraum – momentan nur als gedämmte Hülle ausgebaut – ist ein Universalraum, in den ein weiteres Badezimmer eingestellt ist. Hier könnte das Elternzimmer mit Ankleide entstehen. Ein Gaube gewährt die nötige Höhe und gibt der äußeren Kubatur (ein neues) Profil.

Ein kläglich aufgemöbeltes Siedlungshaus wird erweitert und auf seine klassischen, einfachen Elemente zurückgeführt.

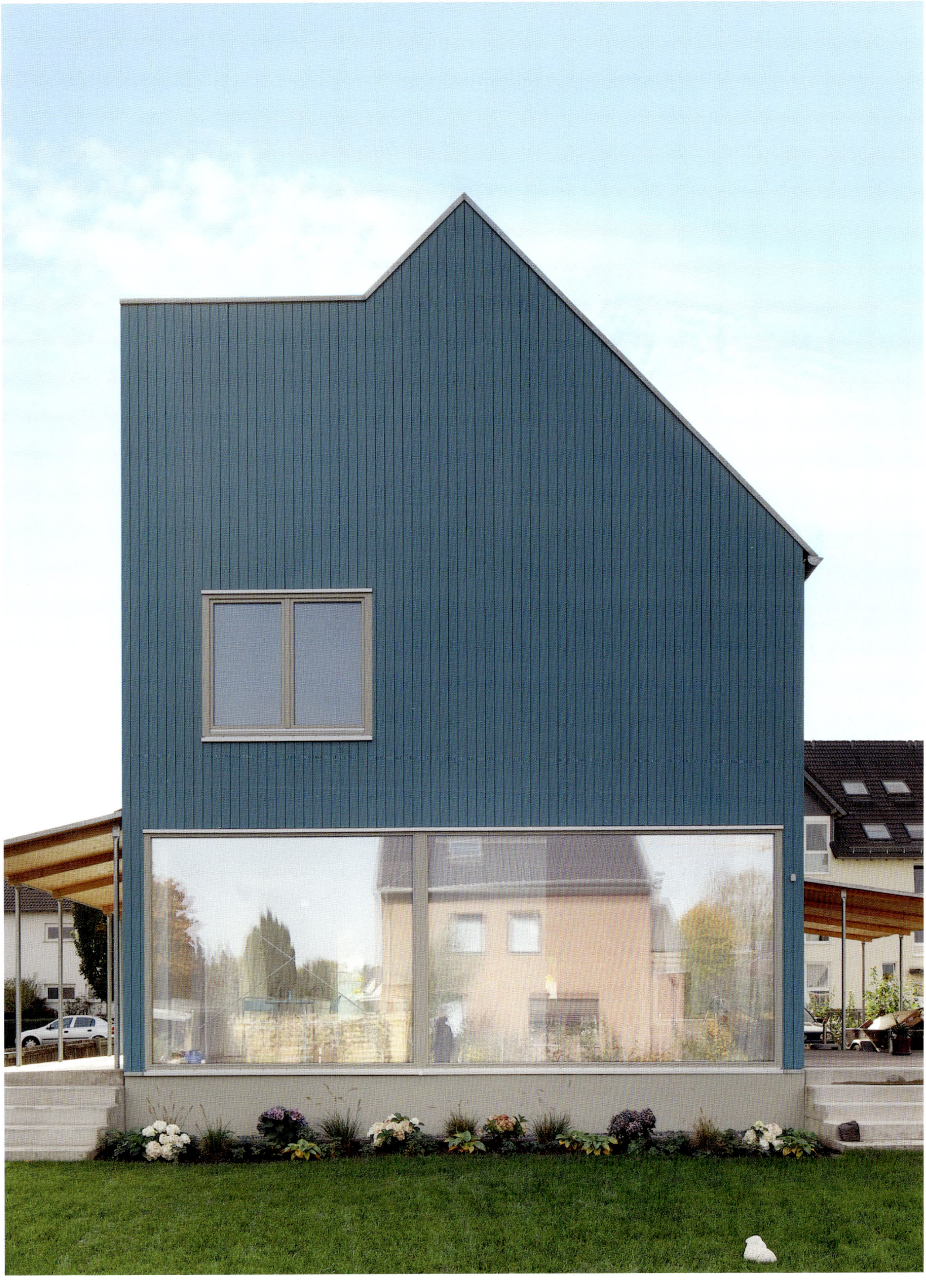

Das kostengünstig erweiterte kleine Haus ist ein kleines Haus geblieben. Es ist von 118 auf 152 Quadratmeter gewachsen. Die Erweiterung steht auf den Fundamenten der vorhandenen Terrasse. Sie ist als Stahlbau ausgeführt, mit Holz ausgefacht, die Decken sind aus statischen Gründen betoniert. Die seitlichen Sichtbeton-Terrassen liegen ebenfalls auf vorhandenen Fundamenten. Die alten Außenwände sind gedämmt und verputzt. Die unterschiedlichen Konstruktionen bleiben innen und außen sichtbar, nur die farbliche Fassung kalmiert die Unterschiede.

Links: Alles im Blick! Durch die raumhohe Verglasung erhält das Siedlungshaus ungeahnte Größe.

Auch innen ist die als Stahlkonstruktion angefügte Verlängerung sichtbar. Die materielle Architektur wirkt zweckmäßig und für das Wohnen einer jungen Familie interpretierbar.

Die Erweiterung bleibt ablesbar, Reminiszenzen wie das typische Blumenfenster bestehen neben den neuen Öffnungen, die einheitliche blaue Farbe harmonisiert die hybride Architektur.

Lageplan

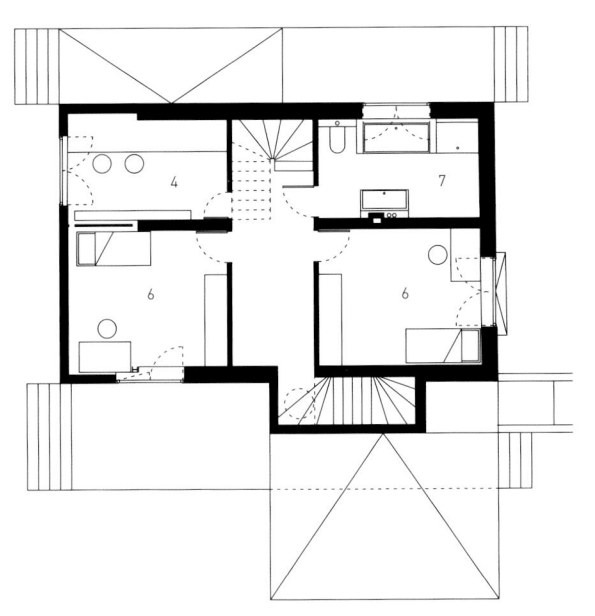

Obergeschoss M 1:200

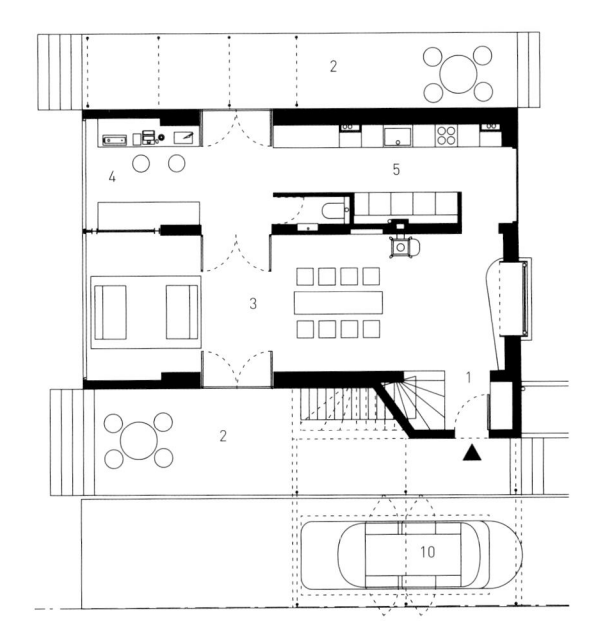

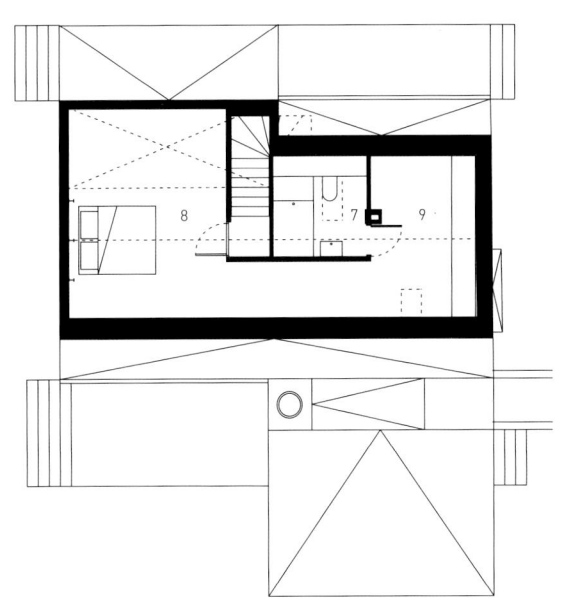

Dachgeschoss M 1:200

Erdgeschoss M 1:200

1 Zugang
2 Terrasse
3 Wohnen/Essen
4 Arbeiten
5 Kochen
6 Zimmer
7 Bad
8 Eltern
9 Ankleide
10 Carport

Gebäudedaten

Grundstücksgröße: 716 m²

Wohnfläche: 136 m²

(37 m² Ausbauoption)

Zusätzliche Nutzfläche:

Keller: 66 m², Terrasse und

Porch: 50 m²

Anzahl der Bewohner: 3

Bauweise: Bestand: Gasbeton mit WDVS, Neu: Wände in Holzbau, Stützen Stahl, Decken Sichtbeton

Primärenergiebedarf: 52,63 kWh/m²a

Baukosten gesamt: 260.000 Euro

Baukosten je m² Wohn- und Nutzfläche: 1500 Euro/WFL; 900 Euro/NF

Fertigstellung: 2011

Prof. Anne-Julchen Bernhardt, Prof. i.V. Jörg Leeser
BeL – Sozietät für Architektur, D-Köln

„Das in seinem Umgang mit den historischen Vorbildern, dem Außenraumbezug, der Raumqualität undeutliche Kleinbürgerhaus wird zu seinen Ursprüngen zurückgeführt und in die Klassik übergeführt. Die drei Geschosse werden in sehr unterschiedliche Raumkonzepte verbessert: längs gerichtete Räume, um eine zentrale Diele rotierende Räume, Universalraum mit eingestelltem Körper."

WOHNHAUS AM LANDSCHAFTSSCHUTZGEBIET IN BRAUNSCHWEIG

NIEBERG ARCHITECT

Vielleicht muss man, um die herbe Schlichtheit dieses Hauses zu verstehen, vorausschicken, dass sich der Architekt am ästhetischen Konzept der dem Zen-Buddhismus nahestehenden Wabi-Sabi-Lehre orientiert hat. Dort heißt es, ein Objekt zeichne sich anstelle äußerer Schönheit und Perfektion durch innere Werte aus, erzeuge also in uns die tiefe Melancholie des Unvollkommenen, das in Reife und Würde altern darf. Aber nur der Verstehende werde seine Ästhetik erkennen. Der Wunsch der Bauherrschaft war es, ein minimalistisches, aber atmosphärisch überzeugendes und beruhigendes Habitat mit genügend Raum für vier Personen zu bekommen.

Entscheidend war schon das Material, hier Sichtbeton in Rauspundschalung, der zu ruhigen, aber kraftvoll lagernden Volumen gegossen ist. Er wirkt, sorgsam in vielen Proben ermittelt, wie Sandstein und bildet einen Kontrapunkt zu seiner Umgebung. Die erwartete Verschmutzung durch die Bäume wird als natürliche Patina einkalkuliert. Innen setzt sich der raue Beton fort, flankiert von mit sandigem Kalkzementputz geschlämmten Ziegelwänden. Weiß geseifte Massivholzdielen aus Douglasie ergänzen das Konzept.

Das leicht abfallende Grundstück direkt am Landschaftsschutzgebiet lässt an der Natur teilhaben, am Rauschen der Bäume, wenn man auf der Terrasse sitzt. Dazu schirmt das winkelförmige Gebäude von der Straße ab, seine Ausrichtung bezieht sich auf den Sonnenverlauf. Zur Gartenseite bildet ein Pool die Mitte der angedeuteten Hofsituation, die Architektur nimmt Bezug auf die nahe Natur, weniger auf die Wohnhäuser der Nachbarschaft.

Zur Straße schützt ein Paravent den Zugang, der als offenes Atrium die Außenwand des eingeschossigen Gebäudeteils fortsetzt. Die erwünschte Patina auf dem rauen Beton ist schon zu erkennen. Mit Loggien, Portaldächern und stelenartigen Wandscheiben nähert sich das feste Gehäuse allmählich der freien Natur.

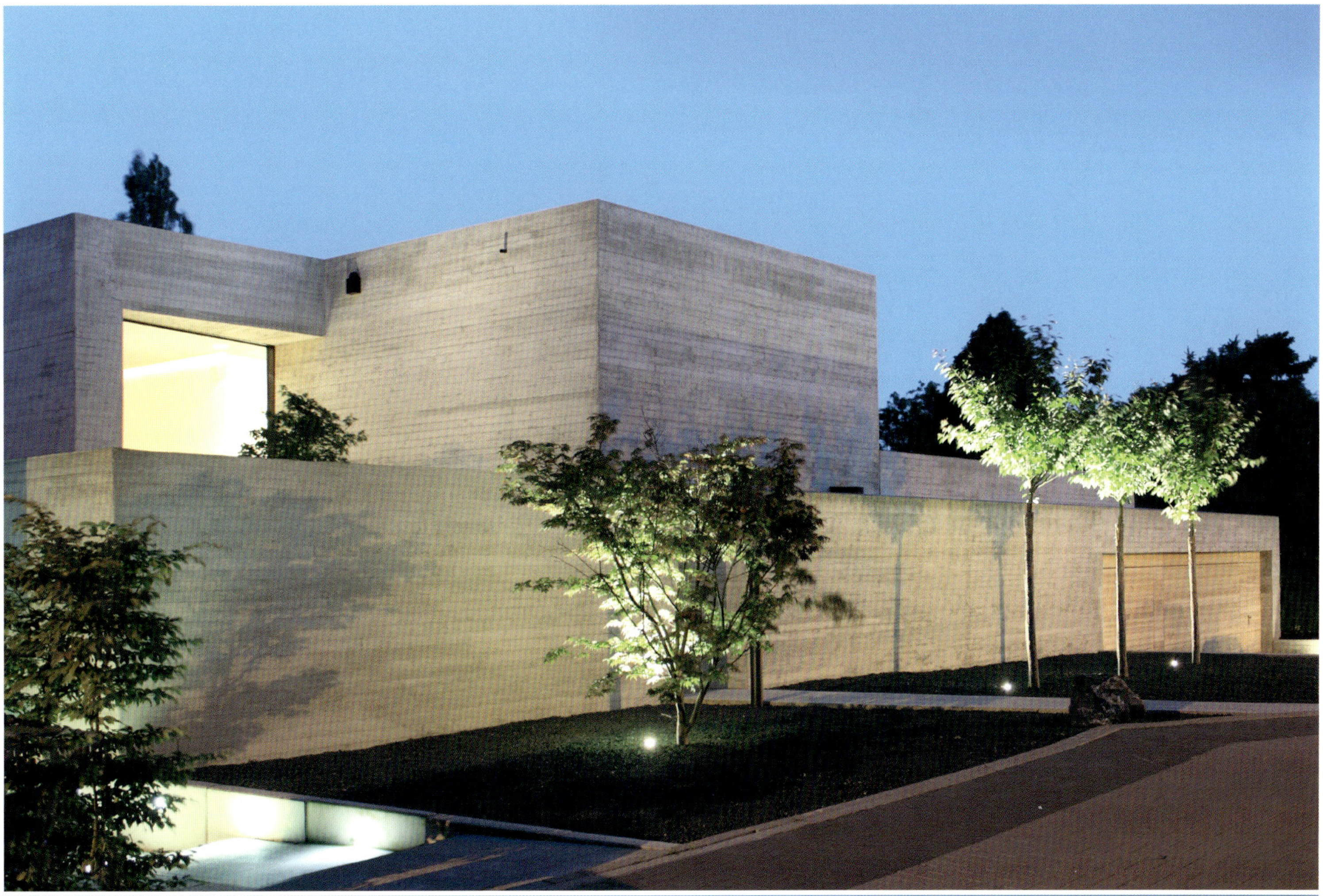

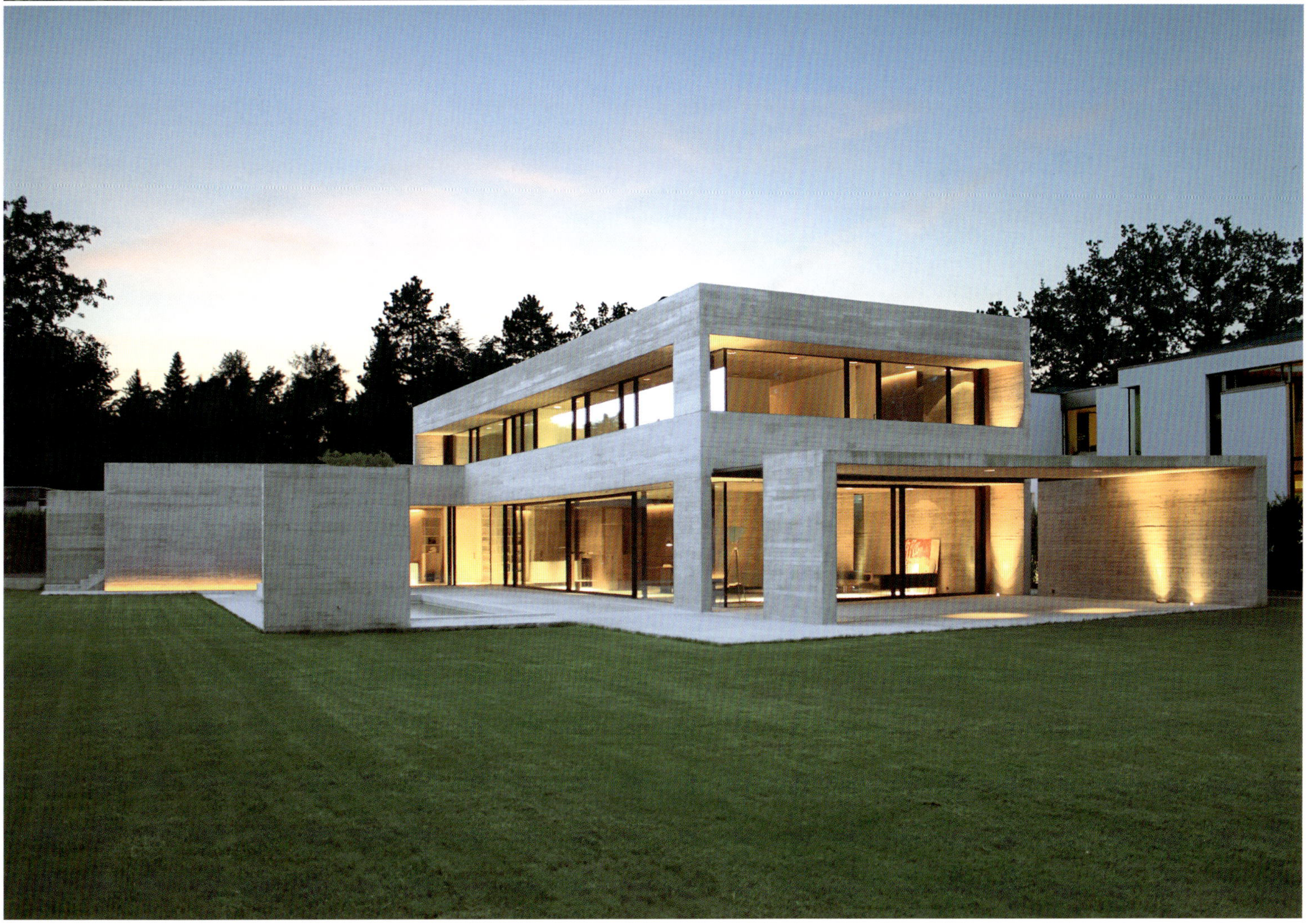

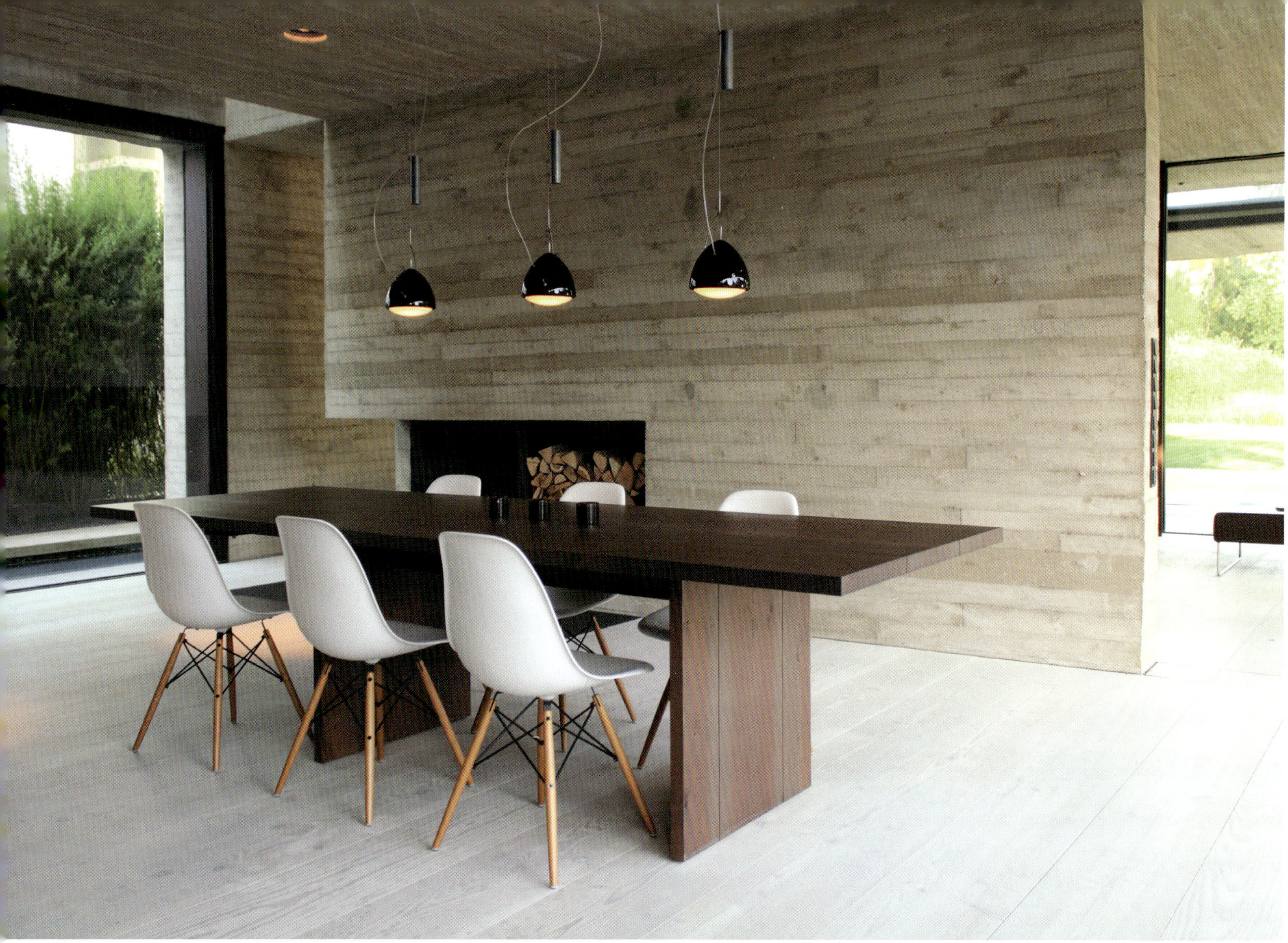
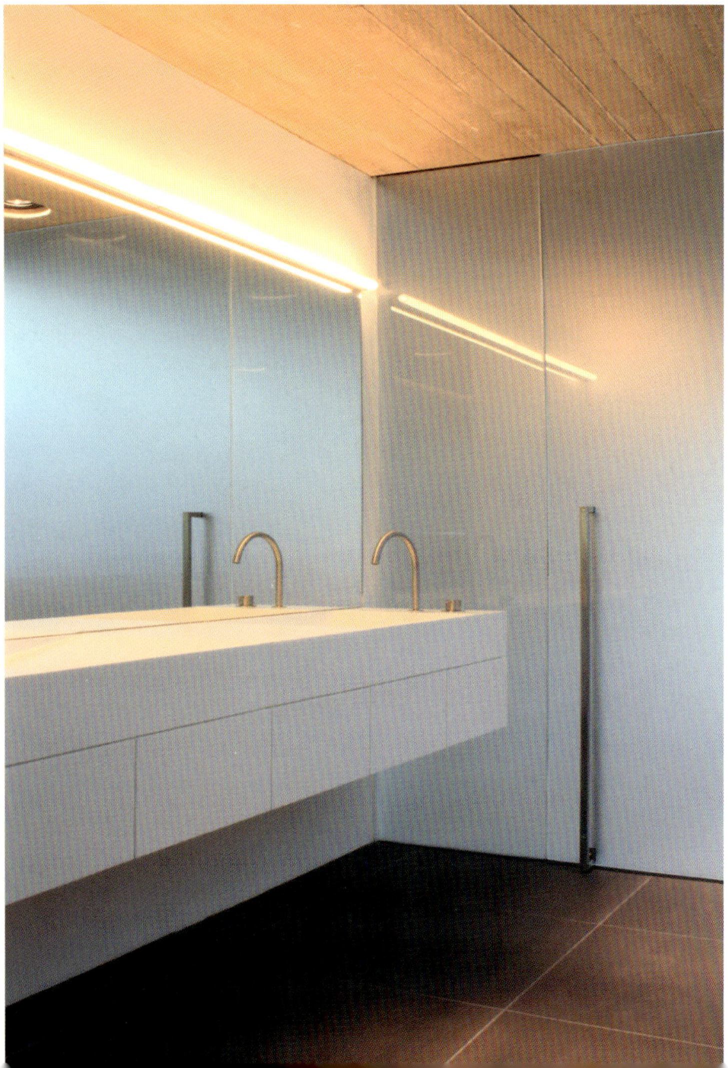
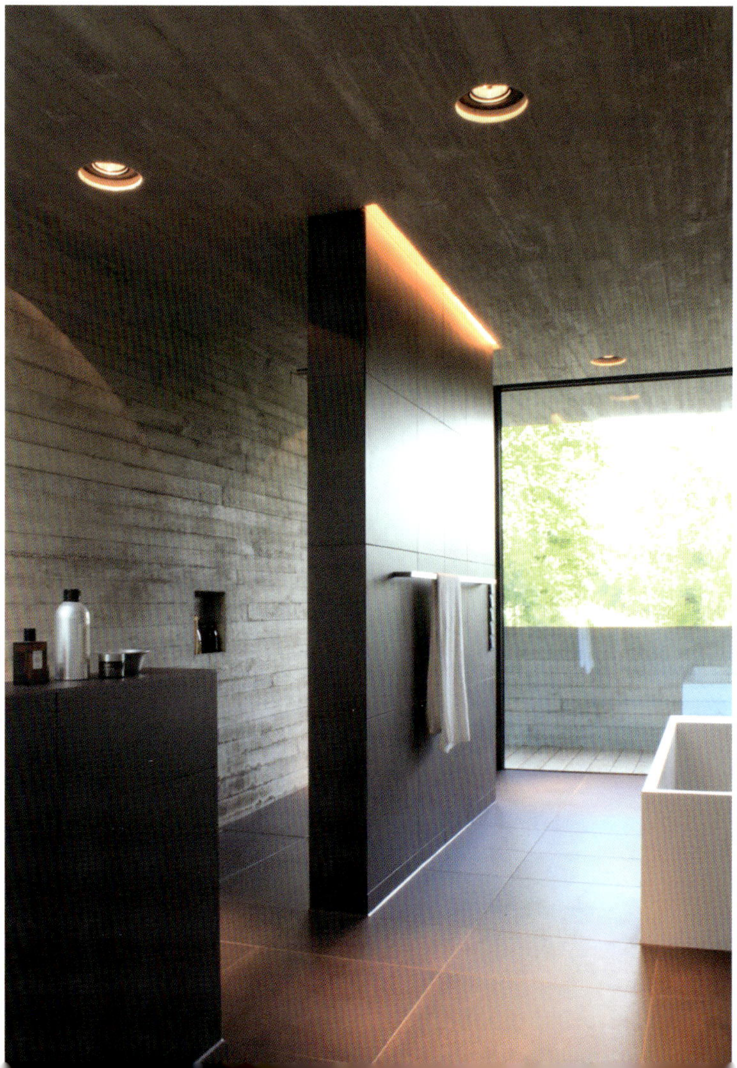

Die minimalistische Möblierung setzt die bisweilen nur angedeutete Architektur fort.

Ein Ort der Ruhe. Wenige feste Materialien als lastabtragende Scheiben oder massive Brüstungsbänder geben den Räumen keinen Anlass zur störenden Ablenkung.

Auch die großen Badezimmer verwöhnen mit einer kontemplativen Wohnkultur. Nichts scheint zufällig seinen Ort gefunden zu haben.

Das Prinzip des kontemplativen Ankommens wird bereits zur Straßenseite spürbar. Hier betritt man durch einen Schlitz in der Betonmauer ein offenes Atrium, einen beruhigenden Schwellenraum, bevor man die Haustür erreicht. In der Diele gewinnt man den Überblick. Ein Gästeappartement (oder Arbeitszimmer) vermittelt als eingeschossiger Bauteil zu den Garagen. Der andere Teil des Hauses beginnt mit einem offenen Wohnraum, zuerst mit Küche und Essplatz, danach sind hinter einer Wandscheibe die bequemeren Sitzgelegenheiten platziert. Die über Eck verglaste Gartenfront gibt dem Raum Großzügigkeit und gewährt Blickbeziehungen über die abgewinkelte innere Fassade. Ins Obergeschoss (und nach unten) geht es über eine hinter einem Stauraum separierte Treppe. Hier liegen die Schlafräume der Familie mit zwei Kinderzimmern, mit Ankleide für die Eltern und zwei großen Bädern. Ein breiter Schreibtisch an der Treppengalerie gehört den Kindern als zusätzlicher Arbeitsplatz.

Das Obergeschoss wird an zwei Seiten von einer auskragenden Loggia gesäumt, sie dient als Sonnenschutz für die darunterliegenden Wohnräume. Nach Südwesten über dem eingeschossigen Gebäudeteil erweitert sie sich zu einer Dachterrasse, von der eine Treppe in den Garten führt.

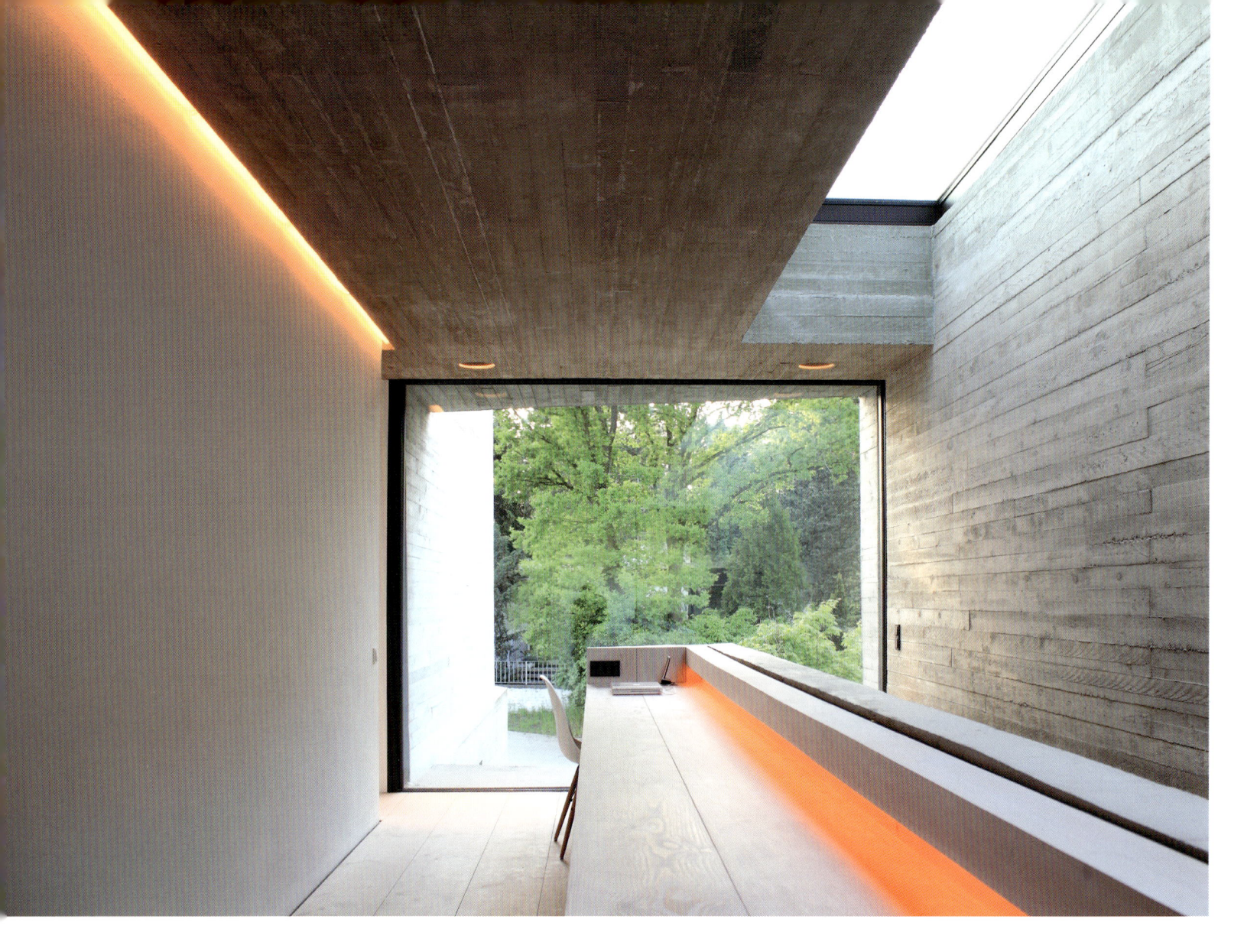

Für die Kinder ist an der Galeriebrüstung ein breiter Arbeitsplatz eingerichtet.

Gebäudedaten

Grundstücksgröße: 1.912 m²

Wohnfläche: 331 m²

Zusätzliche Nutzfläche: 122 m²

Anzahl der Bewohner: 4

Bauweise: Massivbau, Sichtbeton, Ziegel

Primärenergiebedarf: 46 kWh/m²a

Baukosten gesamt: 950.000 Euro

Baukosten je m² Wohn- und Nutzfläche: 2.097 Euro

Fertigstellung: 2013

Lageplan

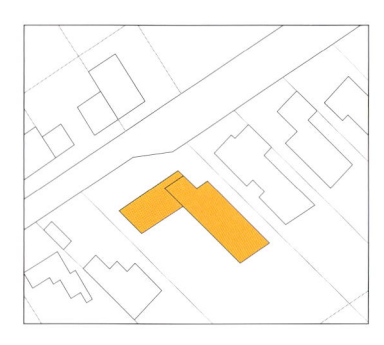

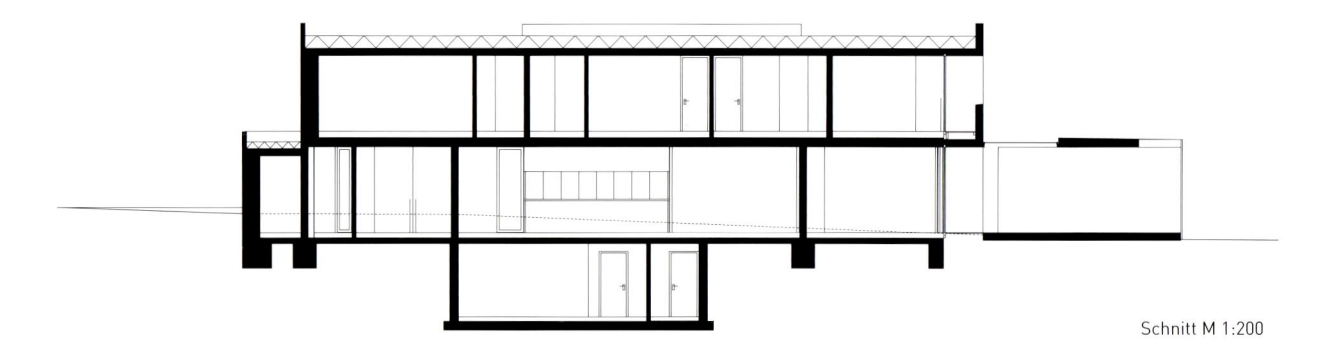

Schnitt M 1:200

Obergeschoss M 1:200

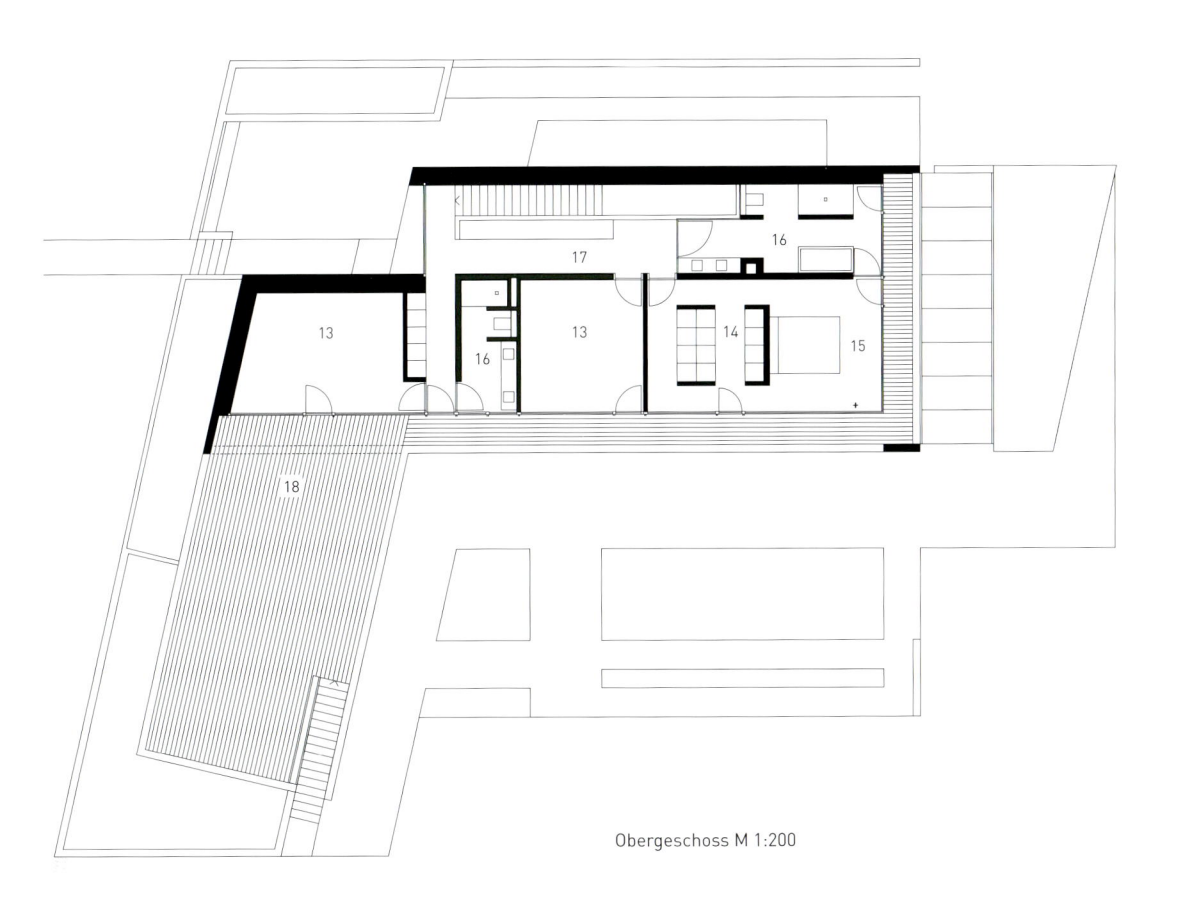

Axel Nieberg, D-Hannover

„Eine raumgreifende Figur im Zusammenspiel mit Licht und Jahreszeiten als Refugium der Ruhe."

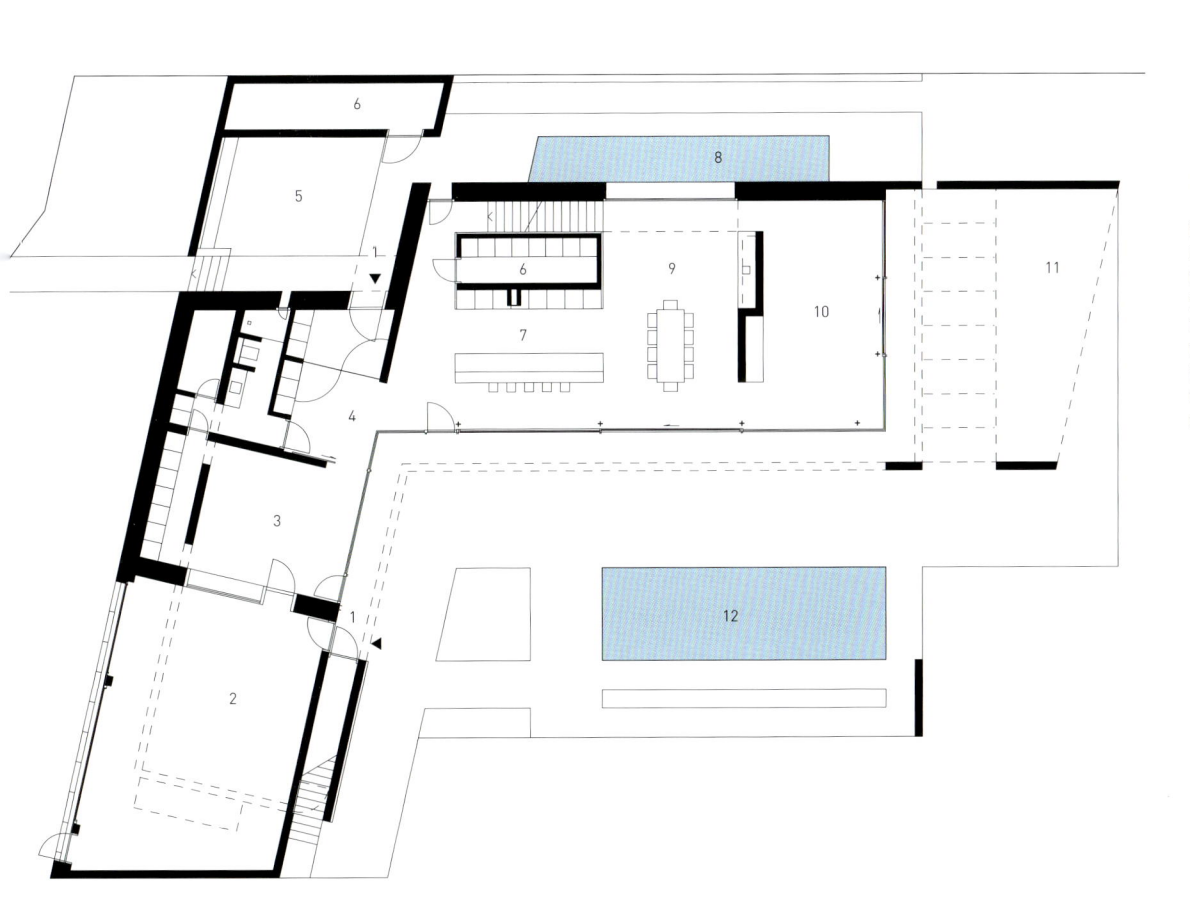

Erdgeschoss M 1:200

1 Zugang
2 Garage
3 Arbeiten/Gast
4 Diele
5 Atrium
6 Lager
7 Kochen
8 Wasserbecken
9 Essen
10 Wohnen
11 Sitzplatz
12 Pool
13 Kind
14 Ankleide
15 Eltern
16 Bad
17 Galerie
18 Dachterrasse

WOHNHAUS IN MÜNCHEN-DENNING

LYNX ARCHITECTURE

Das Grundstück, eine etwas ausgeklinkte Trapezform, stößt mit einer Schmalseite an die hier scharf abknickende Straße. Entsprechend schiefwinklig verläuft die anschließende Nachbarbebauung. In dieser Position übernimmt das Haus eine Gelenkfunktion und vermittelt städtebaulich mit seinen unregelmäßigen, nicht rechtwinkligen Gebäude- und Dachkanten, gleichzeitig reagiert es auf das Polygon des Baugrunds, auf dem sich Wohn- und Nutzflächen verteilen lassen mussten. Die Architekten modellierten für diesen Sonderfall eine skulpturale Figur, die als zweigeschossiger, flachgedeckter Monolith auf dem Gartengrundstück lagert.

Die tragende Betonstruktur ist außen gedämmt und mit einer zweiten Ortbetonschale abgeschlossen. Diese sichtbare, pigmentierte Fassade wurde in Handarbeit gestockt. Dieses Scharrieren gibt dem Baukörper eine lebhafte, warme Anmutung. Der Beton wirkt weicher, greifbarer, farbiger. Mit der gebrochenen Körnung des Zuschlags erinnert er fast an einen eleganten Wollstoff. Die glatten, dunkel lasierten Eichenholzfenster setzen kunsthandwerkliche Zäsuren, am auffallendsten das breite Garagentor und die Eingangsnische.

Die nach äußeren Konditionen gefundene Form ist alles andere als ein Kompromiss. Die innere Struktur folgt der äußeren Kontur des Hauses und ergibt organisch fließende Raumfolgen. Nach einer geräumigen Diele betritt man den Wohnraum, in dem die Funktionen Kochen-Essen-Wohnen durch die freie Grundrissfigur jeweils bestimmte Orte besetzen, ohne sich voneinander abzuschließen. Nur die Fernsehnische erhielt einen eigenen Umriss. Über dem Essplatz öffnet sich die obere Diele mit einer Galerie, von der Küche gibt es neben der Speisekammer einen praktischen Hinterausgang zum Kräutergarten, zu Geräten, Garage und Müll.

Der Eingang neben der Garage schützt die Ankommenden, bis geöffnet wird. Der abgewinkelte Zutritt hat nichts mit Feng-Shui zu tun. Der Pool im Garten folgt eindeutig einer rechtwinkligen Räson.

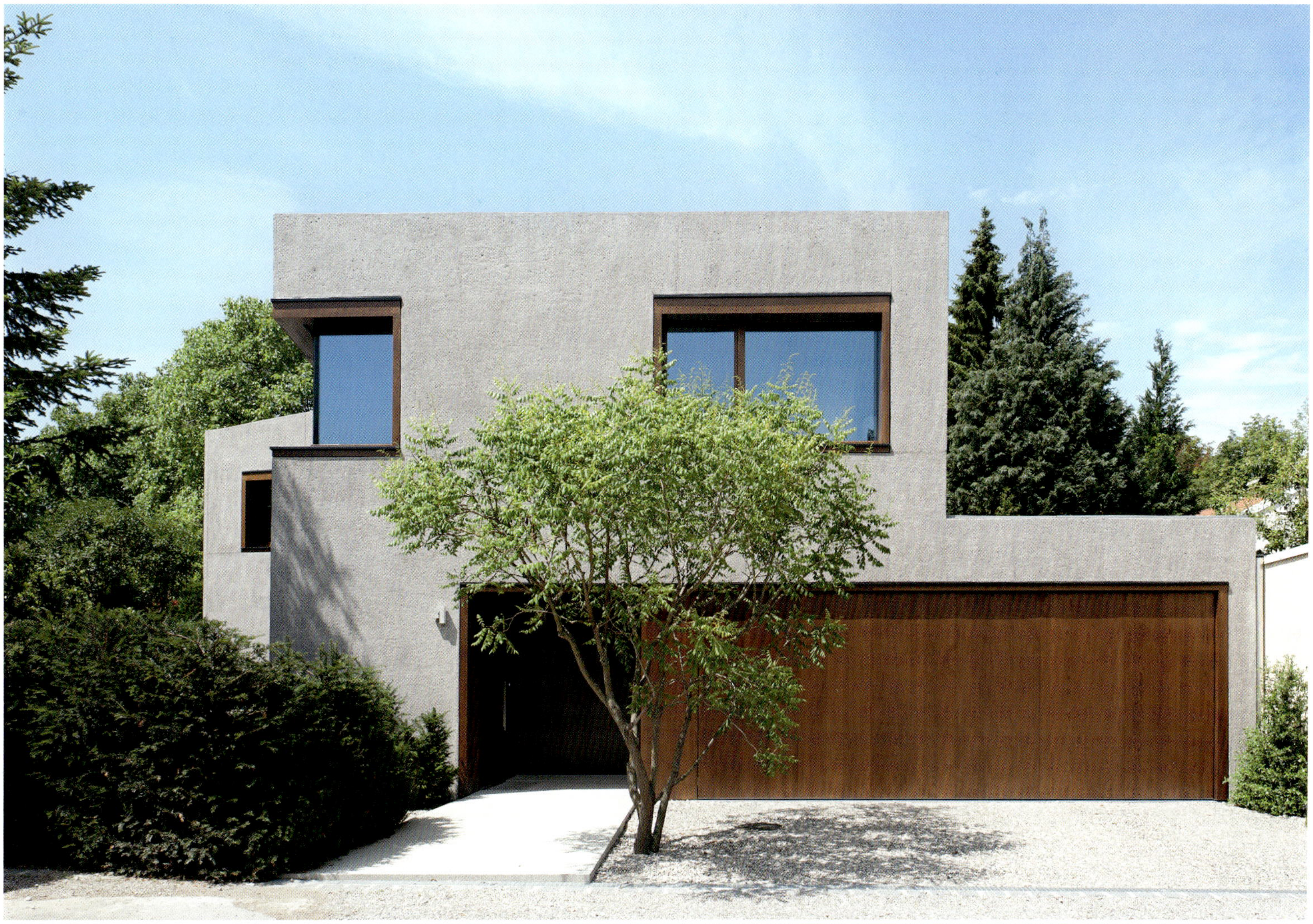

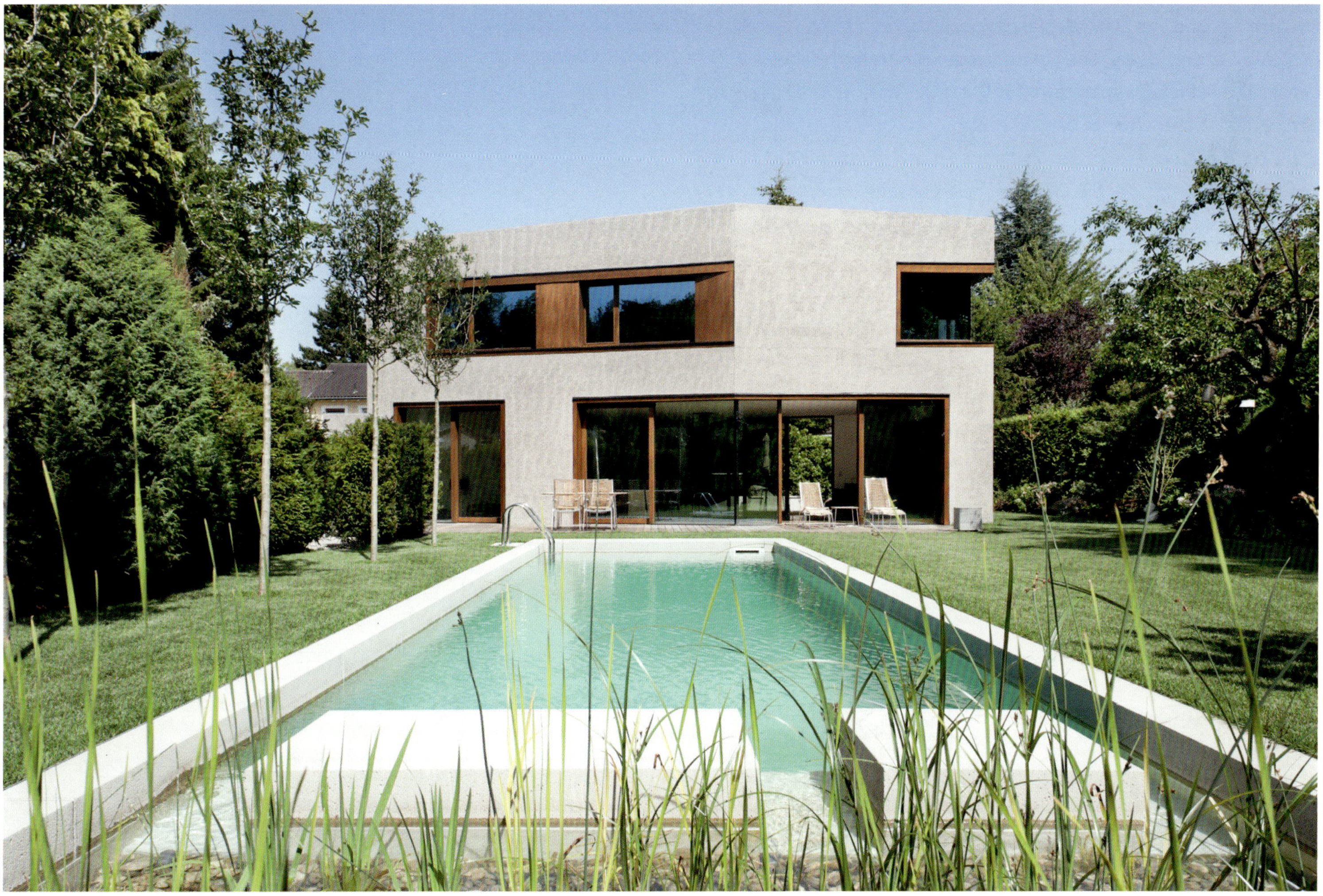

Im Obergeschoss verteilen sich um die lichte Treppengalerie, auf der ein zentraler Schreibplatz die Übersicht behält, zwei Kinderzimmer, ein Arbeits- und das Elternschlafzimmer, ergänzt von den Annehmlichkeiten zweier Bäder und Schrankzonen. Im Untergeschoss belichtet ein Tiefhof ein Apartment für Gäste/Au-pair, ebenso den offenen Gymnastikbereich, an den sich eine Sauna anschließt. In den dunklen Tiefen geht es zu den Vorräten. Zu den klugen Details zählt der Wäscheabwurf, der die Diele mit dem darunterliegenden Hauswirtschaftsraum verbindet.

Über dem Esstisch öffnet sich der Raum zu einer Galerie, er wird damit zum Mittelpunkt des Hauses. Im Gebäudewinkel bietet die Terrasse einen zweiten Sitzplatz.

Unten: Alles im Blick hat man von der „Leitstelle" auf der Galerie. Licht kommt verschwenderisch von oben, das Schreibpult spielt wieder mit den Schrägen des Gebäudes.

Susanne Muhr, Volker Petereit, lynx architecture, D-München

„... weich wie Wolle ... – Beton muß nicht kalt und abweisend sein."

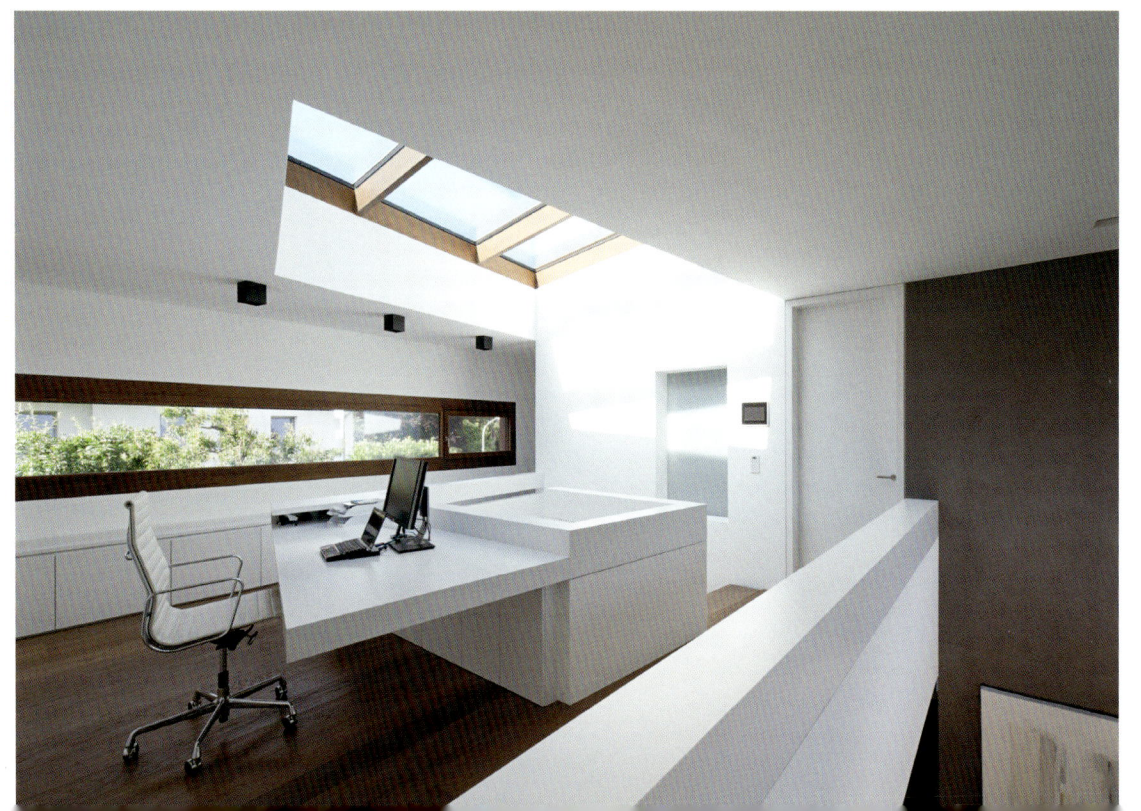

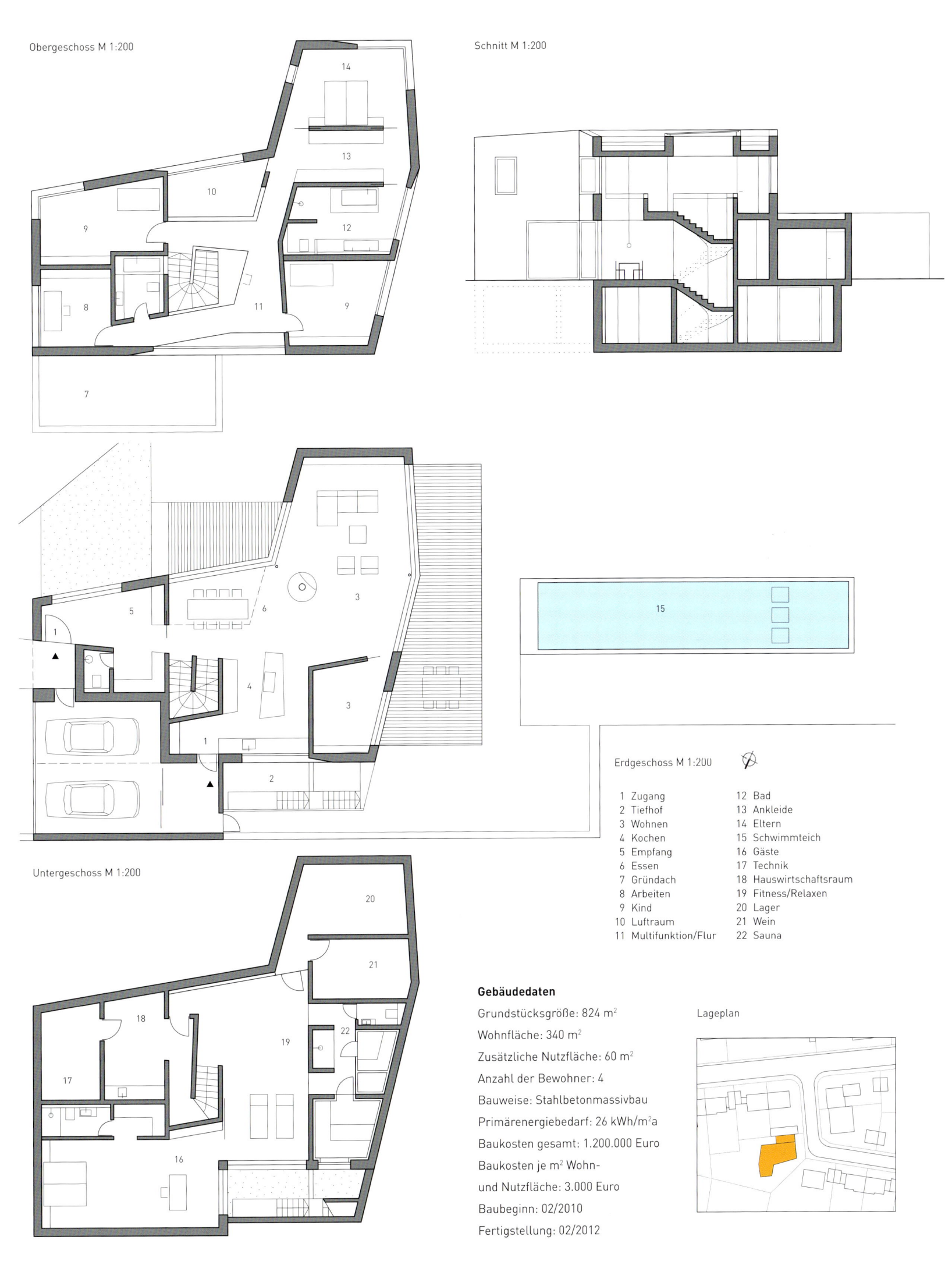

Obergeschoss M 1:200

Schnitt M 1:200

Erdgeschoss M 1:200

1 Zugang
2 Tiefhof
3 Wohnen
4 Kochen
5 Empfang
6 Essen
7 Gründach
8 Arbeiten
9 Kind
10 Luftraum
11 Multifunktion/Flur
12 Bad
13 Ankleide
14 Eltern
15 Schwimmteich
16 Gäste
17 Technik
18 Hauswirtschaftsraum
19 Fitness/Relaxen
20 Lager
21 Wein
22 Sauna

Untergeschoss M 1:200

Gebäudedaten

Grundstücksgröße: 824 m²

Wohnfläche: 340 m²

Zusätzliche Nutzfläche: 60 m²

Anzahl der Bewohner: 4

Bauweise: Stahlbetonmassivbau

Primärenergiebedarf: 26 kWh/m²a

Baukosten gesamt: 1.200.000 Euro

Baukosten je m² Wohn-
und Nutzfläche: 3.000 Euro

Baubeginn: 02/2010

Fertigstellung: 02/2012

Lageplan

WOHNÜBERBAUUNG IN WINTERTHUR

PETER KUNZ ARCHITEKTUR

Das „Obere Alpgut" am Fuß des Goldenbergs ist ein historischer Ort. Das weitläufige Bauerngut wurde im 18. Jahrhundert durch die Vorfahren einer Winterthurer Industriellendynastie erworben und zum Sommer-Familiensitz mit traumhaftem Blick über die Stadt ausgebaut. Seit 2006 ist das Architekturbüro Peter Kunz mit der Entwicklung des Areals betraut. Neben dem Ausbau des alten Fachwerkhauses mit drei Atelierwohnungen entstanden acht schmal gereihte Bungalow-Villen, die anstelle frei stehender Gebäude höchst sorgsam mit der Parklandschaft umgehen und mit ihren trennenden Betonscheiben fast wie „Land-Art" die Topografie intervenieren. Die einzigartige Nähe zum Wald lässt die Bewohner in die Natur eintauchen.

Dieses Projekt wurde nun nach dem privaten Gestaltungsplan mit einem weiteren Bauabschnitt fortgesetzt. Zwei verschwisterte Atriumvillen schließen in knappem Abstand an, man schaut nicht gegen das Licht der Stadt, sondern mit der Sonne im Rücken in den romantischen Wald. Wieder wird das äußere Bild von gestockten, natursteinartigen Kalkbetonmauern bestimmt. Von drei Seiten nimmt man die beiden Häuser als eingeschossig wahr, das stark abfallende Gelände ließ aber ein Sockelgeschoss zu. Die Eingänge liegen unter dem Deckel eines Carports.

Wohnen und Essen sind bei beiden Häusern als weitläufige Innenlandschaften nach Südwesten gerichtet, nach Nordosten, vornehmlich im Untergeschoss, liegen die Schlafräume zum Parkwald. In jedem Fall sorgen bis auf den Grund führende Lichthöfe und präzise in die Decke geschnittene Oberlichter für helle Offenheit. Das breitere Haus besitzt

Das „Obere Alpgut" wurde um zwei Villen ergänzt. Zur Gartenseite wirken sie dank der abfallenden Topografie eingeschossig, sie scheinen unter den mächtigen Bäumen zu lagern. Die in den Garten greifenden Mauern schneiden uneinsehbare Freibereiche aus dem parkartigen Grundstück.

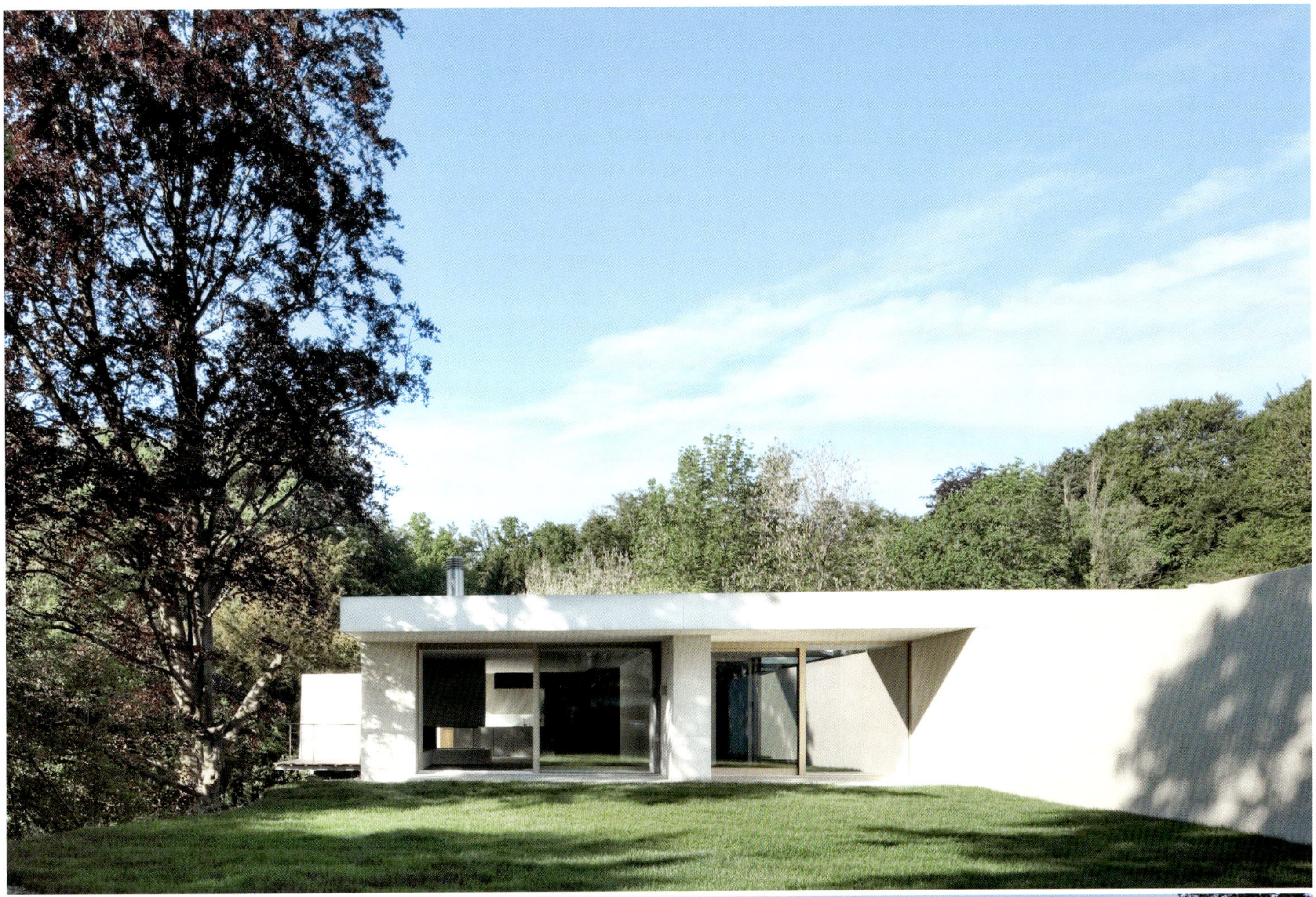

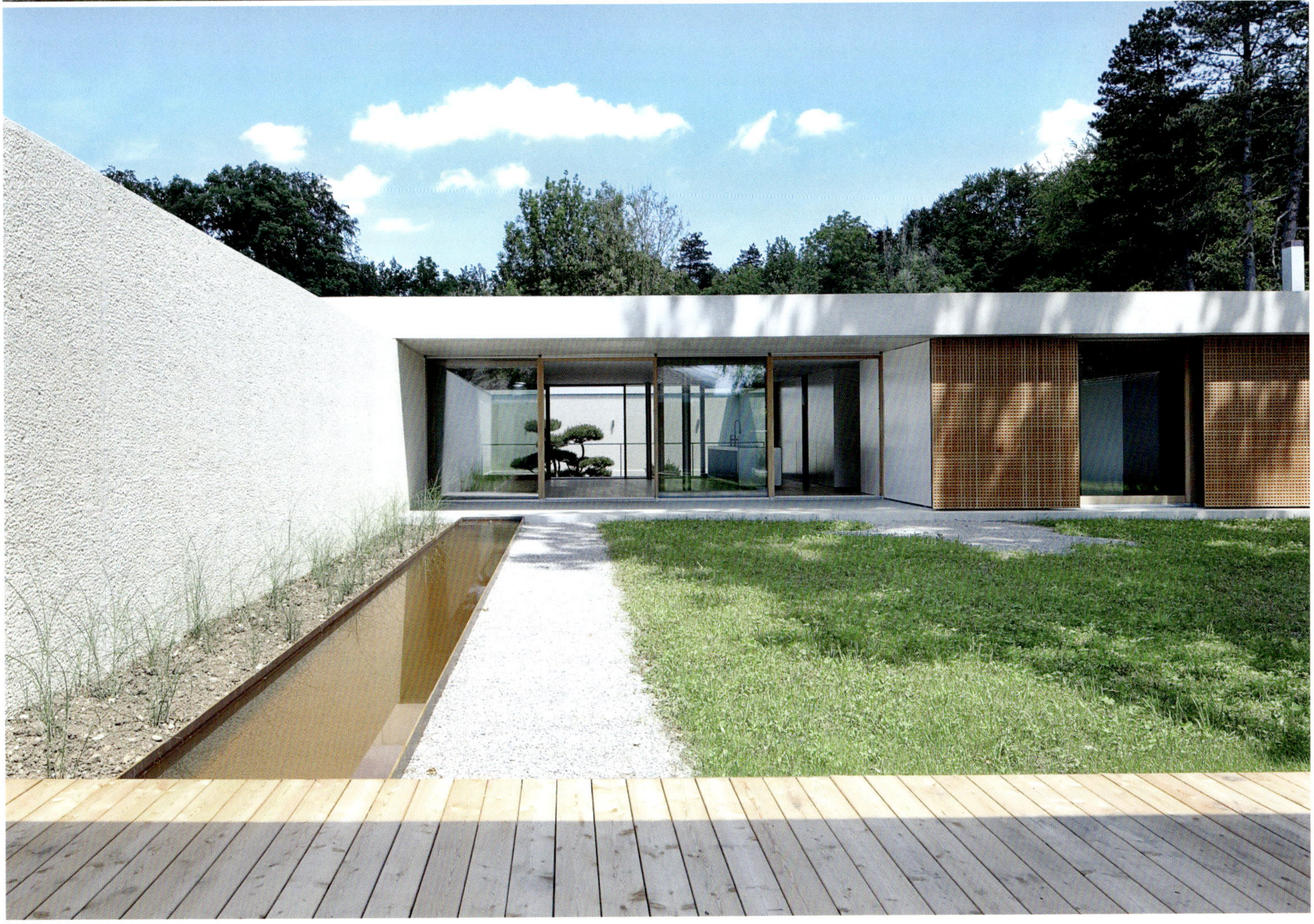

Die schmälere Villa erhält zusätzlich Abendsonne über eine kleine seitliche Terrasse.

Unten rechts: Wie eine Laterne erleuchtet dort eine gläserne Vitrine den Innenraum.

Auch bei der breiteren Villa bringt ein Innenhof Licht in den tiefen Grundriss und holt Flecken der Natur in Haus.

im Untergeschoss einen 18 Meter langen Schwimmkanal, der von oben Tageslicht erhält.

Das spannende Raumgewebe reicht bis in den Garten. Hierhin greifen die Mauerscheiben aus, schotten Privatheit ab oder schließen sich mit einem Winkel zu einem gedeckten Pavillon mit Kamin. Das Gartengrundstück verliert sich im Wald.

Peter Kunz, Sebastian Pathier
Peter Kunz Architektur, CH-Winterthur

„Die Zeilenvillen des Oberen Alpguts 2 erfüllen den Wunsch der Bewohner nach Abgeschiedenheit innerhalb einer verdichteten Siedlungsstruktur in unmittelbarer Nähe zur Natur. Die Grundrisse zeigen ein spannungsvolles ‚Innen-Außen-Innen'-Raumgewebe, strukturiert und belichtet durch Innenhöfe und präzise in die Decke geschnittene Oberlichter."

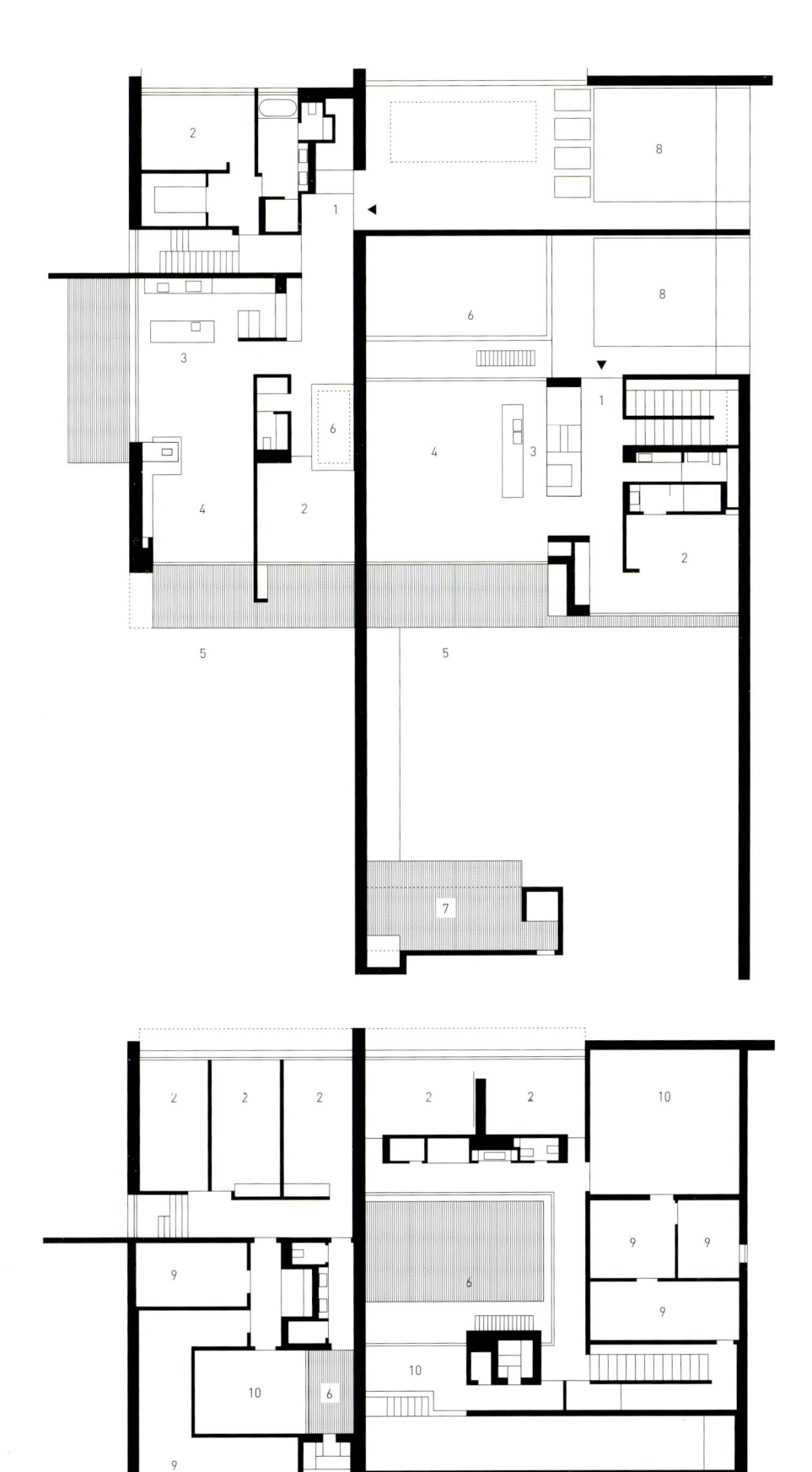

Lageplan

Erdgeschoss M 1:300

1 Zugang
2 Zimmer
3 Kochen
4 Wohnen
5 Gartenhof
6 Innenhof
7 Gartenpavillion
8 Carport
9 Nebenräume
10 Pool/Fitness

Untergeschoss M 1:300

Schnitt M 1:300

Gebäudedaten

Grundstücksgröße: 1.270 m²

Wohnfläche: 568 m²

(Haus 1: 297 m², Haus 2: 271 m²)

Zusätzliche Nutzfläche: 243 m²

(Haus 1: 78 m², Haus 2: 165 m²)

Anzahl der Bewohner: 9

(Haus 1: 5, Haus 2: 4)

Bauweise: massiv, Kalkbeton gestockt, Glas

Primärenergiebedarf: Minergie, CH-Standard

Baukosten gesamt: 5,6 Mio. CHF

Baukosten je m² Wohn- und Nutzfläche: 5.700 CHF

Fertigstellung: 2011

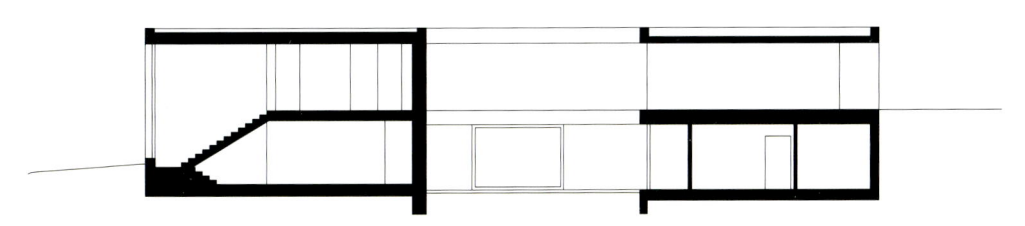

EIN MUSIKERHAUS AM SEE

GOETZ CASTORPH ARCHITEKTEN UND STADTPLANER

Ein Haus, das auf den ersten Blick durch seine besondere Kubatur eine eigenwillige Nutzung erwarten lässt. Der Grundriss schließlich verrät, dass der im Osten quer zur Hauptfirstrichtung anschließende Gebäudeteil hinter der graugrünen Brettschalung auch konstruktiv abgelöst ist: Es handelt sich um das Haus einer Musikerfamilie, das langfristig gedacht ist: organisatorisch, energetisch, konstruktiv und formal. Zwar nur ideell in der Mitte birgt der Giebelbau über der Garage einen großzügigen, akustisch abgeschirmten Musikraum zum Üben und Unterrichten. Selbst eine Kirchenorgel wird hier noch Platz finden.

Die Architektur des Hauses reiht sich zeitlos in die Gemengelage der Bauernhäuser, Scheunen und frei stehenden Wohngebäude am Starnberger See, versucht indes nicht, sich an die landestypischen Nachbarn anzubiedern, sondern lässt eher an Holzhäuser in Skandinavien oder an der amerikanischen Ostküste denken. Diese überregionale Orientierung entspricht der internationalen Sprache der Musik, auch abzulesen durch die Verwendung eines einzigen Fenstertyps, der in stehenden Formaten wie eine Tonfolge rhythmisch über die Fassaden verteilt ist.

Die strenge Hausform wird durch zwei schützende Rücksprünge für den breit angelegten Eingang im Norden und einen Freisitz nach Süden unterbrochen. Der Wohnteil zeichnet sich durch wahrnehmbare, aber nicht völlig abgeschlossene Räume aus. Deutlich wird das Prinzip zum Beispiel bei den Kinderzimmern, die über ihre Schlafgalerie miteinander verbunden sind. Das Musikerhaus mit einem bis unter den 7 Meter hohen First reichenden Studio ist durch 3 Stufen als halböffentlicher Bereich ausgezeichnet, danach erreicht man erst die private Spiel- und Arbeitsdiele.

Die Eingangsseite mit der zurückgesetzten Porch. Der Dreiklang der Fenster steigert sich zur großen Öffnung des Musikraums, der auch an der Fassade seine halböffentliche Funktion zeigt.

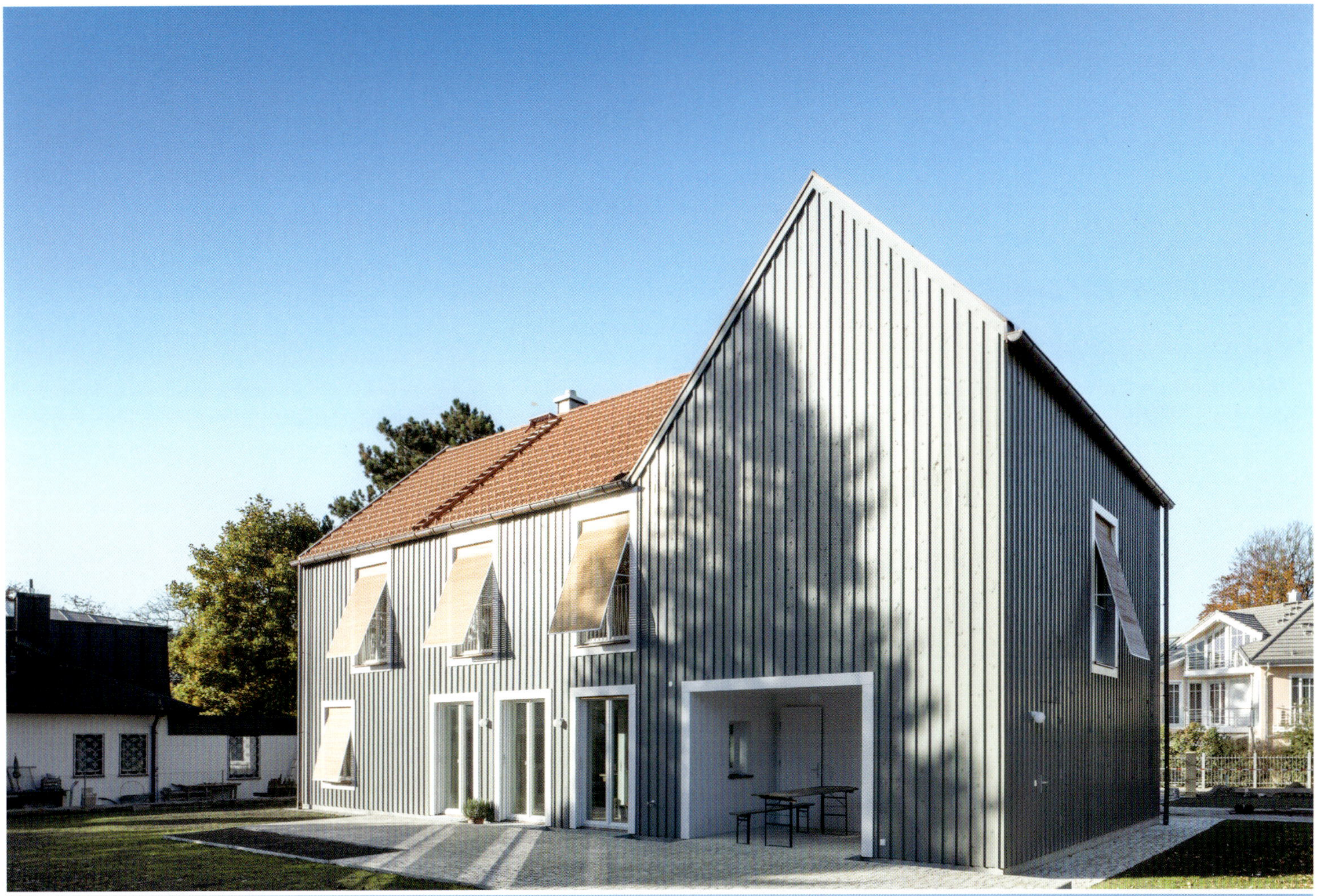

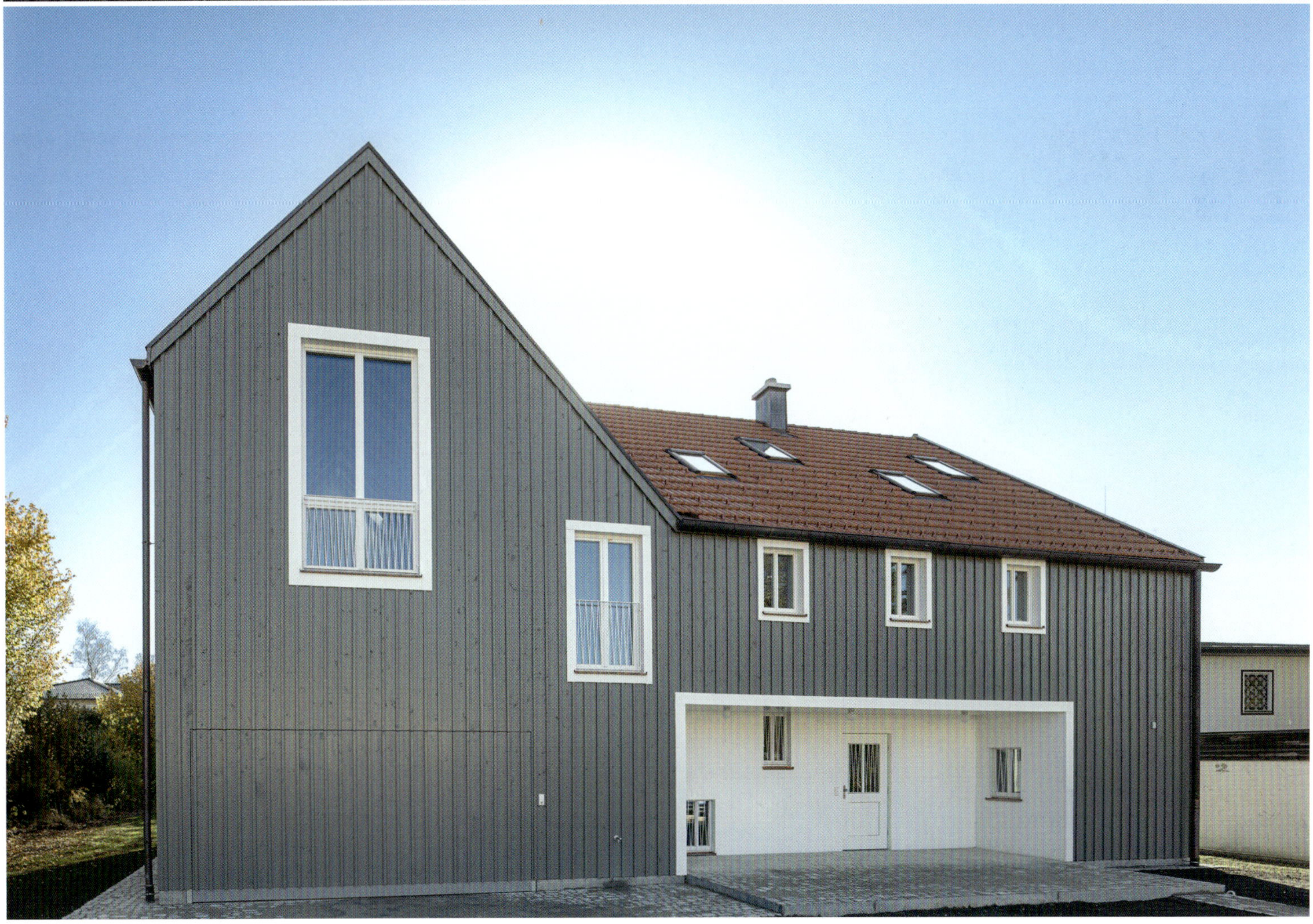

Zur Westseite: Ein Fenstertyp für das gesamte Haus, er variiert wie eine Melodie mit hohen und tiefen, lauten und leisen Tönen.

Das Wohnhaus steht als Holzrahmenbau auf einem massiven Keller, der Musikraum auf der nicht unterkellerten Doppelgarage. Die Außenwände sind 24 Zentimeter dick mit Holzfasern isoliert, selbst die hochwärmegedämmten Holzrollläden tragen zum Energiekonzept bei: als attraktiver Sonnenschutz bzw. zum Abschluss der dreifach verglasten Holzfenster. Die Öffnungen folgen kalkuliert den Himmelsrichtungen, um zwischen Tageslichteintrag und Wärmeverlust zu vermitteln. Das große Nordfenster des Musikraums fällt hierbei nicht ins Gewicht, da man dort mit deutlich geringeren Raumtemperaturen auskommt. Die Wärme wird über Erdsonden gewonnen, sie versorgen eine Sole-Wasser-Wärmepumpe. Außerdem gibt es eine zentrale Lüftungsanlage mit Wärmerückgewinnung und Luftbefeuchtung.

Die Entscheidung, ein Haus aus Holz zu bauen, entsprach der Absicht, für eine Musikerfamilie eine schützende, wärmende Hülle herzustellen, ein bewohnbares Instrument. Hinzu kommt, dass es wohl eine Nähe zwischen Architekten und Zimmerern gibt: durch das räumliche Zusammendenken eines flexiblen, intelligenten Materials.

Das Musikzimmer, ein archaischer, 7 Meter hoher Raum, ist so gedämmt, dass man auch nachts üben kann, ohne die übrigen Bewohner zu stören.

Die Kinder haben im Obergeschoss ihr eigenes Zimmer, aber über die Schlafempore sind die Räume miteinander verbunden.

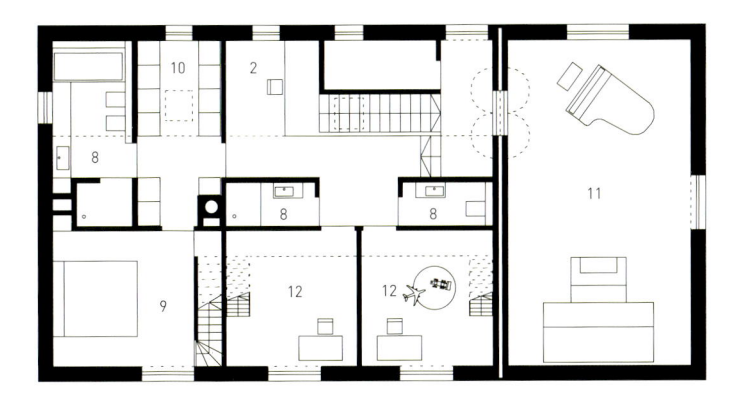

Obergeschoss M 1:200

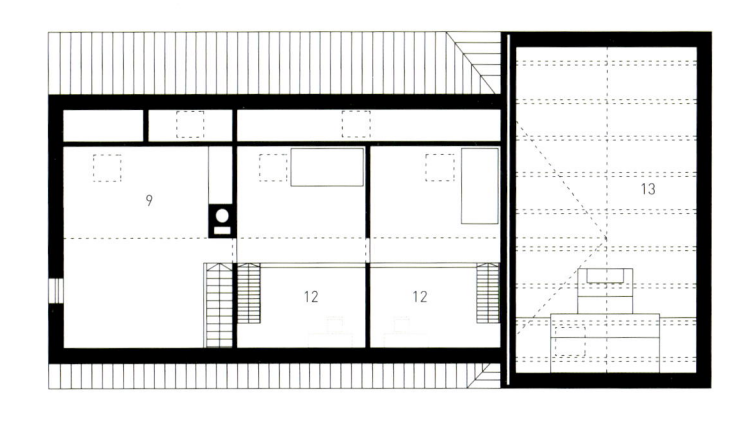

Dachgeschoss M 1:200

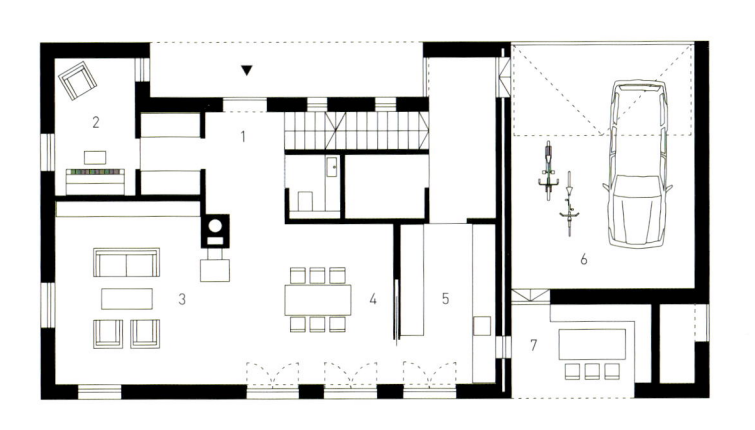

Erdgeschoss M 1:200

1 Zugang
2 Arbeiten
3 Wohnen
4 Essen
5 Kochen
6 Garage
7 Freisitz
8 Bad
9 Eltern
10 Ankleide
11 Musikzimmer
12 Kind
13 Luftraum

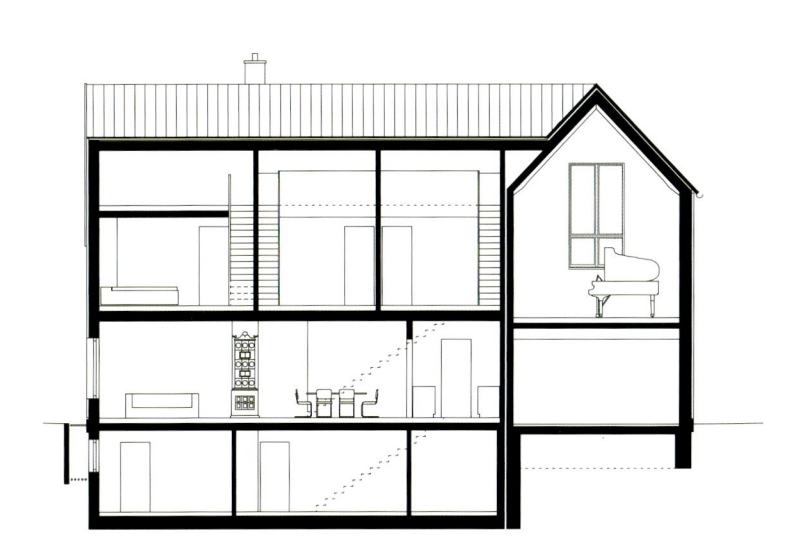

Lageplan

Gebäudedaten

Grundstücksgröße: 1.490 m²

Wohnfläche: 245 m²

Zusätzliche Nutzfläche: 134 m²

Anzahl der Bewohner: 4

Baukosten gesamt: 580.000 Euro

Baukosten je m² Wohn- und Nutzfläche: 1.526 Euro

Primärenergie: 31,73 kWh/m²a

Baubeginn: 07/2011

Fertigstellung: 09/2012

Marco Goetz, Katrin Hootz, Prof. Dr. Ing. Matthias Castroph, Goetz Hootz Castorph, D-München

„Ein ganz heutiges Haus mit einem sehr alten und weltweit verzweigten Stammbaum. Unsere Idee einer Genrearchitektur: in der verfeinerten Darstellung des Alltäglichen das Besondere finden."

ARCHITEKTEN UND BILDNACHWEIS

atelier-f ag
Kurt Hauenstein, Daniel Jäger,
Bastian Güdel
architekten eth sia fh
Kirchgasse 1
CH-7306 Fläsch
www.atelier-f.ch
Fotos S. 61–64: Ralph Feiner, Malans
Portrait S. 64: atelier-f ag

Bachmann Badie Architekten
Andrea Bachmann, Roosbeh Badie
Agrippinawerft 6
50678 Köln
www.bachmannbadie.de
Fotos S. 179–180:
Damian Zimmermann, Köln
Portrait S. 180: Bachmann Badie
Architekten

Bathke Geisel Architekten BDA
Sommerstraße 36
81543 München
www.bathke-geisel.de
Werk- und Detailplanung Wohnhauserweiterung in Langenargen
Fotos S. 91–92: Stefan Müller-Naumann, München

baurmann.dürr architekten
Dipl.-Ing. Henning Baurmann,
Dipl.-Ing. Joachim Hakenjos
Hirschstraße 120
76137 Karlsruhe
www.bdarchitekten.eu
Projekt Durlach:
Mitarbeit: Dipl.-Ing. Joachim
Hakenjos
Fotos S. 122–124: Stephan Baumann,
Karlsruhe; S. 121: Swen Carlin,
Heidelberg
Projekt Jägersburg:
Mitarbeit: Dipl.-Ing. Daniela Häfner
Fotos S. 133–134: Johannes Kottjé,
Marktredwitz
Portrait S. 124, 135: Andreas Winkler,
Karlsruhe

be zürich
Bäckerstraße 40
CH-8004 Zürich
www.baumschlager-eberle.com
Fotos S. 197-198: Roland Halbe,
Stuttgart
Portraits S. 198: links: Christine
Kees, Dornbirn, rechts: Nicole Zachmann, Gockhausen

BeL Sozietät für Architektur BDA
Bernhardt und Leeser
Kaiser-Wilhelm-Ring 2-4
50672 Köln
www.bel.cx
Mitarbeit: Christiane Schmidt,
Wiebke Schlüter
Fotos S: 249–250: Veit Landwehr,
Köln
Portrait S. 251: Marc Räder

Titus Bernhard Architekten BDA
Gögginger Straße 105a
86199 Augsburg
www.titusbernhardarchitekten.com
Entwurf: Dipl.-Ing. Titus Bernhard
Mitarbeiter/Projektleitung:
Andrea Gehl, Ulrich Himmel
Fotos S. 6 unten links, 157–160:
Jens Weber, Orla Conolly, München
Portrait S. 160: Jens Weber

Architekturbüro Bienefeld
Nikolaus Bienefeld
Architekt BDA
Essiger Straße 37
53913 Swisttal-Odendorf
www.nikolaus-bienefeld.de
Fotos S. 6 Mitte, 37–40, Peter
Oszwald, Bonn
Portrait S. 41: Jan Thorn-Prikker,
Bonn

Buchner Bründler AG Architekten BSA
Daniel Buchner, Andreas Bründler
Utengasse 19
CH-4058 Basel
www.bbarc.ch
Projekt Gelterkinden:
Vorprojekt: Jenny Jenisch;
Realisierung: Daniel Ebertshäuser
Projekt Reinach:
Projektleitung: Rino Buess
Mitarbeiter: Stefan Mangold,
Fabian Meury
Projekt Weggis:
Projektleitung Projektierung:
Jenny Jenisch
Projektleitung Realisierung:
Achim Widjaja
Mitarbeit: Chiara Friedl, Florian
Ueker, Rino Buess
Fotos S. 4 Mitte, 31–34, 55–58,
S. 239–242: Ruedi Walti, Basel
Portraits S. 34, 58, 242: Mark
Niedermann

Courage Architecten GmbH
Lars Courage
Veenhuizerweg 207
NL-7325 Apeldoorn
www.courage.nl
Fotos: S. 141, 142 oben links und
rechts: Ian Beck, S. 142 unten links
und rechts: Pieter Kers, Amsterdam
Portrait S.143: Medea Huismann

denzer & poensgen
Architektur + Innenarchitektur
Zum Rott 13
53947 Nettersheim-Marmagen
www.denzer-poensgen.de
Mitarbeit: Kerstin Scheuch,
Aleksi Paavola, Grazyna Wawryzniak,
Stephan Rodewig
Fotos S. 183–184: Rainer Mader,
Schleiden
Portrait S. 185: Roswitha Kaster,
Riol-Mosel

Döring Dahmen Joeressen Architekten
Univ. Prof. Wolfgang Döring
Dipl.-Ing. Michael Dahmen (BDA)
Dipl.-Ing. Elmar Joeressen (BDA)
Hansaallee 321
40549 Düsseldorf
www.ddj.de
Projekt Villenumbau:
Mitarbeit: Sandra Appel,
Christian Schardt
Innenarchitektur: Birgit Thormann,
Düsseldorf
Fotos S. 2-3, S. 225-226: Nicole
Zimmermann, Düsseldorf
Projekt Atriumhaus
Fotos S. 219–222: Manos Meisen,
Düsseldorf
Portrait S. 223, 226: Christoph
Bünten Fotografie, Düsseldorf

Drexler Guinand Jauslin Architekten GmbH
Dipl. Arch. ETH SIA M. Arch.
Hans Drexler
Walter-Kolb-Straße 22
60594 Frankfurt am Main
www.dgj.ch
Fotos S. 145-146: Carola Maul,
Seeheim-Jugenheim
Portrait S. 147: Tabea Huth

ern+heinzl Gesellschaft von Architekten mbH
Dipl. Architekt HTL Simeon Heinzl
Dipl.-Ing. Architektin SIA BDA Christiane Ern
Sälirain 18
CH-4500 Solothurn
www.ernheinzl.com
Projektleitung: Stefanie Stratmann
Fotos S. 207–208: Stefan Müller
Fotografie, Berlin
Portraits. 208: ern+heinzl Gesellschaft von Architekten mbH

Finckh Architekten BDA
Thomas Sixt Finckh, freier Architekt
BDA
Im Unteren Kienle 30
70184 Stuttgart
www.finckharchitekten.de
Fotos S. 153–154:
Finckh Architekten BDA
Portrait S. 155: Finckh Architekten
BDA

Pascal Flammer
dipl. Arch. ETH/SIA
Zeugenhausstrasse 55
CH-8004 Zürich
www.pascalflammer.com
Fotos S: 49–53: Ioana Marinescu,
London
Portrait S. 52: Büro Pascal Flammer

Finsterwalder Architekten
Maria und Rudolf Finsterwalder
Finsterwalderstraße 5
83071 Stephanskirchen
www.finsterwalderarchitekten.com
Mitarbeit: Monika Grandl
Fotos S. 4 oben links, 211–212:
Josefine Unterhauser, Riedering
Portrait S. 213:
Josefine Unterhauser, Riedering

Freiluft Architekten GmbH SIA
Matthias Zuckschwerdt, Martin
Klopfenstein, Alexander Grüning
Nydeggstalden 30
CH-3011 Bern
www.freiluft.ch
Fotos S. 117–118: Freiluft Architekten
Portraits S. 119: Freiluft Architekten

Fritsch + Schlüter Architekten GmbH
Dipl.-Ing. Julia Schlüter-Fritsch,
Dipl.-Ing. Johannes Schlüter
Mitarbeiter: Dipl.-Ing. Antje Janik
Darmstädterstraße 25
64342 Seeheim-Jugenheim
www.fritsch-schlueter.de
Fotos S. 137, Umschlag Rückseite
links: Christoph Kraneburg, Köln;
S. 138: Henner Rosenkranz,
Hannover
Portraits S. 139: Foto Hanno

gerner°gerner plus
architekt di. andreas gerner zt gmbh
Mariahilfer Straße 101/3/49
A-1060 Wien
www.gernergernerplus.com
Projektleitung: DI Matthias Raiger
Fotos S. 79–83: gerner°gerner plus,
DI Matthias Raiger
Portrait S. 83: gerner°gerner plus,
DI Matthias Raiger

Goetz Castorph Architekten und Stadtplaner GmbH
Goetheplatz 1
80337 München
www.goetzcastroph.de
Mitarbeit: Dipl.-Ing. Architektin
Lisa Messer
Entwurf/Planung: Goetz Hootz
Castroph Architekten und
Stadtplaner GmbH
Fotos S. 4 unten rechts, 267–268:
Michael Heinrich, München
Portrait S. 269: Michael Heinrich,
München

Gohm & Hiessberger Architekten
Montfortgasse 1
A-6800 Feldkirch
www.gohmhiessberger.com
Fotos S. 193, 194 Mitte links und
rechts: Bruno Klomfar, Wien; S. 194
oben: Christian Grass, Dornbirn
Portraits S. 194: Darko Todorovit

Graser Architekten AG
Dr. sc. dipl. Architekt ETH SIA BSA
Jürg Graser
Neugasse 6
CH-8005 Zürich
www.graser.ch
Mitarbeit: Dipl. Architektin FH
Christina Schweitzer
Fotos S. 215-216: Ralph Feiner,
Malans
Portrait S. 217: privat

HHF architekten GmbH
Tilo Herlach, Simon Hartmann,
Simon Frommenwiler
Mitarbeiter: Markus Leixner,
Mio Tsuneyama, Anna Smorodinsky
Allschwilerstrasse 71 A
CH-4055 Basel
www.hhf.ch
Fotos: Titelmotiv, S. 14/15, 17–21,
Tom Bisig, Basel
Portrait S. 22: Matthias Willi

J. MAYER H.
Mitarbeit: Marcus Blum (Project
Architect), Sebastian Finckh, Paul
Angelier, Hugo Reis, Julian Blümle
Knesebeckstrasse 30
Zementhaus
10623 Berlin
www.jmayerh.de
Fotos S. 4 unten links, 85–87, 89:
David Franck, Ostfildern
Portrait S. 88: Paul Green, Berlin

**Architekturbüro Jungmann &
Aberjung Design Agency**
Dipl.-Ing. Peter Jungmann
Dipl.-Ing. Lukas Jungmann
Alleestraße 22
A-9900 Lienz
Fotos S. 149–151: Lukas Jungmann,
Lienz
Portrait S. 151: Gerhard Fürhapter

**Petra und Paul Kahlfeldt
Architekten**
Partnerschaftsgesellschaft
Kurfürstendamm 58
10707 Berlin
www.kahlfeldt-architekten.de
Fotos: S. 173–176: Stefan Müller,
Berlin
Portrait S. 177: Julia Zimmermann

Peter Kunz Architektur
Peter Kunz Dipl. Architekt FH SIA
BSA
Neuwiesenstraße 69
CH-8400 Winterthur
www.kunz-architektur.ch
Mitarbeit: Sebastian Parthier,
Dipl. Architekt ETH Zürich
Fotos S. 263-264: Claudia Luperto,
Winterthur
Portrait S. 264: Claudia Luperto,
Winterthur

Anne Lampen Architekten BDA
Schlesische Straße 31
10997 Berlin
www.anne-lampen.de
Mitarbeit: Dipl.-Ing. Architektur
Helga Lichtenfeld
Fotos: S. 187-190: Werner
Huthmacher Photography, Berlin
Portrait S. 190: Suzie Dong, Berlin

lynx architecture
Susanne Muhr, Volker Petereit
Zieblandstraße 25
80798 München
www.lynx-a.com
Mitarbeiter: Stephanie
Reichenberger, Christian Kinzler
Fotos S. 4 oben rechts, 259–260:
Gunter Bieringer, München
Portrait S. 260: Jürgen Holzen-
leuchter

Architekt DI Sven Matt
Kriechere 70
A-6870 Bezau
www.svenmatt.com
Fotos S. 6 oben rechts, 169–170:
Björn Matt, Egg
Portrait S. 171: privat

meck architekten gmbh
Prof. Andreas Meck, Axel Frühauf
Kellerstraße 39
81667 München
www.meck-architekten.de
Projekt Heustadlsuite:
Bauleitung: Andreas Volker,
Zell am See
Projekt Aufberq:
Mitarbeit: Wolfgang Amann
Fotos Vor- und Nachsatzpapier,
S. 1, S. 67–71, S. 127–130: Michael
Heinrich, München
Portraits S. 71, 130: Anna Meck,
Ottobrunn

Meixner Schlüter Wendt Architekten
Claudia Meixner, Florian Schlüter,
Martin Wendt
Fischerfeldstaße 13
60311 Frankfurt am Main
www.meixner-schlueter-wendt.de
Mitarbeit: Martin Goldhammer,
Anthony Moiba, Christina Dittmann,
Friederike Sartor
Fotos S. 6 unten links, 229–230:
Christoph Kraneburg, Köln
Portrait S. 231: Alexander Paul Englert

Studio Meyer e Piattini
Ira Piattini, Lukas Meyer Architekten
Via Sirana 79
CH-6814 Lamone
www.meyerpiattini.ch
Mitarbeiter: Barbara Corbella
Fotos S. 6 oben links, 163–166:
Paolo Rosselli, Mailand
Portrait S. 166: Paolo Rosselli,
Mailand

MODUS architects
Sandy Attia, Matteo Scagnol
via Fallmerayer 7
I-39042 Bressanone BZ
www.modusarchitects.com
Mitarbeit: Veronika Lindinger,
Samuel Minesso, Volkmar Schulz
Fotos S. 245: Richard Günther Wett,
Innsbruck
Fotos S. 246: Niccoló Morgan
Gandolfi
Portrait S. 246: Marco Pietracupa

Florian Nagler Architekten GmbH
Theodor-Storm-Straße 13
81245 München
www.nagler-architekten.de
Entwurf Wohnhauserweiterung
in Langenargen
Fotos S. 91-92: Stefan Müller-
Naumann, München
Portrait S. 92: Florian Nagler
Architekten GmbH

Nieberg Architect
atelieraxelnieberg
Dipl.-Ing. Architekt Axel Nieberg
Waterloostraße 1
30169 Hannover
www.nieberg-architect.de
Fotos S. 253–256: Axel Nieberg,
Hannover
Portrait S. 257: Bianka Oehler,
Hannover

Rösler Architekten
Jan Sebastian Rösler-Bzik
Mittenwalder Straße 8
10961 Berlin
www.janroesler.de
Mitarbeit: Sven Rickhoff
Fotos S. 43-46: Simon Menges,
Berlin
Portrait S. 47: Kristoffer Schwetje

Rossetti + Wyss Architekten AG
dipl. Arch. ETH SIA BSA
Nathalie Rossetti, Mark Aurel Wyss
Dachslerenstraße 10
CH-8702 Zollikon
www.rossetti-wyss.ch
Fotos S. 113, Umschlag Rückseite
rechts: Rossetti Wyss Architekten,
S. 114-115: Jürg Zimmermann,
Zürich
Portraits S. 114: Rossetti Wyss
Architekten

Paul de Ruiter Architects
Paul de Ruiter
Valschermkade 36 d
NL-1059 CD Amsterdam
www.paulderuiter.nl
Fotos: S. 201–204: Jeroen Musch
Portrait S. 204: Bowie Verschuuren

**Scheuring und Partner
Architekten BDA**
Claudia Hannibal-Scheuring,
Prof. Andreas Scheuring
Statthalterhofallee 10
50858 Köln
www.scheuring-partner.de
Mitarbeit: Elinor Bartel
Fotos S. 101-104: Scheuring und
Partner Architekten
Portrait S. 104: Scheuring und
Partner Architekten

Schrötter-Lenzi Architekten
DI Carmen Schrötter-Lenzi, Arch.
DI Florian Schrötter
Hinterburg 18a
A-6972 Fussach
www.schroetter-lenzi.com
Fotos: S. 107-110: Arch. DI Florian
Schrötter/ Dietmar Stiplovsek,
Hohenems
Portrait S. 110: Büro Schrötter-
Lenzi Architekten

Prof. Peter Tausch
Dipl. Ing. Architekt BDA
Valleystraße 44
81371 München
www.tausch-architekten.de
Mitarbeit: Dipl.-Ing. (FH) Architekt
Christian Bayer
Fotos S. 95-98: Rainer Retzlaff,
Niedersonthofen-Waltenhofen
Portrait S. 98: Dietmar Hönig

Wacker Zeiger Architekten
Angelika Wacker, Ulrich Zeiger
Gaußstraße 60
22765 Hamburg
www.wackerzeiger.de
Fotos S. 73: Anja Richter, Hamburg,
S. 74-76: Johannes Hünig, Hamburg
Portraits S. 76: Wacker Zeiger
Architekten

**Wespi de Meuron Romeo
Architekten BSA**
Via G. Branca Masa 9
CH-6578 Caviano
www.wdmra.ch
Projekt Ranzo:
Fotos S. 25–28: Wespi de Meuron
Romeo Architekten
Projekt Betonhaus:
Fotos: S. 233–236: Hannes Henz
Architekturfotografie, Zürich
Portraits S. 29, 236: Hannes Henz
Architekturfotografie, Zürich

IMPRESSUM

Sonstige Abbildungen:
Seite 8: Callwey
Einleitung:
S. 9: akg/Bildarchiv Monheim
S. 10 links: Francis Frith Coll./akg
S. 10 rechts: akg-images/
A.F.Kersting
S. 11 oben: akg/Bildarchiv Monheim
S. 11 unten: akg-images/VIEW Pictures Ltd
S. 12 links: Atelier 5, Bern/Croci & du Fresne
S. 12 rechts: akg-images/VIEW Pictures Ltd
S. 13: akg-images/Schütze/Rodemann

Lagepläne: Jens Schiewe, Nürnberg
Alle übrigen abgebildeten Zeichnungen und Pläne sowie die angegebenen Baudaten wurden von den jeweiligen Architekturbüros zur Verfügung gestellt.

© 2013
Verlag Georg D. W. Callwey
GmbH & Co. KG
Streitfeldstraße 35, 81673 München
www.callwey.de
E-Mail: buch@callwey.de

Bibliografische Information der Deutschen Nationalbibliothek
Die Deutsche Nationalbibliothek verzeichnet diese Publikation in der Deutschen Nationalbibliografie; detaillierte bibliografische Daten sind im Internet über http://dnb.d-nb.de abrufbar.

ISBN 978-3-7667-2037-5

Das Werk einschließlich aller seiner Teile ist urheberrechtlich geschützt. Jede Verwertung außerhalb der engen Grenzen des Urheberrechtsgesetzes ist ohne Zustimmung des Verlags unzulässig und strafbar. Das gilt insbesondere für Vervielfältigungen, Übersetzungen, Mikroverfilmungen und die Einspeicherung und Verarbeitung in elektronischen Systemen.

Projekterläuterungen:
Wolfgang Bachmann
Projektleitung: Bettina Springer
Lektorat: Katrin Pollems-Braunfels, Kerstin Gojan-Dietz
Umschlaggestaltung:
Alexander Stix
Layout und Satz: griesbeckdesign, München
Druck und Bindung: Kastner & Callwey Medien GmbH, Forstinning
Printed in Germany 2013

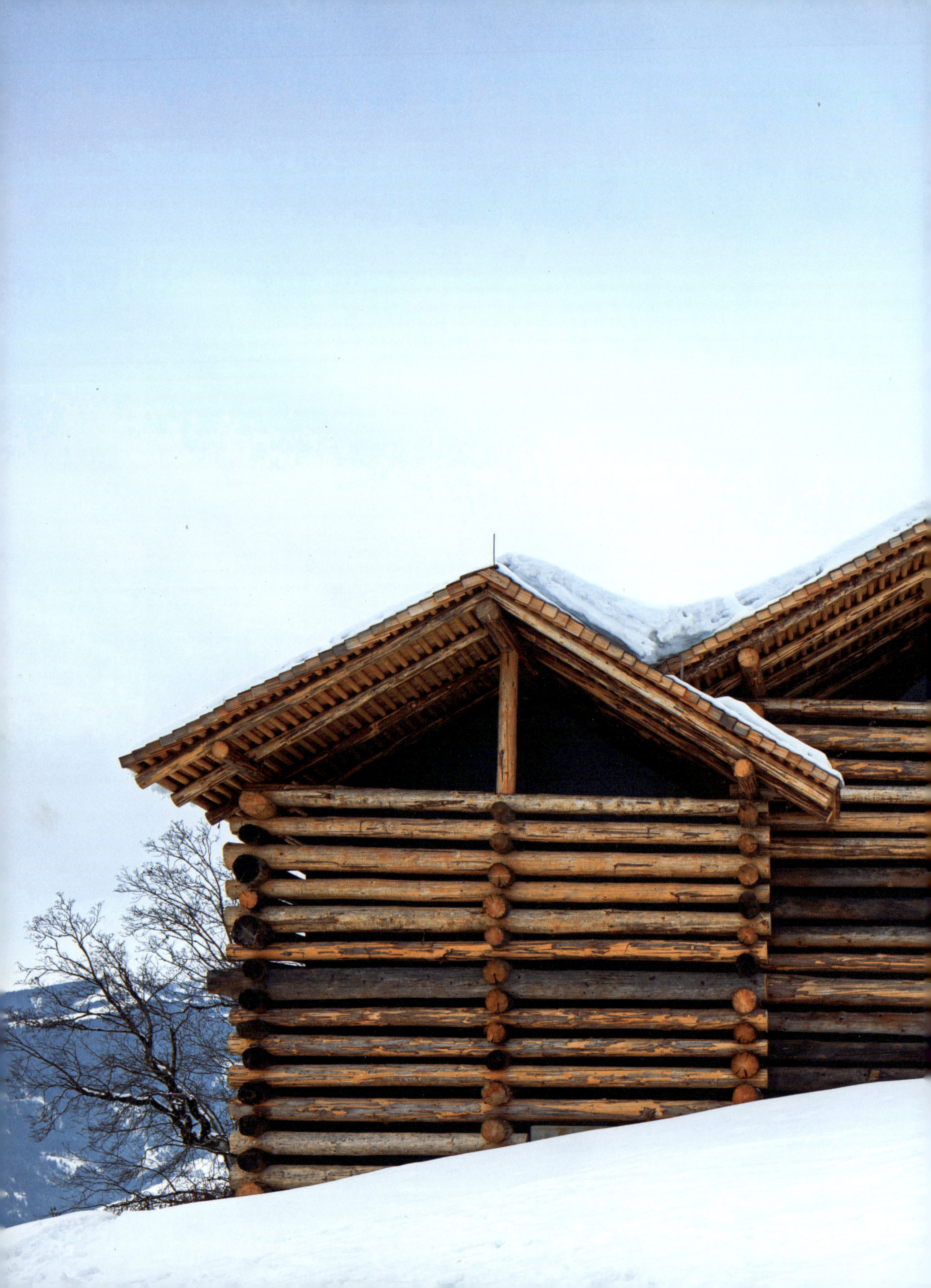